本项目由深圳市宣传文化事业发展专项基金资助

深圳学派建设丛书（第十辑）

"创意聚合"视域下城市文化治理机制研究

李丹舟 著

中国社会科学出版社

图书在版编目（CIP）数据

"创意聚合"视域下城市文化治理机制研究/李丹舟著.—北京：中国社会科学出版社，2023.4
（深圳学派建设丛书．第10辑）
ISBN 978-7-5227-1700-5

Ⅰ.①创⋯　Ⅱ.①李⋯　Ⅲ.①文化产业—产业发展—发展战略—研究—深圳　Ⅳ.①G127.653

中国国家版本馆 CIP 数据核字（2023）第 052865 号

出版人	赵剑英
责任编辑	李凯凯
责任校对	胡新芳
责任印制	王　超

出　版	中国社会科学出版社
社　址	北京鼓楼西大街甲 158 号
邮　编	100720
网　址	http://www.csspw.cn
发行部	010-84083685
门市部	010-84029450
经　销	新华书店及其他书店
印　刷	北京明恒达印务有限公司
装　订	廊坊市广阳区广增装订厂
版　次	2023 年 4 月第 1 版
印　次	2023 年 4 月第 1 次印刷
开　本	710×1000　1/16
印　张	24.75
字　数	358 千字
定　价	129.00 元

凡购买中国社会科学出版社图书，如有质量问题请与本社营销中心联系调换
电话：010-84083683
版权所有　侵权必究

《深圳学派建设丛书》
编委会

顾　　问：王京生　李小甘　王　强

主　　任：张　玲　张　华

执行主任：陈金海　吴定海

主　　编：吴定海

总序　学派的魅力

王京生

学派的星空

在世界学术思想史上，曾经出现过浩如繁星的学派，它们的光芒都不同程度地照亮人类思想的天空，像米利都学派、弗莱堡学派、法兰克福学派等，其人格精神、道德风范一直为后世所景仰，其学识与思想一直成为后人引以为据的经典。就中国学术史而言，不断崛起的学派连绵而成群山之势，并标志着不同时代的思想所能达到的高度。自晚明至晚清，是中国学术尤为昌盛的时代，而正是在这个时代，学派的存在也尤为活跃，像陆王学派、吴学、皖学、扬州学派等。但是，学派辈出的时期还应该首推古希腊和中国的春秋战国时期，古希腊出现的主要学派就有米利都学派、毕达哥拉斯学派、埃利亚学派、犬儒学派；而儒家学派、黄老学派、法家学派、墨家学派、稷下学派等，则是中国春秋战国时代学派鼎盛的表现，百家之中几乎每家就是一个学派。

综观世界学术思想史，学派一般都具有如下的特征：

其一，有核心的代表人物，以及围绕着这些核心人物所形成的特定时空的学术思想群体。德国19世纪著名的历史学家兰克既是影响深远的兰克学派的创立者，也是该学派的精神领袖，他在柏林大学长期任教期间培养了大量的杰出学者，形成了声势浩大的学术势力，兰克本人也一度被尊为欧洲史学界的泰斗。

其二，拥有近似的学术精神与信仰，在此基础上形成某种特定的学术风气。清代的吴学、皖学、扬学等乾嘉诸派学术，以考据为治学方法，继承古文经学的训诂方法而加以条理发明，用于古籍整理和语言文字研究，以客观求证、科学求真为旨归，这一学术风气也因此成为清代朴学最为基本的精神特征。

其三，由学术精神衍生出相应的学术方法，给人们提供了观照世界的新的视野和新的认知可能。产生于20世纪60年代、代表着一种新型文化研究范式的英国伯明翰学派，对当代文化、边缘文化、青年亚文化的关注，尤其是对影视、广告、报刊等大众文化的有力分析，对意识形态、阶级、种族、性别等关键词的深入阐释，无不为我们认识瞬息万变的世界提供了丰富的分析手段与观照角度。

其四，由上述三点所产生的经典理论文献，体现其核心主张的著作是一个学派所必需的构成因素。作为精神分析学派的创始人，弗洛伊德所写的《梦的解析》等，不仅成为精神分析理论的经典著作，而且影响广泛并波及人文社科研究的众多领域。

其五，学派一般都有一定的依托空间，或是某个地域，或是像大学这样的研究机构，甚至是有着自身学术传统的家族。

学派的历史呈现出交替嬗变的特征，形成了自身发展规律：

其一，学派出现往往暗合了一定时代的历史语境及其"要求"，其学术思想主张因而也具有非常明显的时代特征。一旦历史条件发生变化，学派的内部分化甚至衰落将不可避免，尽管其思想遗产的影响还会存在相当长的时间。

其二，学派出现与不同学术群体的争论、抗衡及其所形成的思想张力紧密相关，它们之间的"势力"此消彼长，共同勾勒出人类思想史波澜壮阔的画面。某一学派在某一历史时段"得势"，完全可能在另一历史时段"失势"。各领风骚若干年，既是学派本身的宿命，也是人类思想史发展的"大幸"：只有新的学派不断涌现，人类思想才会不断获得更为丰富、多元的发展。

其三，某一学派的形成，其思想主张都不是空穴来风，而有其内在理路。例如，宋明时期陆王心学的出现是对程朱理学的反动，但其思想来源却正是后者；清代乾嘉学派主张朴学，是为了反对陆王心学的空疏无物，但二者之间也建立了内在关联。古希腊思想作为欧洲思想发展的源头，使后来西方思想史的演进，几乎都可看作是对它的解释与演绎，"西方哲学史都是对柏拉图思想的演绎"的极端说法，却也说出了部分的真实。

其四，强调内在理路，并不意味着对学派出现的外部条件重要性的否定；恰恰相反，外部条件有时对于学派的出现是至关重要的。政治的开明、社会经济的发展、科学技术的进步、交通的发达、移民的汇聚等，都是促成学派产生的重要因素。名震一时的扬州学派，就直接得益于富甲一方的扬州经济与悠久而发达的文化传统。综观中国学派出现最多的明清时期，无论是程朱理学、陆王心学，还是清代的吴学、皖学、扬州学派、浙东学派，无一例外都是地处江南（尤其是江浙地区）经济、文化、交通异常发达之地，这构成了学术流派得以出现的外部环境。

学派有大小之分，一些大学派又分为许多派别。学派影响越大分支也就越多，使得派中有派，形成一个学派内部、学派之间相互切磋与抗衡的学术群落，这可以说是纷纭繁复的学派现象的一个基本特点。尽管学派有大小之分，但在人类文明进程中发挥的作用却各不相同，有积极作用，也有消极作用。如，法国百科全书派破除中世纪以来的宗教迷信和教会黑暗势力的统治，成为启蒙主义的前沿阵地与坚强堡垒；罗马俱乐部提出的"增长的极限""零增长"等理论，对后来的可持续发展、协调发展、绿色发展等理论与实践，以及联合国通过的一些决议，都产生了积极影响；而德国人文地理学家弗里德里希·拉采尔所创立的人类地理学理论，宣称国家为了生存必须不断扩充地域、争夺生存空间，后来为法西斯主义所利用，起了相当大的消极作用。

学派的出现与繁荣，预示着一个国家进入思想活跃的文化大发展时期。被司马迁盛赞为"盛处士之游，壮学者之居"的稷下学宫，之所以能成为著名的稷下学派之诞生地、战国时期百家争鸣的主要场所与最负盛名的文化中心，重要原因就是众多学术流派都活跃在稷门之下，各自的理论背景和学术主张尽管各有不同，却相映成趣，从而造就了稷下学派思想多元化的格局。这种"百氏争鸣、九流并列、各尊所闻、各行所知"的包容、宽松、自由的学术气氛，不仅推动了社会文化的进步，而且也引发了后世学者争论不休的话题，中国古代思想在这里得到了极大发展，迎来了中国思想文化史上的黄金时代。而从秦朝的"焚书坑儒"到汉代的"独尊儒术",百家争鸣局面便不复存在,思想禁锢必然导致学派衰落,国家文化发展也必将受到极大的制约与影响。

深圳的追求

在中国打破思想的禁锢和改革开放40多年,面对百年未有之大变局的历史背景下,随着中国经济的高速发展以及在国际上的和平崛起,中华民族伟大复兴的中国梦正在实现。文化是立国之根本,伟大的复兴需要伟大的文化。树立高度的文化自觉,促进文化大发展大繁荣,加快建设文化强国,中华文化的伟大复兴梦想正在逐步实现。可以预期的是,中国的学术文化走向进一步繁荣的过程中,将逐步构建起中国特色哲学社会科学学科体系、学术体系和话语体系,在世界舞台上展现"学术中的中国"。

从20世纪70年代末真理标准问题的大讨论,到人生观、文化观的大讨论,再到90年代以来的人文精神大讨论,以及近年来各种思潮的争论,凡此种种新思想、新文化,已然展现出这个时代在百家争鸣中的思想解放历程。在与日俱新的文化转型中,探索与矫正的交替进行和反复推进,使学风日盛、文化昌明,在很多学科领域都出现了彼此论争和公开对话,促成着各有特色的学术阵营的形成与发展。

一个文化强国的崛起离不开学术文化建设,一座高品位文化城市的打造同样也离不开学术文化发展。学术文化是一座城市最内在的精神生活,是城市智慧的积淀,是城市理性发展的向导,是文化创造力的基础和源泉。学术是不是昌明和发达,决定了城市的定位、影响力和辐射力,甚至决定了城市的发展走向和后劲。城市因文化而有内涵,文化因学术而有品位,学术文化已成为现代城市智慧、思想和精神高度的标志和"灯塔"。

凡工商发达之处,必文化兴盛之地。深圳作为我国改革开放的"窗口"和"排头兵",是一个商业极为发达、市场化程度很高的城市,移民社会特征突出、创新包容氛围浓厚、民主平等思想活跃、信息交流的"桥头堡"地位明显,形成了开放多元、兼容并蓄、创新创意、现代时尚的城市文化特征，具备形成学派的社会条件。在创造工业化、城市化、现代化发展奇迹的同时，深圳也创造了文化跨越式发展的奇迹。文化的发展既引领着深圳的改革开放和现代化进程，激励着特区建设者艰苦创业，也丰富了广大市民的生活，提升了城市品位。

如果说之前的城市文化还处于自发性的积累期，那么进入新世纪以来，深圳文化发展则日益进入文化自觉的新阶段：创新文化发展理念，实施"文化立市"战略，推动"文化强市"建设，提升文化软实力，争当全国文化改革发展"领头羊"。自2003年以来，深圳文化发展亮点纷呈、硕果累累：荣获联合国教科文组织"设计之都""全球全民阅读典范城市"称号，被国际知识界评为"杰出的发展中的知识城市"，连续多次荣获"全国文明城市"称号，屡次被评为"全国文化体制改革先进地区"，"深圳十大观念""新时代深圳精神"影响全国，《走向复兴》《我们的信念》《中国之梦》《永远的小平》《迎风飘扬的旗》《命运》等精品走向全国，深圳读书月、市民文化大讲堂、关爱行动、创意十二月、文化惠民等品牌引导市民追求真善美，图书馆之城、钢琴之城、设计之都等"两城一都"高品位文化城市正成为现实。

城市的最终意义在于文化。在特区发展中，"文化"的地位正发生着巨大而悄然的变化。这种变化不仅在于大批文化设施的兴建、各类文化活动的开展与文化消费市场的繁荣，还在于整个城市文化地理和文化态度的改变，城市发展思路由"经济深圳"向"文化深圳"转变。这一切都源于文化自觉意识的逐渐苏醒与复活。文化自觉意味着文化上的成熟，未来深圳的发展，将因文化自觉意识的强化而获得新的发展路径与可能。

与国内外一些城市比起来，历史文化底蕴不够深厚、文化生态不够完善等仍是深圳文化发展中的弱点，特别是学术文化的滞后。近年来，深圳在学术文化上的反思与追求，从另一个层面构成了文化自觉的逻辑起点与外在表征。显然，文化自觉是学术反思的扩展与深化，从学术反思到文化自觉，再到文化自信、自强，无疑是文化主体意识不断深化乃至确立的过程。大到一个国家和小到一座城市的文化发展皆是如此。

从世界范围看，伦敦、巴黎、纽约等先进城市不仅云集大师级的学术人才，而且有活跃的学术机构、富有影响的学术成果和浓烈的学术氛围，正是学术文化的繁盛才使它们成为世界性文化中心。可以说，学术文化发达与否，是国际化城市不可或缺的指标，并将最终决定一个城市在全球化浪潮中的文化地位。城市发展必须在学术文化层面有所积累和突破，否则就缺少根基，缺少理念层面的影响，缺少自我反省的能力，就不会有强大的辐射力，即使有一定的辐射力，其影响也只是停留于表面。强大而繁荣的学术文化，将最终确立一种文化类型的主导地位和城市的文化声誉。

深圳正在抢抓粤港澳大湾区和先行示范区"双区"驱动，经济特区和先行示范区"双区"叠加的历史机遇，努力塑造社会主义文化繁荣兴盛的现代城市文明。近年来，深圳在实施"文化立市"战略、建设"文化强市"过程中鲜明提出：大力倡导和建设创新型、智慧型、包容型城市主流文化，并将其作为城市精神的主轴以及未来文化发展的明确导向和基本定位。其中，智慧型城市文化就是以追求知识和理性为旨归，人文气息浓郁，学术文化繁荣，智慧产出能力较强，学习型、知识型城市建设成效卓著。深圳要大力弘扬粤港澳大湾区人文精神，建设区域文化中心城市和彰显国家文化软实力的现代文明之城，建成有国际影响力的智慧之城，学术文化建设是其最坚硬的内核。

经过40多年的积累，深圳学术文化建设初具气象，一批重要学科确立，大批学术成果问世，众多学科带头人涌现。在中国特色社会主义理论、先行示范区和经济特区研究、粤港澳大湾区、文化发展、城市化等研究领域产生了一定影响；学术文化氛围已然形成，在国内较早创办以城市命名的"深圳学术年会"，举办了"世界知识城市峰会"等一系列理论研讨会。尤其是《深圳十大观念》等著作的出版，更是对城市人文精神的高度总结和提升，彰显和深化了深圳学术文化和理论创新的价值意义。这些创新成果为坚定文化自信贡献了学术力量。

而"深圳学派"的鲜明提出，更是寄托了深圳学人的学术理想和学术追求。1996年最早提出"深圳学派"的构想；2010年《深圳市委市政府关于全面提升文化软实力的意见》将"推动'深圳学派'建设"载入官方文件；2012年《关于深入实施文化立市战略建设文化强市的决定》明确提出"积极打造'深圳学派'"；2013年出台实施《"深圳学派"建设推进方案》。一个开风气之先、引领思想潮流的"深圳学派"正在酝酿、构建之中，学术文化的春天正向这座城市走来。

"深圳学派"概念的提出，是中华文化伟大复兴和深圳高质量发展的重要组成部分。树起这面旗帜，目的是激励深圳学人为自己的学术梦想而努力，昭示这座城市尊重学人、尊重学术创作的成果、尊重所有的文化创意。这是深圳40多年发展文化自觉和文化自信的表现，更是深圳文化流动的结果。因为只有各种文化充分流动碰撞，形成争鸣局面，才能形成丰富的思想土壤，为"深圳学派"形成创造条件。

深圳学派的宗旨

构建"深圳学派"，表明深圳不甘于成为一般性城市，也不甘于仅在世俗文化层面上做点影响，而是要面向未来中华文明复兴的伟大理想，提升对中国文化转型的理论阐释能力。"深圳学派"从名称上看，是地域性的，体现城市个性和地缘特征；从内涵上看，是问题性的，反映深圳在前沿探索中遇到的主要问题；从来源上看，"深圳学派"没有明确的师承关系，易形成兼容并蓄、开放择优的学术风格。因而，"深圳学派"建设的宗旨是"全球视野，民族立场，时代精神，深圳表达"。它浓缩了深圳学术文化建设的时空定位，反映了对学界自身经纬坐标的全面审视和深入理解，体现了城市学术文化建设的总体要求和基本特色。

一是"全球视野"：反映了文化流动、文化选择的内在要求，体现了深圳学术文化的开放、流动、包容特色。它强调要树立世界眼光，尊重学术文化发展内在规律，贯彻学术文化转型、流动与选择辩证统一的内在要求，坚持"走出去"与"请进来"相结合，推动深圳与国内外先进学术文化不断交流、碰撞、融合，保持旺盛活力，构建开放、包容、创新的深圳学术文化。

文化的生命力在于流动，任何兴旺发达的城市和地区一定是流动文化最活跃、最激烈碰撞的地区，而没有流动文化或流动文化很少光顾的地区，一定是落后的地区。文化的流动不断催生着文化的分解和融合，推动着文化新旧形式的转换。在文化探索过程中，唯一需要坚持的就是敞开眼界、兼容并蓄、海纳百川，尊重不同文化的存在和发展，推动多元文化的融合发展。中国近现代史的经验反复证明，闭关锁国的文化是窒息的文化，对外开放的文化才是充满生机活力的文化。学术文化也是如此，只有体现"全球视野"，才能融入全球思想和话语体系。因此，"深圳学派"的研究对象不是局限于一国、一城、一地，而是在全球化背景下，密切关注国际学术前沿问题，并把中国尤其是深圳的改革发展置于人类社会变革和文化变迁的大背景下加以研究，具有宽广的国际视野和鲜明的民族特色，体现开放性甚至是国际化特色，融合跨学科的交叉和开放，提高深圳改革创新思想的国际影响力，向世界传播中国思想。

二是"民族立场"：反映了深圳学术文化的代表性，体现了深圳在国家战略中的重要地位。它强调要从国家和民族未来发展的战略出发，树立深圳维护国家和民族文化主权的高度责任感、使命感、紧迫感。加快发展和繁荣学术文化，融通马克思主义、中华优秀传统文化和国外学术文化资源，尽快使深圳在学术文化领域跻身全球先进城市行列，早日占领学术文化制高点。推动国家民族文化昌盛，助力中华民族早日实现伟大复兴。

任何一个大国的崛起，不仅伴随经济的强盛，而且伴随文化的昌盛。文化昌盛的一个核心就是学术思想的精彩绽放。学术的制高点，是民族尊严的标杆，是国家文化主权的脊梁骨；只有占领学术制高点，才能有效抵抗文化霸权。当前，中国的和平崛起已成为世界的最热门话题之一，中国已经成为世界第二大经济体，发展速度为世界刮目相看。但我们必须清醒地看到，在学术上，我们还远未进入世界前列，特别是还没有实现与第二大经济体相称的世界文化强国的地位。这样的学术境地不禁使我们扪心自问，如果思想学术得不到世界仰慕，中华民族何以实现伟大复兴？在这个意义上，深圳和全国其他地方一样，学术都是短板，理论研究不能很好地解读实践、总结经验。而深圳作为"全国改革开放的一面旗帜"，肩负着为国家、为民族文化发展探路的光荣使命，尤感责任重大。深圳这块沃土孕育了许多前沿、新生事物，为学术研究提供了丰富的现实素材，但是学派的学术立场不能仅限于一隅，而应站在全国、全民族的高度，探索新理论解读这些新实践、新经验，为繁荣中国学术、发展中国理论贡献深圳篇章。

三是"时代精神"：反映了深圳学术文化的基本品格，体现了深圳学术发展的主要优势。它强调要发扬深圳一贯的"敢为天下先"的精神，突出创新性，强化学术攻关意识，按照解放思想、实事求是、求真务实、开拓创新的总要求，着眼人类发展重大前沿问题，聚焦新时代新发展阶段的重大理论和实践问题，特别是重大战略问题、复杂问题、疑难问题，着力创造学术文化新成果，以新思想、新观点、新理论、新方法、新体系引领时代学术文化思潮，打造具有深圳风格的理论学派。

党的十八大提出了完整的社会主义核心价值观，这是当今中国时代精神的最权威、最凝练表达，是中华民族走向复兴的兴国之魂，是中国梦的核心和鲜明底色，也应该成为"深圳学派"进行研究和探索的价值准则和奋斗方向。其所熔铸的中华民族生生不息的家国情怀，无数仁人志士为之奋斗的伟大目标和每个中国人对幸福生活的向往，是"深圳学派"的思想之源和动力之源。

创新，是时代精神的集中表现，也是深圳这座先锋城市的第一标志。深圳的文化创新包含了观念创新，利用移民城市的优势，激发思想的力量，产生了一批引领时代发展的深圳观念；手段创新，通过技术手段创新文化发展模式，形成了"文化+科技""文化+金融""文化+旅游""文化+创意"等新型文化业态；内容创新，以"内容为王"提升文化产品和服务的价值，诞生了华强文化科技、腾讯、华侨城等一大批具有强大生命力的文化企业，形成了文博会、读书月等一大批文化品牌；制度创新，充分发挥市场的作用，不断创新体制机制，激发全社会的文化创造活力，从根本上提升城市文化的竞争力。"深圳学派"建设也应体现出强烈的时代精神，在学术课题、学术群体、学术资源、学术机制、学术环境方面迸发出崇尚创新、提倡包容、敢于担当的活力。"深圳学派"需要阐述和回答的是中国改革发展的现实问题，要为改革开放的伟大实践立论、立言，对时代发展作出富有特色的理论阐述。它以弘扬和表达时代精神为己任，以理论创新、知识创新、方法创新为基本追求，有着明确的文化理念和价值追求，不局限于某一学科领域的考据和论证，而要充分发挥深圳创新文化的客观优势，多视角、多维度、全方位地研究改革发展中的现实问题。

四是"深圳表达"：反映了深圳学术文化的个性和原创性，体现了深圳使命的文化担当。它强调关注现实需要和问题，立足深圳实际，着眼思想解放、提倡学术争鸣，注重学术个性、鼓励学术原创，在坚持马克思主义的指导下，敢于并善于用深圳视角研究重大前沿问题，用深圳话语表达原创性学术思想，用深圳体系发表个性化学术理论，构建具有深圳风格和气派的话语体系，形成具有创造性、开放性和发展活力的理论。

称为"学派"就必然有自己的个性、原创性，成一家之言，勇于创新、大胆超越，切忌人云亦云、没有反响。一般来说，学派的诞生都伴随着论争，在论争中学派的观点才能凸显出来，才能划出自己的阵营和边际，形成独此一家、与众不同的影响。"深圳学派"依托的是改革开放前沿，有着得天独厚的文化环境和文化氛围，因此不是一般地标新立异，也不会跟在别人后面，重复别人的研究课题和学术话语，而是要以改革创新实践中的现实问题研究作为理论创新的立足点，作出特色鲜明的理论表述，发出与众不同的声音，充分展现深圳学者的理论勇气和思想活力。当然，"深圳学派"要把深圳的物质文明、精神文明和制度文明作为重要的研究对象，但不等于言必深圳，只囿于深圳的格局。思想无禁区、学术无边界，"深圳学派"应以开放心态面对所有学人，严谨执着，放胆争鸣，穷通真理。

狭义的"深圳学派"属于学术派别，当然要以学术研究为重要内容；而广义的"深圳学派"可看成"文化派别"，体现深圳作为改革开放前沿阵地的地域文化特色，因此除了学术研究，还包含文学、美术、音乐、设计创意等各种流派。从这个意义上说,"深圳学派"尊重所有的学术创作成果,尊重所有的文化创意,不仅是哲学社会科学,还包括自然科学、文学艺术等,应涵盖多种学科,形成丰富的学派学科体系,用学术续写更多"春天的故事"。

"寄言燕雀莫相唣,自有云霄万里高。"学术文化是文化的核心,决定着文化的质量、厚度和发言权。我们坚信,在建设文化强国、实现文化复兴的进程中,植根于中华文明深厚沃土、立足于特区改革开放伟大实践、融汇于时代潮流的"深圳学派",一定能早日结出硕果,绽放出盎然生机!

写于 2016 年 3 月
改于 2021 年 6 月

目 录

绪 论 ……………………………………………………………（1）

理论篇　城市文化治理理论

第一章　世界范围内城市文明的历史演进与迭代更新：
　　　　基于新文化史的考察视角 …………………………（17）
　　第一节　"前现代"的城市文明：农耕文明—城邦/帝国
　　　　　　文明—工商业文明 …………………………………（19）
　　第二节　现代性视域下的城市文明：工业城市 ……………（31）
　　第三节　新一轮城市文明的探索与超越 ……………………（39）
　　小　结 …………………………………………………………（55）

第二章　作为交叉学科分支的城市文化研究：
　　　　缘起、观点与现状 …………………………………（57）
　　第一节　交叉学科视角下的"城市研究" …………………（58）
　　第二节　城市研究的"文化转向" …………………………（74）
　　小　结 …………………………………………………………（89）

第三章　城市文化治理：概念、逻辑与路径 ………………（91）
　　第一节　城市文化的概念内涵 ………………………………（92）
　　第二节　城市文化的治理逻辑 ………………………………（96）
　　第三节　走向"创意治理" …………………………………（104）
　　小　结 …………………………………………………………（113）

实践篇　城市文化治理实践

第四章　"创意深圳"的创新经验：
　　以"大数据＋城市文化治理"为例 ……………… (117)
　第一节　"创意深圳"的历史与实践 ………………… (119)
　第二节　深圳推进"大数据＋城市文化治理"的成效与
　　　　　路径 ……………………………………………… (134)
　小　结 ………………………………………………………… (145)

第五章　创意阶层的伙伴关系与合作共治（一）：
　　都市夜间经济的场景营造 ……………………… (148)
　第一节　"场景"理论视域下的都市夜间经济 ………… (151)
　第二节　案例介绍 ……………………………………… (174)
　小　结 ………………………………………………………… (185)

第六章　创意阶层的伙伴关系与合作共治（二）：
　　城市公共文化服务的智慧治理 ………………… (189)
　第一节　城市公共文化服务的智慧化变革 …………… (192)
　第二节　案例介绍 ……………………………………… (208)
　小　结 ………………………………………………………… (232)

第七章　创意阶层的伙伴关系与合作共治（三）：
　　都市公共艺术的民间表述 ……………………… (235)
　第一节　艺术的公共性 ………………………………… (236)
　第二节　案例介绍 ……………………………………… (266)
　小　结 ………………………………………………………… (280)

第八章　创意阶层的伙伴关系与合作共治（四）：
　　城市社区更新的艺术介入 ……………………… (282)
　第一节　参与式艺术的深圳现场 ……………………… (284)

第二节　案例介绍 …………………………………………（294）
　　小　结 ………………………………………………………（325）

结语　"创意聚合"：深圳的"创意先行"与
　　　　"文化示范" ……………………………………（328）

参考文献 ………………………………………………………（339）

后　记 …………………………………………………………（375）

绪　论

一　作为问题域的城市文化治理

中国的城市化已进入"深水区",探寻城乡一体化的内涵式高质量发展路径势在必行。近年来,在中国多地棚户改造、旧城更新和老工业区活化过程中出现"重形体、轻人文""重硬件、轻文化"等现象,导致形象工程泛滥、传统文脉断裂、拆迁过程中公众利益受损等后果。《国家新型城镇化规划(2014—2020年)》指出"发展有历史记忆、文化脉络、地域风貌、民族特点的美丽城镇,形成符合实际、各具特色的城镇化发展模式",突出"延续文脉、记住乡愁"的重要性和迫切性,尤其强调人文城市建设中的历史文化资源、现代公共文化服务体系、现代文化市场体系和文化多样化发展。因此,过去偏重技术解决、缺乏社会文化因素介入的空间规划模式势必发生变化,作为驱动要素的文化则有助于探索一条"人"的全面城镇化的可持续发展道路。

《关于全面深化改革若干重大问题的决定》指出推进国家治理体系和治理能力现代化是全面深化改革的总目标,城市治理与文化治理均是"打造共建共治共享的社会治理格局"的重要组成部分。当前中国城市管理日趋科学化和专业化,以上海、深圳等为代表的一线城市在服务型政府建设层面走在全国前列。然而,现有关于"城市文化"的探讨多停留在地域文明的审美判断上,缺乏勾连社会文化语境的学理阐释;"文化治理"多是基于文化行政"块"状的线性化管理机制静态描述,较少有构建文化治理共同体的"网"状动态作用机制分析。上述两个问题构成本书的问题意识:在提升"绣花式"管理水平的背景下以城市文化为聚焦场域,考察其治理机制的内在逻辑并探究城市文化管理创新的实现路径。

"治理"（governance）是一种行政管理学术语，指的是政府组织和（或）民间组织在一个既定范围内通过合作共治来实现公共利益的最大化。①托尼·本尼特认为那种将文化视作政府对立面的看法代表了某种虚无主义倾向，而实际上文化规范的变革已经深深地嵌入技术革新和机构改革的历史进程，并以其独有的审美经验不断地转变人们的思想和行为。②特别是对城市文化来说（不像乡土社会更强调家族主义和地方性关系），只有认识文化的产业经济价值、社会价值引领、人文精神塑造等要素才能把握其治理框架。治理机制的生成是这些要素沟通协商的结果。当前，国内外学界关于城市文化治理的相关研究主要分布在以下三个领域。

第一，关于城市文化的研究。一是立足于工业化道路的阶段性任务来说明现代城市发展目标必然转向"文化"。17世纪工业革命之后西方城市出现的"城市更新"强调以清拆、重建和管制为主要手段的物理空间翻新和贫民窟美化工程，但旨在解决区域经济复苏、社会阶层融合、生态环境保护和文化多样性的"城市再生"逐渐成为"城市更新"的观念升级。③自20世纪90年代以来，随着"有机更新"④等中国旧城改造观念的提出，以文化为导向的城市再生逐渐成为决策共识，具体策略包括以都市休闲经济为主轴的"经济文化政策"⑤，以文化行政为内核的"文化规划"⑥。党的十八大以来，从快速城镇化到新型城镇化的发展观念转变意味着"人的城

---

① 俞可平：《中国的治理改革（1978—2018）》，《武汉大学学报》（哲学社会科学版）2018年第3期。
② ［澳］托尼·本尼特：《文化、治理与社会》，王强等译，东方出版中心2016年版，第18页。
③ Leary E. Michael & McCarthy John, eds., *The Routledge Companion to Urban Regeneration*, London and New York: Routledge, 2013, p. 7. Couch Chris & Fraser Charles, *Urban Regeneration in Europe*, Oxford: Blackwell Science, 2003, p. 2.
④ 吴良镛：《旧城整治的"有机更新"》，《北京规划建设》1995年第3期。
⑤ McGuigan Jim, *Culture and the Public Sphere*, London and New York: Routledge, 1996, pp. 106 – 107.
⑥ Graeme Evans, *Cultural Planning: an Urban Renaissance?*, London and New York: Routledge, 2001, pp. 1 – 4.

镇化"是寻求古今融合、中西合璧的文化归属感。[1] 文化在新型城镇化进程中发挥着文化产业布局、公共文化服务体系构建、历史文化传承、城市未来定位等全方位价值。[2] 这其中,不仅文化园区、旅游度假、体育产业等城市休闲经济对城市经济发展具有驱动作用[3],作为公共服务体系的文化也有助于兴建文化设施和形塑文化公民权等[4],特别是基于多元主体参与的"城市共同体文化治理模式"对城市发展具有总体战略意义[5]。二是较之现代城市话语的过度西化,地域视角的引入成为各个城市构建自主魅力的聚焦点,相关视角包括加强对自身文化传统的自我认定,以"单体保护"与"整体保护"、"文化遗产"与"文化资源"、"政府保护"与"全民保护"相结合的方式推动历史文化遗产保护工作的实践等。[6]

第二,关于城市治理与文化治理的研究。21世纪以来,随着城镇化从外延式扩张转向内涵式建设,快速城市化暴露出来的诸种问题正在推动城市管理的深刻变革。城市治理则意味着城市管理从"以单一科层制为基础的行政性行为"走向"基于政府、企业和社会组织互动的参与城市治理模式"。[7] 近二十年来,围绕着城市治理已形成一系列规范研究和实证研究,多聚焦在公共管理学、社会学、经济学、建筑与规划学、地理学等交叉学科。从概念界定看,如"多主体治理网络说"[8] 等定义主张政府与私人机构、市民社会等其他主体通过公共参与来解决城市公共问题。[9] 从理论体系看,

---

[1] 范周等:《新型城镇化与文化发展研究报告》,光明日报出版社2014年版,第346页。

[2] 金元浦等:《北京:文化治理与协同创新——2013—2014年人文北京研究综述》,《北京联合大学学报》(人文社会科学版)2014年第4期。

[3] 花建:《文化成都——把什么样的成都带入2020年》,人民出版社2008年版。

[4] 赵敬:《文化规划与城市的可持续发展》,《中国社会科学院研究生院学报》2013年第4期。

[5] 任珺:《文化治理在当代城市再生中的发展》,《文化产业研究》2014年第1期。

[6] 单霁翔:《从功能城市走向文化城市》,天津大学出版社2007年版。

[7] 刘淑妍等:《参与城市治理:中国城市管理变革的新路径》,《中国行政管理》2005年第6期。

[8] 赵挺:《国内近10年城市治理文献综述》,《北京城市学院学报》2010年第3期。

[9] 计永超等:《城市治理现代化:理念、价值与路径构想》,《江淮论坛》2015年第6期。

治理模式、作用机制、框架体系是城市治理的三大方向，其中"多中心治理理论"①等是当前中国城市治理的热点范式。作为社会主义文化强国建设背景下深化文化体制改革的聚焦点，文化治理现多集中在政治社会学、公共管理及文化研究等领域进行研究。从"治理文化"的原因、目标和路径来看，有鉴于我国的治国理政正在经历从政治治理、经济治理向文化治理的阶段性转向②，实现从文化管理到文化治理的转变③，构建政府、市场和社会相统一的"三位一体"国家文化治理体制机制④以及改善文化治理的制度环境⑤，进而实现改变和重塑国家治理模式的价值目标⑥。简言之，文化治理的理论内核在于通过文化的政治、经济、社会和价值转换来推动国家治理模式的改革。⑦当前，围绕着问题史爬梳⑧，国外经验借鉴⑨，引导社会力量参与公共文化服务⑩，社会治理的文化介入机制⑪等议题已展开大量讨论。

第三，关于创意聚合的研究。知识经济背景下文化产业的蓬勃发展促使"创意产业集群"⑫等概念成为城镇化发展的前沿议题。张晓明等学者将创意集群的特点概括为聚集、链接、全球地方性和

---

① 张文礼：《多中心治理：我国城市治理的新模式》，《开发研究》2008年第1期。
② 胡惠林：《文化治理中国：当代中国文化政策的空间》，《上海文化》2015年第2期。
③ 范玉刚：《在全面深化改革中实现国家文化治理》，《湖南社会科学》2014年第2期。
④ 祁述裕：《推动文化管理向文化治理与善治的转变》，《人民论坛》2014年第4期。
⑤ 陶东风：《改善文化治理的制度环境》，《探索与争鸣》2014年第5期。竹立家：《我们应当在什么维度上进行"文化治理"》，《探索与争鸣》2014第5期。
⑥ 胡惠林：《国家文化治理：发展文化产业的新维度》，《学术月刊》2012年第5期。
⑦ 胡惠林：《文化政策学》，书海出版社2006年版，第73—82页。
⑧ 廖胜华：《文化治理分析的政策视角》，《学术研究》2015年第5期。徐一超：《聚焦"文化治理"：问题史、理路与实践》，《中国文化产业评论》2014年第1期。
⑨ 毛少莹：《文化治理及其国际经验》，《中国文化产业评论》2014年第2期。
⑩ 吴理财等：《以文化治理理念引导社会力量参与公共文化服务》，《江西师范大学学报》（哲学社会科学版）2015年第6期。
⑪ 谢新松：《多元化社会的文化治理模式研究》，《云南社会科学》2013年第3期。
⑫ 陆恒等：《基于创意产业和创意集群的创意城市发展研究》，《郑州大学学报》（哲学社会科学版）2015年第7期。

社区。① 既有研究多围绕概念内涵进行阐释②,主张隐性知识溢出和创新网络架构是其显著特征,空间演化逻辑、组织系统机制、创新网络生态又构成内在机制。③ 不过,相当长一段时间以来,针对创意集群的研究多关注"创意产业"④、"创意经济"⑤、"文化软实力"⑥ 等文化的经济属性。然而,当前无论是深圳湖贝古村、南头古城等旧城改造与 OCT-LOFT、价值工厂的工业遗址空间改造,还是"地铁美术馆""嗰·啾——艺术扎营2019深圳(坪山)公共艺术季"等城市更新中艺术的介入机制,均体现出文化的社会属性在城市空间再造与未来发展中扮演着日趋重要的角色。城市的高质量发展不仅需要"创意经济"引领,也需要营造"创意社会"的良好氛围。因此,"创意集群文化生态学"⑦ 的提出使社会创新与创意文化氛围等"软区位因子"⑧ 日益受到关注。

总的来说,国内外学界对城市文化的治理机制及其创新发展思路视角丰富、见地深刻,经验研究具有现实关怀。不足之处有三:(1)针对城市文化的功能探讨多为西方话语的现代性镜像或地域特色的碎片化概述;(2)城市治理与文化治理研究呈现各自为政的格局,前者习惯谈基层党建、城管执法等民生议题而较少涉及文化,后者多着眼于深化文化领域体制机制改革而较少聚焦城市场域;

---

① 张晓明等:《创意集群:基本概念与国际经验》,《吉首大学学报》(社会科学版)2007年第4期。

② 毛磊:《文化创意产业集群的内涵、现状及对策研究》,《商场现代化》2013年第22期。

③ 罗尧成等:《文化创意产业集群发展研究综述——基于CNKI(2004—2013)收录文献的分析》,《科技管理研究》2016年第2期。

④ 王为理:《文化发展与现代化国际化创新型城市建设》,《特区实践与理论》2015年第3期。

⑤ 李凤亮等:《文化创意与经济增长:数字经济时代的新关系构建》,《山东大学学报》(哲学社会科学版)2018年第1期;金元浦:《创意经济是5G背景下粤港澳大湾区综合融会发展的头部经济》,《深圳大学学报》(人文社会科学版)2019年第3期。

⑥ 李凤亮:《文化产业提升文化软实力的战略路径》,《南京社会科学》2011年第12期。

⑦ 李蕾蕾等:《文化与创意产业集群的研究谱系和前沿:走向文化生态隐喻?》,《人文地理》2008年第2期。

⑧ 李蕾蕾:《文化创意产业集群的概念误区与研究趋势》,《深圳大学学报》(人文社会科学版)2009年第4期。

（3）创意集群对产业空间集群着墨颇多，而对艺术及社会层面的空间集群较少涉猎。综上所述，三方面的突破势在必行：（1）研究视域：较之仅仅将城市文化视为一种基于地域传统的美学精神，应统筹文本分析和社会文化语境，融合治理逻辑来进行中国城市文化的管理制度分析；（2）研究内容：较之过往城市文化多头管理的分散式功能描述，应引入数字文化、文化产业、公共文化、城市氛围、城市精神等多重要素协商互动的"治理生态体系"研究，特别是加强对数字技术和创意阶层之能动性的研究；（3）研究理论：较之创意集群的既定范畴，应以"创意聚合"为关键词来重构涵盖"创意产业""创意社会""创意文化"在内的"创意城市"理论体系。

因此，本书立足于深圳空间再造和文化创新的背景来展开个案研究，融合文化研究、艺术管理学、艺术社会学、文化产业等跨学科视角，剖析城市文化建设进程中"网状"治理共同体之间的互动关系及创意价值聚合的生成机制，拓展城市文化研究的既有理论视野，为构建科学的城市文化管理制度、激活城市发展的文化创意氛围提供对策思路。

二　城市文明典范的深圳定位

本书的研究坐标立足于深圳，一座应时代而生、随时代而变的崭新城市。1980年是特区的诞生之年，改革开放的先驱们披荆斩棘。自党中央做出兴办经济特区重大战略部署以来，深圳敢闯敢试、敢为人先、埋头苦干，创造了世界城市发展史上的奇迹，成为全国改革开放的一面旗帜。四十年岁月荏苒，深圳经济特区各项事业取得显著成绩，已成为一座充满魅力、动力、活力、创新力的国际化创新型城市。从敢闯敢试到先行示范，深圳正在推出一系列务实创新的改革举措，努力创建社会主义现代化强国的城市范例。中共中央办公厅、国务院办公厅下发《深圳建设中国特色社会主义先行示范区综合改革试点实施方案（2020—2025年）》，高屋建瓴地指出经济特区要践行社会主义核心价值观，构建高水平的公共文化服务体系和现代文化产业体系，成为新时代举旗帜、聚民心、育新人、兴文化、展形象的引领者。2020年10月14日，习近平总书记《在深圳经济特区建立40周年庆祝大会上的讲话》深刻指出，经济特区要"坚持两手抓、两手都要硬"，在物质文明建设和精神文明建设上都要交出优异答卷。"先行示范区"对深圳率先塑造展现社会主义文化繁荣兴盛的现代城市文明的重视，充分体现了中央对深圳文化建设"先行先试"的肯定，同时也要有担当"典型示范"的新时代作为。

以往谈起深圳，人们往往会认为年轻的特区城市是我国改革开放的"试验田"，最早探索以市场经济为抓手的中国特色社会主义道路，但在文化层面则显得较为缺少底蕴。2010年8月，深圳经济特区成立30周年之际评选出来的10条"深圳观念"① 适时为这座以经济体制改革和科技创新转化能力为内在动能、以成百万上千万外来移民为人口构成的新兴现代化都市写下恰如其分的文化注解。诚如深圳市委宣传部原部长王京生对"深圳观念"所做出的精辟阐释："在体制突破中，它是前进的冲锋号；在建设道路上，它是特区经验的升华；在文明模式转换中，它是城市再生的灵魂。"② 因此，深圳的文化自觉可概括为"促进了一系列完全不同于计划经济的新观念、新价值的诞生和社会文化的当代转型"③。一方面，"深圳观念"既有敢为天下先的胸襟气魄与脚踏实地的改革创新，又有尊重知识的学习型城市建设与普惠于民的公共文化服务，更有着兼收并蓄的开放品格与宽容失败的包容大度，这些来自民间社会的"深圳表述"与社会主义核心价值观一脉相承；④ 另一方面，"深圳观念"意味着敢想敢干、敢闯敢试，在探索中国特色社会主义市场经济道路上"杀出一条血路"，其围绕着以公有制经济为主体而展开的一系列市场化改革所彰显出来的开拓精神是对邓小平南方谈话

---

① 这十条"深圳观念"分别为：（1）"时间就是金钱，效率就是生命"；（2）"空谈误国，实干兴邦"；（3）"敢为天下先"；（4）"改革创新是深圳的根、深圳的魂"；（5）"让城市因热爱读书而受人尊重"；（6）"鼓励创新，宽容失败"；（7）"实现市民文化权利"；（8）"送人玫瑰，手有余香"；（9）"深圳，与世界没有距离"；（10）"来了，就是深圳人"。彭立勋编：《文化强市建设与城市转型发展：2011年深圳文化蓝皮书》，中国社会科学出版社2011年版，第129—131页。

② 王京生：《文化的魅力》，人民出版社2014年版，第181页。

③ 王京生：《我们需要什么样的文化繁荣》，社会科学文献出版社2014年版，第223页。

④ 王京生：《城市文化"十大愿景"》，中国人民大学出版社2015年版，第41页。

的成功实践。① 作为一座建市历史仅有三十余年的新兴城市，与西安、开封等以文化积淀论为特征的历史文化古城不同，深圳文化的理论内核为"文化流动理论"②，意即文化是流动的、变化的、多样的、创造的和更新的，深圳在文化资源的跨境流通与配置、文化产业发展和"文化+科技"业态创新、文化体制机制创新等层面为中国乃至世界提供了"改革开放新时期城市文化流动的新样本"和"丰富例证，是中国特色社会主义的典型样本"。③

从特区初创时期的社会主义精神文明建设到21世纪以来的"文化立市""文化强市"，从"文化沙漠"到国际文化创意产业先锋城市，深圳已形成以创新型、智慧型、包容型与力量型为特点的城市文化精神，为中国乃至全世界提供了改革开放新时期城市文化流动的成功案例、丰富例证，是中国特色社会主义优越性的城市典范。出自民间表述的"十大观念"精准地抓住了这座城市的文化精髓，概括了一个争分夺秒、奋发进取、脚踏实地、创新引领、海纳百川、热爱阅读、和乐融融的形象化深圳。迄今已举办21届的深圳读书月以公共阅读来彰显城市转型升级的文化自觉，通过以公共图书馆建设、阅读品牌活动策划、民间阅读组织推广、数字化阅读等为代表的多样化模式进一步推动市民文化权利的实现。作为深化改革开放的"领头羊"，深圳率先推动体制机制改革试点，坚持经济效益与社会效益相统一，通过制度创新来推动文化艺术机构的跨平台、跨行业、跨机构发展，深入推进城市文化管理创新，塑造展现社会主义文化繁荣兴盛的现代城市文明。在紧抓中国特色社会主义先行示范区战略、全面推进高质量发展的时代内涵下，特区文化建设的跨越式发展，既彰显了"十大观念"的文化自觉，也塑造了一方热土的文化自信。

深圳的文化创新，印证了国家领导人对南粤大地的殷切关怀④：

---

① 王京生：《观念的力量》，人民出版社2012年版，第82—85页。
② 王京生编：《文化流动与文化创新研究报告》，广东人民出版社2016年版，第31页。
③ 王京生：《中国文化的历史流变与当今的文化选择》，红旗出版社2014年版，第227—235页。
④ 温诗步编：《深圳文化变革大事》，海天出版社2008年版，第40页。

1992年邓小平同志"南方谈话"要求进一步解放思想、推进改革开放；2000年江泽民同志要求广东增创新优势，更上一层楼，率先基本实现社会主义现代化；2003年胡锦涛同志要求广东加快发展、率先发展、协调发展，在全面建设小康社会、加快推进社会主义现代化进程中更好地发挥"排头兵"作用；2017年春，习近平总书记要求广东坚持党的领导、坚持中国特色社会主义、坚持新发展理念、坚持改革开放，为全国推进供给侧结构性改革、实施创新驱动发展战略、构建开放型经济新体制提供支撑，努力在全面建成小康社会、加快建设社会主义现代化新征程上走在前列。2019年，《粤港澳大湾区发展规划纲要》及《关于支持深圳建设中国特色社会主义先行示范区的意见》相继出台，为深圳带来"人文湾区"与"中国特色社会主义先行示范区"的文化新目标、新使命与新征程。① 基于此，以深圳为个案研究对象，考察其发展创意城市的治理模式以及打造全球标杆城市的实践路径，有助于为全国城市的文化高质量发展提供"创意先行"与"文化示范"的深圳样本。

三　研究内容

本书的主要内容按照"研究缘起—理论基石—体系构建—对策建议"四个层面依次展开论述。首先，研究缘起（出发点）：本书旨在提升文化管理科学化水平，说明打造共建共治共享社会治理格局的战略意义。其次，理论基石（支撑点）：（1）梳理中外城市文明的研究谱系、话语范式及其社会文化语境分析转向；（2）在城市治理"不见文化"和文化治理"缺少城市"的文献综述基础上归纳"城市+文化的治理术"视角，说明通往城市公共性的文化治理途径何以成为可能；（3）厘清创意集群研究中的文化生态学机制，引入数字技术和创意阶层引领逻辑下的"创意聚合"学理框架。再次，体系构建（关注点）：（1）从宏观层面厘清城市文化管理的历史沿革、业务分工和改革进程；（2）从中观层面解析治理利益共同体在城市场域所从事的空间再造行为与生活文化实践，特别是"互

---

① 毛少莹：《深圳文化产业40年发展历程及主要成就》，《深圳社会科学》2020年第5期。

联网+"背景下"智慧治理"在建立部门联动机制和协同综合管理模式中的作用；（3）从微观层面探究不同的创意阶层（文化企业、政府、艺术机构、艺术家、建筑规划师、艺术团体等）参与城市治理的过程和评价，探索合作伙伴关系的生成机制。最后，对策建议（落脚点）：（1）构建基于政府、组织与个人三重主体的网状治理机制，探讨数字文化、文化产业、公共文化、公共艺术、创意氛围等"五位一体"创意城市网状治理模式；（2）结合深圳打造全球标杆城市的文化使命，考察共创多元协同文化创新生态的治理路径。

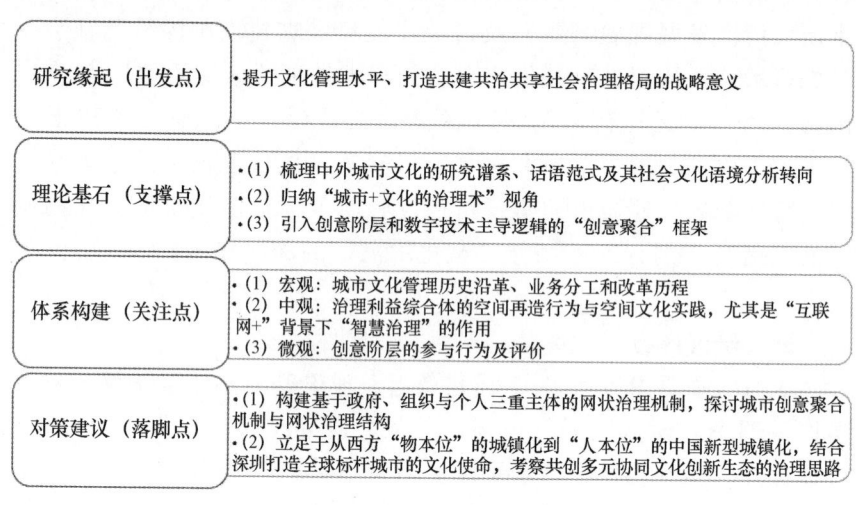

图 0-1 "创意聚合"视域下城市文化的治理机制及其实现路径研究的内容框架

本书的基本思路按照"现象剖析—理论梳理—模式构建—对策总结"依次展开逻辑论证。首先，从现实背景出发，形成选题。其次，梳理城市文明的历史演进和交叉学科研究现状，打通城市治理与文化的产业、社会及审美属性之间的互动关系形成"创意治理"的理论框架。再次，聚焦深圳的文化发展现况，分析不同治理参与主体与城市社会文化语境之间的动态关联。最后，梳理深圳文化的要素构成和治理模式，探讨城市文化创新的动力机制及人文湾区的想象方案。

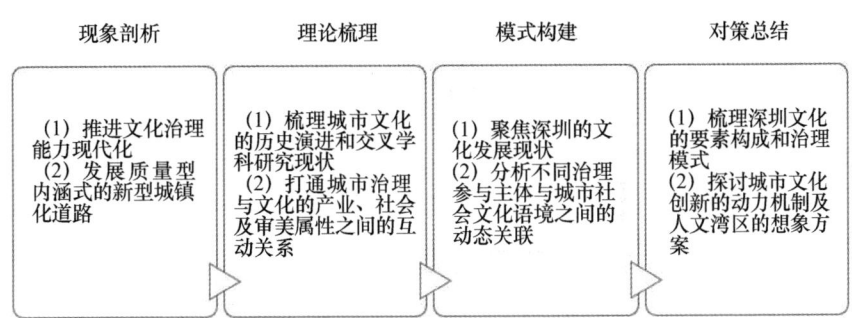

图 0-2　"创意聚合"视域下城市文化的治理机制及其实现路径研究的思路流程

本书的研究方法如下：(1) 文献研究，用于全程研究中外学界关于城市文化、城市治理、文化治理、文化产业等相关理论著作、政策文件及规划纲要；(2) 质性研究，运用参与式观察、深度访谈、民族志等方法来考察城市个案的文化治理机制。本书的研究重点是考察治理共同体的业务类型、参与行为、主体实践及彼此之间的互动机制，剖析城市文化的网状治理模式与创意价值聚合体系。本书的研究难点是不少文化行政管理体制存在"条块分割""交叉重叠"等弊端，内部资料的获取和分析存在难度，可通过负责人、项目组成员及所在机构的人脉资源，以及实地调研掌握的数据资料来弥补不足。

本书的资料主要分布于以下交叉学科研究的理论文献：(1) 城市社会学和人类学、城市史、城市政治经济学、城市地理学、城市建筑与规划学、城市美学等交叉学科视角下的"城市研究"及"城市文化研究"的专著和期刊论文；(2) "新文化史""城市治理""文化治理""创意城市""城市政治""特区文化""智慧治理""场景理论""都市休闲经济""公共文化服务体系""公共艺术""文化体制机制改革""参与式艺术""艺术介入社区"等方面的专著和期刊论文。此外，本书的个案素材主要通过以下文化艺术机构或渠道进行采集，研究方法主要为质性研究的参与式观察和深入访谈：（1）深圳市的公共文化机构和艺术空间，包括盐田图书馆、华侨城当代艺术中心（OCAT）、海上世界文化艺术中心、坪山美术馆、福田中心区"灯光秀"；（2）深圳市的文化科技企业和文化创意园区，包括腾讯集团、高北十六创意园区、水围1368文化街区；（3）深圳市的艺术村和艺术聚落，包括鳌湖艺术村、白石洲"握手302"艺术工作室；（4）深圳市的线上文化云平台、微信公众号、App应用程序，包括"南山文体通""福田文体通""罗湖文体通""坪山图书馆"等。

基于上述研究设计，本书形成以下五点研究预设：（1）城市文化不仅指悠久绵长的中华文明为一方水土所赋予的深厚积淀与地域个性，还应置于政府治理创新、文化要素融合的社会环境中予以考察。（2）文化产业的发展使文化的经济属性、社会属性和价值属性日益凸显，"创意生态体系"思路能更好地理解治理共同体的要素构成及其互动机制。（3）城市文化的网状治理结构可初步概括为三股创意力量交汇而成的话语实践：以"文旅融合+科技创新"为特点的文化产业空间生产，以人居正义为导向的公共文化服务体系，以协作参与为特征的城市人文精神塑造。（4）互联网技术的广泛应用、创意阶层的空间文化实践共同成为推动文化治理的内生动力。（5）人文城市建设是一项系统性工程，整合"数字化—新经济—公共性—合作式—参与性"五位一体的城市创意聚合机制，有助于发挥智慧治理成效、激发文化产业动能、推进公共文化普惠、创新基层协同治理和形塑共享共治共建的包容型城市氛围。

四 章节设置

本书分别从理论篇"城市文化治理理论"和实践篇"城市文化治理实践"两方面展开论述。绪论部分针对"作为问题域的城市文化治理""城市文明典范的深圳定位"这两个重要的研究对象进行概念阐释，逐一说明研究内容、基本思路、研究方法、研究预设、章节设置和创新之处等。就理论篇而言，第一章《世界范围内城市文明的历史演进与迭代更新：基于新文化史的考察视角》立足于新文化史的分析框架，梳理比较视野下中外城市文明的发生语境与演进历程，重点探讨工业革命与现代城市文明的兴起以及全球化后工业城市的文化特征。第二章《作为交叉学科分支的城市文化研究：缘起、观点与现状》通过厘清城市社会学和人类学、城市史、城市政治经济学、城市地理学、城市建筑与规划学、城市美学等交叉学科视角下的城市研究，考察"文化研究"的学科资源和以文化为导向的城市再生对推动城市学的"文化转向"所发挥的作用，全面梳理当前国内外城市文化研究的理论立场并进行现状透视。第三章《城市文化治理：概念、逻辑与路径》分别对"文化""城市文化"等关键词进行概念辨析，总结"城市＋文化"的治理逻辑，把握创意城市的治理变革与特色模式。

就实践篇而言，第四章《"创意深圳"的创新经验：以"大数据＋城市文化治理"为例》在分析深圳文化四十年的历史演进和创意城市的实践经验的基础上，探讨深圳推进"大数据＋城市文化治理"的进展、成效、模式、困境，并提出深化深圳"大数据＋城市文化治理"创新的优化路径。接下来的四个个案研究分别从文化产业、公共文化、公共艺术、社区艺术四个维度逐一展开论述，探讨深圳创意阶层的伙伴关系与合作共治。具体包括：第五章《创意阶层的伙伴关系与合作共治（一）：都市夜间经济的场景营造》，第六章《创意阶层的伙伴关系与合作共治（二）：城市公共文化服务的智慧治理》，第七章《创意阶层的伙伴关系与合作共治（三）：都市公共艺术的民间表述》，第八章《创意阶层的伙伴关系与合作共治（四）：城市社区更新的艺术介入》。结语《"创意聚合"：深圳的"创意先行"与"文化示范"》梳理"大数据治理""新经济治理""智慧治理""合作治理""参与式治理"等多重文化要素互动的城市创意聚合机制和网状治理结构，重点考察数字技术和创意阶层引领逻辑下深圳打造全球标杆城市的文化使命。

综上所述，本书的学术价值和应用价值分别体现为：理论创新：（1）在加强和创新社会治理的背景下整合城市文化的审美价值判断与社会文化语境分析；（2）多中心治理结构集中在多元共治和公共性再造的行政管理学，城市文化治理的动态网状模式深化了"分散式创新"① 的理论阐释框架。对策创新：本书也为深圳打造社会主义强国的城市文明典范，加快塑造展现社会主义文化繁荣兴盛的现代城市文明，提出基于多重文化要素互动的创意聚合体系，为打破"政出多门"等管理壁垒、推动文化资源"沉下去"提供应对思路。

---

① ［澳］约翰·哈特利：《数字时代的文化》，李士林等译，浙江大学出版社2014年版，第176页。

理论篇
城市文化治理理论

第一章

世界范围内城市文明的历史演进与迭代更新：基于新文化史的考察视角

城市化已成为第二次世界大战后的一个全球性议题。根据联合国经济和社会事务部（UNDESA）发布的《2018年世界城市化趋势》报告，二战结束以来的世界城市化水平从27%的低位提升了近30个百分点，至2018年达到55%，另外，城市人口从1950年的7.51亿人增至42亿人。[1] 随着全球有过半人口居住在城市中，除了亚洲和非洲外的其他大洲城市化程度均超过50%，"城市时代"的到来势不可当。中国国家统计局2019年的数据显示，我国城镇人口占总人口比重（城镇化率）为60.6%，较之2018年末的59.58%提高1.02个百分点；城镇常住人口84843万人，总数超出乡村常住人口。[2] 至2018年末，城市数量达到672个，其中地级以上城市297个、县级市375个、建制镇21297个，户籍人口超过500万的城市14个、300万—500万人口的城市16个、50万—300万人口的城市219个、50万人口以下的城市49个。[3] 城市居住人口的快速增长、城市数量和体量的持续扩大，说明中国的城市化不仅是世界历史上最大规模和最快增速的城市化进程，也是全球城市化水平不断深化的最重要的推动者之一。有鉴于城市已经取

---

[1] 《2050年：全球城市化率有望达68%》，2018年8月20日，中华人民共和国商务部（http://www.mofcom.gov.cn/article/i/dxfw/gzzd/201808/20180802777406.shtml）。

[2] 《中华人民共和国2019年国民经济和社会发展统计公报》，2020年2月28日，国家统计局（http://www.stats.gov.cn/tjsj/zxfb/202002/t20200228_1728913.html）。

[3] 《城镇化水平不断提升，城市发展阔步前进——新中国成立70周年经济社会发展成就系列报告之十七》，2019年8月15日，国家统计局（http://www.stats.gov.cn/tjsj/zxfb/201908/t20190815_1691416.html）。

代农村，成为全球人口居住的首选之地，针对"城市"的科学研究越发迫切，而城市历史的"前世今生"是走进"城市"这一研究领域的论述起点。

漫长的城市历史是人类文明史的一个侧影，也是文明发展成果最集中的体现。纵观中外城市的演进历程，城市史总体上可划分为早期城市、古代城市、中世纪城市、工业城市、后工业城市五个历史阶段。这些发展阶段大体上按照"前现代—现代—后现代"的城市文明历程演进，即由早期城市的农耕文明、古希腊的城邦文明、古罗马的帝国文明和中世纪城市的工商业文明所构成的"前文明"，近代工业城市所形塑的"工业文明"，以及第二次世界大战结束以来特别是20世纪末以来，全球化、信息化和城市再生所共同塑造的"后工业文明"。本章将在历史和逻辑相统一的意义上，以自下而上式剖析事物意义，探究其与社会等要素之间互动关系的新文化史为分析视角，立足于中外城市发生语境的比较视域，深入阐述世界范围内城市文明的演进与迭代过程，反映和考察城市文明绵延推进的主线和基本要素。一方面，通过梳理人类早期城市起源及其特点，重点探讨古希腊城邦和古罗马帝国两种古典文明背景下城市的出现、发展和衰落过程，分别从社会、政治、经济三个维度透视中世纪城市所孕育的一系列新理念、新模式和新关系，进一步概括上述历史时期城市所独有的城市建筑、公共空间、文化活动等城市文明形态及影响。另一方面，通过厘清工业革命发生的历史背景和主要特点，说明工业主义与现代性话语之间的内在关联及产生的文化悖论，探究后工业城市的理念创新、实施策略与现实挑战。诚如恩格斯所说："这种反映是经过修正的，是按照现实历史过程本身的规律修正的。这时，每一个要素可以在它完全成熟而具有典型性的发展点上加以考察。"[1]

---

[1] 《马克思恩格斯文集》第2卷，人民出版社2009年版，第603页。

第一节 "前现代"的城市文明：农耕文明—城邦/帝国文明—工商业文明

本节将以多源头和多样化推进的空间形态及文化原型为起点，深入分析人类城市历史的复杂性和"前文明"内涵的深邃性。在进入城市的现代性论述之前，厘清这些城市的缘起和嬗变，探究城市中的建筑设施、人居环境、居民生活和社会习俗，将为理解工业文明下现代城市的兴起奠定"史前史"基础。

一 早期城市与农耕文明

聚落考古是进入早期城市研究的一个重要视角。20世纪中叶考古学领域的方法论，主张围绕人类聚落形态和栖居活动来研究社会关系的特点及文化演变的进程。[①] 刘易斯·芒福德提醒我们应当在考古学家关注的物质性遗迹（如古人类的遗骨残片、工具和武器等）之外，更多地注意到人类定居所形成的建筑形态及其结构秩序（如小村落、圣祠、村镇，或者更早出现的宿营地、贮物场、洞穴、石冢等），因为像陵墓、岩洞等空间遗迹中可窥见人类社会性和宗教性的精神需求，这些与单纯动物性需求相区别的早期城市功能在旧石器时代文化中已经萌芽。芒福德也谈到，随着中石器时代驯化动植物带来的饮食正规化，人类的定居模式开始从游牧转为更为持

[①] 针对"聚落形态"（settlement pattern）的学界讨论相当丰富。美国考古学家欧文·劳斯分别从文化、社会、生态三个层面解释人类活动、日常行为和机构分布之间的相互关系。加拿大考古学家布鲁斯·特里格认为应该使用生态学和社会学的方法，视聚落为一种经济、政治和相关的功能系统，从个别建筑、社区布局、区域形态三个维度展开研究。美国考古学家肯特·弗兰纳利从"大游群"营地和"小游群"营地两种聚落形态延伸出早期农业村落由圆形房屋和方形房屋两种居址类型构成，他也对部落社会的等级特点和社群发展提出深入的思考。英国考古学家科林·伦福儒和保罗·巴恩也提出"中心位置理论""遗址等级分析"等研究方法。陈恒等：《西方城市史学》，商务印书馆2017年版，第37—42页。

久的居住，作为原始聚落的村庄开始建立一种有别于"蒙昧阶段"[①]的新的文明秩序。正如简·雅各布斯所说："城市的出现必定要早于农业的产生。"[②] 新石器时代早期的村庄空间构造揭示了城市雏形的基本特征：生命的维系和繁衍生息（如村庄的宅房、仓廪、地窖、炉灶、畜棚、箱匣、水槽、谷仓等），抵御外来侵扰（如栅栏、土岗、城墙、壕堑等），随着制陶业和水力学而出现的诸种容器（如石制和陶制的瓶、罐、瓮、桶、钵、箱、水池、谷囤、住房、沟渠等），等级制度及潜在的文明冲突（如狩猎者和畜牧者两种职业身份的人在驯服自然过程中形成的生存法则），以及基于习俗、交往、集会而形成的文化共识（如村庄长老会议和宗教信仰所构成的乡村文化）。这些文化象征逐渐演化为城市的繁衍功能、防卫功能、容纳功能、组织功能和制度功能。

农业时代的到来是早期城市发端的关键。考古学界一般认为"美索不达米亚、古埃及、中国黄河流域、印度河谷、墨西哥河谷、危地马拉和洪都拉斯的热带丛林以及秘鲁海岸和高原"[③] 这七种文明是人类的早期文明，也被视作最早出现农业的区域。例如，位于底格里斯河和幼发拉底河冲积平原地带的美索不达米亚有着丰富的农作物，但修建农作物所需的灌溉系统需要存在与乡村血缘关系不一样的社会关系，才能实现人对自然的支配。由此，祭司阶层、神庙等宗教层面的人员与空间开始确立一种新的社会秩序，分别从统治权力、商业发展、文字体系等方面构建苏美尔早期城市文明，代表城市有乌尔、巴比伦、沙罗金、波斯波里斯等。阿拉伯半岛的城

---

① 摩尔根将"蒙昧阶段"细分为初级蒙昧阶段（从人类出现到火的使用）、中级蒙昧阶段（从火的使用到弓箭的发明）、高级蒙昧阶段（从弓箭的发明到陶器的发明）。这之后分别经历初级野蛮阶段（从陶器的发明到动物的驯养）、中级野蛮阶段（从动物的驯养到铁矿石的冶炼）、高级野蛮阶段（从冶铁技术的发明到音标字母的发明）后，随着书写和字母的使用，人类开始进入文明阶段。［英］A. E. J. 莫里斯：《城市形态史——工业革命以前（上册）》，成一农等译，商务印书馆2011年版，第20页。

② J. Jacobs, *The Economy of Cities*, 1969. 转引自［英］A. E. J. 莫里斯《城市形态史——工业革命以前（上册）》，成一农等译，商务印书馆2011年版，第17页。

③ 根据格林·丹尼尔（Glyn Daniel）在《最初的文明：文明起源的考古学》（*The First Civilisations: The Archaeology of their Origins*）一书中的界定。［英］A. E. J. 莫里斯：《城市形态史——工业革命以前（上册）》，成一农等译，商务印书馆2011年版，第15页。

市文明与美索不达米亚有着地缘层面的历史渊源,尽管严酷的生存环境决定了部落化的阿拉伯人的生存模式,但麦加、麦地那这样的城市更多地依赖绿洲农业、商品贸易和伊斯兰教的宗教信仰形成早期的城市形态。位于尼罗河河谷和三角洲的古埃及文明也有着丰沛的农产品剩余,但与美索不达米亚围绕祭司而形成的城市生活有所不同,古埃及以王室为中心建立了一种相对封闭的法老城市,致使除了金字塔之外难以找到可辨识的城市遗迹。考古学家一般认为孟菲斯、阿玛纳、底比斯、埃赫塔顿等为古埃及文明的代表城市。位于印度河谷的哈拉帕文化与美索不达米亚的相似之处在于保持神权统治的同时,开放互通有无的贸易交易并展开精细的城镇规划。宗教对城市的直接影响也体现在以墨西哥(阿兹台克)、秘鲁(印加)等为代表的美洲文明,例如中美洲的玛雅文化通过神庙等宗教建筑、祭祀仪式和习俗等建立早期的城市文明。总的来说,农业时代意味着"家畜驯养和农耕方式传播开来,相应地产生了定居的生活方式。小村落发展成为手工业活动和产品交换中心"①,早期城市在上述人类文明发源地迅速成型。随着宗教、军事、工商业、行政管理、文化等非农业活动的出现,越来越多的人开始成为从事非农业活动的城市居民,统治者的政治权力、为统治者服务的统治阶级和繁荣的工商业活动,共同推动了城市的兴起和扩张。②芒福德进一步认为从村庄文化向城市文明的过渡是一种"向内聚合(implosion)"③的演进过程:(1)人口主体的变化,从农耕时期的猎民、农民、牧民演变为矿工、樵夫、渔人、工匠技师、船夫水手、士兵、钱庄经纪人、商人、僧侣等复杂的职业分工;(2)权力关系的变化,酋长与村民之间平等亲密的关系演变为国王、官吏、大臣、平民等新生社会阶层之间的等级关系;(3)社会功能的变化,原始村庄分散自发的无组织状态演变为城市密闭、系统、复杂的集中组

---

① [美]乔尔·科特金:《全球城市史》,王旭译,社会科学文献出版社2014年版,第3页。
② 陈恒等:《西方城市史学》,商务印书馆2017年版,第13—35页。
③ [美]刘易斯·芒福德:《城市发展史——起源、演变和前景》,宋俊岭等译,中国建筑工业出版社2005年版,第37页。

织和聚合状态，一方面是侵略扩张和掠夺征服的战争，另一方面是由城墙与法律所构建的安全秩序。

在中国，考古学家一般认为位于河南省偃师市的二里头遗址是夏朝（公元前2100—公元前1600年）的都城遗迹，这也是中国早期城市最早的物质性存在。二里头遗址分为宫殿区、作坊区、祭祀活动区和贵族聚居区构成的中心区以及一般居住活动区。建筑群包括半地穴式窝棚、单间、宫殿、庙宇、手工业作坊、墓葬、铸铜作坊、陶窑、骨器加工作坊、水井和排水系统等。中国学界对早期城市的界定与西方城市有一定的相似之处，也就是把城市视作与乡村不同的一种地域单位、一种人类文明发展到一定阶段产生的聚落形态，也是一种具有复合功能的空间有机体。尽管与萨尔贡时期作为帝国中心的巴比伦有一定的相似性，但与美索不达米亚两河流域通过活跃的商贸活动形成的城市不同，中国早期城市大多是依据政治权力的集中管辖而形成的都邑，商业贸易相对并不发达。因此，汉语的"城"与"市"存在一定程度的分离，作为行政中心的古城更多地依附于中央集权的古国——"高于氏族部落的独立政治实体"[①]。这种高度依附王权统治、四周用城墙环绕的皇城模式也在几百年后被东亚国家借鉴，日本的京都、李氏朝鲜的汉城均可找到这种依据行政中心进行规划的中国早期城市痕迹。除了高度集权的政治功能，敬奉天地、崇拜祖先等信仰习俗也有助于征集农业劳动力建造城墙和建筑群。神庙、宗庙等宗教建筑矗立在都城中心。这说明"奉行天道"[②]的神性原则在中国早期城市发展过程中发挥了作用。因此，中国学者将从夏、商、周到春秋战国时期的先秦早期城市建设特点概括为礼制、择中、形胜、象数。[③]

概括而言，早期城市实际上是通过物质性的建筑、制度化的结构、宗教象征仪式、职业化的劳动分工、财富向权力的积累、统治

---

① 曲英杰：《古代城市》，文物出版社2003年版。转引自陈恒等《西方城市史学》，商务印书馆2017年版，第48页。
② ［美］乔尔·科特金：《全球城市史》，王旭译，社会科学文献出版社2014年版，第11页。
③ 姚糖：《中外城市史》，中国建材工业出版社2019年版，第25—26页。

者对平民的普遍剥夺、人的交往与冲突等确立了一种特殊的"物质化"(materialization)①容器,这也催生了一种不同于游牧时代"蒙昧文明"的早期城市文明的出现。

二 古希腊的城邦文明与古罗马的帝国文明

如果说早期城市在欧洲尚处于"未开发"的状态,那么毗邻希腊大陆的克里特岛(Crete)凭借其界线分明的地形特点、舒适宜人的气候、适合农业耕种的平原地带、丰富的大理石原材料和手工艺、相对活跃的工商业,在与美索不达米亚和古埃及的商贸往来及思想影响下,逐渐萌生出一种独特的城市形态——城邦。尽管希腊语的"polis"(城邦)与英语的"city state"(城邦)不同,但这种介于乡村与城市之间的空间实体,说明了一种背靠乡村、山脉和大海,同时相对紧凑的核心城市,形成了崇尚公共活动的自治氛围以及追求自由的生活方式。

随着公元前1450年迈锡尼人入侵克诺索斯王宫,以米诺斯文明(Minoan)为代表的克里特文明开始衰落。植根于希腊大陆的迈锡尼文明(Mycenaean)在米诺斯宫殿和节庆公共场所的基础上,融入城墙、城堡、堤防、水井、水箱等军事化建筑设计,这些因素形成后青铜器时代希腊城市文明的重要特征。公元前12世纪下半叶,多利安人占领希腊半岛,致使迈锡尼文明走向衰亡,但克里特—迈锡尼文明却延续着古典城邦的聚集方式和生产生活方式,直到三个世纪后古典希腊文明的出现。

在公元前338年腓力二世领导的马其顿帝国通过切罗尼埃(Chaeronea)战役征服希腊之前,"Hellenic"(希腊的)城邦文明具有以下特点:(1)形成"一城一邦"的相对自治形态,例如雅典城的政治中心、经济中心、宗教文化中心地位得到强化,同时也强化了斯巴达的军事地位。此种因地制宜、自由宽容的城邦特点也在公元前800年至公元前500年随着暴力扩张的殖民运动而不断扩展到地中海沿岸的意大利、西西里和小亚细亚北部海岸,使这些殖民

---

① [美]刘易斯·芒福德:《城市发展史——起源、演变和前景》,宋俊岭等译,中国建筑工业出版社2005年版,第119页。

化的新城都出现了广场、剧院、神庙等希腊城邦的特点。（2）"卫城"（acropolis）和"广场"（agora）是希腊城邦平面空间格局的显著特点。如果说从最初的防御工事发展为宗教活动中心的卫城，迎合的是与古希腊民主相悖的君主政治和贵族政治，那么广场开启的则是一种基于市民政治交往、商业往来及日常生活的公共活动和民主政治。这种超越宗教功能、赋予市政广场和公共建筑以社会意义的公共空间培育了希腊人参与学术活动、民主集会和公共休闲的自由精神，进而与神殿、神庙、街道、体育竞技场、议事会厅、公民大会会场、忒罗、柱廊、祭坛、音乐厅、剧场、摔跤场等建筑场所一并形成以"公共宗教节庆、公民教育、学园教育、体育竞技、会饮、戏剧演艺"①等世俗文化为特点的城邦精神。（3）城邦重建后启动了一系列棋盘格式的空间规划，例如希波丹姆斯开启了专业规划师介入城市规划的先例、米利都的平面布局设计、普里恩城的艺术复原、雅典卫城的有机修复等均为世界城市规划史留下宝贵的财富。（4）城邦间的联合与分散说明城邦政治具有介于自主与集中之间的混杂性，如果说公元前492年至公元前449年的希波战争推动了"提洛同盟"的形成并加快了雅典城的繁荣，那么公元前431年至公元前404年的伯罗奔尼撒战争则使伯罗奔尼撒同盟与提洛同盟之间的关系趋于瓦解，希腊城邦由此走向衰败。随着亚历山大三世建立马其顿帝国，作为政治实体的希腊城邦被逐一歼灭，但"Hellenistic"（希腊化）却意味着希腊文化得以传播到亚、非、欧三大洲的多个地方，形成普南城、安条克、塞琉西亚、亚历山大里亚等具有希腊城邦特点的城市。与此同时，古希腊相对独立的城邦政治从这时候开始转为帝国政治统摄下的城市形态。

古罗马在经历了王国时代（公元前753年至公元前510年）、共和时代（公元前509年至公元前27年）和帝国时代（公元前27年至公元330年）后，逐渐从伊达拉里亚的奴隶制城邦、以元老院为核心的公民城邦演化为行省制度下的帝国城市群，并将城市文明的影响范围进一步辐射到莱茵河与多瑙河以东的欧洲大陆。可以

---

① 陈恒等：《西方城市史学》，商务印书馆2017年版，第98—104页。

说，与古希腊城邦"小而美"的自主领地不同，古罗马的城市与帝国具有内在一致性：城市规划和建设呈现出雄伟华丽的帝国美学，伟大的帝国则是城市权力不断扩张的产物。位于台伯河下游平原的罗马城因被七座山丘环绕而被称为"七丘之城"（City of the Seven Hill），自公元前753年罗慕洛斯建立罗马城后，宗教神庙和罗马广场为城市建设赋予了神性崇拜与公共事务参与的特点，但公元前2世纪罗马共和国的海外军事扩张又使这座城市修建了大量的防御工事和军营。以广场、神庙、元老院议事堂、凯旋门、纪念柱、角斗场等为特点的市政建设影响到庞贝城，至共和国后期的罗马城市建设相当兴盛。无论是排水和供水系统、街道系统，还是住宅、休闲广场，均体现出那一时期古罗马文明的城市智慧。鼎盛时期的罗马城人口一度达到120万人。帝国时代的罗马城以其富丽堂皇的宗教建筑群、精致华丽的雕像和纪念碑艺术、角斗表演和洗浴设施带来的娱乐生活而形成一种辉煌耀眼的城市文化，但"平等的城市"[1]却难以掩盖上层贵族与下层平民之间的鸿沟———一面是国王的美酒盛宴，另一面则是竞技场内骚动的暴民。值得注意的是，服务于帝国军事扩张的营塞城（castremetation，指的是短时间内大规模修建的临时军营、防御碉堡和城墙等）在与当地部落融合的过程中逐步转变为棋盘格式的城市形态，此种"罗马化的城市化"意味着一个世界性帝国的海外扩张通过城市化的方式而得以实现。然而，"城市化的罗马化"远不是血腥暴力的军事杀戮那么简单，古罗马文明的海外征服是透过包括"殖民城市、自治市、城邦"[2]在内的三层城镇体系而确立的，帝国在其中发挥着"城市单元的联邦"[3]的作

---

[1] ［英］A. E. J. 莫里斯：《城市形态史——工业革命以前（上册）》，成一农等译，商务印书馆2011年版，第176页。

[2] 相关解释为：殖民城市（coloniae）指的是新建的聚落或者本地的城镇，它们是罗马帝国的同盟，拥有同罗马市民一样的地位和特权；自治市（municipia）指的是重要的部落中心，罗马占领后被授予了正式地位，但其中的居民仅仅享有部分市民权利；城邦（civitates）指的是部落的市场和行政中心，保持着罗马化的形态。转引自［英］A. E. J. 莫里斯《城市形态史——工业革命以前（上册）》，成一农等译，商务印书馆2011年版，第160页。

[3] Lopez Robert, *The Birth of Europe*, M Evans & Co., 1967, p. 15. 转引自陈恒等《西方城市史学》，商务印书馆2017年版，第83页。

用。诸如意大利的庞贝、奥斯蒂亚等新城镇，北非的沙格、提姆加德、亚历山大，西班牙的恩波里亚、伊塔里卡，法国高卢地区的尼毛苏斯、卢特提亚，德国高卢地区的摩古恩提亚库姆，甚至罗马统治下的大不列颠均可发现罗马风格的建筑、军营、街道、剧场等罗马帝国时代的城市遗迹。进入公元 3 世纪后，农业经济的凋敝致使罗马帝国出现统治危机，频发的内战和人民起义、异族的入侵、瘟疫的传染均使罗马的城市趋于衰败。至公元 467 年罗马帝国分裂为东罗马帝国和西罗马帝国后，依靠帝国的世界主义理念所建立起来的城市文明走向瓦解。

与欧洲古典城市衰落相对应的是东方城市文明的崛起，尤以阿拉伯帝国的伊斯兰城市和中国的城市为主要代表。自公元 7 世纪伊斯兰教在阿拉伯半岛的兴起，穆罕默德在公元 630 年成立政教合一的阿拉伯帝国，伊斯兰文明开始从阿拉伯半岛延伸至地中海东岸和南岸，并辐射至伊朗、阿富汗和巴基斯坦。从麦加到麦地那、从大马士革到巴格达和开罗，伊斯兰教为这些城市植入了虔诚的宗教信仰，以一种基于信仰的单一民族公社观念取代了传统沙漠部落的氏族观念，信仰成为维系人与人之间关系的精神纽带，清真寺也成为这些伊斯兰城市的公共空间。与此同时，伊斯兰教也随着阿拉伯商人和传教士遍及非洲与和亚洲的贸易活动而不断地扩散其影响力，甚至在印度和东南亚的一些岛国都留下了伊斯兰城市文明的痕迹。另一种独特的东方城市文明是中国在农业文明基础上建立的城市传统，像洛阳、长安、北京、杭州等城市以其高度的政治行政功能、自给自足的商业贸易和唐代确立的"中央王国"文化，形成中心大都城和周边郡县环绕的格局。

古希腊"小而美"的城邦文明与古罗马"大而全"的帝国文明形成了两种独具特色的欧洲古典城市文明形态。欧洲的商人和手工业者为城市经济注入新的资本主义活力，推动了大航海时代世界贸易的形成与发展，这有利于西方的探险家和商人获得广阔的原材料供应地和商品销售市场。而许多盛极一时的东方国家在与西方的竞争中逐渐走向衰落，也导致了东方城市文明的增长乏力。

三 中世纪城市与工商业文明

公元476年西罗马帝国的灭亡标志着欧洲进入漫长的中世纪（Middle Ages）。自11世纪至15世纪，欧洲城镇出现了一波以工商业中心为特点的城市发展潮流。[①] 从空间构成来看，中世纪城市的共同特点是由城墙（军事防御功能）、街道和市场（商业活动功能）、教堂和广场（宗教与集会功能）、私人住宅和平民建筑（居住功能）等视觉景观形态构成。这一时期城市复兴的主要原因有以下四点。（1）商业贸易的复苏。公元7世纪至9世纪末期伊斯兰教的穆斯林们控制了地中海沿岸的商业活动，使得西欧地区的城市趋于凋零，但公元10世纪后重新启动的长途贸易路线，以及商人和手工业者等社会新阶层的出现都加快了西欧经济发展和城镇扩张进程。（2）天主教会的价值观维系。基督教文明取代了毁灭的罗马文明成为欧洲社会的凝聚力，其意义不仅限于大规模修建了一批遍及各个城市的修道院，更重要的是确立了宗教神学背后的文化知识权威和社会组织基础。（3）封建主义等级制度加速了农业人口与非农业人口、农业活动与非农业活动之间的分离。受制于相对低下落后的农业生产能力，传统的农奴家庭不得不将剩余劳动力转移至城市并成为手工业者，同时领主制下的庄园主需要用剩余的粮食换取更为高档的手工业品和奢侈品。由此，从农村"溢出"的人口及其从事的商业生产和贸易成为中世纪城市的中坚力量。（4）手工业者的人口聚集推动了中小城镇的发展。随着大量农村剩余劳动力转为手工艺学徒，这些工商业者有着商品生产、交换以及交通便捷等商贸往来的需求。比如在中世纪的英格兰，羊毛纺织业的出现推动了纺织工人、织物生产和贸易、羊毛商店等一系列手工业从业者及行业机构的发展。地处纺织业中心地带的伦敦、温切斯特等城市也得以集中

[①] 具体类型分为两种：一是"有机生产的城镇"，包括罗马时期的城镇（罗马、伦敦、巴黎等）、随着贸易发展起来的城市（伯尔卡、居姆纳等）、设防城镇、由农村聚落发展起来的城镇；二是"规划的新建城市"，包括防御城镇（bastide towns）、种植城镇（planted towns）。参见［英］A. E. J. 莫里斯《城市形态史——工业革命以前（上册）》，成一农等译，商务印书馆2011年版，第247页。陈恒等《西方城市史学》，商务印书馆2017年版，第119—120页。

性增长，这为早期工业城市的萌芽奠定了基础。

商业贸易活动（例如地中海贸易城市威尼斯、北海和波罗的海贸易城市阿姆斯特丹、港口贸易城市南安普顿等）和手工业（例如毛纺业城市佛罗伦萨、葡萄酒酿造城市波尔多、铁器制造城市纽伦堡等）是中世纪城市的主要特点。大部分中世纪城市兼具商贸活动与手工业的经济属性。在这轮欧洲城市的"财富热"中，意大利的佛罗伦萨、威尼斯、热那亚等凭借商贸流通不断制造金钱的神话；西班牙和葡萄牙的"新世界"殖民征服，为马德里、里斯本、塞维利亚港等城市的快速发展积累了财富；作为宗教和文化中心的巴黎一度成为君主权力和中央集权的象征；活跃的商人、手工业者和银行家使阿姆斯特丹和伦敦成为最具商业活力的欧洲北方城市。至公元16世纪中叶，欧洲拥有近200个人口超过1万的城镇、城市人口占比达到10%，显示出当时的欧洲城市化水平。①

除了繁盛的工商业，中世纪城市的最大特点还体现在建立了一套与古典时代城市不同的社会法则、组织形态、城市定位和城市功能。首先，中世纪的城市孕育出一种城市共同体的新的社会观念。与地理意义层面的聚居不同，社会层面的聚集意味着有别于乡土血缘关系的社会契约关系，通过管理制度、管理机构、管理人员等一系列社会结构来规范市民的权利与义务。比如，从城市自治权的层面规定什么是人身自由、财产自由、契税关系等；又比如形成以市长、大总管、市政会、城市法庭等为构成要素的市政机构，并从行政、司法、经济、外交、社会管理等多个层面明确这些机构的职能；另有一些城市出于自身的政治需求或经济利益形成城市与城市之间、城市与国王之间的同盟。其次，人口流动使市民的身份构成、城市组织出现新的变化。如果说早期的城市居民多为转移至城市的农奴，那么城市发展日益成熟后，市民身份越发复杂：既有到城市"讨生活"的手工业学徒或渴望改善农村生活的贫民，也有从事海外贸易的外国人，更有凭借契约关系而进行分工协作的城市工商人士。在封建主义时代，市民的具体类型包括：（1）占有土地的

---

① ［美］乔尔·科特金：《全球城市史》，王旭译，社会科学文献出版社2014年版，第127页。

封建和军事阶级（封建制度下的国王、领主等群体）；（2）为所有人祈祷的教士阶级（神父等群体）；（3）乡村大众。① 作为一种新的社会阶层，市民阶级（bourgeoisie）的成熟标志着新制度取代只有教士和贵族两个等级的旧制度。② 更重要的是，中世纪的城市建立了包括"商人吉尔特（gild merchant）、手工业行会（craft gild）、公会（company）在内的组织"③，以便服务城市赖以生存的支柱——工商业。但行业协会对城市领导权和市政管理的深度介入，引发了他们与以城市贵族为基础的政治寡头之间的反复较量，最终形成了相互妥协的城市社会共同体。再次，随着工商业的发展，城市与乡村、城市与城市之间的关系也在发生改变。农村成为向城市供应原材料、剩余农产品和剩余劳动力的主体，城市则依托广大的农村腹地进行农产品和手工产品交换。以商品关系为内核的工商业经济对农本经济形成了越来越大的竞争优势。国内贸易与国际贸易的快速发展使不少城市（如热那亚、马赛随着地中海贸易而崛起）逐渐成为世界市场体系的重要节点。最后，资本主义萌芽赋予城市新的经济功能、社会功能与文化功能。"商品货币意识、市场意识和进取精神、理性计值意识、财富追逐意识、新的商业观、新的消费观、新的时间观"④ 等资本主义理念日益成熟。毛纺业等手工业也出现资本主义的生产关系，推动了商人等早期资产阶级在城市大量出现，也强化了城市社会的价值观——法律、医疗、教育、艺术等机构为新兴市民阶层提供多样化的服务，近代大学的兴起使城市成为文化与教育的中心。

与此同时，14世纪末至18世纪末的西欧社会经历了一场思想、文化、艺术和科学的文艺复兴运动。它为打破基督教神学的枷锁而积极探求古希腊和古罗马的文化价值，为中世纪末期的城市化增添了浓墨重彩的一笔。发端于意大利佛罗伦萨的"文艺复兴"（Re-

---

① [英] 诺尔曼·庞兹：《中世纪城市》，刘景华等译，商务印书馆2014年版，第138页。
② [比] 亨利·皮雷纳：《中世纪的城市》，陈国梁译，商务印书馆2013年版，第134页。
③ 陈恒等：《西方城市史学》，商务印书馆2017年版，第140页。
④ 陈恒等：《西方城市史学》，商务印书馆2017年版，第167—170页。

naissance）主要指的是在绘画、雕塑、建筑等艺术领域和宇宙天文、数学等科学领域复兴古典文化，极力推崇人性解放和个体自由的人文主义精神。这一思潮对欧洲大陆的建筑美学和空间设计产生了深远的影响，追求规则和秩序的巴洛克建筑风格取代了非对称的哥特式空间理念，"笔直的主街、棋盘格构成的街区以及封闭空间"[①] 构成文艺复兴时期城市空间形态的主要特点。此外，维特鲁威的《建筑十书》、阿尔贝蒂的《建筑的艺术》、马蒂尼的《论建筑》、斯卡莫齐的《世界建筑理念》等著作为城市规划的理论化和科学化做出了重要的思想贡献。恩格斯在《自然辩证法》导言中对文艺复兴做出了如下评价："这是一次人类从来没有经过的最伟大的进步和变革，是一个需要巨人而且产生了巨人——在思维能力、热情和性格方面，在多才多艺和学识渊博方面的巨人的时代。"[②] 而文艺复兴时代巨人般的伟大成就，也体现在构建城市文明的深远影响中。如著名的"文艺复兴三杰"之一的达·芬奇就亲自参与了城市的规划设计，为米兰规划了既典雅美观，又便利高效，而且以人工运河与卫星城形成辐射状，有助于城际交通和卫生防疫的城市雏形，被后人称赞为"理想城"。

借助印刷术的发展，意大利文艺复兴的建筑规划理论和实践陆续传播至欧洲的其他国家。例如，法国将意大利的巴洛克风格本土化为古典主义（classicism），放射型的空间特点影响了巴黎的城市布局，凡尔赛花园也吸收了中轴线对称和放射状道路等意大利花园的特征。尽管英国在意大利文艺复兴艺术兴盛之初仍然在建筑规划领域广泛地应用哥特式风格，但在亨利八世（1509—1547年）统治期间，英国也开始像法国那样接受人文主义的文化思潮，1630年伦敦科芬园广场和1621年白厅宴会厅都是具有文艺复兴特点的城市建筑。[③]

---

① ［英］A. E. J. 莫里斯：《城市形态史——工业革命以前（上册）》，成一农等译，商务印书馆2011年版，第410页。
② 《马克思恩格斯全集》第20卷，人民出版社1971年版，第365页。
③ ［英］A. E. J. 莫里斯：《城市形态史——工业革命以前（下册）》，成一农等译，商务印书馆2011年版，第248页。

自宋朝开始，中国商业贸易发展活跃，12世纪开启的越洋贸易辐射至朝鲜、日本、东南亚和南亚的多个地区。广州、福州、漳州、宁波等沿海港口城市通过食品、药品、手工艺品等商品的进出口交易而形成开放活泼的城市文化。以开封（汴京）和杭州（临安）为两大都城的宋代，培育了契约精神、商业信用、功利规则、消费娱乐等，形成了繁荣的市民生活，诞生了丰富多彩的宋画、宋词、宋韵、宋书、宋瓷、宋艺等。哈佛大学教授费正清（John King Fairbank）对此做出高度评价：中国的宋代"包括了许多近代城市文明的特征，所以在这一意义上可以视其为'近代早期'"[1]。而在这之后的朝代更替下，中国的城市与欧洲的巴洛克—古典主义城市虽处于同一时期，却走了另一条不同的道路。元大都、明南京和明清时代的北京在空间布局上，体现出中轴对称、宫城居中的中央集权传统，而游牧民族统治下的元朝，将手工业者视为下等职业且无法平衡蒙、汉两种统治制度。由汉人掌权的明朝又面临官僚腐败和党争迭起，难以抵御外族的入侵。1911年辛亥革命终结了清王朝的皇权统治。

综上所述，欧洲工商业的快速发展带来了资本主义萌芽和全新的城市社会关系，"原工业化"（proto industrialization）[2]的中世纪城市文明为18世纪工业化城市的出现奠定了坚实基础，这两者之间形成了历史延续而前后更替的关系。而在历史上一度辉煌的中华文明，在西方迈入大航海时代之际却失去了全球贸易的主动性。中国本土发育的城市文明也随着封建政权统治的瓦解而走向衰落。

第二节 现代性视域下的城市文明：工业城市

没有工业革命就没有现代城市的诞生，生产工具的升级换代、生产力的不断进步催生了财富的迅速积累和人口的快速增长，城市

---

[1] 吴钩：《宋：现代的拂晓时辰》，广西师范大学出版社2015年版，第2页。
[2] ［美］简·德·弗里斯：《欧洲的城市化：1500—1800》，朱明译，商务印书馆2014年版，第9页。

化进入一个史无前例的高度爆发式增长的时代。当高耸林立的工厂厂房、钢筋水泥的马路和高架桥、高速疾驰的火车、港口繁忙的轮船映入眼帘并介入市民生活时，一种有别于早期城市、古代城市和中世纪城市的新的现代城市文明宣告了它的到来。

一　工业文明孕育下的近代城市

历史学家保罗·M. 霍恩伯格和林恩·霍伦·利斯把"工业化"细分为三个历史阶段：前工业化时期（11—14 世纪）、原工业时代（14—18 世纪）和工业时代（18—20 世纪）。较之原工业时代的城市近代经济萌芽，18 世纪以来资本主义成为欧洲的主导生产方式，通过资本积累和自由市场推动了工业都市化的进程。① 工业革命的最早契机发生在生产技术变革中。作为中世纪英国的支柱产业之一，铁器铸造业需要以煤炭、铁矿石、木材作为原材料，早期的公路、铁路和水路出于运输需要而日益兴盛，直至 1730 年炼钢业快速崛起。13 世纪以来，布匹、肥皂、毛皮、锡、呢绒、五金、亚麻布等地方特色手工业遍及英国多个城市。英国在殖民时期把棉布作为新兴大宗商品，棉纺织业的海外贸易非常兴旺。进入 18 世纪，这两种工业的发展直接催生了技术领域的创新：飞梭（1733 年）、珍妮纺纱机（1768 年）、水力纺纱机（1769 年）、蒸汽机（1784 年）、穆尔纺织机（1799 年）等动力机器相继诞生，汽船（1807 年）、蒸汽机车（1814 年）、铁路（1825 年）等交通工具也陆续发明。生产工具、生产资料和交通运输工具的深刻变革带来了生产力的增长、人口的高速增长及大量流动。"圈地"运动改变了传统的农耕社会，农业技术的改良使大量失地农民和农村剩余劳动力涌入城市。破产的手工业者成为城市工业生产的主力军。以大规模、集体化工业生产为特点的工厂制度取代了分散的手工业作坊，工业中心成为吸引农民和手工业者的城市中心。1750 年至 1850 年的一百年间，包括英国在内的多个欧洲国家城市人口不断增长，近代工业化塑造了一种与乡村社会不同的现代城市社会。（1）城市空间发生

---

① ［美］保罗·M. 霍恩伯格等：《都市欧洲的形成1000—1994 年》，阮岳湘译，商务印书馆2009 年版，第 165—167 页。

剧变。满足工业生产活动需求的建筑物开始大规模兴建，诸如铸铁空心柱、混凝土楼板、悬挂铁皮屋盖、无梁楼盖仓库等具有工业特点的空间景观。(2) 城市化浪潮影响深远。城镇人口的数量和比例不断提高，兰开夏等新兴工业城市发展迅速，移民成为新的社会现象，城市间的竞争开始出现。(3) 城市群或城市带逐渐成型。围绕着矿产资源的原材料产地，出现了大规模的工业城镇或城市群。如地处莱茵河、鲁尔河和利珀河之间的鲁尔城市群，一度是世界上矿冶、石油、化工等重工业生产的最大集聚地。(4) 与城市繁荣相对立的"城市病"随之而生。工人阶级逐渐成为社会结构的重要组成部分，工人集体宿舍、都市贫民窟成为新的城市风景线，但逼仄的贫民窟居住环境、糟糕的公共卫生设施、严重的空气污染却揭示出文明富裕背后的贫穷凄惨。

从 19 世纪中期开始，工业主义从英国蔓延到北美洲、亚洲、大洋洲和非洲，掀起了一股工业革命和现代城市建设的浪潮。在英国，工业城镇（曼彻斯特、伯明翰、利物浦、格拉斯哥等）、矿业城镇（卡迪夫、斯旺西、玛森等）、交通枢纽城市（布里斯托、利物浦、桑德兰、普利茅斯等）、休闲城市（布莱顿、伯恩茅斯、兰开夏、马盖特等）以及首都伦敦成为各具特色的现代城市。在日本，明治维新后的日本开始工业化和现代化进程，制造业的兴盛使大阪（又称"东方曼彻斯特"）、名古屋、川崎、札幌等新兴工业城市迅速崛起，也推动东京在 20 世纪 30 年代一度跃身为亚洲的中心城市。在德国，工业革命使柏林在 19 世纪末期成为人口大量涌进的大都市，包括吸引了波兰等中东欧的农民和手工业者。但 1936 年奥林匹克运动会后，希特勒试图强制用种族清洗的纳粹排外政策塑造一座纯粹德国式的柏林，最终让盛极一时的工业之都在二战期间走向毁灭。在美国，大量欧洲移民的涌入和制造业的发展，使"世界花园"迅速实现工业化和城市化——辛辛那提、圣路易斯、底特律、芝加哥的重工业工厂，纽约和波士顿的轻工业工厂，集体展现出一种强大的工业力量和资本驱动的价值观。1895 年曼哈顿商业区出现了世界上第一座摩天大楼，并且在之后建立了一系列高层和超高层建筑，由此奠定了纽约的全球商业、金融和文化中心地位。

随着工业化时代对城市文明的构建,究竟是走向离心分布的郊区化还是向心集聚的都市化,逐渐成为城市文明进程中的论争焦点。[①] 尽管工业化早期阶段的郊区多被视为城市的边缘,但为了解决城市"向心化"导致的住房拥挤、环境污染等问题,郊区化发展为19世纪下半叶西方国家城市化的主流思潮。在英国,律师、商人、医生、牧师、艺术家等中产阶级纷纷搬到低密度的郊区,住在独立或半独立式住宅中。便捷廉价的铁路交通、日趋普及的小汽车、配套成型的商店、学校和生活服务设施等,为社会地位较高的群体构建了一种工作与生活相分离的新生活方式。19世纪末20世纪初,包括伦敦在内的多个城市中心人口数量锐减,但郊区人口不断增加。以大面积的城镇区域为特点的"巨型都市/都市人口密集地带"(megalopolis)[②] 开始取代大都市。比如,规划家埃比尼泽·霍华德发起"田园城市",提倡在城郊建设一种兼具城市功能与乡村景观的城市—乡村"磁铁"——"人民自发地从拥挤的城市投入大地母亲的仁慈怀抱,这个生命、快乐、财富和力量的源泉"[③]。规划师罗伯特·欧文也在格拉斯哥将新拉纳克纺纱厂改造为涵盖住宅、公共设施、工厂区、农村等复合空间在内的"新协和村"。在美国,郊区化一经推广便取得了极大的成功。作为郊区化的典范,洛杉矶开启了一种有别于东海岸城市和中部工业城市的城镇规划方式,以得天独厚的环境、舒适宜人的气候、独门独户的私家住房展现出郊区城市的独特之处。第二次世界大战之后,美国城市化逐渐以郊区的低密度住宅取代中心城区的高密度建筑。火柴盒式的独栋

---

① 20世纪初期出现了相当数量的城市规划学派,主张大力兴建明亮整齐的房屋和现代化的市政基础设施,改善污浊肮脏的卫生环境,制定配套的法律法规以建设更趋近人类理想的宜居之都。相关学术讨论包括 Burgess 以中心商业区作为城市中心的同心圆模式、Harris 和 Ullman 的渐进式整合城市空间多核心模式、Hoyt 的扇形模式、Mann 的典型英国城市模式、Kearsley 的改良版同心圆模式、Vance 的城市地域模式、White 的二十一世纪城市模式等。但这一时期的都市干预比较偏重物理空间的改造,诉诸清拆、重建、管制等物质手段的综合使用,相关论述多围绕"中心化"还是"郊区化""城市化"抑或是"反城市化"展开讨论。

② 陈恒等:《西方城市史学》,商务印书馆2017年版,第255页。

③ [英]埃比尼泽·霍华德:《明日的田园城市》,金经元译,商务印书馆2010年版,第6页。

住宅、草坪、车库和便捷的交通路网构建出一种新的社群关系。城市的郊区化潮流进一步蔓延到澳大利亚、西班牙、德国、荷兰、比利时等国家，连亚洲的日本在 20 世纪 70 年代也出现了工业城市人口外流的郊区化现象。然而，郊区与城市之间毕竟存在不可忽视的地理距离，造成了郊区居民通勤的压力，也形成郊区的中产阶级与城市中心区移民社会之间的阶层鸿沟。

有鉴于此，重新恢复城市的生机与活力又变成 20 世纪上半叶城市化的新命题。与郊区化的立场不同，崇尚理性主义的启蒙思想和进化论的现代主义思潮，主张通过城市重建来解决中心区的"空心化"问题。比如，法国建筑师托尼·夏涅在《工业城市》（1918年）中构想了一个以钢筋混凝土搭建，兼有人口居住、交通通勤、公共生活等复合功能的城市。柯布西埃对技术进步相当推崇，他所主张的摩天大楼具有人口居住、交通通勤、公共生活、娱乐休闲等复合功能，一改工业城市饱受诟病的城市中心形象，最大限度地利用空间并让建筑向空中发展。1985 年，巴黎新区拉德芳斯（La Défense）工程正式启动。它作为巴黎都会区首要的中心商务区，位于巴黎城西侧的上塞纳省。作为欧洲最完善的商务区，拉德芳斯不但拥有巴黎都会区中最多的摩天大厦，而且将工作、居住、休闲三者融合，让 85% 的员工依靠公交上下班，大大提高了商务区的宜居程度和从业人员的工作效率，成为大都市新规划理念的一个重要代表。

二 "城市病"与大都市治理危机

工业城市的诞生使"现代"观念在一个全新的空间场域获得了具体的表现。马克斯·韦伯认为"现代"意味着西方理性主义对宗教世界图景的瓦解，也体现了世俗文化的形成。作为"现代"概念的延伸，"现代化"指涉了"资本的积累和资源的利用；生产力的发展和劳动生产率的提高；政治权力的集中和民族认同的塑造；政治参与权、城市生活方式、正规学校教育的普及；价值和规范的世俗化；等等"[①]。社会学家吉登斯精准地指出，工业革命塑造的城市

---

① ［德］尤根·哈贝马斯：《现代性的哲学话语》，曹卫东译，译林出版社 2004 年版，第 2 页。

实际上确立了一套与古代城市完全不同的原则。这一充满悖论的空间场域既是人类进步和财富积累的象征，同时也是生态文明破坏、居住环境恶化、贫富差距扩大等"城市病"的发生之地。

一方面，纵横交错的公路和铁路、机器轰鸣的工厂在创造巨额的财富，人们的生产和生活方式随着城市的繁荣而出现日新月异的变化；另一方面，机械化的生产可能意味着一种"轮齿专制"[1]，因为新的秩序"代替了人类应有的目标而不是服务于人类的目标"[2]。无序蔓延的城市扩张背后是污染、贫民窟和悬殊的贫富差距。齐美尔在《大都会与精神生活》一书中谈到他对现代大都市生活的担心，尽管世界以全景式的方式呈现，但人的注意力却难以集中，呈现为人性的"自我退隐"（reserve）状态。英国作家狄更斯发表于1854年的《艰难时世》（Hard Times）塑造了一个烟雾弥漫的焦煤镇（Coketown）。在这一象征了大不列颠国的虚构城市中，资产阶级的功利残暴和无产阶级的受压迫、受奴役展现得淋漓尽致——"窄院连着窄院，狭街紧靠着狭街，犹如'迷宫'。一幢幢简陋的房子摩肩接踵，拥挤不堪。住房不通风，光线昏暗，空气污浊。"[3] 就像本雅明在《历史哲学论纲》一文中的警告，天堂来的风暴把天使推向未来，而眼前的废墟是堆积起来的一个个灾难，这场风暴就是人们所谓的"进步"。

"没有指路之光，只有炙热之火"[4]——H. G. 威利斯对现代性终结的质疑声音往往伴随着这些恐惧、喧哗与战栗的乌云。历数全球知名的"世界之都"，无一例外可观察到现代性的微妙张力：一方面，从位于全球城市层级看，位于顶端的世界城市如纽约、伦敦、巴黎、东京，代表了高度的城市化水平和人口结构的不断调整。自20世纪90年代起，世界主要发达国家的城市化水平已达到

---

[1] ［美］乔尔·科特金：《全球城市史》，王旭译，社会科学文献出版社2014年版，第149页。

[2] ［美］刘易斯·芒福德：《城市发展史——起源、演变和前景》，宋俊岭等译，中国建筑工业出版社2005年版，第581页。

[3] ［英］狄更斯：《艰难时世》，全增嘏等译，上海译文出版社2008年版，第108页。

[4] ［美］迈克·戴维斯：《死城》，李钧等译，上海书店出版社2011年版，第1页。

80%以上，呈现出工业化与城市化并轨、城市空间布局趋于多样化、城乡差距逐渐缩小等普遍性特点。这些全球特大城市创造了显著的财富积累、技术进步及人口流动。它们在工业化相对成熟的阶段，纷纷走向知识与技术高度密集化的高新技术产业和现代服务业。但另一方面，它们也面临城市文明构建的一系列挑战，涉及环境、能源、经济、社会、交通、文化等多个领域。越来越多的农村人口涌入城市而衍生的乡村"空心化"、城市盲目蔓延、低技能劳动力与高技术产业之间的结构性不匹配、快速增长的城市人口与有限的公共产品供给之间的矛盾、都市贫民窟等问题，均指向城市如何获得可持续发展这一根本性问题。

其中，首先是资源过度开采导致的生态文明危机，自然环境付出极为惨重的代价。触目惊心的世界"八大公害"事件（包括比利时马斯河谷烟雾事件、美国多诺拉镇烟雾事件、伦敦烟雾事件、美国洛杉矶光化学烟雾事件、日本水俣病事件、日本富山骨痛病事件、日本四日市气喘病事件、日本米糠油事件）揭示出能源消耗过度引发的生态环境灾难，给人类健康造成集体性的永久损伤。美国洲际高速公路计划和郊区化促使私家汽车大量出现，加剧了环境污染，也造成公共交通的低利用率。其次，产业结构转型的下行压力导致城市失业率上升，引发了工业基础设施老旧和闲置等问题，使人居环境趋于恶化。20世纪70年代，阿拉伯国家联合起来，对支持以色列的西方国家发起石油禁运，造成西方社会陷入了二战后最为严重的经济衰退，即所谓第一次石油危机。随着制造业向亚非拉等第三世界的国家和地区转移，一些欧洲工业城市的传统制造业持续萎缩，工厂厂房破旧不堪、失业人数增加、传统社区凋敝等"晚期资本主义的幽灵"环绕在欧洲城市上空，"城市衰退"（urban decline）在20世纪70年代成为亟待解决的迫切议题。美国底特律、费城等工业城市则成为"锈带"地区，失业率不断增长。最后，随着农村人口不断涌入城市，城市居住空间需求的扩大直接导致土地的粗放式扩张和房地产投机而诱发"泡沫经济"危机。日本城市化以大都市的城市群集聚为主要模式，但长达30余年的高房价在20世纪90年代破灭，致使房地产业和相关产业链一蹶不振，导致日本在相当长一段时期内经济低迷。美国的城市更新运动使跨国公司总部、金融机构、高端服务业机构等成为城市中心区的主人，焕发了城市经济的活力，也使得传统街区和小商铺在更新过程中受到破坏，诱发了一系列旧城改造的矛盾。

无论是发达国家的城市化还是发展中国家的城市化，均面临贫富差距不断拉大所导致的社会治理等问题。第二次世界大战后，美国出现"婴儿潮"（baby boom），一跃跻身为世界强国，但在空间、生物、电子技术蓬勃发展以及好莱坞电影、牛仔裤、可口可乐等美式文化开始全球输出的繁荣背景下，种族骚乱却成为数十年来美国对内治理不得不面对的棘手问题。"郊区化"使郊区成为中产阶级的乐园，中心区反而变成都市贫民窟，黑人、新移民、底层劳工等低收入群体聚集地带，并出现多起犯罪事件。工业化住宅、大型购物中心造成中心城区趋向分化的郊区化模式，导致公共基础设施的分布不均衡，也导致各个社群难以获得均衡的公共服务产品。联邦政府的住房抵押贷款政策使许多非洲裔等族群集聚到老城区，中产阶级新贵进入郊区，导致市中心的老城区反而变成衰败之地。1992年4月29日至5月2日，持续三天的种族骚乱一度使洛杉矶陷入火海，并蔓延至全美19个州，社会矛盾持续激化。同样的种族骚乱也发生在英国，1958年的诺丁汉种族骚乱是低收入移民在内城发起的严重暴动——这说明尽管倡导国家干预的凯恩斯主义推动了经济高速增长，但阶层分化带来的"社会拒斥"（social exclusion）却引发了新的都市贫穷，包括种族冲突、治安隐患、婚姻崩坏和精神疾病等大量社会问题给国家和地方政府治理提出新的挑战。与此同时，在不少发展中国家，出于复制照搬宗主国城镇化模式的"殖民化"道路，数以亿计的失地农民进入城市，拉美国家的主权债务危机导致资本外逃和投资疲软，"停滞的十年"使城市失业率居高不下、贫富差距突破基尼系数警戒线，长期陷入"中低收入陷阱"，如巴西里约热内卢的都市贫民窟已成为黑帮犯罪的"温床"。菲律宾首都马尼拉居住着全国最富有的人，但同时也有超过400万穷人在垃圾、废弃物、污水和犯罪中艰难生存。此外，随着城市中心外移至城郊边缘，郊区扩张的倾向一方面推动私家汽车的大量出现和公共交通设施的广泛兴建，另一方面也造成严重的交通拥堵和尾气排放，直接影响市民身心健康和居住品质。这些问题都深刻地影响了全球城市文明的健康发展。

如芒福德的敏锐观察："产生新城市的力量是矿山、工厂和铁路。"[1] 工业主义具有前所未有的创造力，资本、市场、资本家、工人阶级等新概念为城市生长赋予了新的想象，积累的经验丰富且深刻。然而，国外大都市治理困境又充分说明其西方城市化道路的难以为继，西方国家随之付出的能源、经济、住房、社会等代价揭示了忽视可持续发展与包容性增长所导致的严重后果。因此，我们必须科学、理性、辩证地分析西方国家所走过的城市化道路，在借鉴已有城市文明模式的基础上，尽可能避免重蹈西方国家的覆辙，积极探索一条具有中国特色的新型城镇化道路，为世界城市文明的多样化发展提供中国方案。

第三节　新一轮城市文明的探索与超越

一　"后工业"与"全球化"

新一轮城市文明构建的深刻背景之一是全球范围内的后工业化浪潮。哈佛大学教授 D. 贝尔 1959 年在奥地利萨尔茨堡第一次提出"后工业"理念，并在 1973 年发表《后工业社会》一书。他把人类历史划分为三个阶段：前工业社会、工业社会和后工业社会。后工业社会的主要特点是：经济结构从商品生产经济为主转向服务型经济为主，职业分布以专业技术阶层的崛起为特征，知识日益成为创新的源泉和制定社会政策的依据，通过预先规划技术变革减少未来经济的不确定因素，智能技术深刻地影响决策过程。从 20 世纪 80 年代电子信息技术广泛应用之后，主要发达国家逐渐跨入后工业化社会。

随着欧美日发达国家率先跨入后工业化时代，城市文明构建也

---

[1]　[美] 刘易斯·芒福德：《城市发展史——起源、演变和前景》，宋俊岭等译，中国建筑工业出版社 2005 年版，第 462 页。

跨入一个新的历史阶段。如果把工业时代的城市纳入标榜"启蒙、文明、进步"的现代性话语框架，那么后现代主义论述下的大都市则继续书写着工业革命"未竟的现代性"，为新一轮城市文明构建带来新的契机。如何让城市吸引和包容更多的知识性劳动者，如何培育富有活力的服务型经济，如何有效地开发理论知识并且成为经济增长的动力，如何推动包容性增长的政策，让社会各阶层广泛参与决策过程，成为城市文明的建设者必须引起重视的问题。

迈克·戴维斯在《死城》一书中坦言："在历史窄道尽头的封闭空间，其实不过是通向世界大战的地铁车站。"[①] 两次世界大战上演的狂轰滥炸及对城市基础设施的严重破坏，成为西方城市化模式自我迭代更新的转捩点。1945年后，欧美多个国家和地区纷纷发起战后重建项目。这里的重建首先指的是城市空间的重建：截至20世纪60年代末期，包括英国、德国、法国、荷兰、比利时、西班牙、意大利等在内的大多数欧洲城市通过住房翻新和区域改造等进行城市重建。在这二十年相似的历史阶段中，欧洲各国也积累了各具特色的旧改经验。例如，英国在1969年通过了《房屋法令》进行立法规范，荷兰面临地方政府和本土社区之间的冲突，德国在内城改造中对租赁产权进行调整，法国则通过立法来适应小规模的区域改善。尽管城市空间的翻新改造和当时主导的凯恩斯主义极大地刺激了经济的增长，多国在战后均出现了平稳发展的上升势头，但与此同时出现的都市贫穷和种族骚乱却逐渐演变为新的区域问题。如何在空间设计和制度完善的层面令社会底层有效地参与到决策制定的过程、共享就业和物质资源、整合进入主流文化进而解决社会隔离与阶层分化，成为当时都市政策的决策者所必须引起重视的问题。由此，与二战后高新技术的快速发展相适应，西方各国的内城改造也经历一个观念革新的脱胎换骨的过程：较之过分强调粗放式的土地扩张和空间蔓延，"城市再生"（urban regeneration）更为强调经济、社会、文化、政治、环境等领域的统筹协调发展。从字面意义上理解，"城市再生"是一个关联着重生、复活和重建，故而充满

---

① ［美］迈克·戴维斯：《死城》，李钧等译，上海书店出版社2011年版，第5页。

宗教救赎希望的术语。与生物学层面上意味着失去或损坏的组织重新生长、系统恢复到初始阶段的"再生"相类似，这一理念的提出亦强调经济活动的再生长、失能的社会功能再复原、被拒斥和分化的社会阶层再融合、被破坏的环境质量和生态平衡再复原。综观20世纪50年代到90年代的西方城市转型，可发现这种从粗放到精细、从盲目追求数量到重视发展质量的理念范式转变。从20世纪50年代"战后重建"（urban reconstruction）论和60年代"内城振兴"（urban revitalization/ rehabilitation）论强调改善物理环境的优先地位，到70年代的"城市更新"（urban renewal）论、80年代的"城市再开发"（urban redevelopment）论等，一步步将本土社区更新、社会福利、公众参与、公私伙伴关系、社区就业、社会团体、社会资本、城市地标、文化遗产保存等议题逐一纳入内城规划议程之中。这意味着从政府主导的物质更新走向以公私合作伙伴关系为主要手段、更为强调经济与社会协调发展的模式。至20世纪90年代，后工业背景下兴起的"城市再生"已逐渐发展为一种具有共识性的城市公共政策，用以应对一系列复杂的经济、社会、物质、环境和财政问题，旨在合理利用废弃的土地和建筑物，创造新形式的就业，保护历史文化遗产。

美国规划学者爱德华·苏贾回溯了时间连续性与空间同构性之间的交互作用和内在张力。他认为，19世纪中叶的工业资本主义古典时期是时间性和空间性大致保持平衡的时代，但转捩点是巴黎公社的失败，这一历史事件促使关于历史的革命主体性甚嚣尘上，主张将资本主义理解为一种历史的过程，"去空间化"（despatializing）[①]、实证主义的历史决定论在近一个世纪内成为主流话语。重提空间既意味着20世纪60年代后现代主义、后现代性、后现代化等各种带有"后"的前缀的思想尝试重新解读当代文化、社会与政治；也意味着以福柯、詹明信、哈维、吉登斯、列斐伏尔等为代表的后现代地理学家在空间中发现了一种新的社会建构力量或媒介。因此，与其将思想史上出现的这一波"空间转向"视作现代性的脱

[①] [美]爱德华·W. 苏贾:《后现代地理学——重申批判社会理论中的空间》，王文斌译，商务印书馆2007年版，第6页。

节、替代或对立,苏贾提醒我们不如将空间视作诸种社会关系具象化的象征符号,以此来观瞻现代性的另一种重构方式。有鉴于空间议题在近四五十年日趋成为热点,城市发展不可避免地纳入新的思考框架之中——"全球城市"(global city)的到来。传统"世界之都"纷纷开始悄然华丽转身:纽约"资本主义之都"的角色在全球化背景下日益强化;多伦多凭借金融服务业、表演艺术创造了极富竞争力的城市声誉;旅游业和会展业使芝加哥从工业发电站跻身娱乐消费之都;区域整合和国际化战略推动洛杉矶一跃成为世界城市的样板;在20世纪90年代欧洲中心边界变动的背景下巴黎成为欧洲商业和旅游业的主要目的地及法语世界的国际中心。可以说,全球资本流动和地理空间重组正在对工业时代的城市进行改写。(1)资本、人口和金钱的"流动"(flow)取代了封闭。以摩天大楼为地标的城市景观像走马灯似的迭代更新,人的自由流动使跨国精英和世界公民成为高度专业化、具有自身职业特点和生活方式的新社会阶层,各国政府、跨国企业、房地产商等成为全球资本积累和跨区域经济合作的主体力量。(2)单一城市的快速"大都会化"(mega-urbanization)与城市间的联结①同步进行。一方面,伦敦、纽约、东京等世界超大城市(megatropolis)纷纷出现,上海、新加坡、深圳等新兴城市也相继打造自身的全球城市品牌。另一方面,跨国、跨区域的城市联结越来越频繁,"新区域主义"(new regionalism)是全球社会空间转化的新现象。(3)随着金融、法律、广告、咨询等专业服务行业以及健康、教育等公共服务行业的迅速发展,过去以体力付出为特点的工人阶级大幅萎缩,取而代之的是以受过高等教育的专业人士、管理人士、技术团体等为标志的"新中产阶级"快速崛起,在职业分层和文化属性等方面均展现出与工业时代截然不同的后工业社会分工形式。(4)全球联结的城市文化②也涌现出新的矛

---

① 诸如"全球都会区域"(global metropolitan regions)、"全球都会网络"(global metropolitan networks)、"链键城市"(linked cities)、"节点"(nodes)等概念均说明城市与城市之间的空间关系。

② 黄宗仪:《面对巨变中的东亚景观:大都会的自我身份书写》,广西师范大学出版社2011年版,第6页。

盾：一是标榜开放流动、自由便利的全球城市空间塑造出一套充满机会的叙事，但人的自由流动却往往伴随着孤独寂寞的疏离感；二是柯布西耶的建筑现代性成为全球城市的主流景观，但贫富差距拉大的二元对立却使越来越多的平民社区和草根文化趋于湮没；三是工业城市的历史记忆开始变成一种后现代主义的怀旧资源或象征资本，比如上海通过租界世界主义的旧梦成功地打造出"新"上海的美学形象；四是世界主义的开放与流动使城市、个体的身份认同越来越混杂，但地方保护主义等"逆全球化"潮流同时也在消解合作与交流的可能性。有鉴于此，亚洲开发银行在2007年首次提出"包容性增长"（inclusive growth）的理念，引起了广泛的关注和热烈讨论。包容性增长战略集中于高增长、社会包容性以及减少风险，给弱势群体带来缓冲的社会安全网。在这之后，联合国、世界银行等机构也纷纷肯定这一提法，认为包容性增长的目的，是让经济发展成果最大限度地让全社会受益。这一潮流深刻地影响了21世纪的城市文明构建理念。

20世纪上半叶发展中国家的城市化一定程度上可看作西方殖民扩张的产物。殖民者通过植入工业化的发展理念，对亚、非、拉等第三世界国家以农村为主体的前现代社会产生强烈冲击。这些国家尽管有着人口数量增长最快的城市化，但滞后的工业化却使城市化的质量远远不及西方工业化国家——"人们承受着最低的预期寿命、最低的营养水平、最低的能源消耗和最低的教育水平"[①]。在加尔各答、雅加达等殖民城市，一方面，可看到由西方资本家和政府官员所主导的"西化"城市规划，有着私家花园住宅、商业购物中心等现代化设施；而另一方面，本地人生活却充斥着贫民窟、疾病、肮脏、犯罪、贫穷等与城市繁荣格格不入的现实。因此，尽管很多殖民城市有着西方现代化的建筑物和基础设施，但社会阶层的不平等问题在里约热内卢、马尼拉等人口数量众多的城市异常突出，尤其反映在城市遍布的都市贫民窟与富人区之间巨大的贫富差距上。进入20世纪下半叶，与中东、拉美、非洲等地区不甚理想的

---

① [美]布赖恩·贝利：《比较城市化》，顾朝林等译，商务印书馆2014年版，第86页。

工业化和现代化进程相比，制造业的全球转移、区域经济合作一体化、专业精英的跨区域流动也给亚太地区的城市发展带来新的机遇和挑战。东亚的首尔、新加坡、香港等城市通过人口增长、经济发展和财富积累而迅速崛起，成为各具活力的亚洲大都会。中国的城市化浪潮从沿海向内陆扩展，形成了长三角、珠三角、京津冀等大型城市群。与此同时，发达国家的国际化大都市也加快转型：纽约作为全球金融中心和经济中心的作用获得进一步强化；旧金山及"硅谷"成为全世界最富有科技创新活力的增长极；伦敦作为推动金融、产业和航运业的"国际离岸经济中心"仍然活跃；东京则以集聚大量跨国公司总部、研发中心、金融机构和媒体保持了世界城市的优势。

在"后工业"与"全球化"的坐标轴下，一种与工业时代城市文明截然不同的新型城市文明开始崛起。虽然它尚未形成完美的范本，但是它的主线却日趋清晰，那就是立足对西方100多年来工业化与城市化道路的深刻反思，强调新一轮城市文明建设要遏制浪费资源、生态恶化、效益递减的城市化模式，向往效率与和谐并存、可持续发展与包容性增长的新型城市化。亚里士多德曾说过："城邦起于保生存，成于求幸福。"[①] 尽管以人为本的城市化浪潮在全球呈现出多元化特点，但它所包括的包容性城市发展政策，富有活力的产业结构，创造大量就业岗位，完善社会保障体制，让城市交通流畅，提高城市的防灾韧性，建立智能化管理系统，提升人民生活质量等，则是新一轮城市文明构建的共性追求。

二 面向未来的城市文明

跨入21世纪的第三个十年，发达国家和发展中国家的许多城市面临新的机会和挑战：伦敦、纽约、旧金山—硅谷等城市大力发展知识密集型产业，打造科技创新的引擎，纽瓦克、抚顺等传统的资源型和重工业城市却面临转型的艰难困境，人口的持续增长给圣保罗、马尼拉、雅加达等发展中国家的大城市造成巨大的治理压力；

[①] [加] 梁鹤年：《旧概念与新环境：以人为本的城镇化》，生活·读书·新知三联书店2016年版，第239页。

新一代信息技术改写了城市与城市的关系,"核心"(hub)与"节点"(node)之间的功能重组联结起"世界主义"(cosmopolitan)的城市网络结构;在迪拜等新兴的非西方城市快速崛起的同时,格拉斯哥等曾经以毛纺织业等传统工业著称的欧洲城市,正在大力发展影视、娱乐等创意经济,以"娱乐业和商业之间的联姻"[1]塑造一种以欲望和消费为导向的城市体验;城市更新运动暴露出来的"士绅化"(gentrification)[2]现象,说明大城市的社会阶层分化问题亟待消解;城市必须正视由于大量人口流动、多元文化冲突所导致的社群归属感缺失以及社会治安等问题。

基于上述分析,面向未来的城市文明构建,应积极应对以下四个新发展潮流。这四大潮流不仅具有明确的理念和大量的理论成果,而且由联合国和多个国际组织、著名智库等提出了专业的评估指标。它们深刻地影响了城市的决策管理、规划设计、产业导向和空间布局,应该成为未来城市文明构建的重要内容和实践重点。

(一)智慧城市

根据2007年欧盟委员会颁布的《欧盟智慧城市报告》[3],智慧城市可以从六大坐标维度来把握:智慧经济、智慧流动、智慧环境、智慧公众、智慧居住和智慧管理。当一座城市既重视信息通信技术的广泛使用,又重视知识服务、社会基础的应用质量,既重视自然资源的智能管理,又注重建设更具互动性和响应性的城市管理和安全的公共空间,以及满足人口老龄化的需求,这样的城市才能被称为"智慧城市"(smart city)。在这之后,欧盟委员会又进一步建立了智慧城市市场,即合并"欧洲智慧城市和社区创新伙伴关系市场"(EIP-SCC Marketplace)和"智慧城市信息系统"(SCIS)。

---

[1] [美]约翰·汉涅根:《梦幻之城》,张怡译,上海书店出版社2011年版,第16页。
[2] 英国社会学家格拉斯(Ruth Glass)将城市中上层阶级介入旧城改造,进而使中低收入的原居民空间被占有和取代的现象称为"士绅化"(Gentrification)。详见 Glass R., *London: Aspects of Change*, London: Mac Gibbon and Kee, 1964. Johnston R. J., Gregory D., and Pratt G., *The Dictionary of Human Geography* (4th ed), Oxford: Blackwell, 2000。
[3] European Commission: "Smart Cities", 2007, https://ec.europa.eu/info/eu-regional-and-urban-development/topics/cities-and-urban-development/city-initiatives/smart-cities_en.

它将城市、行业、中小企业、投资者、银行、研究人员和许多其他智慧城市参与者聚集在一起。

在这之前，2006年欧盟的Living Lab组织就发起欧洲智慧城市网络。在这之后，2008年IBM进一步提出"智慧地球"理念。智慧城市开始成为一种世界性的城市建设浪潮。欧盟发起的智慧城市博览会世界大会（SCEWC）成为欧洲最大的智慧城市相关活动。它通过智慧城市创新伙伴关系（EIP-SCC）将项目和投资者聚集在一起，以激发更有效的实践。欧盟拨出2.7亿欧元的资金，积极资助相关的2020年灯塔项目，鼓励更多的合作者与之配对。

在智慧城市理念的引领下，越来越多的建设者和参与者通过搭建基于创新科技的电子政务平台，加快城市的信息化工程建设；以大数据、云计算、物联网、区块链、人工智能等数字技术和平台，推进城市不同治理主体的协作互动，改变"条块分割""交叉重叠"的行政壁垒，激活广大市民共同参与城市事务的潜能。随着信息科技为城市决策和运行提供了全方位的技术支撑，智慧公共服务、智慧城市综合体、智慧政务城市综合管理运营平台、智慧制造体系、智慧贸易体系、智慧能源应用体系、智慧安居服务、智慧教育文化服务、智慧社会管理体系等应用项目正在引领城市走向注重动态、精细、人本、低碳的创新性发展之路。

比如，迪比克市在2009年成为美国第一个基于物联网技术而实现智慧互联的城市。2006年新加坡提出"智慧国2015"计划，将新一代信息技术广泛地应用于城市交通、电子政务等领域。韩国的智慧城市聚焦于建设集教育、医疗、金融等一体化的城市公共服务平台。丹麦的"智慧哥本哈根"则注重以技术创新引领城市绿色产业的发展，实现碳中和的可持续发展目标。在中国，北京等90座城市入围2012年首批国家智慧城市试点名单。2014年，国家发改委等八部委联合发布《关于促进智慧城市健康发展的指导意见》，指出要建成一批具有辐射带动作用和鲜明聚集特色的智慧城市，以网络化和信息化手段创新社会管理、改善民生等。

知识经济时代的财富积累方式以信息和知识的开发利用为重点。数据的多元联结创造了一种基于网络经济的新的社会组织形态，这对城市的空间布局与管理方式带来新的挑战。一方面，过去集聚在城市中心的工业建筑转化为适应金融、科技、信息、服务、互联网、传媒等知识企业的新空间，与之相适应的快递、外卖、便利店等配套服务也随之活跃；另一方面，后工业化社会具有生产端与消费端相融合、凸显个体创意、侧重共享结盟等扁平化特点。这些使得标准化、机械化、层级化的城市组织形态发生了深刻转变。从城市治理的角度看，自上而下式的权力管控模式逐渐转向公共部门、私有企业、社会组织等不同治理主体协作的模式，城市间的跨国、跨区、跨域治理也悄然兴起。根据上海社会科学院信息研究所的研究成果，以知识资源为关键性要素的智慧城市发展维度包括六个方面：智慧经济（创新精神、变革能力等）、智慧公众（公众素质、对终身学习的接受度等）、智慧治理（参与决策程度、公共与社会管理）、智慧流动（ICT基础设施的可用性、可持续和安全的交通系统）、智慧环境（自然条件的吸引力、可持续的资源管理）、智慧生活（文化设施、健康状况等）。面向未来的城市文明构建，必然要顺应和融入智慧城市的潮流，形成开放、整合、协同、共治的城市信息化架构和智能服务体系。

（二）创新城市/新经济城市

创新城市是指积极培育知识密集型产业，持续推动技术进步，并且以此作为城市发展之核心动力的城市形态。在后工业化时代，创新成为城市和产业双转型的强大动力。早在20世纪50年代，知名管理学专家熊彼特就指出：创新模式分为原材料、工艺、产品、市场及管理方式创新五种。德鲁克则将创新来源细分为七种创新机会。2006年经济合作与发展组织（OECD）颁布了《奥斯陆手册》（*Oslo Manual*），进一步把创新活动分为产品创新、流程创新、组织创新、营销创新。而《奥斯陆手册》第三版则进一步强调了非技术的组织和服务创新[1]。在这之后，更多的有识之士发现：文化创新在整个创新系统中具有独特的重要作用。

---

[1] Manual Oslo, *Guidelines for Collecting and Interpreting Innovation Data*, 3rd Edition, 2005-11-10, https://www.oecd-ilibrary.org/science-and-technology/oslo-manual_9789264013100-en.

有研究者分析了全世界范围内 1500 多名富有开创精神的企业 CEO，发现创新者并非天赋神授，而是在实践中培育了自己的创新基因。这些创新人才的认知和行为特点包括：（1）勇于发问；（2）勤奋观察；（3）广泛交际；（4）善于实践[①]。由此可见，在全世界最富于创新活力、经济增长最快的城市中，文化创新不仅仅作为高级生产要素流动到工业、商贸业、城市建设业等不同领域，更是一种先进的价值观、人格力量和社会心态。它鼓励人们普遍投入各种创造活动，把探索未知领域看作人生的高尚理想，持续地颠覆陈旧的技术模式和生产方式，敢于运用创造力去形成生产力的新组合。它是知识经济背景下一座城市最为宝贵的"勇敢的心"。[②]

有鉴于此，国际知名智库 2thinknow 自 2006 年成立以来，就致力于创新城市研究。它自 2007 年起连续发布全球创新城市指数，评选全球创新城市 100 强，其研究被公认为指出了全球创新城市的发展方向。它采用文化资产、人文基础设施和促进创新的市场网络等 3 个一级指标、31 个二级指标和 162 个三级指标（包括 1000 + 数据点输入），对全球 500 个城市的创新能力进行评价、排名，将它们分为 4 个等级，包括创新核心型城市、创新枢纽型城市、创新节点型城市和创新潜力型城市。其研究的重点不仅仅在创新型机构、研发投资等方面，也涉及吸引国际化人才、多元文化环境等，以此揭示创新型城市之活力的综合原因。

2thinknow 历经 15 年的连续研究，发现创新城市建设不能千篇一律，要根据资源禀赋、经济实力、科研基础、文化基因等条件选择不同发展模式，如伦敦的"知识（服务）+创意（文化）+市场（枢纽）"模式、硅谷—旧金山的"科技（辐射）+产业（网络）+制度（环境）"模式、东京都市圈的"工业（集群）+研发（基地）+政府（立法）"模式等。在 2021 年第 14 次全球创新城市排行榜上，有 38 个城市进入第一等级创新核心型城市。前十名依次为东京、波士顿、

[①] ［美］杰夫·戴尔等：《创新者的基因》，管佳宁译，中信出版社 2013 年版，第 11—12 页。

[②] 花建：《以文化创新作为提升城市软实力的强大引擎》，《上海文化发展报告 2022》，远东出版社 2022 年版。

纽约、悉尼、新加坡、达拉斯、首尔、休斯敦、芝加哥、巴黎。而在进入第一等级创新核心型的六座中国城市中，上海得分最高，位列第15名，比2020年提升了18个位次，引起广泛瞩目；深圳提升位次的速度最快，比2020年提升了27个位次，显示出深圳在培育知识密集型产业、持续推动技术进步上的强劲增长速度。

表1-1　　入选2021年全球创新城市100强的中国城市①

		评分（最高60分）	2021年排名	比2020年排名变化
上海	创新核心	51	15	+18
北京	创新核心	50	19	+7
台北	创新核心	49	23	+21
深圳	创新核心	49	26	+27
香港	创新枢纽	47	49	+7
广州	创新枢纽	47	51	+23

创新城市与人们瞩目的新经济城市也密切相关。从广义上说，新经济指的是一个经济体中正在生产或大量使用新一轮信息和传播技术，以实现经济的创新密集型增长。② 这一概念更多地适用于人们高度依赖电脑、电信和互联网来生产、销售和分销商品和服务的行业。哈佛商业评论将新经济的重要动力视为竞争、创新和生产率增长的良性循环，强调激烈的竞争刺激了技术和业务流程的创新。随着生产力的提高，竞争进一步加剧，带来了新的创新浪潮。群邑媒介集团（Group-m）的研究从消费支付的角度，指出包装商品、奢侈品、电信、汽车和技术五大门类增长的逻辑，为理解新经济提供了新的启发。从这个意义上说，新经济城市是一种广泛采用信息化技术，以实现经济的创新型和密集型增长，并且刺激电信、汽

---

① Innovation Cities™ Index 2021: Top 100 World's Most Innovative Cities, https://www.innovation-cities.com/worlds-most-innovative-cities-2021-top-100/25477/.

② "A New Economy?: The Changing Role of Innovation and Information Technology in Growth", 2000-07-06, https://www.oecd-ilibrary.org/science-and-technology/a-new-economy_9789264182127-en.

车、技术、时尚、文娱等新消费市场,使城市充满发展活力的新型形态。它的核心特征就是城市的创新活力。

2016年10月,联合国教科文组织发布《文化:城市未来》报告,强调将文化与创意产业作为城市可持续发展的基础,进一步强化了经济创新与文化发展之间的内在关联。新经济具有经济和文化的多重含义,意味着通过创意经济的驱动引领城市和产业的双转型,以高新技术、媒体与娱乐、广告与设计、时尚、表演艺术等新兴产业拉动体验经济和服务市场的发展,推动城市经济走向重研发、高技能、高附加值的内生型增长模式。文化学者麦克·古依根于1996年提出"经济文化政策"(英文为Economistic Cultural Policy),主张发展都市休闲经济,促使城市空间向消费场所的转型,以实现本土经济的复苏和城市品牌的塑造。[①] 它衍生出后现代景观、文化园区和产业集群、都市节庆嘉年华、文化遗产和都市旅游等理论及相关的实践,也说明"新经济"理念具有丰富的现实基础。

(三)创意城市

创意城市指创造各种条件,激发人的想象力和创造力,充分挖掘和利用城市的多样化文化资源,以解决城市面临的各种挑战和难题的城市发展潮流。创意城市的倡导和评选与创意经济和创意产业的理论和实践发展密切相关。1988年,澳大利亚学者David Yencken首次提出"创意城市"的概念,主张城市除了注重效率与公平之外,还要使市民获得情感的满足及创造力的提升,意即在城市中更有创意地生活。1998年,布莱尔政府出台的《英国创意工业路径文件》明确将"创意产业"解释为个体创造性和技能之集聚,以创造就业和财富的新兴产业。20世纪90年代以后,格拉斯哥宣布打造成为欧洲的文化首都,温哥华、多伦多、科隆等城市相继朝此方向发展。

联合国教科文组织在2004年创立"全球创意城市网络"(UCCN),其基础是该组织一贯倡导的文化多样性理念,以推动创意产业发展和城市间的创意交流。它下设设计、文学、音乐、手工艺与

[①] McGuigan Jim, *Culture and the Public Sphere*, London and New York: Routledge, 1996, pp. 106–107.

民间艺术、电影、媒体艺术、美食等7个分类,并且对每一个分类都提出明确的评选标准。联合国教科文组织对该项目赋予明确的定义:"创意城市"的概念是建立在认为文化将对城市的重建产生重大影响这一理念之上的。它与"创意经济"和"创意产业"的概念密切相关。创意产业源于个人的创造性技能和才能,通过对智力资源的开发和利用创造财富和就业。创意产业有利于城市的社会建设,保护文化多样性并且提高人民生活质量,也增强社区的凝聚力。[①]

当前,全球范围内成功的创意城市不断涌现,以多样化的创意思考、创意氛围、创意资源和创意行动介入城市规划及公共政策制定之中,成为各具特色的城市转型典范。联合国的全球创意城市网络已经评选和认定了全世界72个国家和地区的180个创意城市。其中包括:"文学之都"爱丁堡、爱荷华、布拉格、都柏林、墨尔本等;"电影之都"釜山、悉尼、青岛、布拉德福德等;"音乐之都"哈尔滨、汉诺威、博洛尼亚、滨松等;"手工艺与民间艺术之都"杭州、景德镇、苏州、北加浪岸等;"设计之都"深圳、上海、北京、柏林、蒙特利尔等;"媒体艺术之都"里昂、札幌、光州、达喀尔等;"美食之都"成都、顺德、波帕扬等。以上个案说明创意城市并不具有绝对单一的标准,任何城市具有的创意均能为世界城市文明创新发展提供有益启示。

作为城市的内生动力,"创意"意味着强大的社会和文化服务、大量的创造性就业和外来投资、对创意阶层具有吸引力的社区环境。创意城市的3T模型由技术(technology)、人才(talent)、宽容(tolerance)构成。创意城市的发展路径包括创意产业和创意经济的推广、富有创意的公共政策设计和治理模式革新、以知识密集的高科技产业为支撑、拥抱创意人才的城市氛围等。创意城市主要具有三大特征:第一,创意与创造力是创意城市的内在要义。好奇心和想象力、开放的胸襟和倾听能力、开放探索与互助合作的精神、在策略性原则和弹性机制之间保持平衡,构成一座城市独具魅力的文

[①] 参看联合国教科文组织对"创意城市网络"的界定,https://www.unesco.org/en。

化创新基因。第二，软硬件基础设施相结合是创意城市的坚实基础。与大批量生产、强调自上而下式城市规划的工业时代相区别，注重人际沟通交往、吸纳高技能劳动力的软性氛围更为看重以科技、文化、知识、人才、领导力为创新驱动的制度设计与治理能力。第三，文化资源是创意城市的战略储备。历史文脉、文化遗产、城市景观、地方节庆等地方特色及传统是城市高质量发展的"富矿"，创意经济、创意阶层、创意集群、创意资产、艺术活动等产业化运作进一步推动地方文史传统与城市品牌形象的深度融合。

创意人才、企业和活动的集聚，成为推动城市获得经济活力的基本前提，也催生了新的消费市场和城市环境。20 世纪下半叶以来，随着技术的进步、产业的创新以及大众文化的兴起，主张流水线和标准化生产的福特主义逐渐衰落，更为灵活的专业化生产制度快速崛起。体验经济所代表的个性化服务获得广泛的认同，层出不穷的新创意推动文化与科技的融合，形成城市可持续发展的一大亮点。作为经济发展内生要素的创意活动，从 21 世纪初以来逐渐被社会管理层、知识阶层和企业界接受，并将其纳入城市再生的政策制定和制度设计之中。人们普遍认识到，如同"硅谷"的创新科技带动了整座城市的快速崛起，城市的创意和创新活力通过新的企业组织、信息科技和文化环境相结合而出现。历史上流行于 18 世纪西欧城市的咖啡馆文化，推动了城市空间的变化——商人、艺术家、作家、科学家、记者等群体在咖啡馆交流，催生了活跃的创意氛围。当代城市中层出不穷的"咖啡文化""24 小时城市""遗产旅游""都市嘉年华"等新业态，表明 21 世纪的都市休闲经济也成为鼓励创意的环境要素。未来城市的空间特征之一就是拥有开放联结的街区，以创新型企业引领周边公共设施、公共交通以及环境的发展，结合文化地标的美学风格等，共同塑造城市欣欣向荣的品牌形象。

（四）全球城市

根据著名咨询研究机构科尔尼的定义：一个真正的全球城市具有吸引和整合全球性的资本、人才和思想，以及长期维持这种表现的能力。它与全球其他地区建立了丰富而持续的联系，有助于形成一个充满活力的体系，促进个人、企业和社区把全球资源应用于当地环境而促使其蓬勃发展①。这一理念对于面向未来的城市文明构建具有深远的启发：全球城市不是一种单一类型的城市，也不是高居于各种城市层级的少数塔尖机构。相反，它是顺应全球化趋势，为人类创造下一代城市生活的潮流——建设一个以人类福祉为中心、以复苏韧性为导向、以广泛联结为动力的新型城市文明。

20世纪80年代以来，全球化推动了资本、人口和财富的流动。城市不再仅仅是民族—国家框架下的单一个体，而是通过跨国或跨区域的广泛联结，形成多层次的"全球都会区域"（global metropolitan regions）和"全球都会网络"（global metropolitan networks）。在此背景下，原有的区域和国际性生产、劳动与市场分工发生了深刻变化，开放、流动、合作等潮流在全球城市发挥更大的功能。"全球化和世界城市研究网络"（Globalization and World Cities Research Network, GaWC）进一步对世界级城市进行定义和分类。该机构通过APS（高级生产性服务业）公司办公网络的分析，结合定性和定量研究，指出不同的城市在全球网络中的定位。一座城市的APS能级越高、数量越多，与国际的联系就越多。只要两个城市间有联系，就被称为CDC（城市双向联系），把一个城市所有公司的CDC加起来，就可以显示这个城市的国际化程度GNG（全球网络联系）。

作为全球经济体系的中枢和城市网络的重要节点（nodes），全球城市具有很高的GNG水平，即通过高级生产性服务业，与全世界形成了非常广泛而密切的联系。它具有以下特征：发达的金融中心、跨国公司和国际机构总部、商业服务中心、研发和管理中心、高效的交通枢纽和通信网络、集聚大批人才、知名大学和文化机构、具有世界影响力的媒体、大量会展和赛事等。这是新一轮城市文明发展潮流必须遵循和提升的战略性方向。

必须指出的是，世界范围内对于全球城市的研究和实践，也经历了一个不断深化和拓展的过程。这对于面向未来的城市文明构建，提出了非常重要的参照系。我们不应该把建设全球城市的目标锁定在若干指标上，而要看到全球城市发展潮流的趋势。它从强调

---

① Global Cities: divergent prospects and new imperatives in the global recovery, https://www.kearney.com/global-cities/2021.

城市要拥有区域性和全球性支配权力，发展到集聚高级生产性服务业公司，与全世界建立密切而稳定的关系，再发展到从五个维度即商业活动、人力资本、信息交流、文化体验和政治参与，考察全球城市对国际事务的积极参与和对国际市场的广泛影响力。

表1-2　　　全球城市研究的代表性观点及指标

发展阶段	代表性观点	核心内容
缘起：20世纪初叶至中叶	世界城市（Geddes, 1915；Hall, 1966）	工业、商业和交通优势明显的大城市，突出传统产业的生产要素和流通优势
发展：20世纪下半叶	世界城市（Friedmann, 1986）	具有区域性和全球性支配权力的城市，体现城市在全球经济体系中的作用
提升：20世纪末叶	全球城市（Sassen, 1991）	面向全球的专业化服务功能性城市，突出金融和专业服务业的重要性
深化：20—21世纪之交	全球城市网络（GaWC, 1998）	汇聚大批高级生产性服务业公司，通过公司的服务网络，成为全球经济体系的枢纽
拓展：2016年至现在	全球城市指数（Kearney, 2022）	从五个维度显示全球参与度：商业活动、人力资本、信息交流、文化体验和政治参与

从20世纪到21世纪，全球城市的理念和实践正在逐步深化。虽然近年来，"逆全球化"和贸易保护主义、单边主义等势力多有出现，但是这没有改变全球化的主流。全球城市的排列位次和地缘分布也在发生深刻的变化。如GaWC从1998年开始连续评选的全球网络城市排名，从高到低分别为Alpha++、Alpha+、Alpha、Alpha-、Beta和Gamma共10个层次，用以描述各个城市与世界经济的融合度。在它颁布的GaWC2020年排行榜中，进入最高等级

Alpha++的2座城市为伦敦和纽约，进入第二高等级Alpha+的7座全球城市依序为：香港、新加坡、上海、北京、迪拜、巴黎、东京。在第三等级Alpha的有阿姆斯特丹、洛杉矶等15座城市，在第四等级Alpha-的有广州和深圳等26座城市。[1] 其中，亚洲城市的上榜数量和等级上升最为明显，显示了亚洲正在成为最为强劲的经济增长引擎，并且成为联系全世界的城市网络关键节点地区。

党的十八大报告明确指出："合作共赢，就是要倡导人类命运共同体意识，在追求本国利益时兼顾他国合理关切，在谋求本国发展中促进各国共同发展，建立更加平等均衡的新型全球发展伙伴关系，同舟共济，权责共担，增进人类共同利益。"有鉴于世界格局正在发生重大而深远的变化，中国领导人提出打造"人类命运共同体"，体现了中国将以更积极的姿态参与全球治理，用"和而不同""天下一家""兼济天下"的大国担当广交各国朋友，在文明互鉴中开创城市文明典范的新格局。当前，中国作为全球第二大经济体、第一大货物出口国、第一大对外投资国，在全球事务中发挥着越来越重要的作用。中国要为世界城市的多样化发展提供新的方案和经验，为新一轮全球化提供强劲的动力。上海明确提出到2035年建成卓越的全球城市，深圳的目标是到21世纪中叶建成全球标杆城市——这些愿景标志着中国在建设全球城市方面，正在迈出更有前瞻性、更有创造性的步伐。

小　结

新文化史将研究策略界定为探索"那些最最不起眼的地方——它们往往是感觉、爱、良心和本能的运作，或是监狱蓝图、医生的观察，或在那些深远的学科变化之中，例如生物学和语言学"[2]，研

---

[1] London and New York are the most connected cities in the world-new data shows, 2020-08-28, https：//www.lborolondon.ac.uk/news-events/news/2020/london-connected-city/.

[2] Hunt Lynn, et al., *The New Cultural History*, Berkeley, Los Angeles, and London：University of California Press, 1989, p.9.

究作为象征符号及其解释的"文化",也就是研究"心态、假想或感觉,而非理念或思想体系"①。陈恒在《西方城市史学》的序言指出:"城市史属于新文化史的一个分支,是新史学发展的必然结果。"② 因此,研究城市文明的历史意味着研究一种基于空间的社会形态并不是历史决定的被动存在,而是作为历史生产的主体,在漫长的文明长河中积极参与并深刻地影响人类的进化历程。对城市文明进行持续的问题化,避免只将城市视作一种静态的现象,而造成一叶障目的研究视野局限。相反,城市是一种动态的文化表意系统,研究城市的缘起、变化及其涉及的人与自然的关系、风俗文化变迁、人居环境与行为活动等,目的在于研究社会系统生产与再生产的作用机制。

新文化史的分析视角有助于透过城市文明的来龙去脉,更好地把握当前城市发展暴露出来的诸多问题,提出行之有效的未来路径思考。比如,工业时代城市确立的"进步"法则在时下显得危机重重,比起冰冷的高楼大厦,人们更希望在钢筋水泥的城市丛林找到归属感。这时候,来自早期城市氏族部落的共同体意识,触碰了西方现代城市最为匮乏的精神内核:对文化共识的承认。又如,后工业时代的全球城市正在面临"少数的"世界公民与"多数的"底层百姓之间难以逾越的阶级鸿沟,而古罗马帝国强大的宗教凝聚力、古希腊城邦活跃的公共参与和对话空间,揭示出现代城市对公共道德秩序的渴望。那么,城市文明的未来究竟在何方?或许答案就在集精神属性、审美属性、经济属性、社会属性、治理属性等于一体的文化中。

---

① Burke Peter, *What is Cultural History?*, Cambridge, UK; Malden, Mass: Polity Press, 2008, pp. 3, 51-52.
② 陈恒等:《西方城市史学》,商务印书馆2017年版,第4—5页。

第二章

作为交叉学科分支的城市文化研究：缘起、观点与现状

中国城市已步入质量型增长和内涵式发展的新时代。从词源学层面考察，"城市化"的英文出处为1867年西班牙工程师塞达使用的"urbanization"一词，在东亚的日本和中国台湾地区多译为"都市化"，我国的建筑规划学界自20世纪80年代起使用"城市化"来指称城市的规划建设和综合管理。[①] 21世纪以来，"城镇化"开始出现在"十五"计划纲要中，较之主张大中城市现代化的"城市化"，"城镇化"更为强调城乡二元结构问题的破解以及推进就近、就地城镇化。党的十八大提出"走中国特色新型城镇化道路"，党的十九大报告进一步指出要"以城市群为主体构建大中小城市和小城镇协调发展的城镇格局，加快农业转移人口市民化"，这一对策思路是为了解决农村流动人口融入城市所面临的制度、群体和资源配置不包容等固有症结，也体现出中国作为快速崛起的新兴工业化国家在应对城市化面临的一系列难题时所肩负的大国担当。随着新型城镇化的深入推进，城市经济快速发展，大批农村剩余劳动力转移就业至城市第二、第三产业，农村人口市民化的速度和程度明显提升，大中城市群和都市圈建设加速布局，"特色小镇"和乡村振兴战略齐头并进，更为精细化、均衡化的区域空间格局渐已成型。

如果说城市文明的未来是走向文化，那么作为一种软性力量，文化在推动经济创新发展、调和社会发展矛盾、培育良好向善的城

---

① 新玉言编：《新型城镇化——理论发展与前景透析》，国家行政学院出版社2013年版，第1页。

市氛围等方面具有不可替代的重要价值,这也促使城市领域的文化研究日益成为学界关注的热点。城市的高质量发展需要科学的城市学研究作为理论支撑,那么"城市研究"具有哪些学科分支?作为学科分支的城市文化研究,其历史缘起、理论学派和研究现状又分别是什么?上述问题构成本章的论述起点。

第一节 交叉学科视角下的"城市研究"

工业革命为城市发展带来了史无前例的机遇,但与之伴随的"城市病"也给人类文明带来巨大的灾难。城市成为新的问题,促使马克思、恩格斯、涂尔干、韦伯、齐美尔等社会学家从社会组织、社会结构、工人阶级、社会心理等多维视角出发纵深把握城市的诸种动态变化,这也是社会学的学科发端。至此,"城市研究"逐渐拓展至人类学、历史学、政治经济学、地理学、建筑与规划学、美学等领域,围绕着"城市"议题涌现出为数众多的交叉学科视角。

一 城市社会学与人类学

社会学家吉登斯认为,18世纪末期法国政治革命孕育出来的民主政治、英国产业革命带来的工业文明共同催生出欧洲社会学。作为一门深具"现代性"的新学科,早期的社会学大多关注工业时代的城市化浪潮引发的多种社会问题。例如,古典社会学家滕尼斯通过比较乡村社会与城市社会的差异,提出以家庭或邻居间亲密无间的劳作与生活为特点的"礼俗社会"(Gemeinschaft)、以理性主义和个人功利主义为特点的"法理社会"(Gesellschaft),而从礼俗社会迈向法理社会的关键就在于工业资本主义的兴起。[1] 涂尔干认为空间"在社会群体能以各自的方式呈现出任何可应用于宇宙的空间关系之前就存在"[2],也就是说,空间的社会生产与群体、文化和民

---

[1] [美]丹尼尔·约瑟夫·蒙蒂等:《城市的人和地方:城市、市郊和城镇的社会学》,杨春丽译,江苏凤凰教育出版社2017年版,第113页。

[2] [加]罗伯·希尔兹:《空间问题:文化拓扑学和社会空间化》,谢文娟等译,江苏凤凰教育出版社2017年版,第112页。

族身份行为等息息相关——就像乡村是基于风俗、习惯或信仰等形成的机械关系,而城市则是基于现代劳动分工形成的有机关系。[①] 齐美尔注意到那些在现代城市中生活的人们及其"新的意识"[②],他们困惑、紧张与不适的精神状态往往伴随着城市生活所充斥的货币关系、工业生产与工具理性。韦伯强调固定市场和货币经纪取代了仪式、姻亲等亲属关系的传统农耕社会分工[③],他进一步立足于"市场聚落"的视角,认为城市可细分为"消费城市""生产性城市""商业城市"三种类型。[④] 马克思和恩格斯在大量失去土地的农民、饱受资本家剥削的工人那里发现无产阶级的力量,通过揭示资本主义生产方式的内在矛盾和社会运行规律,指出无产阶级必须通过暴力革命来粉碎资产阶级专政,共产主义必将取得最终的胜利。可以说,这些社会学研究的经典不仅为城市社会学的发展奠定了思想基础,同时也为人文社科领域的"城市研究"拉开序幕。

正如社会学家吉登斯所言:"我们并不能把城市仅仅视为社会理论的次要研究对象,而应该把它看作社会理论的核心"[⑤],因为城市意味着人类从空间层面展开活动并形成相应的社会组织。由此,作为西方社会学的二级学科,发端于20世纪20年代的"城市社会学"开启了对城市空间特定的社会结构、社会关系与社会过程的实地研究。早期的城市社会学理论主要体现为帕克、伯吉斯和沃思等人构成的芝加哥学派(Chicago School),这些学者相继出版的《城市》(1925)、《城市社区》(1926)、《作为生活方式的城市化》(1938)等重要论著,着眼于城市化、城市社区和城市人研究,以此来探讨传统社会向城市社会的结构性变迁。有鉴于城市是"各种

---

① [英]彼得·桑德斯:《社会理论与城市问题》,郭秋来译,江苏凤凰教育出版社2018年版,第32页。

② [英]彼得·桑德斯:《社会理论与城市问题》,郭秋来译,江苏凤凰教育出版社2018年版,第78页。

③ [美]亚伯拉罕森:《城市社会学:全球导览》,宋伟轩等译,科学出版社2017年版,第3页。

④ [德]马克斯·韦伯:《城市(非正当性支配)》,阎克文译,江苏凤凰教育出版社2014年版,第3—4页。

⑤ Giddens A., *A Contemporary Critique of Historical Materialism*, Vol. 1: *Power, Property and the State*, London and Berkeley, 1981, p. 140.

礼俗和传统构成的整体,是这些礼俗中所包含,并随传统而流传的那些统一思想和感情所构成的整体",这一学派把城市研究界定为"专门研究这些因素及其相互合作产生的人和社会机构的特有结构秩序的科学"。① 帕克所构建的"人类生态学"② 观点将城市界定为人类进行竞争的场所,其社群互动与单纯适应自然环境的自然生态学有所不同,因为人类的生存经验体现出城市空间生产与生活方式的独特性,包含生物的(biotic)、空间的(spatial)和文化的(cultural)三个维度。③ 伯吉斯在"社区的脉动"④ 的城市动力学基础上,进一步提出城市空间同心圆的功能区域划分模型,认为空间的差异化分布决定了城市人群的社会构成与生活方式的多样性。沃思也立足于"都市性"(urbanism)的视角归纳出都市人群的行为特征和互动交往方式,以此来对城市不同社会群体的"都市生活方式"或"都市人格"进行功能主义分析。⑤ 事实上,德国社会学家西美尔早在《大都会与精神生活》中探讨世界以全景式的方式呈现,但个体的注意力却难以集中,由此形成"自我退隐"(Reserve)与"普遍人性"(General Human Being)之间难以调和的悖论。正是因为城市塑造了与乡村生活截然不同的生活节奏、人际交往以及感知空间,这种独特的"大都市人格类型"⑥ 便构成社会学家的问题意识。这些社会学家在研究中进一步开拓了实地调查的社会科学传统,通过对城市社区的居民生存状态以及少数族裔和亚文化群体的日常生活进行研究⑦,芝加哥学派也确立了包括访谈、观察、实物

---

① [美] R. E. 帕克等:《城市社会学——芝加哥学派城市研究》,宋俊岭等译,商务印书馆2012年版,第4页。
② [美] 罗伯特·E. 帕克:《城市:有关城市环境中人类行为研究的建议》,杭苏红译,商务印书馆2016年版,第6页。
③ Park R. E., "Human Ecology", in W. Allen Martin, eds., *The Urban Community* New Jersey: Pearson Education Inc., 2004, p. 14.
④ 于海编:《城市社会学文选》,复旦大学出版社2006年版,第31页。
⑤ 于海编:《城市社会学文选》,复旦大学出版社2006年版,第44页。
⑥ [英] 德雷克·格里高利等编:《社会关系与空间结构》,谢礼圣等译,北京师范大学出版社2011年版,第73页。
⑦ 《街角社会》是这类研究的典型代表。[美] 威廉·富特·怀特:《街角社会:一个意大利贫民区的社会结构》,黄育馥译,商务印书馆2005年版。

研究等在内的质的研究①方法体系。在上述研究方法的影响下，作为人类学分支之一的都市人类学在20世纪70年代逐渐兴起，围绕着城市移民、城市社团、少数族裔、都市贫民、街区生活等议题展开纵深研究。

二 城市史

作为新文化史的分支之一，城市史吸收了社会学关于社会结构、社会分层、社会变化等相关理论视角，主张研究城市的历史起源、演进历程、人与自然之间的互动关系以及居民生活方式的变迁等议题。就其缘起而言，城市史的学术立场主要受20世纪70年代法国"新文化史"的影响，这一学派开启了历史学研究的社会—文化转向，将"文化"理解为"象征符号及其解释"，更进一步建议将研究重点转移到"心态、假想或感觉，而非理念或思想体系"②。正是基于"文化"领域的扩张以及一系列批判理论如雨后春笋般涌现（包括西方马克思主义、女性主义、精神分析、符号学等），"新文化史"研究"文化"的目的在于探究权力的技术、机制和影响是如何透过话语、仪式和再现的行为，最终通过一系列语言的实践而得以运作。换言之，对"文化"的解释更接近于语言学的概念，主张将"文化"视作一个"表意系统"——基于不同符号单元之间的相互运作，"社会系统得以沟通、再生产、经验和探索"③。这一界定便拆解了将"文化"视为美学的、精英的、静态的固有概念，取而代之的是一个人类学的、协商的、动态的场域。文化进而被概念化为"社会、经济和政治力量及发展进程的主谋，而不仅仅是这些力

---

① 比如，杜·波依斯《费城的黑人》（1899/1967）、恩格斯《英国工人阶级的状况》（1845/1969）、布思《伦敦人民的生活和劳动》（1927）、帕克《城市》（1916）、托马斯和兹南尼斯基《欧洲和美国的波兰农民》（1927）、林德夫妇《中镇——美国现代文化研究》（1929/1956）和《过渡中的中镇——文化冲突研究》（1937）等可谓城市社会学以科学实证主义为特点的社会调查方法的代表性著作。陈向明：《质的研究方法与社会科学研究》，教育科学出版社2000年版，第27—28页。

② Burke Peter, *What is Cultural History?*, Cambridge, UK; Malden, Mass: Polity Press, 2008, pp. 3, 51-52.

③ Williams Raymond, *Culture*, London: Fontana, 1981, p. 13.

量和进程的单纯反映"①，历史研究也随之从因果关系的探讨转向对事物或事件本身意义的思考。陈恒注意到，相当一批城市史的报纸杂志②、专业团体③和研究著作④的涌现有力地推动了西方城市史的学科建制，对城市的诞生与发展、城市历史与人类文明史之间的关系、国别城市史、城市建筑规划史等命题展开了一系列交叉学科研究。

被认为"给予了成都街头文化一个浪漫的图景"⑤，王笛对成都公共空间、大众文化、底层民众、地方政治等日常生活领域的关注开启了一种自下而上式"读城市"的独特视角。通过对城市环境、商业空间、日常空间、社会空间、庆典空间等社区组织进行细致入微的勾勒，王笛在街头市场、街头作坊、街头舞台、街头谋生、街头祭坛、街头娱乐、街头茶馆等街民生活以及下层民众的公共行为和大众娱乐中发现了一种改良公共空间的策略。他借由近代警察对公共卫生、流氓赌棍、街头乞丐、大众娱乐等方面的管理，以及发生在街头的性别、族群和阶层等领域难以避免的冲突，进一步发现

---

① Dikovitskaya Margaret, *Visual Culture: the Study of the Visual after the Cultural Turn*, Cambridge, Mass.: MIT Press, 2005, p. 48.

② 例如，《中欧城市史文献》（1963）、《现代城市史通报》（1970）、《城市史评论》（1972）、《城市史杂志》（1973）、《城市史年鉴》（1974）、《城市史、城市社会学、古迹保护杂志》（1974）、《历史上的城市》（1977）、《城市史》（1977）、《古老城市》（1978）、《都市：艺术、历史和城市人类文化学》（1979）、《城市史》（1992）、《规划史研究》（2002）、《规划史杂志》（2002）等。陈恒等：《西方城市史学》，商务印书馆2017年版，第6页。

③ 比如，分布在欧洲和北美洲的城市史协会（Institute of Urban History）、城市史小组（An Urban History Group of the American Historical Association）、城市事务协会（The Urban Affairs Association）、城市史中心（The Centre for Urban History）、美国城市和区域规划史协会（The Society for American City and Regional Planning History）、大城市史中心（Centre for Metropolitan History）、欧洲城市史协会（European Association for Urban History）、国际规划史协会（International Planning History Society）等。陈恒等：《西方城市史学》，商务印书馆2017年版，第6—7页。

④ 部分代表性著作有：老施莱格尔《城市史的兴起》和《美国历史上的城市》、麦凯尔维《曼彻斯特史》、皮尔斯《芝加哥史》、吉尔《伯明翰史》、布里格斯《维多利亚时代的城市》（1963）、汉德林和布尔查德编辑的《历史学家和城市》（1966）、迪奥斯编辑的《城市史研究》（1968）、斯提尔《密尔沃基》（1948）等。陈恒等：《西方城市史学》，商务印书馆2017年版，第8—9、391页。

⑤ 王笛：《街头文化：成都公共空间、下层民众与地方政治（1870—1930）》，商务印书馆2012年版，第1页。

第二章　作为交叉学科分支的城市文化研究：缘起、观点与现状　63

下层民众的街头文化在 20 世纪初期政治转型的成都悄然转为街头政治。对底层民众日常生活的关注同样体现在卢汉超的《霓虹灯外：20 世纪初日常生活中的上海》。在这本关注"小人物"的平民生活与"'旧上海'的日常节奏、景象、声音，甚至味道"① 的著作中，以黄包车夫和街头乞丐为主要构成群体的城市贫民揭示出这座世界性城市的鱼龙混杂，西式洋房、里弄和棚户等不同层次的住宅区交织着倒马桶、商贩、上门服务、闲聊、恋爱、争吵等琐碎的俗世生活。与此同时，近代商业文明催生的百货公司、戏院、电影院、旅馆、餐厅和走马灯似的霓虹灯也构成了上海市民日常生活的重要场景，除了里弄的米店、煤球店、烟纸店、裁缝店、普罗餐馆、老虎灶和大饼店、小菜场之外，"逛马路"等街区购物是上海人常见的打发时间的生活方式。无论是王笛的著作还是卢汉超的论著，均体现出一种有别于早期城市史对城市政治、经济、社会和文化等方面的"方志式"研究视角②，转而立足于日常生活与平民大众来探索城市出现的原因、城市化的过程及后果，这也与 20 世纪 60 年代美国"新城市史"③ 开启的社会史分析路径不谋而合。④

---

①　[美] 卢汉超：《霓虹灯外：20 世纪初日常生活中的上海》，段炼等译，山西人民出版社 2018 年版，第 3 页。
②　类似的城市文化史研究已渐成气候。岳永逸：《老北京杂吧地：天桥的记忆与诠释》，生活·读书·新知三联书店 2019 年版。刘岩：《历史·记忆·生产：东北老工业基地文化研究》，中国言实出版社 2016 年版。庄鸿雁：《城市文化与文化城市：哈尔滨：城市记忆与文化思考》，中国文史出版社 2018 年版。
③　《出租车！纽约市出租车司机社会史》是这类历史写作的典型代表。通过细致入微地展示纽约出租车司机这一社会群体的百年历史，这本书探讨了出租车行业的风云变幻、司机队伍的群体构成、媒体再现中的出租车司机、种族与阶层视角下的出租车司机以及司机们的"美国梦"。有评论认为透过纽约出租车司机们的时代史，"我们还可以进一步透视纽约劳工史、纽约种族关系史、纽约公共交通史或广义上的纽约社会史"。[美] 格雷厄姆·郝吉思：《出租车！纽约市出租车司机社会史》，王旭译，商务印书馆 2010 年版，第 2 页。
④　《本土东京：公共空间，在地历史，拾得艺术》同样是一本关于东京日常生活史的精彩著作，从街道、广场、博物馆到平凡的生活物件，20 世纪下半叶处于消费资本主义的东京故事得以栩栩如生的展现。[美] 乔丹·桑德：《本土东京：公共空间，在地历史，拾得艺术》，黄秋源译，清华大学出版社 2019 年版。

三 城市政治经济学

20世纪60年代以来，以列斐伏尔、哈维、卡斯特等为代表的学者开始把种族、阶级、性别等社会变量引入社会空间的研究，探究全球城市生产与消费背后的资本主义逻辑，这一关注社会阶级和社会运动的研究思潮被认为是深具马克思主义传统的城市理论，也认为是开启了城市研究的政治经济学取向，又有"新城市社会学"[①]之称。正如恩格斯在《英国工人阶级状况》、马克思在《共产党宣言》中指出19世纪城市的爆炸式扩张揭露出生产资本的集中和工人阶级的崛起，马克思主义对人类社会从封建主义向资本主义的划时代演变、对工业资本主义经济内部积累的过程分析、对工人阶级作为处理资本主义社会问题及社会转型希望的能动性反思，奠定了马克思主义与城市研究的联结可能。戈特迪纳将城市政治经济学的马克思主义分析范式概括为阶级冲突理论和资本积累理论：一来"城市形式被'解释'为一种阶级斗争的产物"[②]，二来"把城市发展或城市化的进程解释为资本积累过程的空间证明"。[③] 继承马克思主义的历史理论、资本主义积累理论的分析框架和资本主义社会分析理论等精神遗产，列斐伏尔相继出版《城市权力》(1968)、《城市革命》(1971) 和《马克思主义的城市思想》(1972) 等著作，认为"空间从来就不是空洞的：它总蕴含着某种意义"[④]——较之发生在空间内部的事物生产，更重要的应当是关注空间自身的生产，因为"(社会) 空间是 (社会的) 产品"[⑤]，是在人类历史中生成、在生产实践中形成的社会产物。基于此，列斐伏尔把空间的生

---

① [美] 艾拉·卡茨纳尔逊：《马克思主义与城市》，王爱松译，江苏教育出版社2013年版，第36页。

② 具体研究领域包括社会控制理论和城市形式、劳动力区位理论和城市形式。[美] 马克·戈特迪纳：《城市空间的社会生产》，任晖译，江苏凤凰教育出版社2014年版，第76页。

③ 具体研究领域包括金融资本和国家干预的作用、建成环境的新李嘉图式的方法。[美] 马克·戈特迪纳：《城市空间的社会生产》，任晖译，江苏凤凰教育出版社2014年版，第89—90页。

④ Lefebvre Henry, *The Production of Space*, Oxford: Wiley-Blackwell, 1991, p. 154.

⑤ Lefebvre Henry, *The Production of Space*, Oxford: Wiley-Blackwell, 1991, p. 26.

产机制分为"空间的实践"(spatial practice)、"空间的表象"(representations of space)、"表象的空间"(representational spaces),分别对应空间的生产与再生产所构成的空间形态和社会结构、被知识和符码等构思及概念化出来的空间、具有反抗潜能的感性与想象的经验空间。通过图绘资本主义对空间生产、消费无处不在的控制,甚至空间规划也成为一种资本主义的政治实践,列斐伏尔指出要以"城市权利"作为重组城市关系、重构空间价值的路径,并进一步提出"差异空间"来实现资本主义空间生产的超越。

地理学家哈维在 1973 年出版的《社会正义与城市》一书中构建了"社会过程—空间形式"① 的城市空间分析范式,并在后续出版的系列著作中确立了其城市研究的马克思主义立场。② 他在阶级关系和阶级政治批判的基础上,指出正义应跳脱"普遍主义/特殊主义"的价值困境,转而从差异、沟通、共情等层面探索城市权利的实现路径。哈维的理论贡献也体现在对资本主义的过度积累、以城市化与全球化为名的"空间修复"(spatial fix)、居住者的空间非正义(包括城市非正义、全球非正义、环境非正义)的批判性反思上,指出要基于"差异空间"来思考人类真正实现解放的可能。这就将资本主义空间生产的抵抗与斗争引向理想空间的"辩证乌托邦",也就是在动态开放、公平正义和社区实践的基础上设计未来新世界的美好想象。正如哈维认为马克思主义者"设法理解城市、以共同体为基础的社会运动以及它们与以劳动为基础的运动间的联系(也就是传统的关注点)的经济和政治意义"③,卡斯特在《城市问题》(1972)确立了结构主义马克思主义的城市分析框架,继

---

① 于海编:《城市社会学文选》,复旦大学出版社 2006 年版,第 131—142 页。

② 这些论著有《资本的界限》(1982)、《资本的城市化:资本主义城市化的历史与理论研究》(1985)、《意识与城市经验》(1985)、《后现代的状况》(1989)、《城市体验》(1989)、《正义、自然与差异地理学》(1996)、《希望的空间》(2000)、《新帝国主义》(2003)、《巴黎:现代性之城》(2003)、《新自由主义简史》(2005)、《全球资本主义的空间:走向地理发展不平衡的理论》(2006)、《反叛城市:从城市权利到城市革命》(2012) 等。刘少杰编:《西方空间社会学理论评析》,中国人民大学出版社 2020 年版,第 297—298 页。

③ Harvey David, "Urbanization", in Tom Bottomore, et al. (eds.), *A Dictionary of Marxist Thought*, Cambridge, Mass.: Harvard University Press, 1983, pp. 503–504.

而在《城市与草根》(1983) 中深入剖析城市运动、社会冲突与阶级斗争,以此来延伸他对城市结构和城市化过程的理论思辨。卡斯特的城市研究主要建立在对其老师列斐伏尔理论的批判性接受之上,指出应超越空间的人文因素,从阶级斗争等层面来探讨空间的社会生产与集体消费,也就是把城市视作"一个与生产过程相关的过程"[①]。他在后续出版的《网络社会的崛起》(2000)、《认同的力量》(2003)、《千年终结》(2010) 进一步探讨了信息时代城市空间、资本流通与阶级斗争之间交织的复杂关系,提出"流动空间"(spaces of flows)、"网络社会"(network society)、"地方空间"(space of places)、"无时间的时间"(timeless time) 等一系列富有新意的理论观点,认为信息技术革命、全球经济一体化以及由真实虚拟的文化认同形成的各种社会运动正在使原有的城市社会发生结构性变化。

四 城市地理学

地理学是这一门横亘于自然科学、社会科学与人文学科之间的交叉领域,英文原词为 geography,从词源学构成上看是由 geo-(地球)和 -graphia(写作)构成,本义为"针对地球的写作"。因此,地理学的学科实践指向的是对世界的"写作(传达、表意、再现,或标记、形塑、转变)"[②]。正因为地理学意味着"一门研究空间是如何卷入社会和生物物理学过程的运作和结果的学科"[③],除了涵盖生物物理学的学科知识(包括生物学、化学、地球物理学等),社会、政治、经济和文化的学科视角也理应纳入地理学的学科范畴之中。作为人文地理学的分支,城市地理学旨在对城市这一包括政治、经济、社会、文化、自然等多重要素在内的区域实体进行地域特点、人地关系、空间构成等方面的综合性研究。在借鉴二战后新

---

① Castells Manuel, *The Urban Question: A Marxist Approach*, London: Edward Arnold, 1977, pp. 236 – 237.

② Johnston R. J., et al., *The Dictionary of Human Geography*, Malden, MA: Blackwell Publishers, 2009, p. 287.

③ Johnston R. J., et al., *The Dictionary of Human Geography*, Malden, MA: Blackwell Publishers, 2009, p. 288.

古典经济学区位分析的统计方法基础上，城市地理学围绕着区位理论的向心性、技术决定论、平衡理论、系统的城市观点、大都会扩展理论、白领就业和管理区位模式、城市复兴和中心城区的演变等领域来探讨城市空间的生产过程及区域集聚。① 就其具体方向而言，城市地理学主要围绕"点"与"面"之间的辩证关系展开研究：一来，立足于"以点带面"的研究思路，通过城市这个"点"的区域布局、地域特征和空间环境来透视区域的总体特点，最终达到城市地理与文化分析的交叉融合。此种研究取向突出体现在布鲁克尔的《意大利文艺复兴时期佛罗伦萨的文化》，这本书通过佛罗伦萨国家档案的历史文献分析，综合空间、经济、贵族政治、宗教信仰等视角集中考察佛罗伦萨的区域位置与地理环境，进而通过空间的变迁来探讨城市居民生活的变化。二来，将城市视作一个独特的"点"，探究城市内部的区位布局与地理特点，梳理空间各要素的构成与组合方式，进而思考区域分布、资源环境、土地开发、人口流动等要素与城市发展之间的互动关系。这种研究思路在施坚雅的《中华帝国晚期的城市》一书中有着精彩的呈现，他从城市空间布局和区域特点出发，深入探讨大区域经济、资源配置、交通运输、农业生产、市场环境以及政治制度如何与城市的空间地理形成紧密的内在关联。这也意味着从城市既有形态出发，探索地方文化形成背后的地理因素。

值得注意的是，20 世纪 60 年代末期出现的人文地理学主张研究"空间认同的生成过程之中经验的本质，对物质实体的情感关联，以及概念和象征符号的角色"②，这一波地理学研究中出现的人文主义立场恰恰体现了空间"经验的视角"③ 逐渐受到研究者的重视。这之后，"文化研究"的交叉学科渗透也被认为是"一种构建新的批判人文地理学的后续性努力，一种适应当代政治和理论挑战

---

① ［美］马克·戈特迪纳：《城市空间的社会生产》，任晖译，江苏凤凰教育出版社 2014 年版，第 43—71 页。
② Tuan Yi-Fu, "Humanistic Geography", *Annals of the Association of American Geographers*, No. 66, 1976, pp. 266 – 276.
③ ［美］段义孚：《空间与地方：经验的视角》，王志标译，中国人民大学出版社 2017 年版，第 6—14 页。

的历史地理唯物主义"①。实际上,人文地理学的"文化转向"较之20世纪20年代美国人文地理学的重镇——伯克利学派的最大突破便体现在对文化整体论的批判性反思上,与其将文化视作全盘整体,这一时期的文化地理学家建议以一种社会—经济学的理论路径来研究"人类活动的象征符号层面,对社会进程的史学理解,以及服膺于阐释学的认识论"②。基于日益扩张的英美文化研究学科发展,以及大量新兴批判理论的交叉学科渗透,文化地理学家更为清晰地主张"在理论资源上采纳自省、开放和包容的阐释学模式"③,尤其是朝向"政治经济学的视角"④。发展至20世纪80年代,人文地理学的"文化转向"被进一步命名为"新文化地理学"(New Cultural Geography)⑤。由此,文化地理学家的任务被界定为以不同种族、性别和阶级为标尺来探讨意义的建构过程,并将空间或地方

---

① [美]爱德华·W. 苏贾:《后现代地理学——重申批判社会理论中的空间》,王文斌译,商务印书馆2007年版,第9页。

② Duncan James S., et al., *A Companion to Cultural Geography*, Malden, MA: Blackwell Pub., 2004, p. 1.

③ Barnes Trevor J., "Retheorizing Economic Geography: From the Quantitative Revolution to the 'Cultural Turn'", *Annals of the Association of American Geographers*, No. 3, 2001, p. 546.

④ Barnett Clive, "The Cultural Turn: Fashion or Progress in Human Geography?", *Antipode*, No. 4, 1998, pp. 379 – 380.

⑤ 关于这一命名的讨论可见于20世纪80年代以来出现的大量新文化地理学的理论著作和期刊文献之中,例如 Jackson Peter, *Maps of Meaning: An Introduction to Cultural Geography*, London: Unwin Hyman, 1989. Cosgrove Denis and Jackson Peter, "New Directions in Cultural Geography", *Area*, No. 2, 1987, pp. 95 – 101. Mitchell Don, "There's No Such Thing as Culture: Towards a Reconceptualization of the Idea of Culture in Geography", *Transactions of the Institute of British Geographers*, No. 1, 1995, pp. 102 – 116. Price Marie and Lewis Martin, "The Reinvention of Cultural Geography", *Annals of the Association of American Geographers*, No. 1, 1993, pp. 1 – 17. Duncan James and Duncan Nancy, "Reconceptualizing the Idea of Culture in Geography: A Reply to Don Mitchell", *Transactions of the Institute of British Geographers*, No. 3, 1996, pp. 576 – 579. Duncan James S., et al., *A Companion to Cultural Geography*, Malden, MA: Blackwell Pub., 2004. Whatmore Sarah, "Materialist Returns: Practicing Cultural Geography in and for a more-than-human World", *Cultural Geographies*, No. 13, 2006, pp. 600 – 609. Cresswell Tim, "New Cultural Geography—an unfinished project?", *Cultural Geographies*, No. 2, 2010, pp. 169 – 174。

视作一个竞争的场域来分析结构的运作①。例如，有相关研究者建议"将文化理论化为一个动态的过程"②，尤其是注意到那些伯克利学派曾经轻易忽视的领域——来自底层的和大众文化的范畴。亦有学者主张对新文化地理学重新进行概念化，通过理解权力关系的运作方式来认识社会系统的生产与再生产，因为文化并不具有"一个本体论和解释性的状态"③。另有一部分学者强调地理学研究中实践、理论和研究方法的性别建构④，像女性主义地理学家多莫什甚至断言"女性作为性别和身体的干扰"会极大地补充标准化的、"作为理性知识构成的地理学"等⑤空间与性别之间关系的讨论⑥也开始出现。由此可见，文化研究对地理学的渗透不仅极大地影响了传统城市研究的关注视角——从自然景观走向人文景观和文化景观，同时也对研究方法做出补充，例如符号学、批判理论开始介入城市地理学的阐释模式，旨在对城市空间中的人及人的活动进行深入的社会文化语境分析。

---

① Mitchell Don, "There's No Such Thing as Culture: Towards a Reconceptualization of the Idea of Culture in Geography", *Transactions of the Institute of British Geographers*, No. 1, 1995, pp. 102 – 116; Duncan James S., et al., *A Companion to Cultural Geography*, Malden, MA: Blackwell Pub., 2004.

② Jackson Peter, "Berkeley and Beyond: Broadening the Horizons of Cultural Geography", *Annals of the Association of American Geographers*, No. 3, 1993, p. 520.

③ Mitchell Don, "Explanation in Cultural Geography: A Reply to Cosgrove, Jackson and the Duncans", *Transactions of the Institute of British Geographers*, New Series, No. 3, 1996, pp. 580 – 582.

④ Domosh Mona, "Toward a Feminist Historiography of Geography", *Transactions of the Institute of British Geographers*, New Series, No. 1, 1991, pp. 95 – 104. Jacobs Jane M. and Nash Catherine, "Too Little, Too Much: Cultural Feminist Geographies", *Gender, Place & Culture: A Journal of Feminist Geography*, No. 3, 2003, pp. 265 – 279. Binnie Jon, "Coming out of Geography: towards a queer epistemology?", *Environment and Planning D: Society and Space*, No. 15, 1997, pp. 223 – 237.

⑤ Domosh Mona, "Sexing Feminist Geography", *Progress in Human Geography*, No. 23, 1999, pp. 429 – 436.

⑥ ［英］多琳·马西：《空间、地方与性别》，毛彩凤等译，首都师范大学出版社2018年版，第229—238页。

五　城市建筑与规划学

空间设计在早期城市发展中多服务于军事防御或发挥宗教信仰功能，正式的"规划"概念与19世纪工业革命的发展息息相关，因为这一时期以科学的空间规划区分不同的土地使用和社会功能、解决"城市病"已成为迫切的现实需要。霍华德提出的"花园城市"（garden city）可谓最早针对工业城市开出的一剂规划良方，主张工业建筑与田园生活的融合，从而在城市外围出现新城镇的空间形态。根据现代主义的空间设计原则，"将开放根据住宅、商业、工业和交通运输的功能引导至分离的空间的分区计划"①，居住与生产相分离意味着规划成为土地使用的监控和预测手段。正因为空间的分区是一种总体规划，房地产开发商得以进入土地市场从事未来增长性的开发，但这也导致土地扩张缺乏包容性和协调性、"士绅化"的私有利益导向等问题逐渐涌现。自20世纪90年代，以彼得·考尔索普、威廉·富尔顿、安德鲁斯·邓尼、伊丽莎白·普莱特·茜卜克等为代表的"新城市主义"②反对土地的分割使用和区域的无限扩张，而是从历史文化建筑和郊区小镇中汲取了规划灵感，更为注重人性化的公共空间和邻里之间交互往来的社区生活，旨在通过混合的土地使用来实现便利、灵活且差异化的功能设计。与此同时，作为一种强调当地居民广泛参与和支持的规划理念，群策群力的城市规划（advocacy planning）③也旨在通过土地使用的技术性管理，争取居住空间及公共交通的改善，实现地方社群利益的最大化。这种带有明显"后现代主义"特点的城市规划反映出对现代主义强调空间区隔、反对人行道、倡导城市中心街道网格等设计思路，以及背后的效益、规模、速度等价值尺度的反叛。

近百年来的城市空间规划也催生了相当一批富有深意的理论思

---

① ［美］马克·戈特迪纳等：《城市研究核心概念》，邵文实译，江苏教育出版社2013年版，第144页。
② ［英］爱德华·罗宾斯等：《塑造城市——历史·理论·城市设计》，熊国平等译，中国建筑工业出版社2009年版，第200页。
③ ［美］马克·戈特迪纳等：《城市研究核心概念》，邵文实译，江苏教育出版社2013年版，第220页。

辨与设计实践。比如,20世纪三四十年代由勒·柯布西耶、沃尔特·格罗佩斯、密斯·凡·德罗等建筑师发起的"国际风格"(International Style)设计学派,主张简约严谨的几何形式风格,以此来取代地域文化特质,并以工业时代的材料、照明等技术打造出一种耳目一新的现代主义风格。这种设计原则倡导在花园、绿地等开放空间中伫立摩天大楼建筑群,强调城市运输走廊。全球多个城市开始出现各式各样的"空中花园"(skyscraper parks)或高层住宅街区,这使得现代主义的建筑风格一度成为全球大都会的显性表征。然而,20世纪70年代之后由迈克尔·格雷夫斯、弗兰克·格里、雷姆·库哈斯、诺曼·福斯特等人发起的后现代主义建筑体现出对现代主义建筑风格的挑战,主张通过外部装饰的流动设计和鲜明的文化元素来取代摩天大楼的矩形天际线。正像新城市主义者对"以人为本"的城市生活高度推崇,相信邻里街区、公共交通和人行道等人性化的规划有助于构建人与人之间的良性互动关系。威廉·H.怀特在《空间的设计》一文中通过对市民如何使用都市空间的电影纪实研究,认为空间的便利性与场所的多样性等社会品质更为受到公众的欢迎,而不是空间的规模或形状等物理品质。[1] 凯文·林奇也认为"城市景观表面的清晰或是'可读性'"[2]是一种重要的视觉品质,好的设计师应当对城市环境建立好的感知方式,通过对色彩、形状、光线、感觉、情绪等要素的创造性组合来探索富有意象性的城市设计,进而营造具有秩序感和亲切感的城市氛围。可以说,建筑与规划学不仅为城市的空间布局植入可视化的风格实践,同时也透过空间的社会功能与建筑文化的理论探讨深入拓展了城市形态的思考路径。

六 城市美学

审美文化视角下的城市研究可概括为"以情感体验的方式对城市中人的生活方式、城市格局、城市建筑、城市管理、城市环境、

---

[1] 于海编:《城市社会学文选》,复旦大学出版社2006年版,第158—170页。
[2] [美]凯文·林奇:《城市意象》,方益萍等译,华夏出版社2011年版,第2页。

城市情调等方面,进行审美品评"①,也就是对城市人的生存境遇、城市独特的生活方式、城市经验与情感际遇等领域进行审美判断和诗学探索。与此同时,都市审美文化研究还特别关注大众文化、流行文化、通俗文化在塑造城市意象上发挥的重要作用,建筑景观的美学风格与文化象征,以及对城市历史街区、文化遗产、艺术空间等文化现场的实地考察,总体上兼具文化研究、建筑与规划学、社会学与人类学等交叉学科视角。城市之所以成为一种审美对象,本质上是因为符号学视野下的城市多被视作"一个交流系统,是一组符号的集合,它们标志着权力和威望、状态和影响、胜利和失败"②。这就意味着城市是一种具有生产性的文本,美学层面的城市研究恰恰是通过城市在建筑、景观、纪念碑、文学、电影、游记、歌词、报纸杂志等不同文本形式中的再现(representation)来探讨其符号意义的生产机制和形塑策略。此种研究思路深刻地影响了人们对城市游走于"物质(physical)形态与象征(symbolic)形式"③之间复杂内涵的思考:就像肖特在海量的文学、电影、电视等"城市书写"中发现关于城市的再现大致可分为"亲城市派"(pro-urban)、"反城市派"(anti-urban)和"城郊对立派"(inner city versus the suburbs)三种不同的城市虚构写作④;福楼拜、卡夫卡、乔伊斯登等小说家也在熙熙攘攘的人流中捕捉到"个人体验到的那捉摸不定的脉动"⑤;信息技术和数字媒体对都市经验的构建,促使城市的空间生产走向"媒体—建筑复合体"(media-architecture com-

---

① 陈恒等:《西方城市史学》,商务印书馆2017年版,第392页。
② [英]约翰·伦尼·肖特:《城市秩序:城市、文化与权力导论》,郑娟等译,上海人民出版社2010年版,第433页。
③ [澳]德波拉·史蒂文森:《城市与城市文化》,李东航译,北京大学出版社2015年版,第12—13页。
④ [澳]德波拉·史蒂文森:《城市与城市文化》,李东航译,北京大学出版社2015年版,第153页。
⑤ [美]罗伯特·阿尔特:《想象的城市——都市体验与小说语言》,邵文实译,江苏教育出版社2013年版,第2页。

plex)①；以及城市电影之于"虚构城市"②的重要性——这些对"真实的城市"的想象性再造为我们丰富地展现了城市空间及文化多样性。

  城市生活带来的现代性体验与文化身份认同建构也是都市审美文化研究的重要组成部分，这一研究倾向多体现为对城市场所（place）的意义分析和深入解读。作为后现代主义叙事对本土风格、本地建筑、个体经验的选择偏好，从城市理性法则的宏大叙事走向细微鲜活的日常生活片段揭示出文本和语境分析之于城市情感体验的重要性。如罗兰·巴特把文化文本界定为"生产行为和意指行为发生的场所"③，城市某种程度上也是一种文本的构造物，因为街区、公园、住房、摩天大楼、购物商场等多种符号交织形成的空间也在进行着意义的编码与解码等意指实践（signifying practice），就像纽约时代广场在"拥堵的文化"④中发现了一场后现代主义的狂欢。对这些"活"文本的意义阐释赋予了人们去阅读和体验城市的正当性，对于城市景观的符号学解读也打开了城市多层次的文化意义版图。其中，本雅明笔下的"漫游者"（flanêur）提供了一种将城市历史与个体记忆融合的城市阅读方式，这一文学形象在19世纪的巴黎拱廊街道行走并发现城市建筑和公共空间等符号背后的社会隐喻，以此来洞察工业资本主义的现代性经验与文化实践。本雅明将集体记忆与个体经验融会贯通的文化分析框架，使得城市成为人类感性经验的"集中陈列室"，城市也从物理层面的均质化空间走向文化层面的多重体验场所。继承本雅明"都市行走"（urban walking）的理论资源，德塞托提出城市街道及居民的空间使用可以成为一种日常生活的空间实践，也是对建筑、规划等技术理性的策略性

---

  ① ［澳］斯科特·麦奎尔：《媒体城市——媒体、建筑与都市空间》，邵文实译，江苏教育出版社2013年版，第1页。
  ② ［美］芭芭拉·门奈尔：《城市和电影》，陆晓译，江苏凤凰教育出版社2016年版，第19页。
  ③ Duncan J. and Duncan N., "Ideology and Bliss: Roland Barthes and the Secret Histories of Landscape", in T. Barnes and J. Duncan, eds., *Writing Worlds: Discourse, Text and Metaphor in the Representation of Landscape*, London and New York: Routledge, 1992, p. 27.
  ④ ［美］马歇尔·伯曼：《城市景观：纽约时代广场百年》，杨哲译，首都师范大学出版社2018年版，第xxii页。

反抗（tactical resistance）。而这种与官方"概念中的城市"（concept-city）有所区分的"动态城市"（dynamic city），恰恰体现在城市空间使用者的行走轨迹之中，因为人们在自己的空间进行的行走实践以及这些行为之间的动态关联构成了各自的记忆场所，进而形成承载着个性化体验的"幸福空间"[①]和身份归属感。总的来说，对都市体验和日常生活的关注，使得城市研究逐渐走出城市社会学或城市政治经济学所确立的结构化分析框架，转而从城市人的具体行为、城市生活的文化象征与意义阐释等层面探索城市这一人类居住实体的偶然性和不确定性。"漫游""策略"等主题也成为理解城市之鲜活与灵动的理论入口。

第二节 城市研究的"文化转向"

基于上述分析可发现，城市研究具有鲜明的跨学科特点，过去百余年间，已经分别在社会科学、自然科学、人文科学多个领域形成较为成型且丰富的理论思辨与实践探索。正是因为其问题意识导向明确而学科边界却不甚明晰，这使得作为城市研究分支之一的城市文化研究得以充分汲取交叉学科的理论资源。受20世纪六七十年代"文化研究"和"城市再生"两波热潮的交互影响，城市文化研究分别从理论和实践两个层面构建自身的学术立场及基本观点，逐渐形成城市文化批评与城市文化规划并轨的研究视角，这两种研究路径也相应地影响了中国城市文化研究的学科化进程。

一 "文化研究"视野下的城市

诚如英国伯明翰学派代表人物雷蒙·威廉斯所言："文化可能是英语中两到三个最为复杂的词语之一。"[②] 尽管对"文化"一词的

[①] [法]加斯东·巴什拉：《空间的诗学》，张逸婧译，上海译文出版社2013年版，第27页。

[②] Jackson Peter, *Maps of Meaning: An Introduction to Cultural Geography*, London: Unwin Hyman, 1989, p. xi; Price, Marie and Lewis, Martin, "The Reinvention of Cultural Geography", *Annals of the Association of American Geographers*, No. 1, 1993, p. 1.

界定可能在一定程度上存在中英文语言翻译的差异,但英语学界自20世纪60年代以来试图重新阐释"文化"的概念,以及随着"文化"的意义版图扩张而促使相当数量的人文社科学科领域陆续出现"文化转向"——这一系列的研究动向对研究对象的跨领域选择、研究方法的跨学科交叉均产生了不可忽视的影响。"文化本是平常事"与"一种整体的生活方式",这些自20世纪60年代之后出现的对"文化"概念的界定可视为从西方殖民统治时期的文化整体论转向解殖后去中心化、碎片化的最佳注解。城市研究的"文化转向"首先体现为对作为文化产物的景观背后的话语流变、空间生产、阶级关系、性别政治、民族—国家等权力关系进行知识重构,这种"福柯式的风景考古学"① 具有横亘美学、历史学、政治经济学和社会学人类学的跨学科特点,由此打开了城市研究立足本体论层面从事文化再现探析及社会意义阐释的"文化研究"路径。

作为"人文地理学最重要的术语"以及"地理学最为核心的概念"②,"景观"(landscape,台湾学界多翻译为"地景")的词源学意义发端于德语的 landschaft,其前缀 land- 指向的是地理学层面的环境或区域,而后缀 -suffix 意指人类施加于环境之上的活动,例如早期的土地开垦。另一词源学源头可追溯至荷兰语的 lantscap 或 landschap,接近于德语的 landschaft,但又新增了一层空间意义及人类行为的能动性,意即限定了边界的领地。部分研究者认为英语的 landscape 近似德语的 landschaft,不仅说明了不同自然和文化场所的独特性,同时也包括"风景的、图像的和美学的内涵"③。事实上,景观的"风景"意涵始于17世纪的荷兰风景画,但这一综合概念在文艺复兴时期开始随着"人类活动将土地塑造为可视化的特定区域"④

---

① [美]温迪·J. 达比:《风景与认同:英国民族与阶级地理》,张箭飞译,译林出版社2011年版,第9页。
② Howard Peter, et al., *The Routledge Companion to Landscape Studies*, London, New York: Routledge, 2013, p. 1.
③ Johnston R. J., et al., *The Dictionary of Human Geography*, Malden, MA: Blackwell Publishers, 2009, p. 411.
④ Cosgrove Denis, *Social Formation and Symbolic Landscape*, Madison, Wis.: University of Wisconsin Press, 1998, p. 1.

而发生改变。至此，景观逐渐发展为欧洲精英阶层的独特品位，尤其代表了"某种静态的、被框定的、规则的约束及惯例"[1]，并集中体现在欧洲浪漫主义风景画之中。景观的整体文化概念由美国伯克利学派的代表人物卡尔·奥特文·索尔在20世纪20年代发展至巅峰。这一著名地理学家指出，地理学的核心任务即是建立"一套拥抱景观的现象学的批判理论"[2]，其中景观的概念指向的是一个由物理和文化的独特形式而组成的区域——这一景观的形态学模型建议关注人类如何在景观上行动、改变及留下印迹。

"文化转向"对传统景观研究带来的全方位冲击，尤其体现在20世纪80—90年代兴起的历史唯物主义批评对人类经验、社会和景观之间关系的重视，进而对索尔的文化整体论及欧洲风景画的布尔乔亚—浪漫主义旨趣发起挑战。这一研究方向重点关注社会差异是如何与景观生成的社会、文化和政治进程产生关联的。作为景观文化研究的一个核心概念，"视觉性"沿袭约翰·伯格对摄影术的文化解读，将其界定为"一种观看方式"，而以景观作为"一种观看方式"进行文化阐释的目的在于发掘景观作为一种复杂的文化制品背后所掩盖的社会关系。这一独特的研究视角试图厘清一条深远而精妙的景观文化史脉络：始于早期欧洲风景画的视觉艺术传统，景观多被描述为"别致的景观"[3] 或 "一种创意性的文化显现"[4]；而景观作为"文艺复兴人文主义者对确定性的追寻"[5] 这一固有概念却逐渐被"一种观看方式"的新兴认识论框架取代，这便揭露了与景观密切关联的社会—经济特权与空间等级制度是如何在资本主

---

[1] Chua Eujin, "Untethering Landscape", in *Figuring Landscapes: Artists' Moving Image from Australia and the UK*, edited by Catherine Elwes, Chua EuJin, and Steven Ball, London: International Centre for Fine Arts Research and Camberwell College of Arts, 2008, p. 99.

[2] Sauer Carl O., "The Morphology of Landscape", *University of California Publications in Geography*, No. 2, 1925, pp. 19 – 53.

[3] Czerniak Julia, "Challenging the Pictorial: Recent Landscape Practice", *Assemblage*, No. 34, 1997, p. 110.

[4] Birksted Jan Kenneth, "Landscape History and Theory: from Subject Matter to Analytic Tool", *Landscape Review*, No. 2, 2004, p. 4.

[5] Cosgrove Denis, "Prospect, Perspective and the Evolution of the Landscape Idea", *Transactions of the Institute of British Geographers*, New Series, No. 1, 1985, p. 45.

义语境之下进行生产和再生产的。恰如文化地理学家唐·米歇尔所推崇的景观研究的马克思主义地理学视角,尤其强调将经验主义的研究应用于普罗大众的日常生活之中,以此来帮助理解"景观在反霸权实践之中的角色"[1]。例如,J. B. 杰克逊谈到20世纪70年代以来后冷战时期美国那些"稀松平常的、本土的景观"[2]所传达的象征符号意义。景观的"视觉性"实际上也涉及帝国主义的扩张,如W. J. T. 米歇尔所谈论的"景观的'西方性':它的现代性及其视觉/图像本质"被形塑为"邪恶之眼",最终通过一系列的表征实践来将景观自然化为一种"欧洲帝国主义的'视角'",以此来进行西方帝国主义的全球扩张[3]。沿袭自文化地理学的性别研究取向,景观再现与性别政治、女性主义地理学之间也存在不可化约的关联。例如,"阳刚气质的凝视"[4]表达了视觉愉悦中隐藏的主宰权力机制。较之于相对"消极、'自然化'的女性阴柔",在性别化的景观中,男性窥视往往涉及理性、欲望、白种人、布尔乔亚的价值观、异性恋和父权宰制,甚至体现为"男性、阳刚气质和景观之间的关系"[5]。除了将文化的意义建构关联到文化认同之上,地理学与人文学科之间渐趋紧密的关联也体现为新文化地理学与文本、写作、视觉文化、戏剧展演等艺术形式之间产生的理论对话。有学者建议从思考空间转向"空间的思考",这一范式转移主张实践一种"想象力的地理学及认同的多元与竞争间距,如流动性、场所、边缘领域、流亡和家园"[6]。亦有学者即以"家庭"为研究对象,考察家庭

---

[1] Mitchell Don, "Cultural Landscapes: the dialectical landscape—recent landscape research in human geography", *Progress in Human Geography*, No. 3, 2002, p. 386.

[2] Kay Anderson, et al., *Handbook of Cultural Geography*. London; Thousand Oaks, Calif.: Sage, 2003, p. 228.

[3] Mitchell W. J. T., *Landscape and Power*. Chicago: University of Chicago Press, 2002, pp. 5 - 34.

[4] Rose Gillian, *Feminism and Geography: the Limits of Geographical Knowledge*, Cambridge: Polity Press, 1993, p. 174.

[5] Clifford Nicholas J., et al. *Key Concepts in Geography*, London: Sage Publications, 2008, p. 295.

[6] Clifford Nicholas J., et al. *Key Concepts in Geography*, London: Sage Publications, 2008, p. 68.

范围内的家居设计、物质文化、日常生活经验、社会关系和人类活动[1]。此外,跨境迁移和离散研究也越来越多地引起研究者的兴趣,因为人类的流动性在理解这个日趋易变和多样的世界上开始变得至关重要。具体到景观研究的新近研究趋势,"实践的景观"这一概念近年来开始由英国文化地理学家提出,旨在突破先前一批新文化地理学家将景观视为意义的社会建构这一类普遍做法,转而思考身体的移动作为僭越日常生活的潜在场域。由此,创意、创造力和艺术实践越来越发展成未来景观研究的重要关注点,因为"新的研究方法论和再现策略"[2]正在介入地理学的学术领地,并在当下的数码时代积极地参与到塑造都市景观的过程之中[3]。这些研究视角不仅从社会科学研究的角度对景观现象的历史成因、社会机制、政治经济学基础等结构化特点进行系统性和综合性的研究,同时也兼容了文艺学、美学、文学批评等人文学科的研究,对景观生产的文化结构、审美特点、景观与人之间的关系等经验存在进行价值判断和伦理反思——上述两重研究视野的"去学科"特点为城市文化研究的路径开放提供诸多有益启示。

二 以文化为导向的城市再生

20世纪70年代以来,"城市再生"作为发达国家解决晚期资本主义大规模且持续的城市衰退和经济转型的公共政策而提出:一来,由于制造业向亚非拉国家和地区转移,工厂厂房废置,传统产业萎缩,城市经济基础面临激烈重组并转向以消费为主导的第三产业;二来,经济形势的下滑给国家和地方政府施加了极大的财政压力,不仅造成公共收支和服务的缩减,许多城市的物质基础设施变得破旧不堪而亟待重建,持续的城市贫困和传统社区的凋敝也导致大量社会问题的出现。基于此,作为一种内生动力,"文化"用于

---

[1] Blunt Alison, "Cultural Geography: Cultural Geographies of Home", *Progress in Human Geography*, No. 4, 2005, pp. 505 – 515.

[2] Ryan James R., "Who's Afraid of Visual Culture?", *Antipode*, No. 2, 2003, p. 236.

[3] Lim Merlyna, "Seeing Spatially: People, Networks and Movements in Digital and Urban Spaces", *International Development Planning Review*, No. 1, 2014, pp. 51 – 72.

探索以生活质量提升为基础的城市创新及其可持续发展。以文化为导向的城市再生本质上可视作针对制造业外移、经济结构调整而进行的公共政策调适，意味着现代工业城市正在向后福特主义、后现代、企业式的后工业城市转型。其中，文化是引领城市走向公共性的关键手段，在功能上可分为以下两方面：一是作为经济发展的内生要素嵌入城市经济结构的重组进程之中，体现为创意产业和创意经济的蓬勃发展。在经历了 20 世纪 20 年代作为英美城市新移民社区的历史独特性和族群多样性并以此开发都市旅游之后，"文化经济"的观念在 20 世纪 70 年代末期逐渐被推崇自由市场的西方政治右翼和私有企业接受，并将其重新纳入城市再生的政策制定和制度设计之中。文化的角色首先是作为经济复苏的驱动者而出现——通常称其为"经济文化政策"（economistic cultural policy）[1]，倡导艺术在社会生活领域中的应用价值应当优先于美学价值，主张以文化产业为主轴来适应以信息、消费和服务为主导的后福特主义经济，后现代景观、文化园区和产业集群、都市节庆和嘉年华、文化遗产和都市旅游、体育产业等理论及相关的实践皆是将文化进行商品化开发的集中体现。此外，"创意产业"的官方概念最早由英国布莱尔政府执政时期的文化媒体与体育部（DCMS）下设的创意产业工作组（Creative Industries Task Force）提出，并在 1998 年颁布的《创意产业界定文件》（*The Creative Industries Mapping Documents*）中将"创意产业"解释为个体创造性和技能之集聚以创造就业和财富的新兴产业。"集聚"（cluster）的概念则由英国国家科技艺术基金会（NESTA）进一步延伸，将个体之集聚拓展至产业部门之集聚，认为具有创意性的产业最终能够服务于整体经济的创造力。与法兰克福学派批判文化产业是大批量生产时代控制人们思想的社会技术手段有所不同，创意产业对文化的理解更接近于 20 世纪 60 年代以来英国伯明翰学派基于日常生活实践的文化体系论，认为经济的创意性有助于城市的再开发。二是作为社会要素来统筹城市规划进程之中公共政策的设计和治理模式的革新，这里的"文化"主要指的是

---

[1] McGuigan Jim, *Culture and the Public Sphere*, London and New York: Routledge, 1996, pp. 106 – 107.

市民日常生活的文化,包括社区认同、生活方式、归属感和地方感的形塑等。类似"文化规划"(cultural planning)①的观点较为强调文化的社会性——较之经济和物质层面的振兴,作为社会福利机制和公共空间策略的"文化"同样发挥着提供艺术文化设施的便利服务、塑造文化公民权、打造地方形象和提升城市竞争力的整合规划功能,尤其是基于社区的、多元主体参与的开放式协商模式指向的是城市规划和城市治理的体制机制创新。

以"创意城市"为例,作为抽象名词,"创意"意味着能够"衍生出无穷的新产品、新市场和财富创造的机会"和"推动经济可持续增长的原动力"。②而作为城市发展的内生动力,"创意"也往往与经济复苏、社会可持续发展、生活质量提升、文化创新等概念相提并论。自1988年澳大利亚学者David Yencken在文章"The Creative City"中首次提出"创意城市"的概念,"市民得到情感上的满足和创造力的培养与提升"以及"在城市中富有创造力地生活"等系列观点越来越引起城市决策者的重视。③根据查尔斯·兰德利在《创意城市》一书中的界定,创意城市指的是充分运用人的想象力来思考、规划和行动,以此来实现一种新的都市规划策略。④澳洲经济学家戴维·索罗斯比也将"创意城市"解释为"描述了在一个已经建立了完备的艺术和文化设施的城市综合体中,不同形式的文化活动构成了城市经济和社会功能的必要组成部分,这些城市更趋向于依靠强大的社会和文化服务、高比率的创造性就业和吸引外来投资来推动城市发展"⑤。好的创意城市具有生活方式与生活品质的丰富性、吸引具有创造力的人才的多样性、令人感到愉悦的可靠性,透过技术(technology)、人才(talent)和宽容(tolerance)

---

① Graeme Evans, *Cultural Planning: an Urban Renaissance?*, London and New York: Routledge, 2001, pp. 1 – 4.

② Paul M. Romer, "Increasing Return and Long Run Growth", *Journal of Political Economy*, Vol. 94, 1986.

③ Yencken D., "The Creative City", *Meanjin*, Vol. 47, No. 4, 1988.

④ [英]查尔斯·兰德利:《创意城市:如何打造都市创意生活圈》,杨幼兰译,清华大学出版社2009年版,第37页。

⑤ [澳]戴维·索罗斯比:《文化政策经济学》,易昕译,东北财经大学出版社2013年版,第67—68页。

的"3T模型"① 构建自身的理论模型。此外,"一个对于创意阶层具有吸引力的社区和环境"②、"作为动力来源的地方生产系统"③,以及"竞争与合作的全球化格局下城市的创意生产"④ 等观点也进一步丰富了创意城市的理论阐释框架。

从既有视角来看,针对"创意城市"的研究主要集中在两方面:一是从"城市发展史"⑤ 和"文明中的城市"⑥ 传统出发,探讨信息技术对城市文化与经济融合的深刻影响,作为"文化熔炉"的世界各大城市有可能激发新的创意和活力,以"技术创新型城市"的模式催生下一个"黄金时代"的到来;⑦ 二是从建筑与规划学、文化地理学、传播学等交叉学科视角出发,从微观层面剖析创意城市的类型、特点与功能。⑧ 作为一股重塑世界城市格局和网络体系的全球化动能(dynamics),创意城市的建构方式丰富多元,但共性是以问题为导向,充分发挥创造力去解决城市经济衰退、文化认同淡薄、生态环境恶化、社会冲突增多等城市问题,使城市能够开放怀抱,迎接来自世界各地的商业投资、旅游观光、会议展览等交流活动,成为真正意义上的宜居宜业之地。事实上,学界刚开始提出创意城市理念的时候,无论是发达国家还是发展中国家的城市,对这一概念普遍抱持欢迎的态度。因为发达地区的高新科技、文化消费、休闲经济可以打造为一种创造力,欠发达地区的传统手

---

① Florida R. L., *The Rise of the Creative Class: and how it's transforming work, leisure, community and everyday life*, New York: Basic Books, 2002.

② [美] 理查德·佛罗里达:《创意阶层的崛起》,司徒爱琴译,中信出版社2012年版,第245—326页。

③ Scott A., "Entrepreneurship, innovation and industrial development: Geography and the creative field revisited", *Small Business Economics*, Vo. 26, No. 1, 2006, pp. 1 – 24.

④ Storper M. and Scott A., "Rethinking human capital, creativity and urban growth", *Journal of Economic Geography*, Vol. 9, No. 1, 2009, pp. 147 – 167.

⑤ [美] 刘易斯·芒福德:《城市发展史:起源、演变与前景》,宋俊岭等译,中国建筑工业出版社2009年版。

⑥ [加] 简·雅各布斯:《美国大城市的生与死》,金衡山译,译林出版社2005年版。

⑦ [英] 彼得·霍尔:《文明中的城市》,王志章等译,商务印书馆2016年版,第105—135页。

⑧ J. Hartley, J. Potts, S. Cunningham, T. Flew, M. Keane, J. Banks, *Key Concepts in Creative Industries*, New York: Sage Publications, 2013, pp. 43 – 47.

工艺、历史文化遗产、民间口述历史也可以塑造为一种创意资源，创意城市一定程度上能够突破现有的国家、种族、性别、阶级等边界，进而对世界城市的多样性发展提供启示。总的来说，创意城市倾向于从一种较为乐观的态度寻求"城市病"的柔性解决方案。

三 城市文化研究的理论立场

如果说理论层面的"文化研究"和现实层面的"创意城市"共同推动了城市文化的研究热潮，那么日渐成型的城市文化研究范式则兼取众长，分别从多个城市研究领域吸取有益资源，逐步构建自身的理论体系和分析框架。

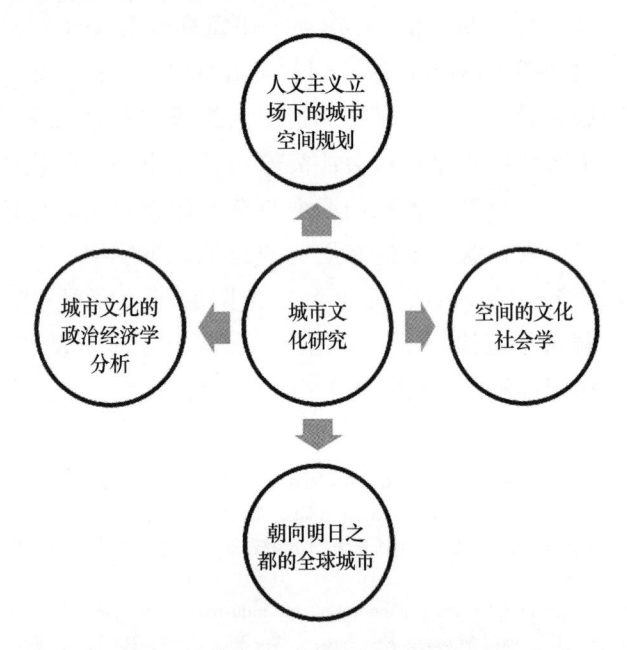

图 2-1 城市文化研究的理论谱系分布

首先，"新城市主义"倡导的人文主义立场深刻地影响了人们对城市的本体论认识。就像刘易斯·芒福德把城市视作"社会行动的剧场"[1]，因为基于象征功能的戏剧传递的是一种对话感，人类的

---

[1] Mumford Lewis, *The Culture of Cities*, New York: Harcourt Brace, 1938, p. 480.

一切交往活动均是舞台表演行为,这也使得城市成为"一个代表永恒的价值和显示神力的地方"①,以及"在合适的个体和城市结构中提供戏剧性活动发生的空间"②。简·雅各布斯也对城市中人性成长和人际互动尤为看重。正如她在《人行道的用途:安全》一文中指出"一个成功的城市地区的基本原则是人们在街上身处陌生人之间时必须能感到人身安全"③,这种"人本位"的观点思考的正是城市空间的基本功能。来自规划学、历史学等学科富有人情味的价值关怀确立了城市文化研究的基本立场,那就是深入地反思现代理性法则和工业文明对城市空间及生活的形塑,探索城市何以成为充分发挥人的活力、实现人的自由意志的场所,思考城市生活如何成为"文艺复兴的仪式"④,而不是威胁人类生存的野蛮机器。

其次,城市社会学所开启的"社会空间方法"(Socio-spatial Perspective)树立了一套透过城市空间解读城市社会与文化的分析视角。这在芝加哥学派的城市生态学和都市性等观点、怀特的"街头生活项目"⑤、吉登斯的"场所"(locale)概念、马达尼泼的"社会拒斥"等研究中均有精彩呈现。于海将城市研究的空间社会学范式细分为三个方面:一是从宏观层面探讨空间位置、宏观社会过程与重要资源的关系,二是从中观层面考察空间与人际互动的关系,三是从微观层面探究空间与人的感知经验、心理及身份认同之间的关系。⑥正是把空间视作社会构成不可或缺的要素,解读空间也意味着解读空间背后的权力关系和社会结构,以及解读人们在空间实践中形成的社会地位、社会关系和社会身份,此种社会分析的结构化

---

① [美]刘易斯·芒福德:《城市发展史——起源、演变和前景》,宋俊岭等译,中国建筑工业出版社2009年版,第586页。
② [美]勒盖茨等编:《城市读本(中文版)》,中国建筑工业出版社2013年版,第98页。
③ [加]简·雅各布斯:《美国大城市的生与死》,金衡山译,译林出版社2005年版,第26页。
④ [澳]阿德里安·富兰克林:《城市生活》,何文郁译,江苏教育出版社2013年版,第260页。
⑤ [美]威廉·H. 怀特:《小城市空间的社会生活》,叶齐茂等译,上海译文出版社2016年版,第1页。
⑥ 于海编:《城市社会学文选》,复旦大学出版社2006年版,第7页。

视野对城市文化研究的对象选择和方法论具有一定的参考价值。

再次,城市政治经济学受"文化研究"的理论影响较大,不仅尝试着通过阶级、种族、性别等分析变量来探讨工业时代资本主义城市的空间生产机制、社会分化和阶级重组,同时也开创了一种包括混合个体记忆、集体历史、感性体验、身份归属等在内并基于日常生活实践的"漫游"视角,以此来观瞻城市的现代性经验。自列斐伏尔把城市置入资本主义积累的逻辑中,都市时代的到来意味着空间被卷入生产与消费的环节之中,空间也是工业资本主义的国家控制工具。而日常生活的革命旨在重新挪置空间的权力,对城市这一"消费效益最大化的装置"[①] 进行批判性反思,进而使空间最终能服务于人类的解放。受其影响,哈维和卡斯特也相继指出城市资本主义生产方式必不可少的构成基础,城市也是实现生产、消费和再生产的重要场域。三位城市政治经济学家对城市本质的精准判断深刻地影响到新文化地理学对空间/地方的权力关系进行反思:诸如"帝国之眼"的凝视、"性别化"的空间、街头青年的亚文化等研究视角的出现既反映了对城市社会结构的揭露,同时也积极探讨城市人性解放的诸种可能。

最后,全球化也为理解城市地理的空间重组和文化流动提出新的时代挑战。如果说世界经济发展一体化和信息技术革命正在通过资本、人口和金钱的流动(flow)塑造一个新的全球城市格局,那么这种区别于民族国家的"全球城市"则主要由"全球都会区域"(global metropolitan regions)所标榜的大规模都市化以及"全球都会网络"(global metropolitan networks)所诉求的跨区域联结共同构成。[②] 全球化时代的城市不仅带来为数众多"无地域感"的移民,更重要的是

[①] [英]斯蒂芬·迈尔斯:《消费空间》,孙民乐译,江苏教育出版社2013年版,第2页。

[②] 相关研究可见:Sassen Saskia, *The Global City: New York, London, Tokyo*, Princeton, N. J.: Princeton University Press, 1991. Scott A. J., *Regions and the World Economy: The Coming Shape of Global Production, Competition and Political Order*, Oxford: Oxford University Press, 1998. Soja E., "The Spatiality of Social Life", in D. Gregory and J. Urry, eds., *Social Relations and Spatial Structure*, London: Macmillan, 1984。[英]彼得·J. 泰勒等:《世界城市网络:一项全球层面的城市分析》,刘行健等译,江苏凤凰教育出版社2018年版。

形成金融、族群、科技、媒体等流动的文化景观（scapes）[①]——这就与芝加哥学派城市生态学所探讨的城市扩张与都市区域不尽相同，因为全球流动正在使洛杉矶、旧金山等拥有大量创意阶层的城市迅速崛起，而底特律等"锈带"城市则逐渐失去昔日风采，诉求新经济与新城市的"创意城市"[②]的理论范式逐渐兴起。因此，作为对现代城市的超越，可持续的、"以人为本"的、具有人文与生态尺度的、平等正义共享的城市无一不将未来城市的希望寄托在"文化"之上，这也意味着城市文化研究应在继承既有理论资源的基础上，更多地去思考究竟何为好的城市、什么才是理想的城市生活。

四 中国城市文化研究的现状透视

中国的新工业一般认为是1840年鸦片战争后兴起的近代工业，与古代中国的灌溉、陶瓷、冶盐等手工业相区分。这一时期的工业化主要以外国资本强势入侵下的机械工业为主，例如天津、汉口等港口城市和租界城市快速崛起。抗日战争前，民营资本实业家主导的民族工业也有较为迅速的发展，上海一度成为风光无限的十里洋场。1949年新中国成立，社会主义初期的工业化建设主要以重工业和国防工业建设为核心，第一个五年计划时期全国掀起社会主义改造和工业建设热潮，在沿海以外的中西部地区陆续建立了现代工业。至1965年，全国的城市化水平达到18%。1964年至1975年的"三线建设"意味着全国工业从沿海转移到内陆的内迁浪潮，以及"文化大革命"时期的知识青年下乡均使大城市人口一定程度上流向内陆城镇和广大的农村。改革开放后，国家对外来资本和民间资本的鼓励使深圳经济特区迅速发展为"世界工厂"，成百上千万的农村和城镇人口重新流入北京、上海、广州等大城市寻找机会，

[①] 相关论述可见[美]阿尔君·阿帕杜莱《消散的现代性：全球化的文化维度》，刘冉译，上海三联书店2012年版。
[②] [英]查尔斯·兰德利：《创意城市打造：决策者指南》，田欢译，社会科学文献出版社2019年版，第92页。[英]查尔斯·兰德利：《打造魅力城市的艺术》，金琦译，清华大学出版社2019年版，第375页。

使这些城市的街道景观、基础设施和公共空间发生天翻地覆的变化。尽管改革开放前三十年的中国经历了人类历史上速度最快、体量最大的城镇化进程，但农民土地权利、城乡二元户籍、盲目扩张造城等现代矛盾则日益尖锐，新的城镇发展道路势在必行。党和国家领导人多次针对"积极稳妥推进城镇化""实现人的城镇化"等新型城镇化问题发表重要讲话，2014年颁布的《国家新型城镇化规划（2014—2020年）》为新型城镇化的目标、任务和路径指明了方向。理解这些城市化经验是进入中国城市文化研究的必要条件。

当前，针对城市文化的研究多分布在城市文学和城市电影等相关领域。无论作为文学类型还是批评范式，城市文学均被视作一个难以明确界定的冲突场域。从概念的缘起和界定来看，主要存在两派具有内在歧义的观点：一是强调尽管城市文学创作已经如雨后春笋般出现，但城市文学的研究范式尚未充分建立故而充满不确定性。[1] 此一派别多立足于文学史的视角展开思路，认为以农民和农村为题材的乡土文学才是中国现代文学发生和发展的主轴。较之广袤的中国乡土社会，城市是一个充满现代意义的新鲜产物，因此城市文学不过是"被无限期延搁于主体的历史之侧"[2] 的他者。即便是凸显中国本土化特色的各路"地域性都市文化"[3]（阙如北京记忆、上海想象等文学中的城市）通过历史资源的感知和城市个性的多元塑造而有力地构建全球城市版图的中国话语，但其缺乏现代城市精神和文化经验的诟病使其难以脱离乡土文学的内在属性。[4] 二是以"新感觉派""海派"为代表的上海书写不过代表了西方现代派的殖民镜像而形构为一种具有浓厚西化色彩的"都市文学"[5] 或者殖民地空间中文化翻译流露出来的"世界主义"[6]，而改革开放以

---

[1] 孟繁华：《建构时期的中国城市文学——当下中国文学状况的一个方面》，《文艺研究》2014年第2期。
[2] 陈晓明：《城市文学：无法现身的他者》，《文艺研究》2006年第1期。
[3] 李旭东：《文化中的都市与都市小说——论中国现代都市小说的文化品性》，《湖北大学学报》（哲学社会科学版）1993年第1期。
[4] 曹丙燕：《城市文学研究的困境与视角转向》，《甘肃社会科学》2017年第4期。
[5] 郭冰茹：《关于"城市文学"的一种解读》，《当代作家评论》2014年第4期。
[6] ［美］李欧梵：《上海摩登：一种新都市文化在中国（1930—1945）》，毛尖译，浙江大学出版社2017年版，第374—379页。

来倚重硬体改造的快速城镇化又导致城市文化缺位、城市文学面临审美困境①，真正意义上的城市文学往往夹杂在原生不足与后继乏力之间，进而长期呈现出遮蔽退隐的状态。

与此同时，在中国城市电影的四十年流变中，大致可勾勒出"乡村题材隐去—进城务工人员出场—大写的新都市"这样一条历时性的演进脉络。首先，如果说 20 世纪 80 年代尚有少数回乡创业题材的话，新世纪初期的部分电影中农村生活已慢慢成为一去不复返的故乡，《一个都不能少》《落叶归根》等影片将山野田间、绿水青山化为一种怀旧的凭吊。其次，始于"第六代导演"对城郊生活的敏锐捕捉，漂荡着垃圾和故事的《苏州河》、下岗工人与妓女共同抚养的《安阳婴儿》、《十七岁单车》中农村快递员的北京初体验……，城市的街道既是初来乍到的新鲜刺激，也是进城务工人员赖以工作和生存的家园。他们游走于大大小小的街道，穿梭于各个建筑工地、集贸市场、工厂厂房讨生活。这些进城者往往被塑造为底层的形象，一旦意图突破现有的身份跻身上流，不可避免地，阶层拒斥便会发生，这在张一白导演的《好奇害死猫》中有着精准细腻的描绘。最后，近十年来出现的"新都市电影"则在述说超级大都会的故事，转型期的社会文化变迁转变为都市男女的情感纠葛与奋斗经历。《失恋 33 天》《杜拉拉升职记》等作品把中国的摩天大楼故事搬上舞台。有学者犀利地指出："所有'进城者'，仿佛都变成了'城里人'。"② 事实上，中国的城镇化是一项未竟的系统性工程。但在电影这一美学载体中，高楼大厦的玻璃幻影作为极具隐喻性的象征符号，却试图遮蔽"人的城镇化"这一鲜活的历史。郭敬明的"小时代"系列是把城市奇观化的典型案例，满屏堆砌的物欲符号搭建了一个以拜金主义为导向的现代大都市，反而将具有历史感的时间深度消解为去历史化的空间平面。在城市越来越成为快感消费和欲望投射对象的当下，批判电影学派提醒我们，一要重返街

---

① 傅元峰：《文学研究中的城乡意识错乱及其根源》，《文艺研究》2016 年第 12 期。

② 林玮：《向内转：新世纪以来中国城市电影的空间批判》，《当代电影》2016 年第 9 期。

道美学，从人与人的交往活动和情感相遇中发掘城市的诗性想象，就像《小武》中那个略显狼狈却又自在自得的小镇青年浓缩了早期关于城市现代生活的向往；二要寻回历史记忆，城市的历史终究是城市人生活出来的历史，《钢的琴》中那群怀抱革命浪漫主义情怀的下岗工人映射了东北老工业基地走过的光荣岁月。从艺术反观中国城镇化现实，上述城市文学与城市电影的既有研究纷纷指出，学习并尊重人的记忆、情感、生活、交往等因素往往是当前偏重硬体空间开发而较易忽视的人文精神范畴。

在过去二三十年间，中国城市文化研究不断地拓展自身的研究版图，涌现出相当一批涵盖历史学、文学、艺术学、管理学、社会学与人类学、文化研究等交叉学科的研究机构与学术刊物。作为长三角学术研究重镇之一的上海，上海师范大学的都市文化研究中心（UCS）自1998年成立以来，已形成包括教育部人文社会科学重点研究基地上海师范大学都市文化研究中心、上海高校都市文化E-研究院、上海市重点学科（第二期）都市文化学、中文一级学科内自主设置的都市文化学二级学科博士点、上海师范大学都市文化创新团队五大平台，围绕着当代都市文化研究、都市文化史、国际都市文化比较等领域形成跨学科研究。2005年创办的《都市文化研究》遴选为CSSCI来源集刊，孙逊主编，上海三联书店出版。这套辑刊立足于都市文化研究，设置当代都市文化、国际都市文化、都市文化史、文学中的都市文化、书中的都市文化、影视与媒体中的都市文化等多个栏目，根据"城市起源""移民与城市""城市发展""城市设计史""城市政治""环境与城市""城市与乡村"等多项议题编辑整理相关经典读物及文献索引。中心相继出版《都市文化原理》《都市文化导论》《中国古代城市文化读本》《西方都市文化理论读本》《都市文学读本》等论著，编有"都市文化研究学术前沿丛书"，引进并翻译有《巴黎19世纪的首都》《真正的穷人》《布尔乔亚的恶梦：1870—1930年的美国城市郊区》《拱廊街计划》等西方城市学经典文献。形成立足上海，整合上海、北京、香港、台北科研力量的国家化平台，特聘研究员有陈思和（复旦大学）、许纪霖（华东师大）、熊月之（上海社科院）、王安忆（上海市作协)、陈平原(北京大学)、夏晓红(北京大学)、张旭东(美国纽约大学)等知名城市文学与文化研究学者。另有隶属上海大学文化研究系的中国当代文化研究中心(CCCS)也在城市文化研究上发力颇多,不仅把"都市文化与日常生活"设置为硕士课程三个培养方向之一,其成立的当代文化研究网(www.cul-studies.com)、热风学术(网刊)、"热风"书系、"我们的城市"市民论坛等多个学术品牌均有对当代城市文化生产与消费、城市与日常生活文化等议题的思考及观察。

近年来,围绕着艺术乡建与城乡共生(中国艺术研究院的方李莉、王永健等)、城市文化产业与创意指数(北京大学的向勇、上海交通大学的单世联)、城市群与文化软实力(上海交通大学的刘士林、中国社会科学院的张晓明)、城市发展与审美文化(中国人民大学的金元浦、清华大学的尹鸿)、空间再造与文化发展(上海交通大学的胡惠林、国家行政学院的祁述裕)、文旅融合与城市文化竞争力(中国传媒大学的范周、南京艺术学院的李向民、清华大学的熊澄宇)、区域文化产业与城市文化(武汉大学的傅才武、云南大学的李炎)、城市文化与文化创新(上海社科院的花建、南方科技大学的李凤亮、中央财经大学的魏鹏举)等热点议题,城市文化研究更为立足新型城镇化的现实需要、谋划未来城市发展的实现路径,无论在研究视角、研究内容还是研究方法上,较之过去的城市文学和城市电影来说已有较大突破。

小　结

通过梳理"城市研究"(urban studies)所覆盖的城市社会学和人类学、城市史、城市政治经济学、城市地理学、城市建筑与规划学、城市美学等六大领域既有研究的文献综述,本章认为,20世纪六七十年代同时出现的"文化研究"(cultural studies)与"城市再生"(urban regeneration)分别从理论和现实层面将"文化"的审美实践植入城市的制度革新,这使城市文化研究整体上呈现出批评与应用并轨的研究路径。在西方，城市文化研究具有较为深厚的学科底蕴，总体可分为人文主义立场下的城市空间规划、城市文化的政治经济学分析、空间的文化社会学、朝向明日之都的全球城市四派立场。面对快速城镇化向新型城镇化转型升级的现实需要，中国的城市文化研究在城市文学与城市电影研究的基础上，现已形成较为明晰且聚焦的研究方向和学科队伍，全国多家研究机构与学术刊物在持续推进这一领域的纵深发展，并已围绕城市文化史、城市文学、城市电影、文创园区与艺术空间、城市文化产业、创意城市与文化创新等问题展开了一系列跨学科研究。"城市文化"正在成为一门带有鲜明的问题意识导向、理论与方法具有显著跨界特点的交叉学科领域。

第三章

城市文化治理：概念、逻辑与路径

在城市成为我国经济社会发展的主力阵地之际，城乡发展的二元结构性矛盾也日益凸显：一方面，环境污染、交通拥堵、人口膨胀、土地盲目扩张、住房紧张、贫富差距拉大、历史文化遗产遭到破坏等大中城市常见的"城市病"；另一方面，资源过多聚集于特大城市而导致县域、乡村发展缺乏产业资源、人才资源以及活力动力，致使"农村空心化""农村留不住人""产业开发薄弱""重经济轻文化"等社会问题频频出现。习近平总书记在党的十九大报告中深刻地指出："中国特色社会主义进入新时代，我国社会主要矛盾已经转化为人民日益增长的美好生活需要和不平衡不充分发展之间的矛盾。"《国家新型城镇化规划（2014—2020年）》进一步提出"城市管理服务水平不高、体制机制不健全"等管理掣肘是制约我国城镇化健康有序发展的制度壁垒，也是推进国家治理体系和治理能力现代化的重要场域。因此，追求一种好的治理来实现城市的可持续发展，实乃当下迫在眉睫的关键议题。

面对城市成为治理对象，本章认为"城市文化治理"命题的提出不仅意味着政治学、管理学、艺术学与文化研究的学科跨界而使"城市文化研究"领域更为细分，更重要的是探索"人的全面城镇化"的文化"善治"路径。因为"城市让生活更美好"不仅可用于指称便捷高效、生态友好的城市为居民提供美好的生活，同时也意味着政府、组织、个人三重主体的参与行为和互动实践有可能构建出一种"以人为本"的人文城市形态。因此，作为方法的城市文化治理既体现出一种富有理想色彩的理论预设，也可在时下"创意治理"的城市文化管理创新路径中找到现实落脚点。那么，文化与城市文化之间存在什么样的内在关联？城市文化治理对过去的城市治理和文化治理具有哪些理论突破？如何实现行之有效的城市文化治理创新？上述思考构成本章亟待解决的问题。

第一节　城市文化的概念内涵

一　文化

"文化"是一个有着悠久历史的学术概念，总体上可以划分为两种不甚相同的研究路径：一是以文学艺术为核心的文明，二是以日常生活为内核的经验。自18世纪第一次工业革命以来，"文化主义"的思想传统在老牌资本主义国家英国兴起。无论是以雪莱、威廉·莫里斯为代表的工业文明派，对资本主义现代性的进步持肯定和向往的态度；还是以T. S. 艾略特为代表的反工业文明派，对资本主义现代性保持坚决的反抗态度，二者的共性均体现为倡导以文艺为核心的文化必然对立于现代工业文明。继承此种文化与文明的思想传统，维多利亚时期的批评家马修·阿诺德指出文学批评之于社会与政治批评以及人生批评的重要性，以此来反思当时财富快速积累所暴露出来的深层精神困境与信仰危机。如阿诺德所言，文化是"摆脱我们目前困境的得力助手"，因为文化"是对完美的研究，它引导我们——把真正的人类完美想象为一种和谐的完美，发展我们人性的所有面向；并作为一种普遍的完美，发展我们社会的各个部分"。[①] 至20世纪上半叶，面对现代工业文明带来的盛世繁华，利维斯主义对社会是否进步、人类是否幸福产生了深深怀疑，坚持以英语文学作为大学学科，主张从民族过去的历史经验和语言传统中找到文化的力量，以此来救赎不断走向堕落的时代。由此，文学阅读和大众教育一度成为提升民众知识素养和文化水平的重要手段，因为"在文学的背后存在着一种社会文化及生活的艺术"[②]，阅

[①] Arnold Matthew, *Culture and Anarchy*, London: Cambridge University Press, 1961, p. 11.

[②] F. R. Leavis, *The Common Pursuit*, Harmondsworth: Penguin, 1962, p. 190.

读文学意味着从具体的、经验的历史传统中把握文化传承的底蕴。

二战后，随着大众传播技术的更迭和福利制度下国民受教育程度的提升，以及美国大众文化的入侵，英国的社会结构逐渐从工业资本主义转向后工业消费资本主义，由此出现的日常生活的异化使得知识分子必须借由"文化"来寻觅个体的创造性和能动性，通过艺术、政治与生活的耦合关系来探索对资本主义制度的想象性抵抗。这就直接催生出一种重新理解"文化"的方式——扎根日常生活的经验。这既反映出以"新左派"为代表的进步知识分子对马列主义和社会民主主义的理论反思，也展现出对具有创造性的人文精神的推崇，更重要的是把"文化"作为一种稀松平常的事物，置于动态变化的社会语境中来探索大众主动且积极构建意义的共享实践。因为"文化既不仅仅是社会关系的反映，也并非政治权力的次要面向"①，而是与普通人的生活经验以及文化息息相关。伯明翰学派的创始学者霍尔强调文化的"构成性维度"②、E. P. 汤普森指出"人们可以集体地对自己的生活有所作为"③、雷蒙德·威廉斯主张文化是"对某种特定生活方式的描述"④——上述新阐释意味着文化开始从利维斯主义标榜的精英主义走向具体、复杂情境下的"平常"（ordinary）。这种将文化视作活生生的"情感结构"（structure of feeling）的理论转向，开启了对文化形式、文化实践、文化制度、文化机构与社会变迁之间关系的系列研究，其反建制的跨学科性和浓厚的理论化特质为大众文化、流行文化、青少年亚文化、文化生产与消费等研究领域奠定了思想基础。无论是回归文明还是落脚经验，"文化"这一概念的动态流变均为理解城市文化的传统根基、价值维度、表征形式和生产结构等构成要素提供了深厚的学科资源。

---

① Lin Chun, *The British New Left*, Edinburgh: Edinburgh University Press, 1993, p. 26.
② Hall Stuart, "The First New Left", in Robin Archer, et al. (eds.), *Out of Apathy*, London: Verso, 1987, pp. 25 – 26.
③ Thompson E. P., "The New Left", *The New Reasoner*, No. 9, 1959.
④ Williams Raymond, *The Long Revolution*, London: Chatto & Windus, 1961, p. 41.

二　城市文化

文化研究把"文化"理解为不同使用者具有高度差异性的意义实践，也就是从静态的"意义"（meaning）走向动态生成的"意义实践"（meaning-making），"强调围绕意义的所有生产、接受、解读、使用和再生产的过程（process）"[1]。城市文化一般认为是通过文化所编织的"意义之网"[2]而进行日常生活层面的权力运作，以期实现城市权利的合法性支配。简言之，通过文化研究与城市研究的视角交融，这一研究范式的提出主要用于考察城市社区、公共空间与场所、人的活动等"小切口"背后的价值观、情感、参与、归属感等问题。综观城市文化的既有研究，下述两个领域值得关注：一是城市亚文化与文化认同问题，例如社交媒介发展与青少年认同的内在逻辑[3]、大众文化与主流核心价值观之间的冲突[4]等；二是城市居住权利所涉及的社区结构变迁、社区精神文明建设等问题，例如社区公共事务的民主协商[5]、社区组织体系的构成模式[6]等。

20 世纪 60 年代以来，人文地理学学科内部出现的"文化转向"呈现出对文化整体论的批判性反思，转而以政治经济学为理论资源，将空间或地方视作一个动态场域来分析族群、性别和阶级等社会结构的意义构成。之后文化逐渐实现价值理性和工具理性的有机融合，应用于城市治理的场域。尤其以 70 年代中期西方城市衰退背景之下，以文化产业推进经济复苏和空间转型[7]、基于日常生活文

---

[1] 钱力成：《把政治文化带回来——文化社会学的启示》，《社会学研究》2020 年第 3 期。

[2] Geertz Clifford, *The Interpretation of Cultures: Selected Essays*, New York: Basic Books, 1973, p. 5.

[3] 卢家银：《社交媒体与青少年的政治社会化：以微博自荐参选事件为例》，《中国青年研究》2012 年第 8 期。

[4] 陶东风：《核心价值体系与大众文化的有机融合》，《文艺研究》2012 年第 4 期。

[5] 张宝锋：《城市社区自治研究综述》，《晋阳学刊》2005 年第 1 期。

[6] 王青山、刘继同：《中国社区建设模式研究》，中国社会科学出版社 2004 年版。

[7] Tallon Andrew, *Urban Regeneration in the UK*, London and New York: Routledge, 2010.

化的社区参与①等文化行政理念——兴起为代表。与城市政治的其他分析视角不同，城市政治文化视"文化"为城市不可或缺的构成要素之一，认为文化在新型城镇化进程中发挥着政策指导、产业布局、文化传承、公共文化服务等方面的重要作用。② 首先，文化的经济属性强调文化在城市经济转型中的驱动作用，大力主张发展文化园区、旅游度假、体育产业等都市休闲经济。③ 其次，作为城市公共服务体系重要组成部分的文化，在提供文化体育设施、形塑文化公民权、打造地域文化品牌、构建城市文化软实力等方面也发挥着不可忽视的作用④，尤其是基于多元主体参与的"城市共同体文化治理模式"对城市发展的总体战略意义⑤。再次，城市创意指数视角主张通过全球实力城市指数⑥、创意城市指数⑦、创意文化指数⑧等指标体系的建立，对城市的文化发展水平等进行综合评估。

---

① Colantonio Andrea, *Urban Regeneration & Social Sustainability: Best practice from European cities*, UK: Wiley-Blackwell, 2011.

② 详见范周等《新型城镇化与文化发展研究报告》，光明日报出版社2014年版。皇甫晓涛《城市文化与国家治理——当代中国城市建设理论内涵与发展模式建构》，经济科学出版社2015年版。张继焦等《新型城镇化与文化遗产传承发展》，中国市场出版社2015年版。王晖《新型城镇化与文化发展》，广东经济出版社2014年版。

③ 黄鹤：《文化政策主导下的城市更新——西方城市运用文化资源促进城市发展的相关经验和启示》，《国外城市规划》2006年第1期。

④ 详见赵敬《文化规划与城市的可持续发展》，《中国社会科学院研究生院学报》2013年第4期。周蜀秦等《文化创意产业促进城市转型的机制与战略路径》，《江海学刊》2013年第6期。卜雪旸《当代西方城市可持续发展空间理论研究热点和争论》，《城市规划学刊》2006年第4期。

⑤ 李亚娟：《现代城市治理与城市文化建设研究》，上海人民出版社2015年版。

⑥ Institute for Urban Studies, *The Global Power Cities Index*, The Mori Memorial Foundation: Tokyo, 2010. http://www.mori-mfoundation.or.jp/english/research/project/6/pdf/GPCI2010_English.pdf.

⑦ Florida R. L., *The Rise of the Creative Class: and how it's transforming work, leisure, community and everyday life*, New York: Basic Books, 2002.

⑧ 详见KEA European Affairs, *The Contribution of Culture to Creativity*, 2009. http://www.keanet.eu/docs/impactculturecreativityfull.pdf; Home Affairs Bureau HKSARG. *A Study on Creativity Index*, 2004. www.hab.gov.hk/file_manager/en/documents/policy_responsibilities/arts_culture_recreation_and_sport/HKCI-InteriReport-printed.pdf; 中国现代化战略研究课题组《中国现代化报告2009——文化现代化研究》，北京大学出版社2009年版；彭翊《中国城市文化产业发展评价体系研究》，中国人民大学出版社2011年版；高福民、花建《文化城市：基本理念与评估指标体系研究》，商务印书馆2012年版。

最后，部分基于北京[①]、上海[②]、深圳[③]等一线城市的实证研究，重点考察以文化为中心的治理策略与城市总体发展之间的关联。

第二节　城市文化的治理逻辑

一　城市治理

21世纪以来，随着城镇化从外延式扩张转向内涵式建设，快速城市化暴露出来的诸种问题正在推动城市管理深刻变革。如果说治理指的是"政府组织和（或）民间组织在一个既定范围内运用公共权威管理社会政治事务，维护社会公共秩序，满足公众需要"[④]，那么城市治理则意味着城市管理从"以单一科层制为基础的行政性行为"走向"基于政府、企业和社会组织互动的参与城市治理模式"。[⑤]

近20年来，围绕着城市治理已形成一系列规范研究和实证研究，多聚焦在公共管理学、社会学、经济学、建筑与规划学、地理学等交叉学科。从历史演进来看，吴晓林等指出公共事务的激增、城市社会的群体分化和利益冲突、政府管理模式滞后于社会发展等现实困境有力地推动了强调"多元合作""多维互动"的城市治理研究升温。[⑥]袁政也认为城市社会高度分化、不同城市群体的多样化公共性需求、经济基础与上层建筑之间的特定联系、城市政治与公共管理的多元化诉求、城市公共政策制定与公共物品供给模式变

[①] 金元浦等：《北京：文化治理与协同创新——2013—2014年人文北京研究综述》，《北京联合大学学报》（人文社会科学版）2014年第4期。

[②] 贝兆健：《文化治理体系构建的上海实践及思考》，《上海文化》2014年第8期。

[③] 任珺：《当代都市治理与策略的文化转向——国际经验及深圳创意城市实践》，《南方论丛》2014年第3期。

[④] 俞可平：《中国的治理改革（1978—2018）》，《武汉大学学报》（哲学社会科学版）2018年第3期。

[⑤] 刘淑妍等：《参与城市治理：中国城市管理变革的新路径》，《中国行政管理》2005年第6期。

[⑥] 吴晓林等：《国内城市治理研究述评：学术进展与研究展望》，《复旦公共行政评论》2014年第2期。

革等因素共同构成城市治理的现实需要。① 从理论构建来看，城市治理一般认为是城市公共管理理论的重要组成部分②，这一概念的提出说明城市的权力运作从传统的精英论、多元论、城市增长理论转向多层次治理、跨域治理、治理能力、伙伴关系等新机制③。从理论体系来看，"多主体治理网络说"④、"多中心治理理论"⑤、"城市治理网络利益联盟"⑥、"伙伴关系运行机制"⑦、"利益整合机制"⑧、"整合治理"⑨ 等研究范式的提出，均体现出倡导政府与私人机构、市民社会等其他主体通过公共参与来解决城市公共问题的理论主张⑩。从治理模式和机制来看，"企业化、国际化、顾客导向型、城市经营"⑪ 的治理模式，"作为嵌入性治理资源的协商民主"⑫ 的治理机制，"自治、分权与合作"⑬ 的城市政府改革，"基于可持续发展的中国城市治理体系"⑭、"基于协作视角的城市群治理"⑮、"外部治理"与"内部治理"相结合的治理框架⑯等分析视

---

① 袁政：《城市治理理论及其在中国的实践》，《学术研究》2007 年第 7 期。
② 踪家峰等：《城市公共管理研究的新领域——城市治理研究及其发展》，《天津大学学报》（社会科学版）2003 年第 4 期。
③ 王佃利：《城市管理转型与城市治理分析框架》，《中国行政管理》2006 年第 12 期。
④ 赵挺：《国内近 10 年城市治理文献综述》，《北京城市学院学报》2010 年第 3 期。
⑤ 详见张文礼《多中心治理：我国城市治理的新模式》，《开发研究》2008 年第 1 期。屠凤娜《多中心治理理论对我国城市治理的启示》，《环渤海经济瞭望》2012 年第 2 期。盛广耀《城市治理研究评述》，《城市问题》2012 年第 10 期。
⑥ 赵强：《城市治理动力机制：行动者网络理论视角》，《行政论坛》2011 年第 1 期。
⑦ 王佃利：《城市治理体系及其分析维度》，《中国行政管理》2008 年第 12 期。
⑧ 王佃利：《城市治理中的利益整合机制》，《中国行政管理》2007 年第 8 期。
⑨ 杨宏山：《转型中的城市治理》，中国人民大学出版社 2017 年版，第 65 页。
⑩ 计永超等：《城市治理现代化：理念、价值与路径构想》，《江淮论坛》2015 年第 6 期。
⑪ 踪家峰等：《论城市治理模式》，《上海社会科学院学术季刊》2002 年第 2 期。
⑫ 韩福国：《作为嵌入性治理资源的协商民主——现代城市治理中的政府与社会互动规则》，《复旦学报》（社会科学版）2013 年第 3 期。
⑬ 杨馥源等：《城市政府改革与城市治理：发达国家的经验与启示》，《浙江社会科学》2010 年第 8 期。
⑭ 钱振明：《基于可持续发展的中国城市治理体系：理论阐释与行动分析》，《城市发展研究》2008 年第 3 期。
⑮ 曹海军等：《基于协作视角的城市群治理及其对中国的启示》，《中国行政管理》2014 年第 8 期。
⑯ 徐静：《城市治理研究的最新进展及一般分析框架》，《珠江经济》2008 年第 5 期。

角均为构建科学的城市治理体系指明了方向。从治理实践来看，社区治理、城管执法、交通治理和环境治理[①]是城市治理的关注热点，在此基础上出现的广州"同德围模式"[②]、深圳"花园街区模式"[③]、杭州"经营城市与战略管理型样本"[④] 等实证研究推动了这一领域的治理个案创新。仅就社区治理而言，围绕着社区类型、社区治理模式、社区治理方法、社区关系及管理体制、社区行政管理、社区公共服务、社区居民自治、业主自治与物业管理等问题已展开相当细分的研究。[⑤]

另外，从西方理论与实践来看，如果说传统区域主义、公共选择理论学派和新区域主义[⑥]三种范式是西方城市治理研究的理论启示，那么美国大都市治理实践的政府"划桨"[⑦]、府际合作跨域治理[⑧]和社会自组织[⑨]，以及英国在推动住房和卫生条件改善过程中的立法干预[⑩]等经验分析则为纵深推进我国城市治理创新提供他山视角。部分比较研究也体现出中国城市治理不仅对西方理论进行了有效的本土化，更重要的是在丰富的本土个案基础上逐渐走出一条符合国情的城市治理道路。[⑪] 从治理路径来看，"多元治理、人本化、

[①] 吴金群等：《近年来国内城市治理研究综述》，《城市与环境研究》2015 年第 3 期。

[②] 胡刚等：《广州城市治理转型的实践与创新——基于"同德围模式"的思考》，《城市问题》2014 年第 3 期。

[③] 唐娟等：《城市街区治理制度创新探索——关于深圳宝安区西乡街道"花园街区"治理模式的个案研究》，《第一资源》2010 年第 1 期。

[④] 杨君：《中国城市治理的模式转型：杭州和深圳的启示》，《西南大学学报》（社会科学版）2011 年第 2 期。

[⑤] 黄安心等编：《新型社区治理》，广东高等教育出版社 2018 年版。

[⑥] 曹海军等：《城市治理理论的范式转换及其对中国的启示》，《中国行政管理》2013 年第 7 期。

[⑦] 孟延春：《美国城市治理的经验与启示》，《中国特色社会主义研究》2004 年第 3 期。

[⑧] 杨宏山：《美国城市治理结构及府际关系发展》，《中国行政管理》2010 年第 5 期。

[⑨] 安建增等：《美国城市治理体系中的社会自组织》，《城市问题》2011 年第 10 期。

[⑩] 任其怿：《从住房和卫生条件的改善看近代英国的城市治理》，《内蒙古大学学报》（人文社会科学版）2004 年第 4 期。

[⑪] 张衔春等：《内涵·模式·价值：中西方城市治理研究回顾、对比与展望》，《城市发展研究》2016 年第 2 期。

城乡统筹"[1]、"建构有效的公众参与机制"[2]、"标准化、数字化、制度化"[3] 等思考成为走向"人的城镇化"的对策共识。

二 文化治理

2013年11月，党的十八届三中全会在《关于全面深化改革若干重大问题的决定》中指出全面深化改革的总目标是"完善和发展中国特色社会主义制度，推进国家治理体系和治理能力现代化"，由此，国家文化治理体系和治理能力现代化得到纲领性的落实。党的十八大以来，作为中国特色社会主义"五位一体"总体布局的组成部分，文化建设以其"润物细无声"的软性力量成为国家治理现代化的题中应有之义。受福柯"治理的艺术"（arts of government）[4] 观念影响，文化治理多用于理解文化与权力的内在关系——作为一种制度和技术治理手段的文化既作用于人类生活，同时强调"自我技术"（technologies of the self）的知识生产也在构建人类生活的总体方式。[5] 文化治理的特殊之处在于其具有独特的美学属性，通过象征符号体系的"符号系统技术"（technologies of sign systems）治理社会，但治理目标都是指向人的自治。当前，文化治理现多在政治社会学、公共管理、文化研究等学科领域进行研究。张森认为既有研究除了对西方文化治理的理论译介，主要呈现为两种类型：一是"对文化的治理"（to governance culture）的"对象论"，意即对包括文学艺术、新闻传媒、意识形态、教育等各层面的文化内容和文化活动在内的"文化事象"[6] 的治理；二是"用文化的治理"

---

[1] 孙永正等：《中国城市化和城市治理的反思与转型》，《城市问题》2016年第1期。
[2] 杨艳东：《中国城市治理困境中的公众参与机制与效果分析》，《云南社会科学》2011年第5期。
[3] 张晨：《新型城镇化背景下的城市治理转型：缘起、动力与路径》，《上海行政学院学报》2014年第6期。
[4] 徐一超：《"文化治理"：文化研究的"新"视域》，《文化艺术研究》2014年第3期。
[5] ［澳］托尼·本尼特：《文化、治理与社会》，王强等译，东方出版中心2016年版，第18页。
[6] 孙秋云等：《文化社会学的内涵、发展与研究再审视》，《中南民族大学学报》（人文社会科学版）2016年第4期。

（cultural governance）的"工具论"，目的在于确立文化治理作为国家治理体系与治理能力现代化重要组成部分的合法性，在总结经验、反思不足的基础上提出优化现有文化管理方式的对策思路。①

从理论框架上看，围绕着"文化治理"的问题史和学理背景进行了一系列理论梳理，认为对文化功能性的重新发掘、文化组织机构和方式的实践以及治理对象主体能动性的重视有助于探索国家文化体制机制创新。② 从他国经验借鉴的视角来看，学者们从欧盟文化政策的变迁和类型③、韩国文化政策的阶段性实践④、法国与美国文化行政手段的异同比较⑤等视角审视文化治理的多个层面，认为政府与民间的合作伙伴关系是关键性制度安排、公民文化权利是核心理念等发达国家可供参考的经验⑥。不过，作为西方舶来概念，"文化治理"也经历了概念的本土化历程。部分研究立足于本土语境探讨之所以需要"治理文化"的原因和路径：中国共产党治国理政的核心理论和政策路线决定了国家治理必将从政治治理、经济治理逐步走向文化治理⑦，从文化管理到文化治理的范式转变是深化文化领域的体制改革的关键所在。⑧ 基于此，构建政府、市场和社会"三位一体"的国家文化治理体制机制⑨，改善文化治理的制度

---

① 张森：《文化治理：理论演进、西方模式与中国路径》，中国政法大学出版社2017年版，第28页。
② 详见徐一超《聚焦"文化治理"：问题史、理路与实践》，《中国文化产业评论》2014年第1期。周海玲等《文化政治美学视野下的治理理论——从福柯的政治治理到托尼·本尼特的文化治理》，《韩山师范学院学报》2014年第2期。廖胜华《文化治理分析的政策视角》，《学术研究》2015年第5期。王前《理解"文化治理"：理论渊源与概念流变》，《云南行政学院学报》2015年第6期。
③ 郭灵凤：《欧盟文化政策与文化治理》，《欧洲研究》2007年第2期。
④ 郑自立：《韩国文化治理现代化的历程及经验研究》，《南京财经大学学报》2014年第4期。
⑤ 郑自立：《法美文化治理方略比较及启示研究》，《当代经济管理》2015年第12期。
⑥ 毛少莹：《文化治理及其国际经验》，《中国文化产业评论》2014年第2期。
⑦ 胡惠林：《文化治理中国：当代中国文化政策的空间》，《上海文化》2015年第2期。
⑧ 详见范玉刚《在全面深化改革中实现国家文化治理》，《湖南社会科学》2014年第2期。王振亚《从文化管理到文化治理——文化领域政府治理现代化的逻辑归宿》，《长安大学学报》（社会科学版）2014年第4期。赵红川《国家文化治理的挑战及其可能》，《四川文理学院学报》2014年第4期。
⑨ 祁述裕：《推动文化管理向文化治理与善治的转变》，《人民论坛》2014年第4期。

环境[①]——意味着以市场经济的方式实现文化的政治、经济、社会和文化的价值转换，以期改变和重塑国家治理模式的价值目标。[②]从优化文化治理手段来看，引导社会力量积极参与公共文化服务[③]、构建服务型公共文化治理模式[④]、以数字化推动公共文化服务协同治理[⑤]、文化非营利组织的主体身份重构[⑥]、完善文化事业单位法人治理结构[⑦]、文化产业的合作治理视角[⑧]等经验视角有效地对文化治理的理论研究补充了实证材料。

此外，部分研究也从"治理文化"延伸至以文化为总体思路来探讨治国理政的优化路径。除了厘清全面深化改革的社会文化整合机制[⑨]或社会治理的文化介入机制[⑩]，文化治理创新模式对新时期农村社会管理创新[⑪]、社区治理现代化[⑫]以及城镇化空间逻辑的重构[⑬]

[①] 详见陶东风《改善文化治理的制度环境》，《探索与争鸣》2014年第5期。竹立家《我们应当在什么维度上进行"文化治理"》，《探索与争鸣》2014年第5期。

[②] 胡惠林：《国家文化治理：中国文化产业发展战略论》，上海人民出版社2012年版，第3页。

[③] 吴理财等：《以文化治理理念引导社会力量参与公共文化服务》，《江西师范大学学报》（哲学社会科学版）2015年第6期。

[④] 李少惠：《转型期中国政府公共文化治理研究》，《学术论坛》2013年第1期。

[⑤] 孙红蕾等：《区域集群式公共数字文化协同治理——以广东为例》，《图书馆论坛》2015年第10期。

[⑥] 潘娜：《文化治理视域下非营利组织的主体身份重构》，《教学与研究》2015年第9期。

[⑦] 戴珩：《文化事业单位法人治理结构的理论逻辑和实践路径》，《图书馆建设》2015年第2期。

[⑧] 朱锦程：《合作治理视角下中国文化产业发展的治理范式：作为社会治理的文化治理》，《中国文化产业评论》2014年第1期。

[⑨] 张鸿雁：《"文化治理模式"的理论与实践创新》，《社会科学》2015年第3期。

[⑩] 详见夏辉《社会治理的文化介入机制及路径》，《河海大学学报》（哲学社会科学版）2014年第4期。谢新松《多元化社会的文化治理模式研究》，《云南社会科学》2013年第3期。

[⑪] 韩勇：《文化治理模式视阈下农村社会管理创新模式研析——基于广西的实证研究》，《行政与法》2013年第5期。

[⑫] 详见唐秀玲等《文化治理视角下的社区治理现代化研究——基于Y省X社区的实证分析》，《行政与法》2015年第12期。李世敏《新中国文化治理的结构转型》，《云南行政学院学报》2015年第6期。

[⑬] 齐骥：《文化治理视角下城镇化空间逻辑的反思与重构》，《城市发展研究》2015年第8期。

的应用价值也逐渐引起学界关注。总的来说，与政治治理的"硬管理"不同，文化治理具有"举旗帜、聚民心、育新人、兴文化、展形象"的价值引领功能，因此更多被视为一种"软管理"①。

三 "城市+文化"的治理体系

从上述文献综述可发现，当前的城市治理与文化治理呈现各自为家的研究格局，前者习惯谈社区治理、城管执法、交通治理和环境治理等民生议题而较少涉及文化，后者多着眼于深化文化领域体制机制改革而较少聚焦城市场域。不过，二者之间也存在一定程度的理论共性。首先，从治理主体层面分析，无论是城市治理还是文化治理均主张政府、企业、非政府组织和市民社会的合作共治，通过不同利益主体的相互制约和不同利益关系的相互平衡，共同参与到动态的决策过程，以实现公共利益的最大化。其次，从治理手段层面分析，除了构建涵盖各级政府、企业、民间组织和市民多层次合作关系及多元化决策方式的合作治理机制，以信息化、即时化、交互化为特点的数字平台和数字工程也在打造一种更为公正的权力结构，以推动不同利益相关者之间的动态博弈和协调合作。最后，从治理目标层面分析，城市治理和文化治理体现出目标一致的观念革新：从自上而下的"统治"到互动协作的"治理"，指向的都是追求好的制度，提高治理效能，努力追求以合法性、透明性、责任性、法治、回应、有效等为价值尺度的"善治"（good governance）②。有鉴于城市治理追求的是不同城市主体之间公平高效的制度安排，文化治理将文化的审美属性作用于治理能力和治理体系的现代价值转换——二者的叠合效应意味着城市文化管理应突破"针对特殊问题或困难的特殊性管理"③的固有思路，转而回到"治理"

---

① 祁述裕等：《国家文化治理现代化研究》，社会科学文献出版社2019年版，第9页。
② 钱振明等：《善治城市：中国城市治理转型的目标与路径分析》，《江海学刊》2006年第3期。
③ 吴晓林等：《国内城市治理研究述评：学术进展与研究展望》，《复旦公共行政评论》2014年第2期。

与"文化"的理论内核,也就是探索"一条形成公共秩序的文化途径"①的城市可持续发展思路。

由此,"城市+文化"的治理体系可从下述两层逻辑进行把握:一是推进城市文化治理体系和治理能力现代化,具体实现路径可从建立健全现代城市文化市场体系、构建现代城市公共文化服务体系、创新现代城市文化管理体制机制、培育良好的现代城市文化创意氛围四个维度展开②;二是通过城市新兴文化的价值转换而推动城市治理的整体创新,因为生机勃勃的新经济、创意驱动的新科技、人才会聚的新环境、友善包容的新氛围有助于打造一种更加美好的城市生活。正是基于二者在治理手段和治理目标上的高度合一,文化治理不仅通过产业、技术、人才、氛围等构成要素的优化而实现自身治理结构的科学化,其通过制度革新来实现主体自由的精神内核也能够在城市这一场域得以落脚。

简言之,"城市+文化"的治理体系最终导向的是城市居民文化权利的实现,使城市彰显"文化是公共的"魅力。面对城市高质量发展诉求"人的居住权利和空间正义"③的现实需要,文化所特有的"人本位"精神有助于唤起快速城镇化所导致的认同感和归属感缺位,而这恰恰是当前城市治理相对忽视的环节。因此,构建科学合理的城市文化治理体系,不仅是深化文化体制机制改革的应有

---

① 任珺:《文化的公共性与新兴城市文化治理机制探讨》,《福建论坛》(人文社会科学版)2015年第2期。

② 有学者将文化管理的范畴分为文化国力、文化政策与法规、国家文化发展战略、文化组织、文化市场管理、文化产业管理、公益性文化事业管理、城乡文化管理、文化遗产保护、文化管理体制改革、国际文化交流、国外的文化事业管理。高永贵编:《文化管理学》,北京大学出版社2012年版。也有学者将文化治理的维度分为社会主义核心价值体系、社会主义核心价值观、社会主义法治文化、社会主义廉洁文化、社会主义和谐文化、社会主义网络文化、中华优秀传统文化、文化产业发展、现代公共文化服务体系。张国臣等:《文化的社会治理功能论》,人民出版社2018年版。本书的类型划分主要依据祁述裕的做法,他把推进文化治理体系和治理能力现代化的主要任务概括为构建现代公共文化服务体系、建立健全现代文化市场体系、创新文化管理体制机制。在此基础上,本书根据城市文化的特殊性,新增"培育良好的现代城市文化创意氛围"作为治理手段之一。

③ 胡毅等:《中国城市住区更新的解读与重构——走向空间正义的空间生产》,中国建筑工业出版社2015年版,第40—53页。

之义，更重要的是能够推动城市治理实现"质"的飞跃，使城市真正成为宜居宜业之地。

第三节 走向"创意治理"

一 从创意城市到"创意治理"

如查尔斯·兰德利所言，创意城市倡导的是"在城市利害关系人的运作方式中，深植创意文化的必要性"[1]。如果将创意城市视作一场20世纪80年代以来兴起的区别于工业时代的城市运动，那么这里的"创意文化"就不仅仅是一个抽象概念，而是指涉囊括文化（culture）、艺术（the arts）、文化规划（cultural planning）、文化资源（cultural resources）、文化产业（cultural industries）、创意产业（creative industries）、创意经济（creative economy）、创意阶层（creative class）等一系列范畴在内的创意生态体系。因此，与其把创意城市看成一种城市规划层面的思维转换，以"创意"来统摄城市的创新发展，实则开辟了城市治理转向"文化"的典范转移（paradigm shift）。基于"创意"是一种强调去中心、主体多元、平等包容的"发散性、广泛性的思维"（divergent, broadranging thinking）[2]，创造力的植入不仅意味着在城市设计中充分融入创意（比如舒适的空间、便捷的交通、良好的环境），更重要的是在城市发展中吸纳善于创新的人才、打造灵活开放的企业文化、培育激发创新的城市氛围。可以说，创意城市的"创意"并不拘泥于一个个富有想象力的创意个体或创意组织，城市的创意体现在创造一套能够有效地平衡领导战略与制度弹性的权力结构，进而在全球城市竞争中塑造自身的吸引力。因此，创意城市本质上是在探索有创意的城市治理何以成为可能，文化资源能否在城市管理制度优化的过程中发挥有效

---

[1] ［英］查尔斯·兰德利：《创意城市：如何打造都市创意生活圈》，杨幼兰译，清华大学出版社2009年版，第3页。

[2] ［英］查尔斯·兰德利：《创意城市：如何打造都市创意生活圈》，杨幼兰译，清华大学出版社2009年版，第3页。

作用,这也解决了"城市+文化"治理体系的理论落地问题。

那么,如何对城市进行"创意治理"呢?首先,充满想象力的创意阶层及其伙伴关系应成为创意城市的治理主体。佛罗里达把创意阶层界定为科学家、设计师、工程师、艺术家等运用创意进行工作的人。有创意的城市不仅仅是创意阶层如何为城市服务,而是城市如何创造良好包容的氛围来吸引这些人才。因此,与自上而下式的城市工程不同,富有才华的建筑师、规划师、设计师等专家,经济学家、文化学者、医护专家以及警察等广泛参与城市事务的群体,应与政府决策者一道参与到城市空间营造的过程之中。与此同时,应高度重视人才资源、企业品牌、地方特色等无形资产对于城市竞争力的重要价值,因为这些标榜技术、才华、技能等价值的软性力量都在塑造一种更有活力的城市文化。当然,富有冒险精神且审慎乐观的领导力是城市发展最为重要的资产,兰德利将这种具有创意的城市领导特质概括为"远见、策略重心、全盘了解都市生活与城市动能、开放与好奇的文化、组织灵活性、以坚决贯彻为重心"[1]。

其次,围绕着产业、技术、人才、氛围四个维度构建的数字治理和多中心治理,应成为创意城市的治理手段。其中,数字治理主要分为两个方面:一是通过数字创意经济的创新驱动来引领城市"新经济"的转型升级,以高新技术、媒体与娱乐、广告与设计、时尚、表演艺术、游戏等为类型的体验经济将改变劳动密集型产业的低成本现状,推动城市经济发展走向重研发、高技能、高附加值的技术密集型产业,并通过城市空间集聚形成优势互补的创意集群;二是通过搭建基于创新科技的电子政务平台来加快城市政府的信息化工程建设,大数据、云计算、物联网、区块链、人工智能等数字技术和平台的推广及应用将有效地推进城市不同治理结构的协作互动,打破"条块分割""交叉重叠"的行政壁垒,激活广大市民齐心协力共同参与城市事务的创意潜能。

多中心治理,指的是运用创意的思维来有效协调城市的软性资

---

[1] [英]查尔斯·兰德利:《创意城市:如何打造都市创意生活圈》,杨幼兰译,清华大学出版社2009年版,第19—20页。

产,以达到一种既有全局观又有关联性的城市治理思路。具体分为以下两个层面:一是城市领导者精心思考城市的文化品牌,把城市"象征符号化"和"自我图像化"(参考巴黎的浪漫风情、纽约的文化熔炉、上海的十里洋场等城市的形象构建),将艺术那种敢于冒险的感性思维植入设计、规划、工程、社会服务、企业发展、环保意识等层面,建立开放式的城市事务组织结构;二是在对城市进行形象化命名之后,城市领导者需要为城市编织一个故事,以此来激发人们对城市的无尽联想,而市民则是故事的完成者,他们或歌颂城市昔日的历史风华,或创造城市激动人心的未来愿景——这种基于多元主体参与所营造的"文化深度"(cultural depth)恰恰体现出一座城市独特的氛围。

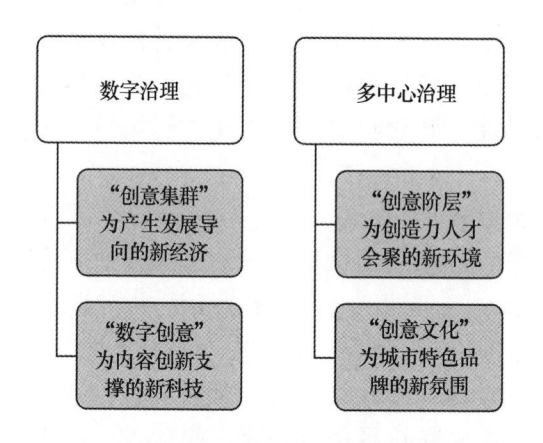

图 3-1 创意城市的两种治理手段及其实现路径

最后,有创意地治理,而不仅仅是治理创意文化,应成为创意城市的治理目标。兰德利指出,"21 世纪将是城市的世纪"[①],而创意是 21 世纪城市最为重要的战略资源。创意不仅体现在构思巧妙的建筑、市政设施或便捷舒适的交通设施,也体现在宽敞明亮的购物商场、便于交流的公共空间和文化沙龙,无处不在的创意更体现在人的创造力正在逐渐改变城市的产业布局、城市的管理方式、城市

---

① [英]查尔斯·兰德利:《创意城市:如何打造都市创意生活圈》,杨幼兰译,清华大学出版社 2009 年版,第 19—20 页。

的目标定位、城市的运作机制。作为第二轮全球化浪潮下城市走向未来的重要策略，创意城市也意味着城市之间的合作、交融、多元与共创。因此，有必要打破"创意是艺术家的专属特质""创新只限于高科技领域"等思维定式，一个更为开放的"创意"概念是全方位的，它既是个体的创意也是组织的创意，既是艺术的创意也是科技的创意，既是文化的创意也是管理的创意。可以说，作为解决当前城市问题的总体对策，创意城市的外延不再局限于治理好城市文化，而是通过"治理术"的创意升级来实现城市的文化创新。

二 创意城市的治理模式

如果说果断的领导力、灵活变通的管理制度、勇于创新的企业、强大的公共服务和社会资本等共同构成创意城市的成功经验，那么创意城市还具有一点鲜明特质：高度重视文化，并以文化作为战略资源统摄城市的整体发展。兰德利精辟地指出："文化资源是城市的原料，也是它的价值基础，其中的资产取代了煤、钢铁，或黄金。"[①] 借由诉求情感、感性、个性等特点的文化，城市成为一件具有可塑性的艺术品，其独特的魅力既体现在充满历史积淀的建筑遗产上，也体现在居民的风俗节庆和民间传统上，更体现在表演艺术、旅游观光等文化产业上。因此，在创意城市多样化的治理模式中，可发现一种大写的文化观念，并在城市治理过程中具体化为文化的不同能指，包括文化产业、文化科技、文化认同、文化归属感等。

（一）"新经济治理"：创意经济与城市品牌形象的打造

作为创意城市的一种治理模式，"新经济"意味着通过创新企业的设立和企业活动的创意集聚，以实现城市在经济发展层面的创新。创意城市一大显著的空间特征是拥有一些高度创新且开放联结的街区，这些地方往往由具有创新特质的企业引领周边公共设施、公共交通以及城市环境的整体发展，共同塑造城市欣欣向荣的品牌形象。流行于18世纪西欧社会的咖啡馆文化，充分体现了当时萌芽

[①] ［英］查尔斯·兰德利：《创意城市：如何打造都市创意生活圈》，杨幼兰译，清华大学出版社2009年版，第51页。

的资本主义文明产生出新的城市商业，而这种新的组织文化进一步推动城市空间的变化——商人、艺术家、作家、科学家、记者等不同身份的群体在咖啡馆接触和交流，使一种独特的创意氛围得以萌生。

与工业时代的城市经济不同，自20世纪下半叶以来，随着技术的进步、产业的创新以及大众文化的兴起，不断涌现的新创意和新商品逐渐使文化与科技的融合成为城市永续创新的一大亮点。就像"硅谷"的创新科技和好莱坞的电影产业带动了地方的崛起，现代城市的创意往往是通过新的企业组织与信息科技相结合来带动城市的文化振兴。因此，综观21世纪以来涌现的创意城市，可发现创意文化产业不仅透过创意空间集群改变城市的固有空间形态，更重要的是，通过"新经济"的创新引领而极大地改变城市经济结构，为城市创造相当可观的就业岗位和经济效益。这些产业从狭义层面包括设计、出版、表演艺术、流行音乐、出版、媒体等，整体上呈现出与第一产业和第二产业不尽相同的服务化和信息化特点；从广义层面则可延伸至城市观光、遗产旅游等都市休闲经济的范畴，因为"新经济"的品牌形象也是城市形象的重要组成部分，这些产业在吸引商业投资的同时也在唤起游客对城市的好奇心。

以"新经济"推动城市复兴的案例不在少数，尤以工业遗产的活化再利用为代表。20世纪70年代以来，大部分西方城市推崇文化的工具主义和商品属性，主张将"文化"植入工业空间的转型升级之中。由此衍生的文化创意园区、工业景观、建筑遗产、创意产业集群、工业旅游等诉求体验经济的新空间开始在城市大量出现，一改工业时代以工厂厂房、工人宿舍、贫民窟等为特点的空间形态。与此同时，以商业零售、休闲、体育、娱乐、会展、遗产旅游等为特点的第三产业成为拉动城市经济增长的动力源，不仅与餐饮、酒店等其他服务行业形成联动，创造就业机会，更重要的是通过形形色色的艺术活动介入建筑、街区和基层社区，有力地推动了城市形象的迭代升级。在中国，工业遗产的活化方式主要以博物馆保护、景观公园改造、综合物业开发和创意园区利用四种模式为代表，目的在于发展以都市休闲娱乐为方向的体验式旅游，通过城市新空间的点状分布来塑造具有鲜明品牌特色的城市新文化。

(二)"智慧治理":大数据与城市公共文化的创新

"智慧治理",指的是通过信息科技来为城市决策和运行提供全方位的技术支撑,以推动城市在社会管理层面的创新。知识经济时代的财富积累方式转向了信息资本,数据的多元联结改变了产业经济时代的生产机制,同时也创造了一种基于网络经济的新的社会组织形态,这对城市的空间布局与管理方式带来新的挑战。一方面,过去集聚在城市中心的工业建筑转化为适应金融、科技、信息、服务、互联网、传媒等知识企业的新地标,与之相适应的快递、外卖、便利店等配套服务也成为城市新现象;另一方面,主打信息生产的后福特主义经济具有生产端与消费端相融合、凸显个体创意、项目导向、侧重共享结盟等扁平化特点,信息技术的虚拟性、移动性也使工业时代那种标准化、机械化、层级化的城市组织形态不得不发生转变。

体现在城市治理层面,自上而下式的权力结构逐渐转向公共部门、私有企业、社会组织等不同治理主体的协作模式,城市间的跨国、跨区、跨域治理也悄然兴起,而促成这种共生共创的城市竞合机制的推手恰恰是网络社会的崛起。信息的即时传播使得人们对某一特定地方的归属感不断消解,对城市建筑、风俗技艺、民间传统等文化所一贯秉持的地方性和遗产性产生巨大冲击;但资讯的分散流通也创造了一种超越时空距离的同时性,这使得文化资源可以通过数字化的博物馆、美术馆、图书馆、音乐厅等跨媒介媒体平台而真正实现文化的"公共化"。

时下非物质文化遗产的数字化保护是以大数据的思维进行城市公共文化服务体系创新的典型案例。首先,作为中华优秀传统文化创造性转化的重要组成部分,互联网的跨界性有助于突破非物质文化遗产传承的地域限制,通过跨区域、跨省市的多方推介,有效提升公众对我国"非遗"保护门类、分布、现状等方面的认识,进而吸引更多人参与到这一项伟大工程之中。其次,互联网的普惠性有助于消弭城乡二元数字鸿沟,借助数字权利平等、信息资源对接等方式来深度挖掘贫困地区的文化"富矿",通过保护和转化进一步将其发展为实现农民增收、推动精准扶贫的重要手段。最后，互联网的创新性助力于传承方式的迭代更新，过去侧重于家族或个体传承人的方式可在信息技术的协助下升级为数字化的采集、存档、复原、展现和传播等。可以看到，推动文化信息资源共享工程，促进公共文化资源的数字化存储、开发与利用，构建历史文化古迹和地方特色文化的数据库，广泛应用网络直播平台和技术进行非物质文化遗产的普及与教育——这些做法正在推动互联网与非物质文化遗产的深度融合，也意味着通过数字技术记住乡愁，信息技术也不再冰冷，记下的乡愁更为灵动，进而加深城市公众对传统工艺和工匠精神的关注。

（三）"合作治理"：城市认同与城市文化共同体的联动

"合作治理"，是指将作为战略资源的文化贯穿到城市的整体规划、决策和管理层面，通过一种基于文化的城市共同体之间的协作关系，探索城市在组织关系层面的创新。创意城市主张运用一种全盘性的思考方式来审视城市的永续发展问题，强调以文化作为价值观、生活方式和公共政策来突破固有的城市决策思路。无论是城市空间的美学呈现，还是产业发展的创意元素，抑或是城市居民的多元身份，甚至城市管理部门和基础设施的公共服务，均应当把"文化"放置在公共政策的中心位置，探讨"以人为本"、灵活全面、批判冒险又重视传统的"文化的思考方式"（culturally thinking）如何推动治理观念的革新，并在交通、住宅、教育、卫生、建筑与规划、社会服务等多个城市利益共同体之间达成一种协同创新的治理伙伴关系。

一方面，创造性的思考意味着集思广益地为城市的未来进行前瞻设计，每一个居住在城市中的个体应思考"什么样的城市是好的"，并在社区层面形成沟通、分享、批评的参与机制，以期搭建城市居民描绘心目中城市愿景的开放性讨论平台。另一方面，创造性的规划意味着城市的公部门、私部门、社会组织、市民团体等利益主体之间形成集体学习和共同行动的组织架构，确保城市公共领域的有序运行。兰德利发现城市共同体的合作治理模式可细分为"相对不注重咨询的魅力领袖主导模式""植基于传统部门策略的市政当局主导模式""商业导向模式""合作导向模式"四种类型[①],尽管治理主体的构成和比重有所不同,但目标都是探索一种更为高效且具有执行力的城市权力结构。

深化城市文化体制机制改革是从文化治理层面探究城市治理能力现代化的一项创造性行动。如果说当前城市文化管理存在行政主导、单一主体、粗放式管理等问题,那么科学的城市文化治理应以简政放权为基本原则,一方面政府应通过制定城市文化发展的规划纲要、强化文化事业和文化产业发展的各类政策引导,确保在城市文化管理宏观领域的领导权;另一方面则应在经营性的文化领域减少不必要的行政干预,充分发挥市场在城市文化资源配置中的基础性作用,构建大部制的纵横结合式管理机制,规避"政出多门"导致的"执行难"等弊端。城市文化治理共同体意味着在法治的基础上,以精细化、个性化、分类化的多元主体合作机制参与城市的公共文化事务,广泛吸纳行业协会、非政府和非营利组织等第三方共同参与文化产品和服务供给,广邀文艺团体、艺术家、文化学者、有影响力的社会人士参与到文化咨询和文化政策的决策、执行过程之中。通过"政府+专业机构/专家"的合作治理模式,城市文化管理的科学性、规范性、民主性才能得以实现。与此同时,提升社会力量参与城市文化决策的广度、深度和精度,也有助于培育公众对所在城市与日俱增的认同感。

(四)"参与式治理":公众参与和城市文化归属感的培育

较之"合作治理"侧重在政府与机构之间形成动态平衡的治理结构,"参与式治理"则更为关注城市个体发挥自身的创意与创造力,在一定的政策框架内运用社会行动去发起公共领域的参与、对话、协商,旨在以高度的社会责任感实现个人愿望与城市愿景的有机结合。兰德利将此界定为"市民创意",意即"应用在公益目标上的创造性解决问题的能力"。[②] 这不仅意味着要在市民群体中形成

[①] [英]查尔斯·兰德利:《创意城市:如何打造都市创意生活圈》,杨幼兰译,清华大学出版社2009年版,第263—265页。

[②] [英]查尔斯·兰德利:《创意城市:如何打造都市创意生活圈》,杨幼兰译,清华大学出版社2009年版,第266页。

以公共性为价值目标的政治氛围,同时也需要创意个体具有前瞻性、想象力、说服力等领导技巧,如此才能在公领域和私领域之外实现覆盖面更广、社会效益更好的治理效果。参与式治理的特殊性体现为市民创意的不确定性、冒险精神和生机活力,特别是创意个体对"什么是公益(public good)"的反思也创造了一种城市公共对话的新机制,这对现代城市文化治理体系的结构化运作无疑带来新的挑战。

20 世纪下半叶以来出现的参与式艺术,以其"命名性""事件性""在场性"等特点成为当代艺术最具生命力的实践形式,城市社区往往是这类艺术生产的重要场域。值得注意的是,当艺术家从工作室内的创作者转向艺术事件的现场策动者时,也揭示出一种基于参与的艺术实践正在介入社区重建、社会改造与日常生活,展现出审美现代性对启蒙现代性的前卫批判精神。综观全国社区艺术的分布版图,无论是渠岩的"许村计划"、焦兴涛的"羊磴计划"、靳勒的"石节子美术馆"等"艺术乡建"热潮,还是发起于深圳的"握手302计划""卤味高清频道""鳌湖艺术村""西丽计划"等"艺术城建"实践,均体现出艺术家以个体之姿态介入空间再造的集体行动。作为情境(situation)策划者的艺术家,作为不间断或长期合作项目的艺术作品,作为合作者的观众——以其独有的审美自律性,共同构成了一股生产城市新动能的力量。这种超越传统美术馆、博物馆体制束缚的公共艺术,以差异化地呈现观点、立场和意义阐释的方式,通过推动不同社群之间的交流而积极参与到城市公共性的对话与合作之中。就像尼古拉斯·布里欧认为的"经由激浪派的偶发艺术和行为表演予以理论化的观众'参与',开始变成艺术实践的常态了……这项特殊的生产不只是决定了一种意识形态和实践场域,也界定出新的形式领域"[①],这种向公众敞开的"共活关系"(convivial relation)也意味着在美学层面探索一种真正意义的"参与"究竟何以成为可能,以及作为一种关系性生产的艺术如何介入社区、介入生活、介入城市。因此,或许难以将"参与"框定

---

① [法]尼古拉斯·布里欧:《关系美学》,黄建宏译,金城出版社 2013 年版,第 22—27 页。

在稳定的权力结构之内,但边界开放的公众参与氛围也在使一种"自发自为的"城市文化归属感得以成为可能。

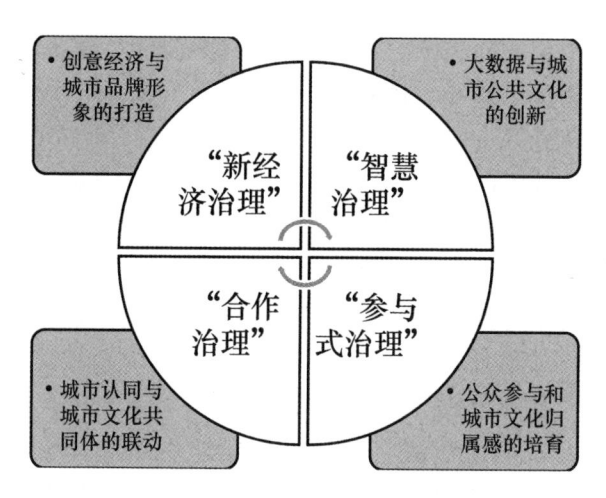

图 3-2 创意城市的四维治理模式

小 结

本章首先通过梳理"文化"与"城市文化"两组关键词的概念内涵,发现20世纪60年代以来伯明翰学派开启的"文化研究"为"文化"赋予了新的阐释方式。这种基于日常生活经验的研究范式把象征符号、话语实践等分析维度引入文化的既有理论框架。文化既是体系、制度、结构等宏观问题,也是参与、认同、行为等微观层面的意义实践。由此,通过文化意义的生产与再生产来理解城市的权力运作与日常生活,成为阐释城市政治的文化路径。其中,具体研究议题既包括城市社区、空间、居民等"小切口"背后的权利合法性分配问题,也涵盖城市可持续发展进程中"文化"在公共政策、产业发展、历史传承、社会服务等方面呈现出来的价值功能。

尽管城市治理和文化治理的关注对象不尽相同,但在治理主体、治理手段和治理目标上形成高度的理论共识:均主张通过政府、企业、社会组织、市民社会等不同利益主体的多层次协作关系和多元化决策方式而实现公共利益的最大化。因此，"城市＋文化"的治理体系意味着从推进城市文化治理体系和治理能力现代化入手，通过城市新兴文化的价值转换来推动城市治理创新，这也是探究城市公共性的文化实现路径。进一步分析，"创意城市"对创意文化的提倡实际上开启了一种城市治理的"文化转向"，使"城市＋文化"的治理体系得以落地。"创意治理"主张：（1）充满想象力的创意阶层及其伙伴关系成为治理主体；（2）分别从产业、技术、人才、氛围四个维度构建数字治理和多中心治理手段；（3）有创意地治理是城市文化创新的治理目标。以"创意"为理论预设，主打创意经济与城市品牌形象打造的"新经济治理"、强调大数据与城市公共文化创新的"智慧治理"、主张城市认同与城市文化共同体联动的"合作治理"、提倡公众参与和城市文化归属感培育的"参与式治理"，是城市文化治理模式创新的集中体现。基于概念构成、逻辑进路和实现路径三个层面的深入解析，本章认为，"城市文化治理"不仅已形成具有鲜明交叉学科特点的研究领域，"创意治理"的理论框架和多样化模式也能够为提升城市文化管理水平提供一定的对策思路。

实践篇

城市文化治理实践

第四章

"创意深圳"的创新经验：
以"大数据+城市文化治理"为例

  面对世界百年未有之大变局加速演进，全球城市在经济与社会变迁背景下纷纷以各具辨识度的"创意"作为新发展理念。唐燕和昆兹曼认为，创意城市与城市创新之间存在内在的逻辑关联，城市的创新总是通过创造性的思考和行动来推动的，富有创意的城市往往也是创新的城市。[①] 创新型城市（innovative city）意味着把"创新"作为城市经济增长的主要驱动力，以技术创新作为拉动经济发展的手段，并将智慧互联、生态宜居、文化繁荣等社会发展的新理念和新思想融入城市发展的进程。但与城市创新比较关注城市多个领域的整体性发展有所区分，创意城市的侧重点为"创造力"，以科技创新为基础，突出文化创新的价值，强调艺术、发明与创造力对城市经济和社会的影响，由此与文化、艺术等范畴建立深厚的联系。

  中国的城市建设经历了从注重城市生产和城市工业的物质建设，到注重城市精神和人文的文化建设的历程。[②] 从"管理"走向"治理"，这意味着公共权力的运行机制、市场、社会组织和公民的角色定位都发生了根本性的变化。这种变化主要体现在以下三个方面：一是地方政府的文化职能从单纯的行政管理转向公共服务。城市文化治理的根本目的在于为市民提供基本的公共文化产品，满足

  [①] 唐燕等：《文化、创意产业与城市更新》，清华大学出版社2016年版，第1—2页。

  [②] 宋道雷：《从城市生产到文化治理：中国城市文化建设实践的历史、现实和机制研究》，《山东大学学报》（哲学社会科学版）2021年第6期。

其文化生活的需要，保障市民的文化权利。二是地方政府在履行文化职能的同时，要与市场、社会组织乃至市民建立良好的协同合作关系，形成网络化的社会治理模式。三是为了提供更好的公共文化服务，优化政府部门层级，改革政府文化管理体制，提高公共文化服务水平。① 因此，城市文化治理不再是政府一元主导的，而是由政府、市场、社会组织和市民多元主体共同参与、协商治理且注重中小尺度文化空间的文化建设模式。②

2015年1月，中共中央办公厅、国务院办公厅印发《关于加快构建现代公共文化服务体系的意见》，其中提出要"推进公共文化服务与科技融合发展"，"构建标准统一、互联互通的公共数字文化服务网络，加强公共文化大数据采集、存储和分析处理"。自2011年美国麦肯锡咨询公司首次提出"大数据"的概念后，"大数据"不仅以星火燎原之势强有力地冲击和改变着人们的生活方式、社会组织的运作模式，还从根本上重塑了国家治理和社会治理的思维方式。"大数据"是指以容量大、类型多、存取速度快、应用价值高为主要特征的数据集合③，其所带来的全面变革对城市文化管理产生了重大影响。

从特区初期的精神文明建设、21世纪的"现代文化名城"到"人文湾区""中国特色社会主义先行示范区"，深圳在创意城市建设层面具有哪些独特的历史经验和实践方案？深圳又是如何运用"大数据"这一重要抓手推动城市文化治理创新？如何用智能化、优质化、精准化的公共文化服务满足市民的文化需求？本章立足于深圳城市文化建设的历史演进与实践经验，以"南山文体通""坪山图书馆""盐田图书馆"的数字化建设和治理成效为分析对象，说明新时代语境下深圳进行"大数据+城市文化治理"的发展现状与优化路径。

---

① 张扬：《公共管理视域下城市文化治理问题研究》，硕士学位论文，河北师范大学，2016年。
② 宋道雷：《从城市生产到文化治理：中国城市文化建设实践的历史、现实和机制研究》，《山东大学学报》（哲学社会科学版）2021年第6期。
③ 刘景钊：《意向性——心智关指世界的能力》，中国社会科学出版社2005年版，第231页。

第一节 "创意深圳"的历史与实践

一 深圳文化四十年

深圳历史最早可以追溯至东晋咸和六年（331年）设置东官郡治宝安县[①]，其郡治和县治位于今天深圳南山区南头古城一带，"唐更东莞，至明而新安之名始著"[②]。深圳地处沿海边陲，是岭南海防军事要塞，承担着巩固海防、抗击倭寇、支持海上贸易等边防功能。自古以来具有浓厚的海洋特色，渔业与农业是新安县居民的主要生产活动。明朝时期，今罗湖区一带的蔡屋围、湖贝村、向西村等村庄相继建成，围绕着这些村庄进行贸易的"深圳墟"（今罗湖区东门老街一带）也逐渐成型。1931年，民国政府设立深圳镇（今蔡屋围一带），管辖区域内村镇集市。深圳墟与深圳镇地处中国内地与香港边界，因此发挥了两地交通、贸易往来等重要功能，宝安县政府也于1953年由南头迁至深圳镇。1979年3月，国务院正式批复广东省宝安县改为深圳市，同年11月改为地级市。1980年8月，第五届全国人大常委会第十五次会议通过了由国务院提出的《广东省经济特区条例》，批准在深圳设置经济特区。

深圳经济特区创立的外部环境是国际生产体系分工向亚非拉等国家及地区转移，内部环境则是中共十一届三中全会结束"以阶级斗争为纲"且把工作重心转为经济建设。这一时期的特区是在计划经济体制的中国探索一条社会主义市场经济体制和管理制度的新道路，以扩大对外开放和构建出口导向型经济为其独特的实践方案。因此，深圳作为改革开放的试点地区有着非常特别的意义。深圳在坚持对外开放上，充分发挥邻近香港的区域特色，立足国内与国际

[①] 东晋时期的宝安县包括今天除横岗、龙岗、坪地、坪山、坑梓以外的深圳，及东莞、中山部分区域、珠海、香港、澳门等地。唐肃宗至德二载（757年）宝安县改名为东莞。1573年明万历年间扩建东莞守御千户基地，建立新安县，辖地包括今天的深圳及香港。清末签订的《南京条约》《北京条约》和《展拓香港界址专条》使港岛、九龙和新界割让、租借给英国，深圳与香港从此分治。民国三年（1913年）广东省新安县复称宝安县，县治在今南头古城区域。

[②] 黄玲：《从深圳历次修志看深圳历史》，《广东史志》2002年第2期。

两种市场环境的优势下积极探索中外合资、外商独资、中外合作等模式，融合"引进来"与"走出去"，广泛开展国际交流与合作。可以说，深圳经济特区对我国外向型经济的战略部署和对外开放格局的确立起到了引领作用。以开发蛇口工业区为出发点，外来技术和原材料的引进、罗湖边检口岸的开放等系列举措一步步提升了特区的开放程度，深圳在20世纪80年代迅速实现农业社会向现代工业社会的转型。为进一步实现把深圳建设成为外向型、多功能的国际性城市的战略目标，中共深圳市委、深圳市人民政府于1992年印发《关于深圳经济特区农村城市化的暂行规定》，为深圳实现从边陲小镇向现代工业城市转型奠定了坚实基础。

早期的特区产业结构偏轻型化而非重化工业，一方面，多以"三来一补"[①]为特点的外资投资项目，充分发挥毗邻香港的地缘优势，通过外商独资或合资来为产业结构布局奠定坚实基础，并走上自主工业化道路；另一方面，经济特区的历史定位与产业结构布局使深圳早期引进的资金很少投向文化建设。"经济绿洲，文化沙漠"[②]的发展困境与21世纪以来国内外形势变化的背景[③]使建市初期的深圳市委、市政府开始加大地方财政投入文化建设。在党的十四届六中全会《关于加强社会主义精神文明建设若干重要问题的决议》指导下，深圳市委、市政府相继颁布《深圳经济特区社会主义精神文明建设大纲》（1985）、《深圳精神文明建设"八五"规划》（1991）等政策文件，探索与社会主义市场经济体制、外向型经济发展相适应的文化基础设施建设，对外来文化的接受既保持开放心态也抵制西方腐朽文化的渗透，并初步展开特区文化的理论研究工作。

21世纪前后，随着社会主义基本经济制度与市场经济制度改革，进入新型工业化阶段的深圳提出建设现代文化名城创新设想（1993）

---

① "三来一补"特指来料加工、来件装配、来料制造和补偿贸易。
② 王为理：《深圳城市文化标签与符码分析》，《南方论丛》2007年第3期。
③ 国内外形势变化指深圳在经济发展20年后面临"土地、能源、人口、环境"四个难以为继的发展困境，同时全球经济从制造业转向服务业的产业结构调整。因此，高科技含量、高人力资本投入、高附加值、高产业带动力、高开放度，低资源消耗、低环境污染的高端服务业成为大势所趋。详见李丹舟《新城市·新文化：深圳城市更新背景下文化嵌入机制与路径研究》，中国社会出版社2019年版，第17页。

和科教兴市战略（2000），提高对文化建设的重视程度，以"现代文化名城"为建设目标，构建具有深圳特色的社会主义先进文化和城市主流价值观，通过"新八大"[①]等现代化文化设施建设、"读书月"主题活动的举办和文化体制机制改革等举措全面推进现代化国际化城市建设。2001年9月，国务院经济体制改革办公室要求深圳在文化体制改革方面进行超前探索。同年11月，深圳成立文化体制改革领导小组及办公室，着手关于深圳文化体制改革和文化产业发展的相关事宜。2003年，深圳确立建设综合实力为基础的文化建设新理念，提出"文化立市"战略，主张全方位提升城市文化发展水平，将文化作为一种软实力积极融入城市现代化进程之中，颁布《深圳市建设"图书馆之城"实施方案（2003—2005）》，实施"两城一都一基地"[②]、陆续完善"新八大"与"新六大"文化设施建设[③]。同年，深圳市委审议通过《深圳市文化体制改革综合试点工作方案》，加快推进深圳市文化体制改革，促进文化事业繁荣发展。深圳文化事业也逐渐从强调文化基础设施建设和文化活动开展迈向构建完备的公共文化服务体系，建设公共文化服务标准化、城市文化品位整体提升、外来劳工文化民生工程有所保障的文化城市。2004年11月，首届中国（深圳）国际文化产业博览交易会在深圳举办，成为深圳一大文化品牌，吸引数十万人次观展，丰富市民精神文化需求，为全国文化体制改革提供特区经验。

2005年，深圳市委、市政府相继出台《深圳市文化发展规划纲要（2005年—2010年）》《中共深圳市委 深圳市人民政府关于大力发展文化产业的决定》等一系列重要文件，提出要"不断加强文化发展战略研究，深化文化制度改革，加快文化事业文化产业发展"，将深圳打造为"文化绿洲"。[④] 2011年，深圳市委、市政府提

---

① "八大文化设施"指深圳图书馆、深圳博物馆、深圳科学馆、深圳体育馆、深圳大剧院、深圳大学、深圳新闻中心及深圳电视台。
② "两城一都一基地"指"图书馆之城""钢琴之城""设计之都""动漫基地"。
③ "新八大"指关山月美术馆、深圳画院、深圳书城、深圳特区报业大厦、深圳商报大厦、深圳有线电视台、华夏艺术中心、何香凝美术馆；"新六大"指深圳少年宫、深圳电视中心、深圳图书馆（新）、深圳音乐厅、中心书城、现代艺术中心。
④ 《深圳涵养"文化绿洲"——写在首届"文博会"闭幕之际》，2004年11月24日，新浪新闻中心（http://news.sina.com.cn/o/2004-11-24/04404327543s.shtml）。

出"文化强市"的战略目标,要将深圳建设为"我国社会主义核心价值体系建设示范区""全国公共文化建设示范区""文化产业龙头大市""中国文化'走出去'的重要基地"。2003年至2018年前后,在政府导向、市场驱动、科技助力三重作用下[①],深圳文化产业步入高速成长期,并逐步形成"文化+旅游"[②]、"文化+科技"[③]、"文化+互联网"[④]、"文化+金融"[⑤]全方位布局的深圳文化产业发展模式。2016年深圳市人民政府办公厅颁布的《深圳文化创新发展2020(实施方案)》成为"十三五"时期深圳文化建设的新契机,目标在于将深圳进一步打造为国际文化创意先锋城市,努力建设与现代化国际化创新型城市相匹配的文化强市。

表4-1　　　　　　深圳建市四十年的相关文化政策

时间	政策文件	主要内容
1981年	《关于加强深圳特区思想文化建设的初步规划》	凡是有利于社会主义精神文明建设的事业以及活跃人民群众文化生活的设施,都要有计划、有步骤地建设起来,把它纳入市政建设的总体规划,分期分批去实施。[⑥]
	《关于深圳特区思想文化建设的初步意见》	各种宣传、文化设施做到布局合理,规模适中,项目适应需要,技术比较先进,并在对外竞争中能够发挥实际效应。[⑦]

---

① 毛少莹:《深圳文化产业40年发展历程及主要成就》,《深圳社会科学》2020年第5期。

② 李蕾蕾等:《旅游表演的文化产业生产模式:深圳华侨城主题公园个案研究》,《旅游科学》2005年第19期。

③ 王京生:《文化与科技结合的深圳之路》,《艺术百家》2013年第1期;李凤亮等:《文化与科技融合创新:演进机理与历史语境》,《中国人民大学学报》2016年第4期。

④ 李凤亮等:《文化科技融合:现状·业态·路径——2013年中国文化科技创新发展报告》,《福建论坛》(人文社会科学版)2014年第12期。

⑤ 李凤亮等:《文化自信与新时代文化产业的功能定位》,《深圳社会科学》2018年第1期;申海成等:《深圳文化金融全产业链平台构建路径研究》,《现代管理科学》2018年第12期。

⑥ 深圳市史志办公室编:《中国经济特区的建立和发展(深圳卷)》,中共党史出版社1997年版,第147页。

⑦ 吴松营等编:《深圳精神文明建设》,海天出版社1996年版。

续表

时间	政策文件	主要内容
1985年	《深圳经济特区社会主义精神文明建设大纲》	把特区人民逐步培养成为有理想、有道德、有文化、有纪律的一代新人；用共产主义思想、道德教育特区的广大干部群众，反对资本主义腐朽思想的侵蚀。①
1991年	《深圳精神文明建设"八五"规划》	通过加强思想建设和文化建设，进一步提高全体市民的思想道德素质和科学文化素质，弘扬深圳精神，为特区建设事业提供精神动力，培育"有理想、有道德、有文化、有纪律"的社会主义新人。②
1996年	《深圳精神文明建设"九五"规划》	在文化建设上，弘扬主旋律、提倡多样化，繁荣文学艺术，创作一批优秀作品，大力发展新闻出版、广播电影电视事业，满足人民群众日益增长的精神文化需求，提高市民的文化生活质量。③
1998年	《深圳市文化事业发展（1998—2000）三年规划及2010年远景目标》	深圳文化事业发展的总体目标是：与建设现代化国际性城市的要求相适应，努力把深圳建设成为社会主义现代文化名城。④
2000年	《中共深圳市委 深圳市人民政府关于加快实施科教兴市战略 推进教育现代化的决定》	把推进教育现代化作为我市现代化建设的战略重点；加快教育发展，构建终身教育体系；加大教育改革力度，建立充满生机活力的教育体制机制；全面实施素质教育，努力培养创新人才。⑤

---

① 深圳市史志办公室编：《中国经济特区的建立和发展（深圳卷）》，中共党史出版社1997年版，第311页。
② 深圳市史志办公室编：《中国经济特区的建立和发展（深圳卷）》，中共党史出版社1997年版，第313页。
③ 白天等：《深圳精神文明建设（文件集）》，海天出版社1999年版，第114页。
④ 白天等：《深圳精神文明建设（文件集）》，海天出版社1999年版，第243页。
⑤ 深圳年鉴编辑委员会编：《深圳年鉴（2001）》，深圳年鉴社出版社2001年版，第595页。

续表

时间	政策文件	主要内容
2001 年	《中共深圳市委 深圳市人民政府关于进一步加强社会主义精神文明建设的决定》	加快发展教科文卫体育事业，促进社会全面进步。全面实施"科教兴市"战略，完善科技创新体系，积极发展社会主义文化事业。①
2003 年	《深圳市建设"图书馆之城"实施方案（2003—2005）》	至 2005 年底，深圳实现每 15 万人拥有一座公共图书馆，每 1.5 万人拥有一个社区图书馆；实现全市公共图书馆书目数据统一检索，初步实行图书借还"一卡通"；以实现文化部"文化信息资源共建共享工程"为契机，加快图书馆数字化、网络化建设。②
	《深圳市文化体制改革综合试点工作方案》	实现政府文化管理职能从以办文化为主向以管文化为主转变，从以管理直属单位为主向管理全社会文化转变，从以行政手段管理为主向以经济和法律手段管理为主转变；通过改革重塑文化发展微观运行机制。③
2004 年	《深圳市实施文化立市战略规划纲要》	到 2010 年，基本建立起适应社会主义市场经济要求、达到国际先进水平的城市文化发展格局、文化管理体制及运行机制，具有先进配套的文化设施、充满活力的文化体制、一流的文化精品、强大的文化产业、繁荣有序的文化市场、独具特色的现代化海滨城市文化形象、丰富多彩的群众文化生活，文化产业成为新的经济增长点、文化发展主要指标全国领先、文化综合实力和国际竞争力达到国际先进水平。④

---

① 《中共深圳市委深圳市人民政府关于进一步加强社会主义精神文明建设的决定》，2001 年 4 月 28 日，深圳政府在线（http：//www.sz.gov.cn/zfgb/2001/gb222/content/post_4985543.html）。

② 毕九江：《论图书馆的科学规划——关于深圳市建设"图书馆之城"若干问题的思考》，《图书馆》2005 年第 4 期。

③ 《深圳文化体制改革》，2004 年 4 月 8 日，http：//news.sohu.com/2004/04/08/63/news219776346.shtml。

④ 《深圳实施"文化立市"战略，建设高品位文化城市》，2004 年 3 月 3 日，http：//news.sina.com.cn/c/2004-03-03/09572987578.shtml? source = 1。

第四章 "创意深圳"的创新经验：以"大数据+城市文化治理"为例　125

续表

时间	政策文件	主要内容
2005年	《深圳市文化发展规划纲要（2005年—2010年）》	在文化产业发展上，要重点发展八大优势产业，形成文化支柱产业；深圳文化资源特点和国际化城市建设要求，举办一系列新的有影响力的文化节庆活动；四大改革革除文化体制障碍；实现"一轴两翼"布局构建五大文化系列构造文化设施新格局。①
	《中共深圳市委　深圳市人民政府关于大力发展文化产业的决定》	充分认识发展文化产业的重要意义，把发展文化产业摆在更加突出的位置；创新文化产业管理体制和运行机制，推进文化领域投融资体制改革，培育和规范文化市场体系；加大扶持文化产业发展的力度，营造良好的文化产业发展环境。②
	《深圳市文化局关于进一步完善公共文化服务体系的实施方案》	构建结构合理、发展平衡、网络健全、产品丰富、运营高效、服务优质的覆盖全市的公共文化服务体系。③
2007年	《深圳文化产业发展"十一五"规划》	以把文化产业发展成为第四大支柱产业为目标，将深圳建设成为国内文化产业发展中心城市和先锋城市之一；产业结构进一步调整优化，文化产业科技进步贡献率进一步提高，文化产业核心层的比重进一步加大。④

---

① 《〈深圳市文化发展规划纲要2005年—2010年〉解读》，2005年1月22日，广东省文化和旅游厅（http://whly.gd.gov.cn/open_newwjjd/content/post_2797662.html）。
② 《中共深圳市委深圳市人民政府关于大力发展文化产业的决定》，2005年12月2日，深圳政府在线（http://www.sz.gov.cn/zfgb/2005/gb470/content/post_4943153.html）。
③ 深圳年鉴编辑委员会：《深圳年鉴（2006）》，深圳年鉴社出版社2006年版，第493页。
④ 《深圳市文化产业发展"十一五"规划发布》，2007年12月20日，深圳政府在线（http://www.sz.gov.cn/cn/xxgk/zfxxgj/zwdt/content/post_1605614.html）。

续表

时间	政策文件	主要内容
2007 年	《深圳市进一步完善公共文化服务体系实施方案》	形成公共文化产品生产供给比较充足、设施网络比较齐全、资金人才技术保障比较有力、组织支撑和运行评估比较完善的、覆盖全社会的公共文化服务体系,市民和外来建设者的基本文化福利得到较大改善,基本文化权利保障程度进一步提高。①
	《深圳市文化事业发展"十一五"规划》	到 2010 年,文化立市的框架基本形成,高品位文化城市建设初具规模;完善公共文化服务体系,实现市民和外来建设者文化权利;全面推动文化创新,培育城市文化品牌;大力发展文化传播事业,促进广播影视出版发行事业繁荣;加强文化遗产保护,延续深圳历史文脉;扩大文化交流与合作,提升城市文化形象;加强文化管理,维护文化安全;推动文化体制改革,完善文化运作机制。②
	《深圳市文化产业发展规划纲要(2007—2020 年)》	深圳市未来 15 年文化产业的发展思路是:一个主攻方向(数字内容产业)、六个发展策略(创新引领、集群发展、品牌提升、人才高地、外拓合作、走出去)、三个紧密结合(文化产业与高新技术产业发展、文化产业的发展与城市功能优化、文化产业发展与深港共建国际大都会)、三个重要抓手(健全与完善文化产业促进体系、知识产权保护、大项目带动)。③

---

① 《深圳市将加大力度与投入,强力推进公共文化服务体系建设》,2007 年 6 月 29 日,广东省人民政府(http://www.gd.gov.cn/govpub/zwdt/dfzw/200706/t20070629_17489.htm)。

② 《深圳市文化局、深圳市发展和改革局关于印发〈深圳市文化事业发展"十一五"规划〉的通知》,2007 年 7 月 17 日,深圳政府在线(http://www.sz.gov.cn/zwgk/zfxxgk/zfwj/bmgfxwj/content/post_6573515.html)。

③ 《深圳市文化产业发展规划纲要(2007—2020)》,2021 年 11 月 19 日,深圳政府在线(http://www.sz.gov.cn/szzt2010/wgkzl/jcgk/jchgk/content/post_1341934.html)。

续表

时间	政策文件	主要内容
2008年	《深圳市文化产业促进条例》	市、区政府应当制定文化产业发展规划，并将其纳入国民经济和社会发展规划以及城市总体规划；鼓励和支持非公有制文化企业的发展；有关部门应当在各自职责范围内促进文化产业发展，提供创业发展、出口、资金、人才培养与引进等扶持。[1]
2011年	《深圳文化创意产业振兴发展规划（2011—2015年）》	明确发展目标为文化创意产业年均增长25%，2015年增加值达2200亿元；每年集中5亿元设立文化创意产业发展专项资金；实施会展平台、技术支撑、产业集聚、文化金融、传播推广五大重点工程；重点发展创意设计、文化软件、动漫游戏、非遗开发等十大产业。[2]
2012年	《深圳市文化发展"十二五"规划》	到2015年，形成与深圳经济特区经济社会发展相适应、与国家创新型城市、全国经济中心城市和现代化国际化先进城市相匹配的文化发展水平；城市文明水平持续提升，公共文化服务体系更加完善，文化产业竞争力和文化发展活力显著增强，城市文化品位和影响力大幅提升。[3]
2014年	《深圳市文体旅游局全面深化改革实施方案（2014—2016年）》	以三大重点项目为抓手进行文化体制改革，即建立协调机制让公共文化资源共享、推动多元化供给实现公共文化供需对接、建立法人治理机制，实现对公共文化场馆决策、执行和监督的有效制衡。[4]

---

[1] 深圳市史志办公室编：《深圳年鉴（2009）》，深圳史志办公室2009年版，第537页。

[2] 付莹：《深圳重大改革创新史略（1979—2015）》，社会科学文献出版社2017年版，第174页。

[3] 《深圳市人民政府办公厅关于印发深圳市文化发展"十二五"规划的通知》，2012年3月6日，深圳政府在线（http://www.sz.gov.cn/zfgb/2012_1/gb778/content/post_4998457.html）。

[4] 付莹：《深圳重大改革创新史略（1979—2015）》，社会科学文献出版社2017年版，第174页。

续表

时间	政策文件	主要内容
2015年	《公共文化服务体系建设协调机制工作方案》	成立"公共文化服务体系协调组",协调推进制定公共文化服务重大政策,建立公共文化服务保障机制,促进公共文化服务均等化、一体化发展。①
2016年	《深圳文化创新发展2020(实施方案)》	进一步提升城市文化综合实力,促进深圳文化大发展大繁荣,努力建设与现代化国际化创新型城市相匹配的文化强市,创新城市形象标识,构建以国际先进城市为标杆的文化品牌体系。②
2016年	《深圳市文化发展"十三五"规划》	通过深化改革和加大投入,显著提高文化发展水平和质量,将深圳打造成为国际文化创意先锋城市,努力建设与现代化国际化创新型城市相匹配的文化强市。③
2019年	中共中央、国务院印发《粤港澳大湾区发展规划纲要》	坚持以人民为中心的发展思想,积极拓展粤港澳大湾区在教育、文化、旅游、社会保障等领域的合作,共同打造公共服务优质、宜居宜业宜游的优质生活圈。④
2019年	《中共中央 国务院关于支持深圳建设中国特色社会主义先行示范区的意见》	支持深圳率先塑造展现社会主义文化繁荣兴盛的现代城市文明,全面推进城市精神文明建设,发展更具竞争力的文化产业和旅游业。

---

① 付莹:《深圳重大改革创新史略(1979—2015)》,社会科学文献出版社2017年版,第175页。
② 《深圳文化创新发展2020(实施方案)摘要》,《中国文化报》2016年1月22日第3版。
③ 《深圳市文化发展"十三五"规划》,2016年11月9日,深圳政府在线(http://www.sz.gov.cn/szzt2010/wgkzl/jcgk/jchgk/content/post_1330527.html)。
④ 深圳年鉴编辑部编:《深圳年鉴(2020)》,《深圳年鉴》编辑部2020年版,第561页。

二 "创意深圳"的实践路径

从理论层面分析，分别从创意阶层（creative class）、创意环境（creative milieu）、创意场（creative field）、创意经济（creative economy）四个维度构建创意城市的思想体系。从现实层面出发，上述理论所指涉的要素可进一步落实到人、环境、制度、产业四个方面，具体对应到创意专业人士和新中产阶级、创意的"硬基础"与"软环境"、创意的社会组织结构与社会关系、有创造力的经济。具体而言，一座好的创意城市需具备以下四个特点：（1）创意产业和创意经济蓬勃发展；（2）富有创意的公共政策设计和治理模式创新；（3）以知识密集的高科技产业为支撑的技术创新与人才分工网络；（4）拥抱创意人才的城市氛围。通过对"创意城市"的构成要素进行剖析，本节认为深圳的创意城市建设有其独特的话语实践。

（一）创意阶层："最年轻的城市"

"最年轻的城市"拥有全中国最为丰富、活跃、灵动、个性化的创意阶层。"创意阶层之父"佛罗里达指出，美国有近4000万就业人口属于创意阶层，他们分布在科学与工程、建筑与设计、教育、艺术、音乐与娱乐、商业与金融、法律、医疗保健等多个领域，其职业构成包括艺术家、工程师、音乐家、计算机专家、作家、企业家等。佛罗里达进一步将创意阶层的特质概括为"重视创新、个性、差异和价值"[1]——正是基于观念的共性，创意阶层能够突破贫穷/富裕的二元结构，贫困的街头艺术家与小康的中产阶级设计师都是创意城市全球网络上的重要节点（node）。

作为一座人口平均年龄33岁的城市，深圳引进人才的平均年龄是惊人的27.07岁，青年人口占据全市人口总数的一半以上。腾讯大数据公布的《2018全国城市年轻指数》显示，深圳已经连续三年获评"最年轻的一线城市"。源源不断的年轻人怀抱着梦想来到深圳打拼，人口红利使深圳具有创建"青年发展型城市"的潜能。与20世纪八九十年代南下务工大军有所不同，综观这些来深发展青

---

[1] Florida R. L., *The Rise of the Creative Class: and how it's transforming work, leisure, community and everyday life*, New York: Basic Books, 2002.

年的职业背景，既有自主创业的年轻创客，也有来深就读的大学生，还有为"志愿者之城"默默付出的无数青年志愿者。在2019年五四青年节市团委组织召开的一次座谈会上，各行各业的青年无一不谈到对深圳的感受——这是一座圆梦之城、融合之城。"来了就是深圳人"，这句朗朗上口且深入人心的口号给予深圳精神最好的注解。宽松包容和鼓励创新的城市氛围，让街头音乐家在市民中心广场随性表演，让中外年轻创客可以在 Hax 硬件创业加速器打造全球最先锋、最酷炫的硬件，让"深圳设计周"的青年设计师探索千万流动人口的城市美学，让海内外建筑师在两年一度的深港双年展共同思考"什么才是好的城市"，等等。

（二）创意环境："创生态"空间布局

日趋完善的"创生态"空间体系为创意阶层的行为和活动提供有力的环境支撑。兰德利将创意环境解释为能够使城市场所释放足够创造力的"硬性"或"软性"基础设施，前者一般指的是建筑物、街道设施、文化体育设施、艺术机构、教育和科研院所等硬体空间，后者则多指供创意阶层交流的对话平台、城市个性或文化氛围等软性场域。[①] 沿此思路，创意环境既可以是文化基础设施或创意产业集群等物理性环境，也可以是创造思维火花碰撞的虚拟场景。

在深圳，能够观察到这座城市为数众多的空间形态正在催生富有创意的构思、发明和活力：华侨城文化创意园区 OCAT 当代艺术中心的"文化事件策动模式"在空间运营过程中积极探索当代艺术的社会参与、公众对话和市民精神培育；招商蛇口的"艺术园区"模式对老工业区电子厂房和玻璃厂房进行文化园区改造，分别侧重于创意产业集群和文化艺术活动策划；蛇口港的"邮轮旅游"模式顺应新兴中产阶级文化消费需求的同时，也成为整个蛇口港片区空间升级的未来方向；益田假日广场的文化艺术营销通过异域与地方文化融合来开辟一个汇聚世界各地多元文化的新空间，注重景观元素设计和文化艺术形式包装；欢乐海岸盒子艺术空间作为时下兼具

---

① Landry C., *The Creative City-A Toolkit for Urban Innovation*, London: Earthscan, 2000.

日常性和艺术性的商业综合体，尝试让艺术品走出传统美术馆的范围，寻求当代艺术与市民对话的新通道；海岸城购物中心的年轻消费者生活方式输出模式通过创意化场景设置，在品牌招商和活动营销方面强调年轻化、个性化和体验性；华强北国际创客中心的文化品牌孵化模式诉诸电子信息产业上下游全产业链向高端服务业的转型，并紧密结合跨境电商这一服务于中小微企业的外贸模式来打造中国新品牌；雅昌集团的"艺术＋"服务业全产业链模式在"互联网＋"语境下全方位拓展"艺术＋数字化""艺术＋教育"和"艺术＋社交"等业务领域；大湾区国际创客峰会 Maker Faire 的创客聚合模式验证了这座城市正在成为粤港澳大湾区乃至全世界创客的一方热土。

（三）创意场："塔形双创体系"

独具特色的创意社会组织结构和管理制度成为激活城市创新能力的坚强后盾。文化社会学者斯科特用"创意场"（creative field）的概念来说明能够培育创意和创新效应的组织结构和新型社会关系，也就是能够为创意阶层之间的交流互动、创意环境之间的平台对接提供新的社会惯习或组织体系。[①] 斯科特认为"创意场"已跳脱传统的地理空间层面，转而叩问：一种更强调创意性的制度能否形成一套全新的、互通有无的网络框架？他进一步将"创意场"拆分为三个层面：第一层是城市文化经济，包括各种文化生产和消费活动；第二层是城市文化环境，主要指博物馆、空间景观、文体设施、生活环境、教育培训、社交网络等；第三层则是城市文化治理，特指城市的管理制度和群众参与。

深圳现已形成自身的"创意场"，体现为正在打通城市文化经济和城市文化环境的"塔形双创体系"——"以制度环境优化、创新要素集聚为支撑，以民营企业为主体，以高科技产业为方向"是深圳创意阶层和创意环境得以聚合并产生无尽活力的关键所在。此外，深圳的城市文化治理发力较多，正在构建一条以空间正义与移民归属感为目标的、通往城市公共性的道路。一是在治理结构创新

---

① Scott A., "Entrepreneurship, innovation and industrial development: Geography and the creative field revisited", *Small Business Economics*, Vo. 26, No. 1, 2006, pp. 1 – 24.

层面，深港城市/建筑双城双年展通过创意专业人士和社会组织的公共对话平台搭建，批判性地反思快速城镇化进程中暴露出来的重点问题；鳌湖艺术村通过返乡青年艺术家的公共艺术实践来使城郊边缘空间焕发活力，类似的一些具有感性经验对话和情感力量介入的空间改造案例正在深入拓展"政府—社会"双元主体治理结构的内涵。二是在治理工具创新层面，迄今已举办 20 届的"深圳读书月"以公共阅读来彰显城市转型升级的文化自觉，通过以公共图书馆建设、阅读品牌活动策划、民间阅读组织推广、数字化阅读等为代表的多样化模式进一步推动市民文化权利的实现；"数字图书馆"则为盘活公共文化服务资源、扩大公共文化服务的供给面和加快公共文化服务的现代传播能力提供解决之道。三是在治理目标创新层面，出自民间表述的"十大观念"精准地抓住了这座城市的文化精髓，这十条通俗易懂的口号概括了一个争分夺秒、奋发进取、脚踏实地、创新引领、海纳百川、热爱阅读、和乐融融的形象化深圳，也道出了与西方"创意场"不同的城市灵魂——在改革开放的伟大进程中促成了一系列不同于计划经济时代的新观念、新价值和新文化。

（四）创意经济："新航母＋独角兽＋满天星"的头部经济引领

以创意经济为引领的头部经济将推动粤港澳大湾区的科技创新与文化深度融合。英国学者霍金斯将"创意"概括为"催生某种新事物的能力"，创意与经济的联姻意味着在传统的产业结构中嫁接出新的经济形态。[①] 以"文化创意产业"为例，有学者已指出该概念的内涵植根于文化的精神价值、道德信仰、文学艺术、生活方式等创造力的层面，但在外延上又可拓展至不同的产业门类以及产业间的跨界、裂变与聚合。金元浦进一步让"创意经济"跳出既有的文化产业范畴，转而将之视作一种融会型的前沿经济形态，能够跨越邻近产业的边界而充分关注到"创意"在现代经济生活中的动力功能。这种新经济本质上属于知识经济，将为创意阶层、创意环

---

① Howkins J., *The Creative Economy: How People Make Money from Ideas*, London: Penguin, 2001.

境、创意社会之间的交互联结起到积极的推动作用。①

目前在深圳,"创意"已成为创新经济发展模式的重要驱动力量。仅就七大战略性新兴产业的发展现状而言,可以观察到三种模式:一是领军企业的"新航母"模式,华为、腾讯、中兴等上市企业集群逐渐向集经济、科技、文化、创意于一体的航母舰队升级,改写国际分工和国际贸易的旧有格局;二是创意企业的"独角兽"发展模式,腾讯音乐、大疆、微众银行、柔宇科技、优必选、大地影院等 20 家深圳企业入选胡润研究院发布的大中华区"独角兽"指数,仅次于北京、上海、杭州,排名第四,这些企业拥有 10 年内 10 亿美元估值且未上市,上榜企业和负责人都呈现年轻化的趋势;三是百万创客的"满天星"模式,近年来,深圳的创客空间、"双创"基地、创客联盟、双创周、创客展等以"创客"为关键词的空间景观和主题活动层出不穷,创客的创意集聚效益凸显,为培养一批具有专业技能和创新能力的创意阶层奠定基础。

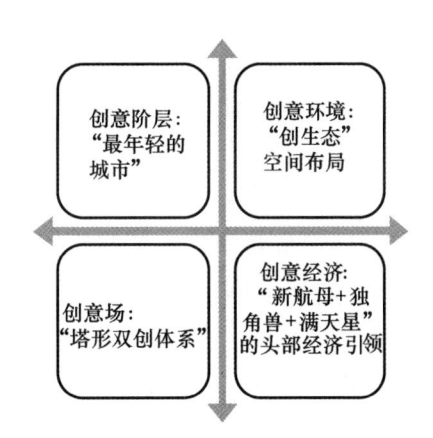

图 4 – 1 "创意深圳"的要素构成框架

---

① 金元浦:《创意经济是 5G 背景下粤港澳大湾区综合融会发展的头部经济》,《深圳大学学报》(人文社会科学版) 2019 年第 3 期。

第二节 深圳推进"大数据+城市文化治理"的成效与路径

一 "大数据+文化云平台"的文化资源共享

"文化云"是由文化部、科技部重点支持,上海创图网络科技股份有限公司建设运营的国家科技支撑计划项目,是互联网+公共文化的基础技术及运营服务平台。[1]它通过整合区域内零散孤立的公共文化资源,为公众提供综合性、一站式的公共数字文化服务。公众通过电脑、电视、手机等进入"云"端,就能实现文化产品和文化服务的自由选择与消费。[2]除了"文化云",学界还使用诸如"公共文化云""公共数字文化""公共文化数字资源云""公共文化云服务""公共数字文化云服务"等相关概念。虽然表述不同,但核心理念相同,都是基于数字平台全面整合公共文化资源,为公众提供"一体化"文化产品与服务。这些概念均强调互联网技术与公共文化服务的深度融合,本质上是将互联网、云计算、大数据等现代信息技术应用于公共文化服务领域所形成的一种新型公共数字文化服务模式。[3]随着新兴传播技术不断发展,媒介融合成为大势所趋,文化云服务的形态也更新换代。从起初的公共文化网站发展到微信公众号/小程序、微博空间、移动端应用 App 等多种形态共同发力,开启了公共文化的"云"时代。

深圳经过多年的深耕,已经在政务云平台、文体设施数字化运营等方面积累了相当的创新经验。深圳市福田区和南山区在探索建设数字化公共文化服务网络的进程中,运用现代数字技术不断提升惠民成效,"南山文体通""福田文体通"等微信公众号应运而生。随着互联网技术的发展和微博、微信等新媒体的普及,"罗湖文体

---

[1] 《文化云》,2018 年 2 月 12 日,创图网络科技股份有限公司(http://www.creatoo.cn/category/chanpi/wenhuayun)。
[2] 陈则谦:《我国文化云的服务现状及展望》,《图书情报知识》2018 年第 5 期。
[3] 陈则谦:《我国文化云的服务现状及展望》,《图书情报知识》2018 年第 5 期。

通（2018 年）""光明文体通（2019 年）""龙岗文体通（2020 年）"等微信公众号也先后上线。依托于云计算、大数据、互联网等数字信息技术搭建的公共文化服务平台，整合汇聚了深圳市的各类文化演艺、文化场馆、展览讲座等资源内容、指南资讯，为市民提供海量丰富的文化活动信息，市民可以在线上平台按需报名或预约预订，极大地保障了市民共享文化惠民成果的权利。本节将以"南山文体通"和"坪山图书馆"为分析对象，从系统设置、功能定位与社会成效三个方面分析深圳市如何通过"大数据＋政务微信"推进城市文化治理创新。

（一）"南山文体通"的运营机制与社会成效

"南山文体通"公众号是深圳市南山区委宣传部与区文体旅游局共同运营的公共文化云服务平台。作为该区公共文化服务体系创新的重要项目之一，该平台于 2015 年 8 月试运行，11 月正式运营。在运行初期，"南山文体通"的功能主要包括信息汇集、在线服务和意见反馈。[1] 2017 年 5 月，"南山文体通"2.0 版上线，版面重新改版设计，采用 App 交互体验模式，整合服务内容资讯，丰富优化内容供给，提升了平台的易用性和可用性。2019 年 6 月，南山文体通小程序正式上线，以融媒体的方式提升公共文体惠民服务。上线短短一个月，用户数量超过 2 万，并于 7 月荣获深圳"十大最具融媒行动力奖"。[2]

目前，"南山文体通"主要分为"畅游南山""文化日历"和"文体通小程序"三个版块。其中，版块一"畅游南山"设有"场馆地图""热门活动""推荐资讯""景区推荐"等 6 个栏目，整合了近期南山区线下文体场所的空间资讯，包括热门景区路线与在线服务、图书馆、博物馆、文化馆等公共文化场馆资源等，极大地方便了市民及外来群体轻松获取南山区的文化信息。版块二"文化日

---

[1]《公共文化服务平台"南山文体通"上线》，2019 年 8 月 14 日，南方网（http：//sz.southcn.com/content/2015-11/16/content_136990631.htm）。
[2]《深圳融媒致敬盛典举行，打造"融媒爆款"秘诀在此揭开》，2019 年 8 月 1 日，南方都市报（http://epaper.Oeeee.com/epaper/H/html/2019-08/01/content_29812.htm）。

历"设有"文艺演出""文化展览""节庆活动"三个栏目,汇集近期南山展览、文艺演出、节庆等文化活动资讯,丰富市民假期生活。版块三"文体通小程序"分为"惠民服务""企业中心""个人中心"三个入口,为个人提供在线订场订票和在线支付功能,为企业提供各项活动申报、场馆入驻、文体服务审批事项、文体活动办事指南,以及公共文化服务活动申报和审批相关事项的办事流程。

功能丰富的系统设置有助于平台进行全面及时的数字化信息推送。截至2019年12月31日,2019年的南山文体通公共文化服务平台共推送285次。在单次推送编辑多条消息的前提下,平台共更新了888条消息,涵盖图书馆、博物馆、文化馆活动、艺术展览、沙龙讲座、读书会等丰富内容。平台平均每天更新2.4条活动消息,为广大市民群众提供最新资讯。[①]南山区市民仅凭一部智能手机便可掌握该区公共文化服务的资讯,参与本区公共文化服务活动,大幅提升了公共文化服务信息资讯的知晓率和公共文化设施的可利用率,让文化成果为更多市民所共享。南山文体通服务商深圳市腾讯计算机系统有限公司提供的数据显示,2019年7月"南山文体通"小程序上线后,截至12月,小程序后台用户数量已接近6万,同期微信公众号粉丝数亦接近18万。[②]

文体通小程序版块提供"活动补贴""抢券""报名""在线订场"等惠民服务,这是"南山文体通"平台政府公益性在线补贴机制的具体落实,也是其最具特色的在线服务模式。在公益性文化活动和政府补贴场馆的在线订场订票与支付方面,"南山文体通"走在了深圳市甚至全国前列,补贴范围包括戏曲、音乐、舞蹈、话剧、歌剧、舞剧、儿童剧、高水平体育赛事、大型体育活动等。自2013年起,南山区委宣传部和区文体旅游局开展一系列文化惠民工程,实施高雅艺术低票价补贴政策,对辖区内保利剧院、华夏艺术

[①] 陈世香等:《政务微信提升公共文化服务效能的模式分析——深圳"南山文体通"的个案研究》,《图书情报工作》2020年第17期。

[②] 陈世香等:《政务微信提升公共文化服务效能的模式分析——深圳"南山文体通"的个案研究》,《图书情报工作》2020年第17期。

中小学、文体中心等剧院的部分演出门票进行定额现金补贴优惠，让市民能够以优惠价格购得门票，减轻市民欣赏高雅艺术演出的经济负担。①

市民通过线上平台实名领取政府补贴后的票券，持"兑票二维码"到活动现场进行纸质票兑换；而政府则依据后台显示的现场兑换票数，给予演出开展单位应获取的相应补贴。这种在线补贴购票方式，一方面，有利于扩大各类文艺演出尤其是高雅艺术演出的受众面，引导和营造全区浓厚的文化艺术氛围，提升市民审美水平；另一方面，将文化服务的选择权利充分交给了市场和受众，反向促使被补贴单位高度重视市场和观众的消费需求和喜好口味，有效地提升了文化惠民工程的实施效果。

（二）坪山图书馆的线上运营机制与社会成效

作为一个原"关外"地区和深圳工业大区，坪山区在2016年建区之初的文化事业发展相对滞后，公共文化服务体系的建设亟待提升。而如今，会聚文化名家的坪山文化聚落成为不少市民的"网红"文化打卡地，高品质的文化活动吸引着深圳关内外市民前来感受文化魅力，所呈现出来的文化活力让不少人称其为新的"坪山文化现象"②。其中，最引人注目的便是坪山图书馆服务的线上与线下联动，为坪山市民构筑新的人文高地。2019年3月，坪山图书馆正式开馆，提出把坪山图书馆作为一所大学来办，聘请知名作家周国平担任坪山图书馆馆长，由此带来了一大批文化名家会聚坪山，为本区市民提供多场高品质文化活动。

针对年轻受众平均受教育程度较高，坪山图书馆通过微信公众号、线上直播等新媒体平台与年轻读者进行沟通。2020年以来，新冠肺炎疫情对线下文化活动产生了较大影响，在"后疫情时代"，坪山图书馆开通了QQ阅读、喜马拉雅听书、库客音乐、4D百科全书等新阅读渠道，以及哲学家周国平馆长领衔的"与周国平共读一

---

① 《一张图让您看懂南山文化惠民工程》，2015年4月25日，创新南山（https://mp.weixin.qq.com/s/X3jX7g6WcCySs6KL_-LoNw）。

② 《崛起的"坪山文化现象"》，2020年4月14日，https://baijiahao.baidu.com/s?id=1663931591640933083&wfr=spider&for=pc。

本书"系列网上直播，介绍了从亚里士多德到卢梭等六位西方哲学家的人文思想，在线观看人气峰值近20万。① 2020年五一假期期间，坪山区政府联合坪山图书馆，在新媒体平台推出"五一坪山播不停"直播活动，安排了"周国平系列讲座""刘晓都带你看共识大展""葛剑雄探讨移民与城市品性""范并思、金武刚、张岩漫话图书馆"等多个主题阅读活动。日常品牌文化活动"大家书房"会客厅、"书话坪山"主题沙龙、明新大课堂等活动也开启线下与线上云同步直播。通过多平台的线上推广模式，既将潜在的阅读用户引流到微信公众平台，提高公众对图书馆线上平台的关注度，同时也打破了阅读的时空限制，用户可以通过直播平台实时与沙龙现场的互动、交流，激发读者对阅读的持续兴趣。

截至2020年，坪山图书馆开展线上和线下阅读推广活动405场，吸引读者人数超百万；数字图书馆点击量为65.39万，推广活动中在线观看总人气峰值达95.29万。② 此外，坪山图书馆于2019年上线了云平台——"坪山图书馆"，与品牌文化活动一起开启线上线下阅读推广活动，拓展读者的数字体验。"坪山图书馆"公众号一共分为"服务""资源""指南"三部分，提供在线阅读、预约订场、线上观展、线上讲座论坛、在线查询等服务，并集"看书""听书""视频""精读"功能于一体。目前，馆藏电子图书约25万册，类型包括文化艺术、人文社科、少儿幼教、经管职场、健康养生等，内容覆盖全年龄读者。

值得注意的是，"坪山图书馆小程序"为引导市民在线上平台进行深层次阅读，建立书券兑换奖品机制，以调动读者的阅读积极性。在小程序上，用户可以通过每日打卡签到、学习时长、内容收藏等任务领取书券，而所获书券可在商城兑换纸质书籍。这种互动模式既鼓励了市民更加主动地投入书籍阅读，营造良好的阅读氛围，同时也可以根据市民兑换书籍的偏好进行后期内容供给的调整

---

① 《坪山：先行示范区文化繁盛的精彩样本》，2021年2月6日，坪山发布（https://mp.weixin.qq.com/s/azNifPimvlq5dDwFI9cwnw）。
② 《坪山：先行示范区文化繁盛的精彩样本》，2021年2月6日，坪山发布（https://mp.weixin.qq.com/s/azNifPimvlq5dDwFI9cwnw）。

与优化。

二 "大数据+在线反馈机制"的文化体验互动

针对近年来深圳市民公共文化需求越发多元化，深圳市各大公共文化服务平台通过设立用户积分体系，满意度问卷调查、政务反馈等交互体验形式，逐步建立起以用户需求为导向的在线反馈机制。

（一）以用户需求为导向的积分体系

首先，新版"南山文体通"创设了激励与引导用户参与公共文化活动的积分体系。在平台上，用户可以通过注册、打卡签到、参与问卷调查、活动购票等活动获得积分，而用户所获得的积分可用于兑换门票、健身券、活动名额、培训名额等。

"积分变现"在一定程度上提高了用户的黏性和忠诚度，激励市民群众更加积极主动地参与公共文化，并进行相应的文化消费。在积分使用规则上，政府通过平台设置不同文化服务内容的积分兑换价值和时间限制，提高民众在不同时期参与特定文化服务活动的积极性，助力政府特定公共文化服务目标的实现。在这种交互体验模式下，公众通过平台操作提交文化服务需求，而平台根据用户使用时间、类型、社会角色等不同特征提供多样化的内容，以满足用户个性化的需求，形成政府供给与市民需求之间的良性互动机制。

（二）基于用户满意度的问卷调查机制

近年来，"南山文体通""幸福福田""罗湖文体通"等深圳公共文化服务平台持续推行公共文化服务满意度的问卷调查，收集汇总本区市民关于公共文化服务的消费需求和反馈建议。透过"南山文体通"以往的发布推文，可以看到不定期推送有奖问卷调查文章，了解居民对公共文体线上服务的意见和建议，以便进一步提升服务质量。2018年南山区公共文化服务满意度问卷调查的统计数据显示，共有877人参与了本次问卷调查，年龄主要分布在18岁至55岁。[①] 统计数据直观地呈现了公众对本区公共文化服务活动的了

---

① 陈世香等：《政务微信提升公共文化服务效能的模式分析——深圳"南山文体通"的个案研究》，《图书情报工作》2020年第17期。

解程度、对公共文化活动的喜好类型、对公共文化服务供给的满意程度等信息。福田区的文化服务平台"幸福福田"则在充分利用大数据技术的基础上，构建了"网民留言数据分析"平台。通过对近几年市民留言数据进行深度挖掘分析，精准把握市民咨询投诉重点领域，挖掘市民的潜在需求，推动政府信息公开以民众需求为导向，实现基于数据的科学决策。"罗湖文体通"在"惠民互动"版块同样也设立了互动功能区，通过问卷调查、互动留言、点赞评论等多种方式，实现与市民互动，了解群众文体需求，方便政府机构后期调整优化内容供给，进一步推动文体惠民政策落到实处。

对于政府而言，留言反馈模块既可以直接听取市民群众的意见心声，又能将留言互动与线上赠票方式相结合，提高市民参与公共文体活动的活跃度和积极性。同时，后台通过大数据分析反馈留言，在积累海量用户数据的基础上提取关键字词，精准输出用户画像，可为政府机构进一步提高公共文化"云服务"提供数据支撑和方向指引。对于市民而言，留言反馈区的设立为其提供了可以随时发表自己参与文化相关活动、项目体验感的平台，降低反馈门槛，真正成为文化的主人。

三 盐田图书馆"大数据+线下文化场馆"的智慧实践

盐田区图书馆是盐田区政府按照国家地市一级图书馆标准投资兴建的中型现代文化设施，是盐田区最大的图书文献存储中心和信息交流中心，成立于2001年，2003年8月正式对外开放。为了进一步提升公共文化服务的供给，盐田区于2009年进行新馆建设，2016年建成全国首家"智慧型海洋文献特色图书馆"，集特色化、数字化、智慧化于一体，提供智慧图书馆服务。2020年完成第四批国家公共文化服务体系示范项目创建验收工作，以灯塔图书馆、听海图书馆为代表的一批智慧书房成为城市新晋的"网红图书馆"、文化艺术地标。①

---

① 何柳莹：《公共图书馆跨界融合发展路径研究——以深圳市盐田区为例》，《图书馆界》2021年第5期。

（一）建设海洋主题数据库

面对海量的馆藏文献资源，盐田区图书馆利用大数据、人工智能等数字技术研发推出数字海洋专题资源联合目录库，整合1000多家图书馆的馆藏海洋资源，汇集500万条海洋馆藏信息等，与海洋院校、机构共建共享资源，打破"信息孤岛"。对于读者和用户而言，联合目录库平台为其提供了"一站式"的海洋文献检索、阅读、利用的服务。读者和用户可以搜索到所有海洋主题类文献的馆藏、分布情况。同时盐田图书馆还自建了文化遗产沙头角渔灯舞、疍家人风俗等海洋特色数据库，收集约1300条照片、文字、录音、视频等数据。

另外，盐田区图书馆并未限于数据资源的整合收集，而是进一步深度开发特色文献资源，将馆藏海洋地图资源数字化。通过对馆藏晦涩复杂的海洋地图进行交互式、数字化、有声式样的加工，增强海洋地图知识的趣味性，让读者可以更加主动深入地了解海洋地图，扩展海洋地图知识性的传播，提升海洋地图资源的服务效能。例如，盐田图书馆内部创新打造了数字体验式的海洋文化园，以"海洋探秘"为主题，以多媒体声光电互动形式对馆藏海洋特色资源进行可视化展现，打破了传统文化场馆单向传播展示的窠臼，让受众群体以轻松愉悦的方式与海洋文化进行互动体验，从中探索海洋、解密海洋，打造了具有盐田海洋特色的文化品牌。

（二）构建一体化的智慧阅读服务

盐田图书馆基于物联网、移动服务、大数据等技术，不断创新升级智慧图书馆的服务功能，为读者提供自助式操作、便捷信息查询、个性化信息定制、交互导航指引、资源预约、主动感知提醒等服务。同时，图书馆采用人脸识别、语音交互、人工智能等先进技术，研发了便捷的自助服务设备和服务程序，开通了移动App、智慧墙、智能书架、智慧座席、智能机器人等业务项目，充分实现图书馆的资源、馆员与读者之间达到充分的互动、互联、互通，为读者提供个性化、人性化、移动式服务。

盐田图书馆的智慧化服务系统大致可分为线下智慧设施服务、移动App服务、线上云服务三大版块，版块之间相互配合，为读者提供全方位的优质服务。首先是包括智慧墙、智能书架、智慧座席、智能机器人等在内的智慧设施。在盐田图书馆一楼大厅，设有智能机器人"贝贝"。它采用人工智能技术、语音合成技术，为读者提供馆情咨询、服务咨询、活动介绍、业务指引等全天候自动导引服务。"贝贝"外形时尚科技，主要通过语音与读者进行交互沟通，其不仅可以自动理解读者的语音诉求，智能搜索后台数据库知识，必要时还会在平板上调出相应的业务知识供读者查阅，有效辅助图书馆导询人员的日常工作。

图书馆大厅入口处也设有由 45 块液晶屏拼接而成的智慧墙，为读者提供信息展播、资源浏览、读者互动等功能。智慧墙展示图书馆的最新活动、实时讲座、图书馆服务大数据、各服务区域及热门借阅排行榜等，并实时为读者推荐文献、数字资源及移动服务和盐田政务信息等。读者也可通过"Touch 无限"移动 App 扫描后，进入智慧墙推送相关视频信息进行互动展播。

其次是盐田图书馆的移动 App，读者通过移动服务 App "TOUCH 无限"可实现与图书馆的资源、服务之间的近距离接触。读者可以登录 App 进行借书、自助查询、在线预约、浏览电子图书、个性化阅读定制等服务。通过移动社区 App "图书馆移动服务门户"，读者还可以实时分享发布自己的资源，参与图书馆的资源建设，并可与周边的读者进行互动、分享。

最后是在线云服务"云悦读"，这是盐田图书馆 2016 年 11 月推出的"你看书我买单"的免费服务升级服务品牌。通过整合图书馆、网上书店、线下书店的图书文献资源，实现"无障碍、零门槛、免费"的服务。线上服务依托京东海量图书库，用户通过微信在网上直接选书，"即选即借"，还可享受免费"送书上门"的服务。线下活动以读海书吧为依托，读者持有效读者证前往盐田区读海书吧，直接下单借阅心愿图书。"图书馆+云"的服务模式极大地调动了公众参与读书的积极性，是真正的"文化惠民"举措。

四 深圳推进"大数据+城市文化治理"的优化路径

面对新时代中国特色社会主义先行示范区"城市文明典范"这

一历史新使命与发展新定位，深圳将大数据与城市文化治理相结合，利用大数据容量大、类型多、存取速度快、应用价值高的功能优势，通过打造以"南山文体通""坪山图书馆""盐田图书馆"等为代表的"一站式"公共文化云平台，为市民群众提供优质、便利、均等化的公共文化供给，较好地展现出文化治理创新的"深圳经验"。不过，对标人民群众对美好生活的向往，以及打造全球标杆城市的新时代目标，数字鸿沟和文化壁垒是深圳深化"大数据+城市文化治理"所面对的两大现实困境。为加快塑造"数字深圳"的现代城市文明典范，深圳应在以下两个方面持续发力。

（一）降低文化云平台的数字准入门槛，推进公共文化服务均等化与普惠化

数字鸿沟指的是不同性别、年龄、收入、阶层的人在接近和使用新信息技术的机会与能力上呈现出差异，造成不平等进一步扩大的状况。[1] 在大众普遍使用互联网和数字设备参与公共生活的时代，技术所带来的便利与快捷一定程度上遮蔽了其背后的数字鸿沟，制约着公共文化服务"均等化"的实现。尽管互联网的扁平化架构给予所有人平等的"接入权"，但"接入"这个行为本身却有着隐性的经济和技术的要求。[2]

作为与移动智能终端、互联网和大数据相伴而生的公共文化云平台，其较为复杂的认证机制和操作环节无形中预设了数字准入门槛。例如，最新版本的"南山文体通"需要在"个人中心"进行用户认证之后方可享受所有服务权益。而认证环节包括姓名、身份证号码的填写，还需开通"腾讯E证通"进行人脸识别。这一系列的认证操作对于不使用或较少使用数字技术参与公共文化服务的群体而言，无形中提高了平台使用门槛。实际上，对于穷困群体、残障人士、老年群体等"数字弱势群体"[3] 而言，这样一个看上去"简

---

[1] 黄晨熹：《老年数字鸿沟的现状、挑战及对策》，《人民论坛》2020年第29期。
[2] 常江：《互联网、数字排斥与弱势群体》，《青年记者》2020年第28期。
[3] 高一飞：《智慧社会中的"数字弱势群体"权利保障》，《江海学刊》2019年第5期。

单"的操作，却附加着巨大的经济成本和认知成本。① 截至2020年3月，我国网民规模已逾9亿，但月收入在1000元以下的网民群体占比为20.8%，60岁以上老年网民仅占网民总数的6.7%。② 在数字科技普及的现实背景下，这些数字弱势群体的诉求往往会被社会主流有意或无意地忽视，出于不具备数字化的条件或不具有数字化的意愿或动力③等原因而难以获取公共文化的数字化服务或产品。因此，公共文化服务在依托数字技术为公众提供优质便利服务的同时，也有可能会因为技术鸿沟而难以真正地"下沉"，致使数字弱势群体难以均等地享受公共文化服务，进而降低公共文化服务的覆盖范围和总体效能。

作为文化云平台的规制方，政府应简化平台认证及使用程序的操作步骤，通过语音和人脸识别技术的结合让数字弱势群体免予手动操作，④降低公共文化云平台的数字准入门槛，拓展服务群体的广度和深度。此外，政府应依托基层社区、街道、居委会、老年学校和社会组织等，开设智能设备普及课程，为其提供互联网使用方面的科普教育，帮助这些数字弱势群体提升数字素养和信息化应用能力，从而摆脱"数字困境"并更好地享受数字时代的公共文化供给。

（二）深入推进数字公共文化资源的标准化与社会化供给，全方位对接群众文化需求

随着越来越多的外来人口大量涌向城市，"陌生人"社会崛起，不同的社会阶层在自身所拥有的社会和文化资源基础上形成不同的文化消费方式。⑤ 与此同时，"社会排斥"⑥ 一定程度上可能导致不

---

① 常江：《互联网、数字排斥与弱势群体》，《青年记者》2020年第28期。
② 《第45次中国互联网络发展状况统计报告》，2020年4月28日，中国互联网络信息中心（http://www.cac.gov.cn/2020-04/27/c_1589535470378587.htm）。
③ 高一飞：《智慧社会中的"数字弱势群体"权利保障》，《江海学刊》2019年第5期。
④ 孙钰静等：《智能化时代老年人"数字困境"：冲突与对策》，《沧州师范学院学报》2021年第3期。
⑤ 姚君喜：《我国当代社会的传播分化》，《人文杂志》2006年第2期。
⑥ 陈成文等：《社会融入：一个概念的社会学意义》，《湖南师范大学社会科学学报》2012年第6期。

同阶层在文化需求和文化接受层面的差异或错位。作为一座主要由流动人口构成的移民城市，深圳外来务工人员众多，身份背景复杂多元。当前深圳公共文化服务内容颇为受限于高雅艺术和传统文化，而对外来务工群体而言，诸如艺术展览、舞台剧、音乐剧、歌剧等文化内容往往受众面相对较窄且需要一定的文化门槛，难以获得较高的参与感和获得感。相对于社交媒介的短视频风潮，线上平台的传统文化剧目（如粤剧、诗歌剧等）的呈现也相对缺乏通俗化、可视化的传播方式。公共文化资源的"阳春白雪"与普通老百姓的"下里巴人"不可避免地存在一定的文化壁垒。

深圳的公共文化服务供给应进一步兼顾不同社会阶层的文化需求：一方面，应继续推动公共文化产品及服务的高质量、标准化供给，不断提升市民的文明程度与文化品位；另一方面，深圳也应持续打通线上文化云平台与线下智慧化场馆相结合的公共文化"下沉"渠道，拓宽数字公共文化资源的社会参与力量。这意味着线上文化云平台在供给侧方面要立足技术的创新升级，丰富内容的多元化推送，拓展服务对象的层次和广度；需求侧方面要坚持精准服务，优化意见反馈模块的设计，全方位对接公共文化需求。[①] 线下的智慧化场馆运营要整合各辖区范围内的高能级文化要素集聚，以数字生态思路打造包括主题文化馆、公共图书馆、文化广场、公共艺术、表演艺术、街道风情等在内的复合文化功能模块，使深圳市民能够充分享受均衡布局、覆盖全面的公共文化供给。

小　结

自 2008 年 12 月联合国教科文组织（UNESCO）发起"全球创意城市网络"将深圳认定为中国首个"设计之都"（city of design）以来，深圳开始在世界的舞台上展现自身的创意、创新与创造力。本章认为，"创意深圳"不仅仅指的是在工业设计领域对标世界一

[①] 陈世香等：《政务微信提升公共文化服务效能的模式分析——深圳"南山文体通"的个案研究》，《图书情报工作》2020 年第 17 期。

流水平，通过年轻化的创意阶层、渐成体系的"创生态"环境、"塔形双创体系"及治理创新的"创意场"、引领发展的创意经济，深圳业已围绕创意城市的四个维度逐渐走出具有自身辨识度的风格表述。

在"双区驱动"背景下，深圳要深刻地把握好公共文化服务的新特征和新要求，抓住机遇，应对挑战。不可否认的是，深圳公共文化服务还存在不少短板和问题。一是深圳公共文化服务的供给方式主要以政府意志为主导，相对缺少民众参与机制，需要不断满足当前市民越发多样化多层次的精神需求。二是现有大型公共文化场馆资源利用率不够高，市民参与公共文化的主体意愿不够强。已有调查发现，目前深圳公共文化服务的参与主体主要为老年人、儿童，年轻人较少参与，这制约着公共文化服务普惠化目标的实现。①三是公共文化设施服务与科技融合深度不足。②深圳在"文化＋科技"融合方面具有先发优势，但目前大数据、云计算、人工智能等新兴技术在城市公共文化服务体系领域的应用结合度不高，公共文化设施服务的便利性、智能化程度有待进一步提升。

2021年，深圳相继出台《深圳市国民经济和社会发展第十四个五年规划和二〇三五年远景目标纲要》（以下简称《纲要》）、《深圳加快建设区域文化中心城市和彰显国家文化软实力的现代文明之城实施方案》、《深圳市文体旅游发展"十四五"规划》等文件。其中《纲要》提出要加快推进数字政府和新型智慧城市的建设，并对公共文化服务体系提出三点要求：一是打造国际一流城市文化地标，加快"新时代十大文化设施"的建设；二是完善多层次公共文化服务体系，构建智慧化的数字文化平台；三是深化文化体制机制改革。其中第二点关于构建智慧化数字文化平台的要求，既是补齐上述公共文化短板的关键举措，同时也是大数据时代背景下建设数字政府和新型智慧城市的应有之义。深圳要将深圳的

---

① 吴理财等：《中国公共文化服务体系建设的实践探索》，高等教育出版社2017年版，第118页。

② 《关于推动深圳公共文化设施和文化产业高质量发展的建议》，2021年5月13日，人民政协网（http：//www.rmzxb.com.cn/c/2021－05－13/2853591.shtml）。

科技优势转化为文化优势,为市民提供高质量、创新型、智能化的城市公共文化服务。这也意味着深圳的城市文化管理需要紧跟时代步伐,走上"大数据+公共文化服务"的文化治理创新发展之路。

第五章

创意阶层的伙伴关系与合作共治（一）：
都市夜间经济的场景营造

20世纪下半叶以来，随着工业城市向后工业城市的转型，城市空间逐渐从生产转向消费。特别是进入互联网时代之后，城市的经济业态和消费方式发生了深刻变革，夜间经济快速崛起。"夜间经济"是20世纪70年代英国为改善城市中心地区夜晚空巢现象而提出的经济学命题，指的是当日18：00至次日6：00，以本地市民和外地游客为消费主体，以休闲、旅游观光、购物、健身、文化、餐饮等为主要形式的现代城市消费经济。① 改革开放以来，中国夜间经济的发展主要经历了以下三个阶段②。一是1984年在广州出现的灯光夜市，开启了早期的"夜市"经济，摊贩们拉起电灯、沿街道摆摊、开美食大排档。二是2000年前后"野蛮生长"的"夜市潮"，由于存在卫生、安全以及影响市容市貌等普遍问题，大批夜市出现了关闭潮。与此同时，一些大城市涌现了较为规范的商圈模式，如北京王府井、上海的南京路、广州的北京路等。三是2018

---

① 左雨晴：《夜间经济：灯火下的城市发展新风口》，《新产经》2019年第9期。Sound Diplomacy & Andreina Seijas, *A Guide to Managing Your Nighttime Economy*, ACADEMIA, 2018. https: //www. academia. edu/36858181/A_Guide_to_Managing_your_Night_Time _Economy。

② 就新中国成立以来夜间经济的阶段发展情况来说，邹统钎认为"夜间经济在我国的发展自1990年初起步，经历了延长营业时间阶段、多业态的粗放经营阶段和集约化经营阶段"，详见邹统钎等《我国夜间经济发展现状、问题与对策》，《中国旅游报》2019年4月16日。2019年人民网在"70年70问"系列专题中分析了"中国为什么要发展夜间经济？"，将中国夜间经济发展阶段概括为计划经济时代的"国营夜市"、市场经济初期的个体小商贩集聚的"夜市"、城市商业街区时代的大型"商圈"（中国夜间经济2.0）以及当下的"夜间经济聚集区"（中国夜间经济3.0）四个阶段。

年后,夜间文旅消费集聚区的提出,促使夜间经济迎来新一轮的机遇。夜间经济的存在及发展有其现实必要性:一来,全国各大中型城市经过数轮的市政建设,城市基础设施不断完善,城市管理手段不断优化,市民的精神文化需求不断提高,而快节奏的日间工作使人们需要"夜间"这一时空氛围来进行购物与娱乐;二来,夜间经济自带第三产业属性,不仅仅是夜市的热闹喧嚣,其关注现代人身心需求的休闲属性也在逐渐打开城市文化消费的新格局,有助于城市新兴文化产业的结构优化。当前,夜间经济的发展水平已经成为衡量一座城市生活质量、消费水平、开放度、活跃度、投资软环境以及经济和文化发展活力的重要指标。

作为一项与城市生活、城市经济、城市空间、城市文化相关联的议题,都市夜间经济越来越多地为学界所讨论。西方学者对夜间经济的研究多从社会学、政治学、犯罪学、人文地理学、健康与卫生学、现象学等学科视角展开。[1] 在国外,夜间经济最初与打造"24小时城市"、恢复城市中心区夜晚活力有关,近年来也对夜间经济与城市管理,以及夜间经济与城市魅力、城市发展之间的关系进行相关研究。[2] 在中国,20世纪30年代全汉昇对宋代都市夜生活的研究是我国最早的夜间研究。20世纪90年代末以来,特别是2018年夜间经济的发展热潮下,相当一批学者开始从文化史的角度

---

[1] 详见 Thomas C. J. and Bromley R. D. F., "City-centre revitalisation: problems of fragmentation and fear in the evening and night-time city", *Urban Studies*, No. 37, 2000, pp. 1407-1433. Nelson A. L., Bromley R. D. F., and Thomas C. J., "Identifying micro-spatial and temporal patterns of violent crime and disorder in the British city centre", *Applied Geography*, No. 21, 2001, pp. 249-274. Hobbs D., Hadfield P., Lister S., and Winlow S., *Bouncers: Violence and Governance in the Night-time Economy*, Oxford: Oxford University Press, 2003, p. 323. Roberts M., Turner C., Greenfield S., and Osborn G., "A continental ambiance? Lessons in managing alcohol-related evening and night-time entertainment from four European capitals", *Urban Studies*, No. 43, 2006, pp. 1105-1125. [英] 安德鲁·塔隆《英国城市更新》,杨帆译,同济大学出版社2017年版,第310—319页。

[2] 详见 [加] 简·雅各布斯《美国大城市的生与死》,金衡山译,译林出版社2005年版,第185—189页。安德鲁·塔隆《英国城市更新》,杨帆译,同济大学出版社2017年版,第310—319页。Hadfield Phil, "Regulating the night: Race, Culture and exclusion in the making of the night-time economy", *British Journal of Criminology*, No. 5, 2008, pp. 694-797. Zombor Berezvai, "Overtourism and the night-time economy: a case study of Budapest", *International Journal of Tourism Cities*, No. 5, 2019, pp. 1-16。

研究传统文化中的夜市[1];从城市规划、建筑设计的角度研究夜间经济的物理环境[2];从经济学、管理学的角度研究、论证夜间经济的发展规律、影响因素、存在问题、发展路径及治理对策[3];以及从旅游管理、文化产业、新闻传播、艺术学的角度研究夜间文旅、文化与夜间经济的融合发展问题。[4] 总的来说,上述研究多偏重考察夜间经济的经济属性,但从"夜经济"到"夜文化"转变的研究趋势非常明显。[5] 艺术家和文化创意产业从业者参与夜间文化创造,对培育夜间经济的文化品质有着重要作用。夜生活商圈与城市文化圈的联动发展,也有助于将地方美食、非遗元素、特色民宿等地域特色文化与夜景、演艺、景区实现强强联合,打造新的地方文化 IP。[6]

经济学者在探讨城市文化资本与经济增长之间的关系时,认为在经济发展的初期,文化资本对经济增长的带动效果不显著,但随着经济的纵深发展,文化资本的作用会更为显著。[7] 作为国内"超

---

[1] 详见全汉昇《宋代都市的夜生活》,《食货》1934 年第 1 期。许芳滋《宋代夜市研究》,硕士学位论文,台湾中兴大学,2010 年。潘虹《明清时期中国城市夜市研究》,硕士学位论文,暨南大学,2013 年。张金花《试论宋代夜市文化》,《河北科技师范学院学报》(社会科学版)2011 年第 1 期。

[2] 详见肖辉乾《夜景照明的规划与设计》,《建筑科学》1996 年第 2 期。王荃《"中英一城市夜景经济"的对比、研究》,博士学位论文,天津大学,2010 年。胡华《夜态城市》,博士学位论文,天津大学,2008 年。

[3] 详见丁焕峰等《从夜间灯光看中国区域经济发展时空格局》,《宏观经济研究》2017 年第 3 期。余江波《我国二三线城市"夜间经济"发展研究——以洛阳为例》,《洛阳理工学院学报》(社会科学版)2020 年第 6 期。毛中根等《夜间经济理论研究进展》,《经济学动态》2020 年第 2 期。

[4] 详见顾至欣《城市夜间旅游产品定义及分类》,《城市问题》2013 年第 11 期。余构雄《都市水上夜游游船的空间生产——以珠江夜游游船为例》,《兰州学刊》2019 年第 6 期。中国旅游研究院等《图解夜游经济理论与实践》,中国旅游出版社有限公司 2019 年版,第 3—215 页。郑自立《文化与"夜经济"融合发展的价值意蕴与实现路径》,《当代经济管理》2020 年第 6 期。甄伟锋等《夜间经济的文化经济学分析》,《福建论坛》(人文社会科学版)2020 年第 12 期。宗传宏等《上海夜间经济发展的文化嵌入透析》,《城市观察》2020 年第 3 期。

[5] 程小敏:《中国城市美食夜间经济的消费特点与升级路径研究》,《消费经济》2020 年第 4 期。

[6] 程小敏:《中国城市美食夜间经济的消费特点与升级路径研究》,《消费经济》2020 年第 4 期。

[7] 靳涛等:《文化资本与经济增长:中国经验》,《经济学动态》2018 年第 1 期。

一线"城市,深圳在最近三年由官方主办的夜间经济论坛评选榜单中均位居前列[①],这得益于强大的经济基础、庞大的消费群体以及多元化的夜间消费项目。夜间经济具有非常突出的文化消费属性,以往从生产和人力资本角度来解释城市经济现象、城市发展理论已经无法完全解释当下的情况。基于此,通过借鉴以特里·N.克拉克等为代表的新芝加哥学派提出的"场景"理论,本章从消费美学的角度解释后工业背景下的都市夜间经济现象,挖掘深圳利用"文化+旅游"为城市空间赋能的基础与现状,考察深圳以多维度场景价值来实现多元主体共同参与城市文化的治理路径。

第一节 "场景"理论视域下的都市夜间经济

一 "场景"理论的概念内涵

都市夜间经济的良性发展离不开文化资源集聚、文化空间塑造、文化管理创新,并最终促成文化场景营造的成功。在二十多年来跨地区跟踪研究38个国际大都市、1200多个北美城市的基础上,特里·N.克拉克及其团队提出"娱乐机器"与"场景"理论。克拉克在《作为娱乐机器的城市》(The City as an Entertainment Machine, 2003)一书中探讨了与消费和娱乐相关的市民文化实践如何驱动城市增长发展,首次研究了各大城市舒适物[②]的发展情况,把反映人

---

① 中国旅游研究院:《"2019中国夜间经济论坛"标杆系列在芜发布》,2019年11月18日, http://www.ctaweb.org.cn/cta/xsjl/202103/e63addb78f764081adb695c16dec0da9.shtml。《中国夜间经济论坛发布夜间经济二十强城市》,2020年10月26日,http://travel.china.com.cn/txt/2020-10/26/content_76844426.html。《中国城市夜经济影响力报告(2020)正式发布》,2021年1月21日,https://baijiahao.baidu.com/s?id=1689472104515856181&wfr=spider&for=pc。在所列城市榜单中,深圳均位居前十。

② "舒适物"(Amenities)一词源于经济学,它与消费有关,通常是指使用或享受相关商品和服务时所带来的愉悦,也具有生产性的市场价值。舒适物是衡量场景的重要指示器,但单一或少量的舒适物设施产生不了任何特殊的场景。通过广泛的(或者说某一区域全部的)舒适物分类来辨识各种活动与实践,进而评估不同类型舒适物组合所产生的意义,从而可定义"地方场景"。详见[加]丹尼尔·亚伦·西尔等《场景:空间品质如何塑造社会生活》,祁述裕等译,社会科学文献出版社2019年版,第42页。

们态度行为的价值观整合到舒适物设施与活动中，形成了场景的分析框架。场景理论的提出，意味着在后工业社会背景下，个体的空间行为动机体现为个体的文化与价值观诉求，而特定区域的文化与价值观又蕴藏在社区、建筑、人口、风俗和群体性活动之中，并外化为生活娱乐设施的功能、种类、布局的总和（场景）。①

场景本身具有多重含义，克拉克特别强调特定地点具有的审美特质、公众对特定活动的共同兴趣，即突出地点所蕴含的美学意义，由此能够吸引不同的群体来进行文化消费，并从实践中收获情感体验。克拉克进一步将场景的文化价值观分为合法性、戏剧性、真实性3个主维度，以及15个次维度，②并提出了构建场景的七个基本要素——邻里、物质结构、多样性人群、前三个要素的特殊组合和嵌入组合中的活动，以及前四个要素中的符号意义和文化价值、公共性、政治和政策。③在具体的场景分析中，中国学者多以前五个要素为分析框架，即以社区为代表的邻里、以实体建筑物为代表的物理结构、出入场景的多样性人群、场景中存在的各种活动以及场景中所存在的文化价值。④也有中国学者将其合并为三个要

---

① 吴军：《城市社会学研究前沿：场景理论述评》，《社会学评论》2014年第2期。
② 一个场景具有多重意义，在舒适物设施原始数据的基础上，需要注入具有文化意味的"主旋律"。克拉克及其团队通过汲取古典社会思想如马克斯·韦伯对合法性的关注、欧文·戈夫曼对戏剧性的研究、格奥尔格·齐美尔对真实性的探索，最终形成了在一个场景中的三个综合的价值分类即真实性（认同所带来的乐趣）、戏剧性（令人快乐的呈现方式）和合法性（符合道德和信仰所得到的快乐）。借用化学界的元素周期表，以及参考批评家、哲学家、新闻家、人类学家以往对场景的关键特征和主题的描述，克拉克及其团队又划分出真实性包含的本土的、族群的、国家的、企业的、理性的，戏剧性包含的爱炫的、迷人的、睦邻的、越轨的、礼节的，合法性包含的传统主义、领袖魅力、功利主义、平等主义、自我表达等十五个次维度，主、次维度共同组成了一个灵活的分析框架，可以对不同场景进行比较，也可以通过不同维度的组合创建出更多复杂的场景。具体参见［加］丹尼尔·亚伦·西尔等《场景：空间品质如何塑造社会生活》，祁述裕等译，社会科学文献出版社2019年版，第51页。温雯等《场景理论的范式转型及其中国实践》，《山东大学学报》（哲学社会科学版）2021年第1期。
③ Terry N. Clark, et al., *Can Tocqueville Karaoke? Global Contrasts of Citizen Participation, the Arts and Development*, Emerald Group Publishing Limited, 2014, pp. 22 – 23. 特里·N. 克拉克等：《一起卡拉OK VS. 独自打保龄球：西方规则转为发展与民主驱动力的场景诠释》，《社会学评论》2015年第6期。
④ 张铮等：《场景理论下我国文化产业园区的发展路径探析》，《出版发行研究》2019年第8期。

第五章　创意阶层的伙伴关系与合作共治（一）：
　　　　都市夜间经济的场景营造　　153

素，包括生活文化设施、多样性组织和文化实践。① 简单来说，不同的生活文化设施有着不同的文化价值取向，依托特定社区与文化实践活动的结合，吸引多样化人群加入互动，从而最大限度地实现场景价值，推动社会经济文化的发展。温雯等将场景划分为"前场景"和"后场景"两个概念，在文化形式、地点和人三要素的基础上，提出了两者从"自发形成"到"过程建构"、从"文化共生"到"政策适用"、从"产消融合"到"偏重消费"的不同侧重点。②

2016年，中共中央党校（原国家行政学院）成功召开中国首次场景理论探讨会。2020年，中国的场景研究"学术联合体"③ 成立。以克拉克为代表的新芝加哥学派所提出的场景理论，有别于以生产为导向的工业理论，从消费美学的角度来解释后工业城市发展的经济现象，提出建设以消费为导向、以生活文化设施为载体、以文化实践为表现形式的"场景"④，以此赋予城市生活以意义、体验和情感共鸣，形成城市发展的文化动力。场景理论因适应我国经济社会转型、生活方式重构、城市高质量发展的需要，对其展开深入研究和实践应用可以说是恰逢其时。

我国的夜间经济历经改革开放40年，已由早期的灯光夜市升级为包括夜食、夜游、夜秀、夜演、夜娱、夜养、夜读、夜健等文化新业态在内的多元文化消费市场。当下，"夜间"已成为城市竞争力比拼的新赛道，夜晚是否具有魅力、吸引力又如何，一定程度上代表着一座城市的文化软实力。而都市夜间经济若想突破"野蛮生长"的发展瓶颈，就需要在场景提质方面下足功夫。以往的场景理论常用来分析文化空间营造、文化消费促进、城市发展与治理及关

---

① 吴军等：《文化动力：一种城市发展新思维》，人民出版社2016年版，第18—21页。
② 温雯等：《场景理论的范式转型及其中国实践》，《山东大学学报》（哲学社会科学版）2021年第1期。
③ 2020年7月18日，"2020场景（中国）高峰论坛：消费·美学·场景"线上论坛发起成立了场景学院（学术联合体），由场景理论代表人物特里·N. 克拉克教授、丹尼尔·A. 西尔教授、中国传媒大学齐骥教授、武汉大学陈波教授以及北京行政学院吴军副教授联合发起，团队成员横跨北京、上海、武汉、深圳等城市，研究视角涵盖政治、经济、建筑、文化产业、城乡规划等交叉学科。
④ 吴军：《城市社会学研究前沿：场景理论述评》，《社会学评论》2014年第2期。

注不同场景对创意阶层的吸引力，并未突出夜晚这一时空属性，所以从场景理论对都市夜间经济进行的研究并不多。① 从理论层面分析，场景理论的研究体系建立在客观结构和主观认识两大体系上，场景的主观认识（所蕴含的文化价值观）又细分了主、次维度，这使得都市夜间经济既可以从整体性的城市（区域）场景来观察，也可以从某一具体地点的夜间活动所形成的场景进行分析，但无论场景的尺度大小，从生活文化设施、多样性人群（组织）和各种文化实践等客观结构要素着手是必不可少的。因此，场景理论对于都市夜间经济创意场景营造来说具有重要的指导价值。在城市高质量发展的背景下，夜间经济的创意场景营造可以在主体、空间、活动三要素基础上，结合"前场景"和"后场景"来综合分析其构建过程。

二 "夜行者"：四维主体互动

随着白天和黑夜的界限日趋模糊，夜间开始以更具活力的姿态参与到人们的生活之中。夜间经济不仅能够带来可观的经济效益，更重要的是满足了市民对美好生活的向往。人是场景营造的最终目的，人的活动是场景构建必不可少的要素②，因此要关注人的需要。都市夜间经济因消费者而生，政府管理者、艺术家和文化创意产业从业者以及商业经营者在夜间经济的生产过程中也代表了不同的利益诉求，这些群体共同构成了夜间经济的参与主体。

（一）都市夜间经济的主体构成

1. 政府管理者

自 2018 年以来，我国都市夜间经济取得了迅猛发展，"都市夜间经济"在 2019 年成为年度热词，这背后与政府的政策引导有着

---

① 傅才武以长沙超级文和友为例，运用场景理论研究城市夜间文旅消费空间，以包含三大主维度、十五个次维度的价值维度作为分析方法，通过采集来的超级文和友内部的舒适物数据，计算其场景得分并给予相应评价，可以说是场景理论在文旅融合空间研究的一次本土化实验。傅才武：《场景视阈下城市夜间文旅消费空间研究——基于长沙超级文和友文化场景的透视》，《武汉大学学报》（哲学社会科学版）2021 年第 6 期。

② 余丽蓉：《城市转型更新背景下的城市文化空间创新策略探究——基于场景理论的视角》，《湖北社会科学》2019 年第 11 期。

密切关联。作为城市的政策制定者,政府发挥着引导、管理、监督和协调的作用,通过规划策划、资源分配、制订奖惩措施以及舆论监督等多种途径,引领夜间经济的发展方向。2019年8月,《国务院办公厅关于进一步激发文化和旅游消费潜力的意见》提出到2022年要建设200个以上国家级夜间文旅消费集聚区。全国各地政府纷纷响应,积极推动城市夜间活动的基础设施建设,完善夜间经济全产业链。过去针对夜间经济的管理,政府往往实行"一刀切",严格取缔不合规的夜市摊位。而现在,为推动夜间经济的健康发展,政府在宏观调控、市场监督、公共服务、社会管理和环境保护等方面发力颇多,逐步解决了以往存在的安全、卫生、交通等基础问题,推进城市夜间管理的质量安全化、出行便利化、治安有序化、环境清洁化。[1]

以深圳为例,2019年初,深圳市商务局牵头起草《深圳市关于进一步优化供给释放潜力促进消费增长的若干措施(征求意见稿)》和《深圳市繁荣夜间经济实施方案》。[2] 同年,龙华区印发《龙华区推进夜间经济发展、提升城市夜间消费活力工作方案》,布局民治上河坊、大浪商业中心等七个夜间经济示范圈,投入9000万元升级改造示范点的市容环境,带动商圈主体投入4.89亿元升级内部环境及消费业态,形成消费集聚效应和规模效应。[3] 为做好大浪商业中心夜间经济示范点工作,龙华控股集团全面暂停到期物业租赁以确保空间载体,同时与项目运营方积极磋商谈判,确定合作模式,加快推进项目建设。[4] 此外,罗湖、南山、龙岗等区也先后出台促进夜间经济发展的工作方案,特别是罗湖区荣登"2021中国夜经济繁荣百佳县市"榜单十佳榜,这在一定程度上说明罗湖区政府

---

[1] 张振鹏:《发展夜间经济需处理好四个关系》,《中国文化报》2020年9月26日第3版。

[2] 《夜间经济的深圳样本》,2019年11月5日,经济观察网(http://www.eeo.com.cn/2019/1105/368817.shtml)。

[3] 《大浪商业中心推进夜间经济发展》,2020年7月9日,龙华政府在线(http://www.szlhq.gov.cn/jdbxxgkml/dljdb/dtxx_124654/gzdt_124655/content/post_7871539.html)。

[4] 《大浪商业中心推动夜间经济发展》,2020年7月9日,龙华政府在线(http://www.szlhq.gov.cn/jdbxxgkml/dljdb/dtxx_124654/gzdt_124655/content/post_7871539.html)。

在推进夜间经济发展上做了不少实效性的工作。罗湖区健全发展夜间经济的政策体系，探索以分管区领导为"夜间区长"，以夜间经济示范街区龙头企业负责人为"夜间首席执行官"的模式①，在设立分时制步行街、增设夜间停车位，允许临时性外摆、批准户外活动等方面"先行先试"②。在夜间经济示范区建设上，罗湖区重点打造东门、重点培育贝丽北路夜间经济示范街区。比如，区政府对东门商圈进行升级改造，将东门步行街纳入全国高品位步行街试点建设，突出夜间经济的餐饮、娱乐消费，注重提升餐饮特色及文化内涵，强化沉浸式虚拟游戏、游乐场、运动场馆等娱乐体验项目，引入的深圳"文和友"在短期内引爆了东门夜市。③ 在项目和品牌打造上，区政府策划实施"夜购罗湖""夜游罗湖""夜品罗湖""夜悦罗湖"系列项目，塑造了"潮深圳·夜罗湖"消费品牌。在具体活动开展上，区政府策划举办"罗湖时尚之夜促消费"活动及各类文化活动，其间派发夜间专项消费券，由政府部门组织、指导和监督相关平台企业赋能辖区商户，商户具体实施并投入商业资源，形成政府、平台、商户资源共享与优惠叠加的夜间消费热潮。④

2. 消费者

本地居民和外来游客的空间聚集及其强烈的消费意愿是夜间经济的重要参与力量。整体来看，夜间经济发展的活跃区域主要为常住人口多、消费能力强的城市，或者旅游热点城市及邻近热门旅游景点的城市。不过，一个地方的夜间经济消费群体究竟是以居民还是以游客为主，其发展思路、业态选择、空间布局、管理重点存在显著差别。消费者的满意度对城市形象的口碑宣传也有着重要影响，例如大量外地消费者对成都、长沙等"网红"城市的打卡会带

---

① 王斗天等：《全国夜经济 罗湖列第八》，《深圳商报》2021年12月7日第A03版。
② 王斗天等：《全国夜经济 罗湖列第八》，《深圳商报》2021年12月7日第A03版。
③ 张一鎏：《罗湖获评"夜经济繁荣百佳县市"十佳》，《南方都市报》2021年8月3日第NA04版。
④ 《罗湖区工业和信息化局2020年上半年工作总结》，2020年9月29日，罗湖政府在线（http：//www.szlh.gov.cn/lhgyhxxhj/gkmlpt/content/8/8151/post_8151983.html#12243）。

第五章　创意阶层的伙伴关系与合作共治（一）：
都市夜间经济的场景营造　157

来比较明显的收益回报。此外，消费群体的年龄、教育经历、收入水平、消费习惯、职业背景、审美趣味等多样化特质也使得夜间经济场景营造趋于个性化、特色化、多元化。比如，参与夜生活的群体以青年为主，普遍追求个性十足的空间环境、产品质量与服务品质，注重体验感，例如酒吧、"剧本杀"推理馆等。而亲子群体、中老年人则更喜欢去公园、广场、游乐场、特色餐饮店等空间。提高消费者的满意度不仅需要经营服务者的诚信经营，为消费者提供高质量的产品和优质的服务，也需要政府管理者的正向引导，改善城市夜间经济的环境设施，维护场所的安全秩序。

在南方都市报联合深圳市商务局共同举办的"圳试营夜"第二届深圳夜间经济发展大会暨2021深圳消费口碑榜点赞礼上，评选出十大年度夜间消费目的地。其中，"湾区之光"摩天轮、招商蛇口邮轮母港是新"出圈"的打卡地。位于欢乐港湾的"湾区之光"摩天轮在2021年4月正式开放，国内最大的回转式全天景轿厢配合摩天轮的转动，使得市民和游客可在128米的高空中平稳舒适地欣赏宝安中心和前海湾美景。摩天轮营运时间是到周中的晚上十点，周末和节假日可营业至晚上十点半，在摩天轮上"追星摘月"、看远处万家灯火和园内灯光水秀成为家庭、情侣、好友们夜游的新选择[1]，市民也自发在社交平台上分享摩天轮及欢乐港湾内夜晚活动合影的图文、视频。作为招商局600亿元再造新蛇口的扛鼎之作，以明华轮为中心的海上世界被打造为集商务办公、休闲娱乐、餐饮购物、酒店度假、文化艺术等于一体的大型商业综合体。海上世界以悠闲惬意、浪漫文艺、兼具异域和海洋风情的氛围和环境取胜，在发展夜间经济上有着得天独厚的优势。在这里，消费者可以体验到环球美食、音乐酒馆、艺术展览、文创市集、品质购物、山海自然、光影魅力等城市夜间风貌，海上世界也由此成为高端夜游、夜赏、夜购的可靠选择。

2020年，中国首艘综合性高端湾区游船"大湾区一号"从蛇口邮轮母港起航，营运深圳湾和港珠澳大桥2条海上旅游航线，这也

---

[1] 《点亮文旅"夜经济"解锁华侨城缤纷夜游慢时光》，2021年11月5日，https://baijiahao.baidu.com/s?id=1715583211493364952&wfr=spider&for=pc。

标志着 2017 年开始运营的"海上看深圳"项目正式升级为"海上看湾区"。① 作为全国夜游的重要组成部分，江、河、湖、海上游船备受游客欢迎，如浦江夜游、珠江夜游等夜间旅游项目都极具人气。而深圳依托海洋、港口资源开发的一系列海上旅游航线，若能有效利用"夜间"的时空氛围，必将吸引深圳本地及全国游客，从而在夜间游船领域发挥标杆作用，成为深圳旅游的一张新名片。

3. 艺术家及文化创意产业从业者

如果没有艺术家及文化创意产业从业者，夜间经济的文化性、艺术性和审美性便无从谈起。无论是剧场演出、音乐表演、灯光秀等广受欢迎的夜间文化消费项目，还是创意集市、"剧本杀"、脱口秀等深受年轻人喜欢的新兴项目，都是由文化创意产业从业者创作和开发的个人或团队成果。作为与现代科技手段交融而成的夜间公共文化服务项目，一场赏心悦目的"灯光秀"必然是艺术家、灯光设计师、照明专家等群体通力合作的结果。正是因为艺术家群体的存在，夜间才拥有了丰富多彩的文化消费内容，夜晚的魅力才得以充分彰显。以夜间最受欢迎的表演艺术为例，各级文艺院团、群众性文艺团体和商业演出团体是繁荣城市夜生活的重要力量，他们通过打破剧场和生活之间的界限，将各式演出在人间烟火气的地方流动，融入城市生活的运转中。② 在城市特定空间进行文化实践活动，需要创作者和执行者熟谙城市美学，由此才能创造出非同寻常的、充满张力的视觉效果，塑造适宜的空间环境，制造出城市"内在秩序"与"其他城市"之间的张力。③ 透过夜晚的公共或营利性的文化消费项目，文化创意产业从业者的价值观念、个体情感得以表达和诠释，而创意团体、组织和机构通过这些夜间文化活动，能够吸纳更多的创意人士直接或间接地参与到夜间经济的创意场景营造中来，进而优化城市夜晚的公共空间生态，唤起市民对城市的文化归属感。

---

① 蛇口邮轮母港：http://www.cmskchp.com/about。
② 《遇见夜金陵！南京将为市民和游客奉上 20 多场文化艺术大餐》，2020 年 5 月 25 日，https://baijiahao.baidu.com/s?id=1667629890798447368&wfr=spider&for=pc。
③ 王甦：《转型与重建：艺术介入下的公共空间》，《云南社会科学》2020 年第 5 期。

对于艺术家和文化创意产业从业者来说，夜间是他们自如挥洒的时空，往往活跃在文化创意园区、社区、街区、商圈、文旅场所等都市地标中。以深圳的G&G创意社区为例，它位居蛇口，由旧玻璃厂房改造而成，通过创造不同场景和开展不同的主题活动，向市民展现自身的空间魅力。G&G创意社区涉及的组织较多，包括LA VIE物质生活、LA VIE艺术中心、美学盒子、斜杠工作室、风火创意XG&G生活方式研究所等。虽然园区的活动并非都与夜间经济有关，但也很大程度上涉足了夜间领域，主理人带领的风火创意团队共同打造了芒草节、萌宠嘉年华、吹风户外集市、大型艺术书展、万圣节节庆版CHILL计划、DIY无声迪斯科（Silent Disco）沉浸之夜等活动。尽管G&G创意社区的体量较小，但这样的基层社区对城市创意氛围的培育同样具有积极意义。

4. 商业经营者

商业经营者是夜间经济发展的主要获益群体，分为两大类：一类是以资本为代表的大中型企业进驻夜间领域，进行开发、建设及运营；另一类则是以商户为代表，遍布在各大商圈和街头巷尾的服务业经营者。都市夜间经济的顺利发展需要资金和人力支持，而商业经营者是资金和人力的主要保证，甚至一定程度上在都市夜间经济的开发和整体运营中处于主导地位。[①] 现阶段，夜间文旅消费集聚区的建设如火如荼，体现为商业经营者基于现代商业和产业发展的相关标准，对建筑景观、娱乐设施、文化标识、场所功能进行改造，重塑某一地点的物质空间、文化空间和经济空间，通过提供多种文化休闲娱乐业态来构建夜间文化消费的内容体系。同时，各类商户也利用其商业经验和技能为城市带来多元化的产品与服务，自发集聚形成小型商业生态圈，保障夜间消费市场的持续运行，提升城市活力。不过，受经济利益最大化的驱动，商业经营者往往更注重经济利益和短期利益，对城市环境建设、可持续发展等长远利益考虑较少，需要政府进行有力的监管。

2021年4月，深圳"文和友"在罗湖东门正式开业，较有代表

---

① 姜姗：《基于利益相关者演化博弈的城市夜间经济发展研究》，硕士学位论文，辽宁师范大学，2021年。

性地体现出商业经营者之于夜间经济创意场景营造的积极作用。作为湖南长沙著名的"网红"美食品牌和打卡胜地，"文和友"的特色是"文化+餐饮"，注重将传统的城市人文物件、旧时的生活场景、科技加持的互动装置在有限的空间中呈现，带给消费者强烈的视觉冲击感。[①]"文和友"的创始人曾表示，计划五年内在国内外一线城市开出十家"超级文和友"。如今，深圳"文和友"以"深圳墟"为概念，改造了一整栋旧楼，在将近两万平方米的空间内，以20世纪八九十年代的社区生活风貌为底色，将糅合科幻电子元素的新媒体艺术装置、近十万件老物件与长沙、深圳、粤港澳大湾区等地的美食融会贯通。不过，作为投资方和运营者，"文和友"在日常管理时常处于主导地位，数十家风格不同的餐饮、潮玩、百货等独立品牌商户的营收若不如预期则可能会闭店撤出。开业半年左右，"深圳文和友"就进行了首次较大规模的升级改造，线下门店招牌更换为"老街蚝市场"，微信公众号更名为"深圳文和友老街蚝市场"，内部场景进行了重新设计，在灯牌、特效上与"蚝文化"联系在一起。入驻的品牌和产品品类发生了较大变化，不再主打小龙虾等长沙特色美食品类，而是将具有深圳特色的生蚝作为主打品项，并增加了一些本地菜品。[②]作为与深圳本土剧团"爪马戏剧"联合制作的沉浸式戏剧《绮梦》表演场地的绮梦歌舞厅也将被改造为脱口秀表演场地。深圳"文和友"若想重现开业盛景，持续获取客流并将客流量转为实质的消费，还需要打造出自己的核心竞争力，包括与东门老街文化进行深度融合，并基于当地饮食习惯和消费习性对品牌店铺进行更具针对性的选取和布局等。

（二）四维主体之间的互动关系

文化政策范畴下的治理是"以体制的支援来引导美学创造力和集体生活方式的具体实践，借此决定主体的形成和管理主体的方

[①] 傅才武等：《场景视阈下城市夜间文旅消费空间研究——基于长沙超级文和友文化场景的透视》，《武汉大学学报》（哲学社会科学版）2021年第6期。

[②] 郭缤璐：《改名能否拯救文和友的"水土不服"》，《北京商报》2021年10月15日。

式"。① 在都市夜间经济的治理中，政府并非公共权威的核心，政府、企业、艺术机构、公民组织皆可成为管理主体，互动关系多元且动态。② 我国都市夜间经济发展主要分为以下四个阶段：计划经济时期的国营夜市，20世纪80年代市场经济大潮涌动下出现的个体小商贩及其聚集而成的夜市，2000年后政府行政力量介入夜市并推行规范管理的商圈阶段，以及当前由地方政府与投资开发商共同介入的夜间经济集聚区时期。随着不同发展阶段的主体变迁，消费者、市井商贩、政府力量、商业资本，抑或是近年来逐渐显现的艺术家和文化创意产业从业者群体，都在进行着某种博弈，这就需要寻找到各方的利益平衡点，构建起基于自我认知、自我定位及包含彼此合作、信赖、竞争等互动关系的多中心治理结构。

具体来看，政府发挥着政策制定者、管理者、监督者以及协调者的角色，能平衡多方利益关系，积极回应并引导市场和社会需求，整合公共资源，充分考虑经济、社会、生态环境等各方面效益。都市夜间经济发展有"黄金四小时，白银六公里"的说法，便利度与安全性直接决定了人们是否会参与夜间文化消费活动。因此，要想鼓励消费者外出消费，首先，需要交通、公安、市场监督及城市管理与综合执法等部门加强管理，围绕硬件提升、环境整治、安全生产、消防安全、市政环卫、交通秩序、噪声污染、消费维权等层面展开精准治理。其次，商务局、文化广电旅游体育局、财政局及各区政府应在政策、资金、税收等方面对经营服务者进行扶持，合理配置奖惩机制以规范夜间经济市场，鼓励打造优质多元的夜间消费项目并加强夜间经济的宣传引导，吸引更多市民游客在夜间进行消费娱乐。简言之，政府应通过整体规划，在整合相关资源、统筹各方力量、完善配套措施、加大资金支持等方面推出具体的落地措施，同时通过创新互联网平台服务，实现城市管理创新。政府应通过对区域夜间经济发展的基础条件展开调研，咨询专家、

---

① 刘俊裕编：《全球都市文化治理与文化策略：艺文节庆、赛事活动与都市文化形象》，台北：巨流图书有限公司2013年版，第295—297页。
② 张议丹：《创意城市导向下的上海街头艺术治理研究》，硕士学位论文，华东政法大学，2018年。

创意产业从业者和目标受众的感受，设计更适切的执行方案，营造较为宽松的政策环境，鼓励商业经营者积极参与，培育更具创新活力的营商氛围，充分将本地的经济资本、文化资本、社会资本调动起来，实现不同利益主体的良性联动。

对于商业经营者来说，成本投入是决定经营利润的重要因素之一。受"成本—收入"影响，为了获得更多利润，商业经营者会尽可能地开发出有市场潜力的优质产品和项目，并以诚信经营、提升服务的方式来获得更好的口碑，以此吸引更多人来进行夜间消费。同时，商业经营者通过配合政府管理，维持城市环境建设，维护良好的市场秩序，推动夜间经济的良性发展。而艺术家群体、文化创意产业从业者则更多地出于政府政策引导、活动邀请、商业合作以及个人偏好考虑，为夜间领域的发展注入文化、艺术元素。可以说，都市夜间经济的场景营造具有政治性、经济性、社会性、文化性等多维特征，当各方利益主体达到某种平衡关系时，都市夜间经济的场景魅力与吸引力将会大大提升，进而对本地区经济发展、人才吸引以及文化创新产生积极效应。

2020年以来，新冠肺炎疫情对人们的消费方式产生了巨大的冲击。当前，线上消费上升趋势不可避免，这使线下经济需要提升消费者的体验感，注重消费品质的升级和消费场景的塑造。比如，市井文化是夜间文化消费活动的一大显著特点。一方面，从消费者的角色来说，具有相似兴趣爱好和生活习惯的市民因某一夜间活动聚集在一起，从而产生一种认同感和归属感，愉悦了身心。此外，夜间文化场景为不同群体的沟通创造了差异化且又平等化的交互空间，令大多数人能够成为城市文化氛围的共创主体。另一方面，市民也是夜间商业经营和文化生产的后备军，这从2020年"地摊经济"的一夜爆火可见一斑。以夜市、便利店、酒吧、小剧场、健身俱乐部等为代表的夜间商业业态，就是由众多中小型创业者、文化体育行业从业者参与塑造的消费场景。整体来看，夜间工作人员从事情感劳动、非物质劳动的比例比白天更高。在夜晚人们更乐于展示真实的自我，进行更深入的交流。同时，轻松愉悦的夜晚氛围往往使人们的思维变得更加活跃，由此灵感与创意也就不期而至。而这种自由、平等、愉快、多元的文化环境又将吸引更多创意人才的到来。创意阶层通过各种表演、展览、座谈、沙龙、派对、研讨等活动，进行交流合作，从而可以创造更深层次的文化交流效益。伊丽莎白·柯瑞德（Elizabeth Currid）所撰写的有关纽约餐馆、酒吧和夜总会的民族志对这一现象进行了分析[1]，她描绘的夜生活所进发的灵感、创意及经济意义，实际上是一种典型的"前场景"的构成，即"正式或非正式的组织和社会活动成为消费场所——形成创意交换的节点——成为社交生产系统——在多样、开放和设施丰富的地段形成创意场景——形成共生的文化经济"[2]。相比国外已较为成熟的夜生活"圈子"文化，深圳的"附近书吧"或许在做类似的尝试。根据微信公众号"Close附近"发布的推文来看，它通过举办读书会、放映会、圆桌讨论、原创音乐会创作等小众专题性活动，招募人数限制在10—25人，旨在展开精品化的深度交流。在夜间经济发展中，若创意组织有意识地建立稳固的社群联结，拉动更多人参与到夜间文化活动之中，那么"蜂鸣"[3]则能够更好地发挥作用，增强人们的区域文化认同。

三 "不夜城"：开放性与场所感

都市夜间经济的发展高度依赖文化资源、文化设施与文化空间。文化场所是承载文化业态的物理载体，包括政府提供的公共文化场所、具有营利性质的商业场所。随着社会经济的快速发展，娱乐休闲区域和空间的美学属性日益受到重视。当"在空间中消费"转向

---

[1] [美]科瑞德：《创意城市：百年纽约的时尚、艺术与音乐》，陆香等译，中信出版社2010年版，第105—131页。

[2] 温雯等：《场景理论的范式转型及其中国实践》，《山东大学学报》（哲学社会科学版）2021年第1期。

[3] 蜂鸣理论是克拉克教授在"场景"理论的基础之上进一步提出来的城市动力模型，在某个文化空间当中，人与人积极地面对面交流与思想碰撞，能够激发创新资源的产生并进一步形塑与强化场景空间的文化特质，从而形成"蜂鸣"即"热议点"。"热议点"形成之后，关于这一场景空间的讨论与关注会比之前更加热烈，并能够进一步吸引来自城市社会、经济与政治的诸多资源，使得空间的"热议点"放大为区域"热议点"，产生更为强势的文化资本价值。齐骥等：《蜂鸣理论视角下的城市文化创新》，《理论月刊》2020年第10期。

"对空间的消费"时①，城市消费场景的营造便不应局限于提供实物商品，还应注重提供新锐设计、塑造时尚风格、传播先进文化理念。

都市夜间经济具有一定的空间集聚性。比如，南京曾在2017年11月推出的《关于加快推进夜间经济发展的实施意见》中提出要重点围绕夜间游客集中、市民活动集聚、创业创新活跃以及对市民生活没有明显影响的区域发展夜间经济，并重点引导夜间经济向商业中心区、旅游景区、人员密集区域、城市休闲功能区、有消费传统的背街小巷、历史文化街区和文体娱乐功能区这七类区域集中。总体来说，都市夜间文化消费业态的空间集聚主要分为三大类：第一类是以商圈、商业街区、商业综合体为代表，第二类是以历史文化街区、旧工业区、旅游景区、重点文化场所为代表的文旅场所，第三类则是以城市公园、开放性街区、滨水广场、绿地广场为代表的城市休闲功能区。这些空间选择主要是出于人流量、文化娱乐设施、便利设施组合以及开展活动的数量等考量因素。场景营造的核心在于系统性地分析人的活动特质及人对活动空间的要求，根据人对空间的差异化需求和不同的活动目的，进行各类空间的美学设计。城市的特质需要场景来呈现，通过利用或更新现有设施，结合城市特定的经济、文化、地理和社会环境将不同"舒适物"进行最佳组合，进而构建多元的城市场景，释放场景的创意动能。从城市夜间经济建设的整体来看，打造开放、可持续、具有场所感和认同感的空间，是夜间场景营造的重要方向。

（一）城市空间的公共性与多样性

刘易斯·芒福德提出了城市文化容器论。② 从城市社会学角度来看，城市空间是被社会主体赋予一定社会意义与价值的空间，其价值包括使用价值与隐性价值。作为物理空间的城市首先提供使用价值，而隐性价值往往是从其使用价值中产生的。在城市生活中，

---

① 吴军等：《消费场景：一种城市发展的新动能》，《城市发展研究》2020年第11期。

② ［美］刘易斯·芒福德：《城市文化》，宋俊岭等译，中国建筑工业出版社2009年版，第1—12、33页。

第五章　创意阶层的伙伴关系与合作共治（一）：
　　　　　　　都市夜间经济的场景营造

人们在家庭和工作之外开辟出"第三空间"①，以此来建立与他人的联系。像书店、咖啡馆、公园是比较典型的第三空间。如今，商业综合体、商业街区、旅游场所、城市休闲功能区已成为城市备受欢迎的空间，寻求身心休闲、文化娱乐而在夜晚出没的人们，对这些活动空间的公共性和开放性都有着较高的要求。

在夜间文化消费活动中，"观夜景"是基本的文化需求，若没有夜间美景，人们夜间外出进行文化消费的动力将大大降低。以滨水广场、绿地公园等为代表的城市公共性和开放性休闲空间已经成为塑造夜景的重要突破口。作为专有名词，"公共空间"最早出现在20世纪50年代，受到社会学家、城市规划学家和地理学家的关注，对空间性和物理空间背后的社会性进行研究。② 而"开放空间"这一概念则源于19世纪因工业化造成城市环境问题而提出的城市规划学术语，后来逐渐受到地理学、建筑学、景观学、生态学等学科的关注，国内学者主要从生态价值、经济价值评估、可达性、公共健康等方面展开研究。③ 联合国《新城市议程》中规定：城市公共空间是用以保障社会互动、人类健康、经济交流及不同文化表达与交流的多功能地区，具体包括街道、人行道、广场、滨水地区、花园、公园及城市绿地等，对城市空间的公共性与开放性均有较高的要求。而对于夜间经济场景营造来说，适宜步行的空间是重点关注的对象。慢行空间、慢行步道的建设，既能满足人们基础的交通需求，也能保证人们舒适地开展有关健康、文化和审美感知的活动。

---

① 本书所提到的第三空间，源自美国社会学者雷·奥登伯格在其著作《绝好的地方》（*The Great Good Place*）中提出的"第三空间"概念，在他的定义中，城市家庭空间（第一空间）和工作空间（第二空间）以外的可供人们放松、消遣、聚会、交流的公共空间即是第三空间。

② 城市规划学、地理学主要侧重于空间性的研究，简·雅各布斯在《美国大城市的生与死》中对城市的街道、公园、老建筑进行观察，发现都市结构中存在的基本元素以及它们在城市生活中发挥的作用，而社会学家汉娜·阿伦特，尤尔根·哈贝马斯和理查德·桑内特等学者则注重物理空间背后的社会性，围绕公共领域进行研究，使公共领域的研究重点逐渐走向日常公共生活。朱伟珏：《从空间到社会：作为日常生活场所的现代城市公共空间——以上海市复兴公园为例》，《同济大学学报》（社会科学版）2019年第3期。

③ 毕晨等：《城市游憩型公共开放空间服务能力的测度——以南京市中心城区为例》，《南京林业大学学报》（自然科学版）2019年第4期。

例如，夜晚进行游憩健身的人们会选择各类绿道、滨水空间、大型绿地等生态资源空间来亲近自然及锻炼身体，热衷休闲购物的人群也乐于选择宽敞的街区等公共开放空间进行夜间活动。

简·雅各布斯在《美国大城市的生与死》一书中提到，"多样性的经济活动能够丰富城市文化生活，塑造差异性的城市景观，进而吸引和包容多元城市人口"①。凯文·林奇也认为具有个性的城市就是不断地创造一些有特色的空间。② 文化生态的重塑应以人为本，将人的空间感知和场所认同作为城市再造的方向，让城市成为市民"诗意的栖居"的理想之地。城市文化生态的构建也要注重多样性与个性化，赋予空间多维度的场景价值取向，缓解城市现代化进程中的"审美疲劳"。近些年来，各地在城市改造中逐渐注重景观性、文化性基础设施的建设，实现不同尺度、规模城市空间的有机更新，在一定程度上减少了急功近利的土地开发。在夜间经济发展中，要正确认识和处理多样化的城市主体需求，在原有地理空间和物理形态上充分利用已有资源，因地制宜地推动实现城市空间的特色化发展，打造具有本土特色又富含时代气息的标志性文化场所。简言之，协调"大尺度"的城市文化地标与"小尺度"的社区空间，已经成为城市场景高质量发展的共识。

当前，深圳各市区都在打造或培育若干个夜间经济重点区域，包括：海岸城、欢乐海岸、深业上城、万象天地、益田假日广场等地标性商业综合体和商业街区；南头古城、大鹏所城、水围村等古城古村古墟；蛇口海上世界、深圳中心书城片区、高北十六创意园、G&G创意社区、华强北科技时尚文化街、老东门步行街、世界之窗等深圳现代文化景观；莲花山公园、深圳湾公园等公共开放型休闲区。这些具有一定体量的夜间消费集聚区和空间吸纳了大部分的夜间消费人群。以深圳文化中心福田区为例，深圳市民中心北接莲花山、南向深圳中心商务区，由深圳中心书城、深圳音乐厅、深圳图书馆、深圳市少年宫，深圳当代艺术与城市规划馆及深圳市政

---

① ［加］简·雅各布斯：《美国大城市的生与死》，金衡山译，译林出版社2005年版，第244—262页。

② ［美］凯文·林奇：《城市意象》，方益萍等译，华夏出版社2011年版，第88页。

府大楼等建筑群包围，是深圳夜晚最繁华且最具大都市风采的区域。福田区在打造夜间经济示范区时，将此区域统称为中心区经济示范区。在夜间经济建设上，福田区提出优化中心区主题灯光表演，挖掘莲花山旅游资源，依托各类重大文化设施引进国际顶级展演，积极引进国际知名品牌、顶级奢侈品牌旗舰店、特色 IP 主题乐园、特色餐饮、艺文书店等业态，打响"山城融合"的夜间现代化城市名片。中心区夜间经济因其具有的大体量、地标性的舒适物设施聚落（以深圳中心书城、莲花山、市民中心为代表），形成了文化与自然和谐共处的文化生态氛围。市民夜游于莲花山，夜读于中心书城，夜赏于市民中心，还有夜演、夜秀、夜展等活动在音乐厅、规划馆、少年宫上演，生动地描绘出一卷深圳夜间文化场景图。

（二）地域文脉的提取与夜间文旅消费集聚区的打造

城市文脉指的是城市在起源、变迁、演进过程中所积累、留存，并以各种空间形式呈现的城市基因、城市特色。[1] 文脉是空间与人文的统一，现代城市的文化空间类型众多[2]，不仅涵盖文化（遗产）资源，也包含城市居民与城市经济、社会、生活的联系。随着城市群建设的加速推进，常出现以某种统一的模式为标杆而忽略自身特有的历史文化特色，导致大量地方传统文脉断裂、消失[3]。文脉的创造性传承，需要处理好人、城市、建筑与文化之间的关系。因

---

[1] 陈忠：《城市文脉与文明多样性——城市文脉的一个本真性问题》，《探索与争鸣》2017 年第 9 期。

[2] 现代城市的文化空间由一系列的空间体裁和文化（体育）休闲活动按照一定规则有机构成：1. 城市文化记忆体裁，包括图书馆、博物馆、文化馆、档案馆、美术馆、画廊，以及城市雕塑等；2. 城市交往空间，包括剧场、户外表演场地、公共广场、节日活动场地、酒吧、咖啡馆、艺术沙龙、体育场馆和网络交流工具等；3. 城市景观体裁，包括公共艺术、街道景观、博物馆、文化遗址地、主题公园、名人故居及自然遗产等；4. 文化传承与创新空间，包括书店、学校、文化企业、非遗传习所、文化产业园区、艺术家工作室、文创产业孵化器和文化科技实验室等；5. 文化活动载体，包括年节民俗活动、戏剧活动、曲艺活动、大型庆典活动和中外艺术交流活动，体育赛事以及讲座、学术沙龙等。傅才武：《文化空间营造：突破城市主题文化与多元文化生态环境的"悖论"》，《山东社会科学》2021 年第 2 期。

[3] 丁乙：《中国城市群建设中的文脉延续与跨区域文化融合》，《人民论坛·学术前沿》2020 年第 6 期。

此，要以现代设计思维对传统文化街区、传统风貌区进行开发，结合时代发展的需要，推动历史文脉的创造性转化。

深圳在多项关于文化产业、文化发展、城市规划的政策文件中，对各区、各片区的环境保护、文脉传承延续、产业升级等方面进行规划。① 作为一座新兴移民城市，深圳的城中村现象较为突出，但城中村也在一定程度上体现出传统亲缘社会与现代公民社会的并存。在深圳，南头古城、湖贝古村、沙井古墟、清平古墟、凤凰古村、水围村、甘坑客家小镇、大鹏所城等古村古城及古墟是深圳城市化进程中的文化"活化石"，也构成了深圳的历史文脉。综观近些年的"湖贝古村120城市公共计划"②、"都市实践介入南头保护与更新项目（2016）"③、"南头古城蝶变重生计划（2019）"④、"深圳沙井古墟新生"⑤等着重以艺术、设计为手段的介入项目，我们可以看到深圳城市更新背景下对历史文化遗产的保护及地方文脉延续的重视。事实上，城市文脉的创新性发展恰恰是深圳夜间经济不可或缺的场景构成要素。例如，甘坑客家小镇是龙岗区重点打造的夜间经济

---

① 相关政策文件如《深圳市实施文化立市战略空间发展规划（2005—2010）》（2004年）、《深圳市文化发展规划纲要2005年—2010年》（2005年）、《深圳市鼓励三旧改造建设文化产业园区（基地）若干措施（试行）》（2005年）、《关于加快文化产业发展若干规定的通知》（2008年）、《深圳市文化产业发展规划纲要（2007—2020）》（2008年）、《深圳文化创意产业振兴发展规划（2011—2015年）》（2011年）、《深圳文化创新发展2020实施方案》（2016年）、《关于深入推进城市更新工作促进城市高质量发展的若干措施》（2019年）、《关于加快文化产业创新发展的实施意见》（2020年）等。2019年，深圳市规划和自然资源局印发《关于推进城中村历史文化保护和特色风貌塑造综合整治试点的工作方案》，将七个在生态环境、历史文化、民俗文化、滨海风貌等方面各具特色的城中村作为综合整治试点，推动深圳市城市更新在注重城市功能完善、产业结构优化、人居环境提升的同时更加注重历史文化保护、特色风貌塑造。秦绮蔚：《7个城中村将试点更新"蝶变"》，《深圳特区报》2019年10月29日第A06版。

② 《湖贝古村120城市公共计划》，2021年8月30日，URBANUS都市实践（http://www.urbanus.com.cn/events/hubei-120/）。

③ 《南头古城保护与更新》，2021年8月30日，URBANUS都市实践（http://www.urbanus.com.cn/projects/nantou-old-town/）。

④ 《南头古城蝶变》，2021年5月20日，深圳市南山区人民政府（http://www.szns.gov.cn/ztzl/nsrdzt/ntgcdb/index.html）。

⑤ 王纳：《千年古城"活进"元宇宙 百年书房"化身"童书馆——深圳古城镇活化萌发新绿 擦亮老城名片延续城市文脉成为新业态》，《广州日报》，2022年1月21日第A12版。

示范区，其以客家民俗文化为特色，依托华侨城产业联盟的资源整合，通过夜间泛光工程、多种主题的灯光节、原创客家故事及经典演艺项目等文化活动打造新的文旅 IP。位于大鹏新区的大鹏所城是"老深圳"的历史象征，通过打造灯光艺术节及对所城南门进行综合提升改造、丰富所城度假产品，在较场尾片区打造独具滨海风情的休闲商业和特色民宿开发。南头古城则在特色餐饮、艺术体验、文化创意业态等层面持续发力，积极举办数字影像展、新媒体互动艺术展、文创商品、夜读沙龙、地方美食等夜间活动，通过"古城里·创意生活节"等文化节庆吸引大量人流，尽情上演夜间生活的精彩。

在现代城市文脉的营造上，深圳在原有十大文化设施的基础上，选址建设"新时代十大文化设施"[①]，改造提升"十大特色文化街区"[②]。这些"新"文化地标和"旧"历史街区共同构成城市人文精神的象征。从本土文旅资源来看，深圳主题公园较多，世界之窗、锦绣中华、欢乐谷等景区在夜间演艺、夜间节庆活动等夜间旅游产品开发和配套设施建设上已经有相对成熟的经验。比如，世界之窗常年开放夜场，全年主题活动不断，根据时令节庆推出狂欢节、泼水节、音乐节、啤酒节、魔术节等活动。景区内上演大型音乐舞蹈史诗《盛世记》、埃菲尔铁塔炫彩灯光秀、凯旋门音乐烟花汇演、风情舞蹈秀等夜场节目，也会根据不同主题设置专门的演艺、展示、游戏、美食环节。在票价上，夜场门票比白天门票便宜一半左右，活动期间一般还会有打折活动，往往能够吸引家庭、友人结队夜游。但相比广州的灯光节、珠江夜游来说，深圳在全国乃至全球知名的夜间文化品牌打造上还有很大的提升空间，可进一步围绕深圳的地域特色做文章，形成具有深圳个性的夜间文化主题活

---

① 深圳规划建设的"新十大文化设施"为深圳歌剧院、深圳改革开放展览馆、深圳创意设计馆、中国国家博物馆·深圳馆、深圳科学技术馆、深圳海洋博物馆、深圳自然博物馆、深圳美术馆新馆、深圳创新创意设计学院、深圳音乐学院。《深圳市重大文体设施建设规划新闻发布会》，2019 年 1 月 9 日，深圳热线（https：//focus.szonline.net/contents/20190109/20190133267.html）。

② 深圳提升改造的"十大特色文化街区"为大鹏所城、南头古城、大芬油画村、观澜版画基地、甘坑客家小镇、大浪时尚创意小镇、大万世居、蛇口海上世界、华侨城创意文化街区、华强北科技时尚文化街区。《深圳市重大文体设施建设规划新闻发布会》，2019 年 1 月 9 日，深圳热线（https：//focus.szonline.net/contents/20190109/20190133267.html）。

动，引领地标性集聚区和旗舰型夜间消费项目。

需要注意的是，地域文脉的挖掘、提取、改造并转化为夜间文化消费集聚区的这一过程，充分体现了城市更新与文化之间的关系，即文化是一种传导性举措，借助文化场景的塑造来刺激文化消费。① 因此，政府政策引导下的夜间文旅消费集聚区也较为典型地体现了"后场景"过程中城市公共政策与场景之间的相互塑造。正是因为城市的特质需要场景来呈现，夜间文旅消费集聚区的创意场景营造以某种历史文化资源或现代文化资源为依托，或偏重文艺、或偏重娱乐、或偏重休闲、或偏重创意创新，抑或更偏向综合，其背后均有具有辨识度的文化价值观来吸引人群和相关活动，从而带动文化消费，共同推动都市休闲经济的发展。

四 "夜之魅"：审美化与多元化

与白天不同，夜晚更具有娱乐、休闲、非正式等属性，夜间消费因而更具体验性、随机性。夜间经济并不简单是一个经济问题，也不仅仅是吃喝的命题。近年来，夜间经济逐渐摆脱"摊头经济"、餐饮经济等狭隘思维，而是逐步吸纳地域文化、特色文化，主动适应并积极引导消费文化，打造符合大众审美趣味的创意活动，以定期或不定期的文化事件，形成高质量、可持续、特色化发展的夜间文化消费品牌。

（一）具有审美趣味的创意活动

清华大学文化创意发展研究院副院长殷秩松认为，文娱产业不能再用简单的夜间经济供给来满足公众，业态的提升是夜间经济所必须关注的面向，其中包括现代的审美、产业的创新，这是如今提振夜间经济的一个重要原则。② 因此，尽可能打造符合各类群体审美趣味的文化新业态是提升城市夜间消费水平的重要发力点。在此背景下，举办定期或者不定期的文化节庆，以个性化的文艺活动吸

---

① Navarro J. C. and Clark T. N., "Cultural Policy in European Cities", *European Societies*, No. 24, 2021, pp. 636 – 659.

② 李雨青等：《本土文化引导夜间消费升级》，《人民日报海外版》2019 年 8 月 12 日第 7 版。

引更多人参与到夜生活之中,有助于盘活区域的餐饮、娱乐、文化功能,激发区域文化活力。

以深圳湾国际艺穗节为例,艺穗节迄今已举办了12年,2021年以"全城艺穗 Fringe the City"为口号,设置七大板块,有127组艺术家及团队参与,11天内上演48场精彩演出,把剧场、天台、公园、广场、街道、巴士、书吧等日常生活环境变成舞台。① 其中,七大板块各有侧重,呈现为各类艺术文化活动。比如,"艺穗大戏"上演着实验性、先锋性、艺术性的戏剧;"艺穗大舞台"则由国内外艺术家带来不同类型的音乐;"艺穗町"联合青年艺术家、创意人带来各种艺术产品;"艺穗在古城"以南头古城为场地,进行快闪、表演、戏剧、音乐等新奇有趣的活动。虽然艺穗节并不是专门的夜间文化节庆,但不少在夜晚开展的演出也促使市民与城市空间产生碰撞与互动。另外,2020年末,深圳举办了首届深圳国际光影艺术季。这一主要体现夜晚光影魅力的艺术季由国内外众多艺术家和团体打造,展示了179件光影与新媒体艺术作品,在全城5个区的20个地点举办了34场主题活动,活动人流量达到1023万人次。② 这些作品融合艺术与科技,让市民游客在放慢脚步、放松心情的同时,感受深圳的夜间光影艺术魅力。作为本届光影艺术季的获奖作品,"光影山水—奇境上城"主题展览以其互动感、体验感、未来感极强的光影艺术装置,使深业上城2020年12月客流量达到开业以来的最高峰。③ 较之"娱乐、狂欢、动员式的"深圳市民中心灯光秀,"艺术季"则更多思考了光影是如何呼应和观照"生活的深圳"以及生活在其中的市民的,④ 其将光影艺术作品放置于已有的生活设施之间,构成新奇的空间场景,引发市民对人与城市之

---

① 《活动 | 2021深圳湾艺穗节超全攻略出炉!》,2021年11月4日,https://mp.weixin.qq.com/s/ky0jG2RRVebEhm2SqNFRvg。
② 《首届深圳国际光影艺术季圆满闭幕》,2021年3月2日,https://baijiahao.baidu.com/s?id=1693127006326475768&wfr=spider&for=pc。
③ 《首届深圳国际光影艺术季圆满闭幕》,2021年3月2日,https://baijiahao.baidu.com/s?id=1693127006326475768&wfr=spider&for=pc。
④ 《深圳已经率先把他的夜晚交给了艺术》,2021年2月24日,https://mp.weixin.qq.com/s/k-JhYZHAtnJH6zulNEUEbg。

间关系的思考。

除了光影艺术节，音乐节也是夜间创意活动的重要环节。在深圳南山区，运营超过六年的南山周末音乐会逐渐成为具有一定影响力和知名度的城市文化品牌，相关音乐主题活动遍及深圳湾音乐广场、海上世界（活动名称为"海上世界听音乐"）、南头古城、高北十六（活动名称为"榕树音乐会"）、桃源街道等区域场所。尽管并非每个地点都是夜晚演出，但以2021年的南头古城和高北十六两年多的举办情况来看，音乐节大多在晚上6点甚至8点以后开演，时长为一小时或一个半小时。已经连续举办九届的南山流行音乐节，其主会场和分会场活动大多都在晚上举办。从这两个已成规模的公共文化活动可以看出，通过政府采购、专业机构供给公共文化服务，较好地丰富了南山区的夜间文化创意活动，提升了基层市民的审美趣味。

（二）文化新业态的夜间版图

综合各地政府文件、新闻资讯及学者对夜间经济及消费业态的相关论述来看，夜间文化消费业态具有较强的资源依赖性和产业关联性，常常呈现为综合型或专项型、成熟的或新兴的、偏重科技体验或者偏重文化艺术内容的业态，具体可分为夜食、夜购、夜游、夜演、夜展、夜秀、夜娱、夜读、夜养、夜健、夜赛、夜宿等。这些业态背后有着共同的价值观，但本质特性及偏重则有所不同。依据"文化产业存在之根本在于人的'本质冲动'，应从它满足人性精神需要的属性中去建构"[①]，以及学界普遍将愉悦层次分为愉悦耳目、愉悦心意、愉悦神志三个层面，本章将夜间文化消费业态归类为身体愉悦型夜间文化消费业态（如夜食、夜健、夜养、夜宿等）、心意愉悦型夜间文化消费业态（夜购、夜娱、夜秀、夜赏、夜游等）以及精神愉悦型夜间文化消费业态（如夜读、夜习、夜展、夜演等）。

南方都市报联合深圳市商务局打造的《2021深圳夜经济消费报告》提出以夜购、夜市、夜品（即夜食）、夜娱、夜游、夜赏、夜

---

① 宗祖盼：《文化产业类型新探——基于发生学的建构逻辑》，《探索与争鸣》2020年第6期。

趣、夜习为主的八大业态①，其中夜品、夜游、夜购和夜娱是深圳夜间重点消费场景。作为"超一线"城市，深圳有不少大型商圈、商业综合体、商业街区，包括电影院、KTV、书店、艺术空间、文创商店、VR 体验馆、萌宠体验馆、电竞馆、密室逃脱及"剧本杀"馆、DIY 手工坊、射箭馆、游泳健身馆等休闲娱乐、体育类消费品种和项目。当前，这些地方正发展为标杆性的夜间文化消费集聚区。以夜娱、夜食为例，传统 KTV 行业几经起落，如今面临严峻的市场考验。作为一家新概念夜间娱乐综合体，纯 K 的音响音效达到专业水准，HIFI 无损音乐、360 度环绕声场，独家创设包括蹦迪、剧场、运动等情景与派对模式，可自如地切换大屏小屏。作为一个被 KTV "耽误"的美食餐厅，纯 K 打出了餐饮牌，招牌卤肉饭、台湾牛肉面、龙虾汤泡饭等菜品不输专业饭店。以夜展为例，近年来，深圳的博物馆、美术馆机构逐渐进行夜间开放，在展览之外推出主题沙龙等活动。比如，在 2019 年末至 2020 年初"深圳（坪山）艺术季"期间，坪山美术馆在夜间举办了"艺术实践与公共价值"的主题沙龙活动，艺术家和关注艺术实践的市民共同交流讨论、碰撞火花。以夜演为例，基于庞大且受教育程度较高的年轻受众，深圳在话剧、音乐剧、音乐会、儿童剧的票房体量上位居全国前列。又如，南山区文体旅游局对部分文艺演出、体育活动补贴票价，降低受众接触艺术文化活动的门槛。在南山戏剧节活动开展期间，25 台精彩剧目在南山文体中心、华夏艺术中心等场地上演，补贴后的票价为 100 元，学生可享有免票入场的福利。以开心麻花、甸甸巴士话剧团、硬核喜剧等为代表的商业戏剧、即兴喜剧、脱口秀团队也深受深圳人的欢迎，并出现了喜剧酒馆、沉浸式剧场等多种夜间演艺形态。以夜读、夜习为例，深圳享有"图书馆之城"的美誉，除了市、区、街道、社区四级图书馆体系之外，还有"城市

---

① 根据《2021 深圳夜经济消费报告》，深圳夜间消费可细分为八大业态，以购物中心和区域核心商圈为代表的"夜购"、以社区人流聚集的主题街市为代表的"夜市"、以美食餐饮为代表的"夜品"、以酒吧 KTV 和新潮娱乐为代表的"夜娱"、以景区项目为代表的"夜游"、以灯光秀观和特色园区为主的"夜赏"、以亲子游览和娱乐为主的"夜趣"、以文化场馆和学习场所为代表的"夜习"。

书房"和深圳书城等阅读文化地标。作为超大体量的书店,深圳中心书城将餐饮、演出、沙龙、文创、艺术培训机构、市集、互动游戏等活动融入阅读体验,即便晚上九点,深圳仍有不少阅读和学习的人,"24小时书店"更是彻夜开放。以夜健、夜养为例,深圳市政府通过"15分钟健身圈"、绿道修建等惠民工程的实施,激活夜间体育消费潜力,球类运动、游泳、健身中心、瑜伽、射击射箭、攀岩等体育健身也深受深圳市民喜爱。此外,深圳还有以甘坑客家小镇、欢乐谷、世界之窗、海岸城、大梅沙海滨公园等为代表的夜游"打卡地",以华强北步行街、水围1368文化街区、白石洲美食街、中英街等为代表的主题性街区夜市,以海洋奇梦馆、大梦探索乐园、红立方·青少年宫等为代表的亲子游览娱乐地。可以看到,多样的文化空间与艺术活动已经共同构成深圳夜间文化消费的丰富场景。

第二节 案例介绍

一 高北十六:"夜集+夜演"

20世纪下半叶以来,以文化为导向的城市再生在世界各地得到验证。作为城市经济转型升级和空间文化实践的重要形式,文化创意(产业)园区如雨后春笋般涌现。文化创意园区或自发聚集,或由龙头企业开发并吸引其他企业入驻,抑或由政府推动并实行统一管理。这些园区一方面为相关企业的产业集群提供特定场所,另一方面以其多样化的文化创意类活动而成为居民感受城市文脉的空间地标。作为近些年在深圳文化创意园区中崛起的一支新秀,高北十六地处南山科技园,由东方信息港改造而成,开发及运营主体是深圳盈致未来文创管理有限公司,成立之初即与同济大学设计创意学院等国内外知名高校展开合作,旨在成为以创意驱动产业发展的未来生活方式孵化场所。2019年,"你好,设计"主题讲座、"虫洞市集"陆续推出,成功地打响了园区品牌。之后,高北十六相继推出"榕树音乐会""爵士音乐会"等系列活动,致力于打造白天分享创意设计知识、晚上享受悠闲有趣的夜生活的好去处。高北十六创意园的夜间创意场景营造是主体多样化、文化空间及设施特色化、文化实践活动丰富化等多要素构建的结果。

（一）高北十六创意园的夜间创意场景要素分析

1. 创意设计引领的运营主体

在短短的三年多时间内，高北十六创意园凭借独树一帜的"微更新、巧运营"模式，一跃成为深圳最年轻的市级文化产业园区，并获得2020年ULI亚太区卓越奖。在深圳市政府及南山区政府的支持下，勇于探索新模式的盈致未来文创团队、园区内的入驻品牌商家以及年轻的消费受众群体共同创造了高北十六创意园的空间风格。

高北十六创意园的开发及运营主体是盈致未来文创管理有限公司，这是一家专注于未来创新业态孵化、文化产业合作、建筑空间活化的文化企业，以创意运营思维集结并整合文创科技企业、设计创意院校、文化艺术机构等创意社群。团队成员既有文化旅游行业经验丰富、打造过多个城市文化名片的核心成员，也有一群来自建筑规划、环境艺术、广告创意、品牌策划等专业领域的年轻成员。多样化的团队使得高北十六形成了崇尚创意设计的文化氛围，其团队的专业度也使高北十六在深圳一众创意园区中迅速崛起。

2018年，刚成立的高北十六创意园联合同济大学设计创意学院、意大利米兰理工大学设计学院等世界一流的创意设计教育与研究资源，并与腾讯等多家国内外优秀企业展开紧密合作，推出展览、讲座、创意嘉年华等活动。之后园区陆续拓展了众多活动品牌，有着自己的共创伙伴与社群联盟。例如，"虫洞市集"之所以能够成功，是因为招募到众多的内容伙伴、媒体伙伴，并联合虫洞居民共同打造创意市集。除此之外，园区内设有台湾音乐奶缇茶馆813芭依珊、吉野家、醒食刻轻餐吧、Fashion Lab、有司极限运动、Sixty-six滑板定制体验店等20余个长期入驻的品牌商家，为前来高北十六的人们提供更舒适的生活体验方式。[1]

---

[1] 《虫洞市集第四季 | 关于秋天的美好回忆，我挑出来送给你》，2021年11月16日，高北十六微信公众号（https://mp.weixin.qq.com/s/fZQrQzqEJrMNHvt8z-rwZg）。

高北十六创意园区之所以能够快速改造完毕、投入运营，离不开深圳市政府的政策支持。不论是鼓励"三旧"①改造成文化产业园区的城市更新政策，还是针对深圳文化产业发展的相关政策②，深圳市政府积极引导夜间经济发展的文化转型，推动以高北十六为代表的创意园区拓展夜间消费时空，同时肩负监管、活动审批的职责，以相关活动基金或专项资金③资助高北十六创意园区策划创意活动，丰富夜间文化消费项目。例如，"榕树音乐会"是深圳公共文化服务品牌活动"南山周末音乐会"的组成部分，负责音乐板块的内容团队"五7音乐社"结合高北十六的自身特色，为原创乐队和音乐爱好者搭建桥梁，联络小有名气的音乐人来进行表演。该活动得到南山区委宣传部、南山区文化广电旅游体育局、南山区城市管理和综合执法局、西丽街道办事处的大力支持。活动期间，园区常常聚集三五百人甚至上千人。其中除了艺术家、创意工作者之外，还有本地的年轻人及附近的上班族。2021年"榕树音乐会"的十场活动分别邀请了绿巴士乐队、风夏乐队、安朕宇＆柒元堂、S.M.K.少势音乐、赵南颖、HeyDog嘿狗乐队、解忧·俱乐部、半成品乐队、坚定捍卫乐队、褚乔＆无限伸展乐队。作为原创音乐人或乐队，他们的作品涵盖摇滚、爵士、金属、民谣、电子、流行等多种元素和风格。到场的观众以科技园周边及南山区的青年人为

---

① "三旧"改造一词来源于广东，2009年来广东率先在全国开展"三旧"改造工作。三旧分别指"旧城镇、旧厂房、旧村庄"改造。
② 如《深圳文化创新发展 2020 实施方案》（2016 年）、《关于加快文化产业创新发展的实施意见》（2020 年）等政策。
③ 根据 2021 年南山区自主创新产业发展专项资金资助项目（文化产业发展分项）的公示结果来看，南山区文化产业发展分项资金［文化（体育）产业园区宣传与品牌活动补贴项目］对深圳市盈致未来文创管理有限公司举办的原创活动"虫洞第三季—平行世界"给予资助金额 11.01 万元。详见深圳市南山区企业发展服务中心《南山区自主创新产业发展专项资金 2021 年第一次会议拟审议资助企业名单公示》，2021 年 2 月 26 日，http：//www.szns.gov.cn/nsqqyfzfwzx/gkmlpt/content/8/8573/post_8573654.html#15691。在深圳市文化广电旅游体育局关于 2022 年文化产业发展专项资金拟资助项目的促进文化消费拟资助清单里同样给予虫洞市集第三季 23.25 万元拟资助金额。详见深圳市文化广电旅游体育局《深圳市文化广电旅游体育局关于 2022 年文化产业发展专项资金拟资助项目公示的通知》，2022 年 1 月 25 日，http：//wtl.sz.gov.cn/ztzl_78228/tszl/whcy/shgg/content/post_9540945.html。

主，音乐会也成为这些听众的周末娱乐消遣活动。

2. 科技园的生活空间

在空间塑造上，高北十六创意园采取了"快速—可迭代—低成本"的空间改造策略①，将老旧工厂厂房改建为使用面积宽阔的文创园区，导入学院的学术资源，进行社区化运营，由专属创意团队策划一系列艺术文化活动，将有着共同兴趣爱好的市民引入园区。如今，高北十六创意园已经具有较为深厚的社区群众基础，运营团队将文化创意作为转型升级老旧街区的"点金石"，逐渐形成"产业品牌—社会创新"的良性循环。

高北十六创意园面积不大，但却是南山科技园少有的开放式街区，室外空间西广场近1400平方米，东草地约350平方米，榕树广场280平方米，中街近400平方米，最大的室内空间有近800平方米。在建造之初，高北十六就希望打造一个舒适街区和友好生活空间，如今高北十六将自己的宣传口号改为"让闲暇时光更有趣的邻里空间"。在这里，人们可以暂时调慢节奏，从文创活动、美食和音乐中找到意趣相投的伙伴，享受有趣的都市生活。高北十六的活动空间均可根据需要进行预订，举办相关的艺术文化活动。场地中最大的西广场可容纳1200人，使用最多的"里空间"可容纳550人，音响、灯光设备、固定舞台也一应俱全，常用来举行各类演出、讲座等活动。②

3. 创意市集与音乐表演并行

经过数年的持续探索，高北十六已塑造出一系列文化品牌，如奇异讲坛、第六博物馆、五七音乐社、虫洞市集等。其中，主要在夜晚出现的"虫洞市集"、"榕树音乐会"、"爵士音乐会"、漂浮小剧场已经拥有相当一批粉丝群体。近两年，颇受欢迎的脱口秀、硬核喜剧等新表演艺术也开始进入高北十六的夜生活之中。通过这些定期或不定期的活动，高北十六带动了片区的文化互动，吸引了更

---

① 盈致未来文创：《对谈｜盈致未来文创：我们善于站在城市的过去，并用现代的生活方式重构未来》，2020年11月6日，https://mp.weixin.qq.com/s/2SR68c45bEzszViATlPJ6Q。

② 高北十六官网：http://www.block16.com.cn。

多市民的关注。

高北十六的虫洞市集是当下各类夜间文创集市的领跑者。2019年3月，虫洞市集第一季"ZORE艺文创意虫洞"开启，至8月推出第二季"仲夏夜之梦·城市造梦虫洞进行式"，再到2020年跨年前的第三季"平行世界·穿越时空虫洞探索"，以及因新冠肺炎疫情而延期数月、于2021年中秋节推出的第四季"超级配方"，创意市集的活动内容不断增多，但音乐、戏剧、艺文、创意零售、美食等体验形式始终贯穿其中。目前，虫洞市集已携手"200+"创意品牌，经历了"100+"场戏剧、音乐会、工作坊，超过10万市民参加过虫洞活动。虫洞市集一般只举办三天，在72小时的时空环境下塑造独特的社群聚集氛围，衍生出"虫洞居民社群""虫代会合作活动共创会"以及"虫洞制造实验室"等新颖的公众参与项目。

以2021年中秋节期间举办的第四季虫洞市集为例，室内不仅有手工首饰、流行包具、塔罗占卜、"异宠"摊贩，还有虫洞药局、疗愈书屋、非遗服饰艺术屋，也能看到AR、VR等新技术的沉浸体验项目、创客手作、猎奇创意商品等。虫洞市集的摊主多为原创设计师，或各类艺术、设计工作室或公司员工。市集不仅仅是文艺创意展示的交流平台，也是各类创意商品的流通平台和市民休闲娱乐的消费平台。进入夜晚后，虫洞市集举办的活动包括麻花即兴、LIVE、实验舞蹈剧场等。市集在室外搭建了食街及可供观影的休息区，食街里有包括章鱼烧、墙角角、星期零、聚糕兴、椰加、邻隆小酒馆、煎饼研习社等在内的二十家左右的餐饮品牌，休息区放置众多桌椅供人们休息、聊天、吃饭，屏幕里则在播放周星驰的电影。以虫洞市集为代表的夜集、榕树音乐会为代表的夜演，已成为高北十六最受消费者喜爱的品牌活动，充分彰显夜间活动的休闲性。

音乐也是沟通高北十六园区艺文生活与邻里情怀的重要手段之一。高北十六积极联络原创音乐人或团队来进行演出，市民可以免费报名参与"榕树音乐会"、爵士音乐会的活动。最近两年，内容团队"五7音乐社"以专场的形式举办了十几场榕树音乐会，在活动当中，利用抖音等互联网平台进行线上交流。受新冠肺炎疫情对实地空间艺术表演的影响,"五7音乐社"还开创了"五7音乐HOME趴""创意街区电台""音乐博物馆"等系列线上互动栏目,旨在与粉丝受众实现"云上"联结。2021年的跨年倒数活动中,高北十六融合了创意市集和榕树跨年音乐会,通过四组音乐表演以及创意零售和人气餐饮品牌组成的mini创意市集,陪伴乐队粉丝和游客们一起跨年。

(二)高北十六夜间创意场景营造机制

场景理论认为,生活文化设施的价值和功能不是独立存在的,众多舒适物设施组合成特定的场景空间,与多样化的文化活动、人群或组织互动整合而形成不同的场景,并通过这些场景展现出来的价值观和生活方式来吸引更多人群加入。高北十六的各类夜间文化活动的开展及其对区域环境的塑造,一定程度上代表了文化创意园区开展夜间创意场景营造的方向。

作为以设计立足的创意园,高北十六在舒适物设施及空间布局上充满活力和趣味。园区的主题色设定为黄色,在科技园片区独树一帜又不失张扬。整个园区呈开放式,室外空间远大于室内,外围是同济大学深圳NEEDS Lab、TONY城市课堂,以及数家涵盖餐饮、零售、健身、音乐等主题的品牌店和工作室。进入园区后,视线所及之处有美甲店、大榕树以及一些公共便利设施。这里的每家店铺都有自己的风格,适合年轻人打卡拍照。在举办活动时,西广场、榕树广场等空间都可以根据活动需要而重新搭建或灵活组合,这使得高北十六能够创意化地呈现不同主题的场景。

高北十六是以活动驱动为特点的创意园,深圳盈致未来文创管理公司根据园区设计、创意、年轻、社群等定位来开展所有活动,整合了科技、创意、商业等内容运营模式。涉足夜间领域,高北十六主要通过团队来打造品牌活动和工作室,吸引与之匹配的内容伙伴入驻或参与共创。高北十六对创意、设计、生活方式、社区的重视均深刻地影响了园区的夜间场景营造,这种倡导"慢生活"的价值观也一定程度上符合并引导了深圳年轻群体的生活品位。不过,高北十六是基于旧厂房改造的园区,在南山科技园北区,处于科苑北路近北环大道,附近没有地铁,最近的公交车站也只有一个,交

图 5-1　高北十六创意园第四季虫洞市集的夜间创意场景①

通不是非常便利，周围的空间布局主要是科技企业的厂房，整体环境相对封闭。由于缺少商业配套，高北十六创意园的长期入驻商家尚未形成浓厚的商业氛围。比如，在举办虫洞市集等大型活动时搭建的临时餐饮区、零售区、表演娱乐区，基本能满足消费者需求；但像"榕树音乐会"这样的中小型活动则只能依靠特定商家提供服务，最基础的餐饮种类也只能满足部分参与活动的消费者。因盈利能力相对有限，团队在寻求品牌赞助的同时，政府的政策支持也会在一定程度上影响着创意园夜间活动的可持续性。因此，高北十六在未来发展中，应在凸显园区设计、年轻、创意、社群属性的基础上举办多样化的文化活动，吸引更多忠实的消费者与品牌入驻园区，带动园区周边商业配套的优化提升，形成"政府—商户—运营方"的多主体参与结构，从而助力园区文化和商业生态的良性发展。

二　水围 1368 文化街区："夜食 + 夜娱"

霓虹闪烁，人头攒动，沿街的商铺琳琅满目，空气中弥漫着扑

---

①　本书图片无特别说明者，均为作者拍摄。

第五章　创意阶层的伙伴关系与合作共治（一）：都市夜间经济的场景营造

鼻的饭菜香……水围村位于寸土寸金的深圳市福田中心区，邻近皇岗口岸，与香港隔河相望，周边商圈密集，人口集聚，配套繁华。这里是港人来深圳最流连忘返的地方，也是深圳本地人钟爱的"深夜食堂"。每当夜幕降临，水围村这个身处深圳市中心被高楼大厦包围的城中村，就会悄然启动"夜生活"模式，华灯齐放，焕发与白日截然不同的活力与情调。水围1368文化街位于水围村西南面，几年前这里还是平平无奇的城中村"握手楼"，住户鱼龙混杂。2016年进行城中村改造后，这里摇身一变成为深圳城市更新的标杆项目。曾经的破旧街巷不见了，取而代之的是青春洋溢的"彩虹楼"和颇具地方特色的广式骑楼建筑，纵横交错的小巷里汇集着美食、休闲、购物、文化创意等丰富的夜间生活形态，小小一方天地下的时尚感与烟火气并存，兼具异域风情与本土特色，颇受追求品质生活的都市白领和喜爱新鲜事物的年轻人的青睐。

（一）水围1368文化街区的夜间创意场景要素分析

1. 政府、企业、村股份公司与居民的多中心治理主体

水围1368文化街区是2015年深圳市政府提出"1+15"城中村改造项目的牵头项目。这一项目是在水围新村35栋原居民统建楼的基础上，经由政府、企业和村股份公司多方合作，将本土文化元素与移民文化精神相融合，精心打造而成的都市创意生活场景。水围1368文化街区最大的特色是将城市更新、人才保障与生活文化相结合，通过多主体的合作机制、弹性的政策支持、专业的运营团队，实现业主、股份公司、政府、企业、人才的多方共赢。

水围1368文化街区的项目改造工程，充分彰显了合作共治的深远意义。项目之初，水围集体股份公司出面与35栋自建房的业主接洽，以长租的方式获得32.5栋房屋的物业使用权。之后，福田区政府与深业集团有限公司合作，将其中29栋自建房交由深业旗下柠盟长租公寓进行改造，改造完成后即作为区属公共租赁住房定向分配给符合《福田区各行业产业人才租赁住房配租认定标准》的重点企业和社会组织的工作人员使用。在保障了业主与企业基本权利的前提下，福田区政府通过开展城中村综合整治，进一步拓宽了人才租赁住房的筹集渠道，水围集体股份公司实现了村内环境的综合提

升，而来深人才则成为此项目最直接的受益者。便利的交通、低廉的房租、舒适的环境和规范的管理，柠盟人才公寓对"深漂"人群来说具有强大的吸引力。而高端人才的入住，进一步加速了水围村的创意集聚与消费转型，不仅使得社区更加开放包容、充满活力，而且有效地促进区域业态升级，拉动潜在消费，实现经济效益与社会效益并举。因为得天独厚的区位条件，水围村成了港人、外籍人士和内陆"深漂"集中居住的区域之一，形成了多元文化交融的社区形态。水围1368文化街区还凭借自身的美食特色，拥有"深圳最美城中村""美食天堂"等标签，吸引本地人和游客前来拍照游览、品尝美食，享受快节奏都市生活中难得的烟火气。1368文化街区的商铺有餐厅酒吧、人气饮品、特色小吃、创意手作、特产手信、文化艺术六大核心业态，北区以创意、购物为主要商业形态，南区则延续了水围"深夜食堂"的传统，拥有日韩、粤港澳、川渝、上海、潮汕、客家等各式地方美食。

2. 从"草根"到"网红"的空间迭代

拥有600多年历史的水围村是"深圳奇迹"的亲历者与见证者。水围村背靠内陆、隔岸香港、连接两地，自改革开放以来成为深圳最早发展起来的村落之一。作为深圳少有的几个能够做到"不打烊"的美食街区，水围村的辐射范围远远超过了所谓的"离家5公里"或"15分钟生活圈"。纵横立体的交通网络使得水围村成为一个理想的"美食中转站"，也是深圳夜间经济最为繁荣的区域之一。

早在20世纪末，水围村的夜市排档、餐厅舞厅、洗浴中心、酒吧会所林立，形成了丰富的休闲娱乐生态。每到周末，成群结队的港人来这里享受夜生活。如今，在政府的规范和引导下，这些自下而上形成的草根商业形态发展成为规模庞大、特色鲜明的商业集群，服务周边居民的同时也将影响力不断扩散，以美食吸引全市食客前来消费。水围村将处在清拆边缘的村民自建楼改造成地方文化印记与都市品质生活交融的特色文化街区，水围1368文化街区实现了从"城中村"到"网红街"的转变，昔日破落小巷化身"打卡"胜地，关于深圳的新旧记忆在这里汇聚，形成独具魅力的文化消费场景。

　　为了提升社区环境和促进周边业态升级，以及进一步释放区域消费潜力，水围1368文化街区项目应运而生。水围1368文化街区拥有时尚的空间设计，柠盟人才公寓以红、黄、蓝等七原色装饰及命名，让人通过外立面就能直观地感受到青春洋溢的气息。街区的内部空间加建了电梯、空中连廊和青年活动空间，将原本独立的29栋统建楼连成一个整体，营造出开放共享的社区环境。商业街巷部分则被改造成为具有岭南特色的骑楼建筑，连廊连柱、青砖墙令人流连忘返。石拱门配上灯笼、彩旗和各式各样的灯牌，满目可见岁月的痕迹。街区每条巷子的特色各不相同，每间店铺的设计风格兼具时尚的气息与复古的情怀，对内可以满足周边社区住户对品质生活的追求，对外则展现为吸引外地游客的特色文创场景。除了公寓之外，整个街区的所有区域都是完全开放的，无论是工作人员和附近住户，还是食客、游客都可以自由穿梭于街巷之间，或是探访美食，或是拍照观赏，抑或只是抄个近路都毫无负担。这样一个坐落在城市中心，既能尝美食、逛街市又能探寻城市记忆、感受地方文化特色的开放街区，逐渐成为深圳年轻人工作之余休闲放松、享受夜生活的好去处。

图5-2　水围1368文化街区

3. 市井味、娱乐化的创意活动

与周边经营传统业态的消费场所相比，水围 1368 文化街区具有鲜明的文化创意特质。这不仅体现在精心打造的物理环境上，而且蕴含于街区各种生产和生活的实践行为之中。多元的文化、年轻的人群，造就了此地重视自我表达、追求时尚与个性的商业特征。水围 1368 文化街区整体上是一个由多元文化业态汇聚而成的创意空间，街巷内的店铺注重差异化经营。例如，"文和友"老长沙龙虾馆既是麻辣小龙虾的品牌餐馆，也是沉浸式互动剧目《文和暗战》的演出场所。后者是由上海戏游禾壹公司创作，并与"文和友"龙虾馆复古场地相融合的悬疑微恐剧目，在复古"民国风"的背景中，玩家可通过加入不同阵营完成主线任务获得通关或做支线任务获取更多道具币。又如，藏在街区深处的院儿酒吧不仅是一家文艺清吧，也是沉浸式剧场。在这里除了玩"剧本杀"，还有《文和暗战》同班底打造的《华探之雷骆前传》，结合场地、音效、灯光效果及演员的精湛演技的游憩空间，为玩家提供了极大的自由度和绝佳的体验感。

街巷之间的空地，时而化身小吃摊，游客从餐车接过热气腾腾的食物，边吃边逛很是惬意；时而化身创意工坊，"非遗"糖画、手绘涂鸦、工艺品 DIY 等活动，令人参与感十足；时而这里又变成了艺术现场，画展、音乐会、文化沙龙在此处不定期上演，不论是专程前来还是不期而遇，都是一场场美好的邂逅。街区形成了集食、游、购、娱等为一体的夜间文化消费产业链，彼此之间相互引流，提升了水围村的品牌知名度。

（二）水围 1368 文化街区夜间创意场景营造机制

水围 1368 文化街区夜间创意场景的形成，是市场自发选择、政府科学规划、商业经营者与时俱进以、创意阶层合作参与所共同作用的结果。曾经"脏乱差"的城中村如今变成了有情调、有特色的"网红"美食街区，水围 1368 文化街区的建筑空间设计较为出彩。当夜幕降临之时，暖黄色的主题色和红色的灯笼招牌，令具有广府风情的骑楼更具魅力。水围村邻近香港，周边设有人才公寓和住宅区，因此街区展现出的是开放包容的价值观和商业配套齐全的社区氛围，这也进一步吸引创意阶层和年轻群体前来街区进行夜间消费。

水围1368文化街区分为南、北两区，每一条巷子入驻有美食、饮品、酒吧、手工艺品牌店铺，形成"美食+文化"的创意业态。街区目前在夜食上具有较大优势，至少拥有60家以上的餐饮店，整个街区可见食神车仔面、初晴日料、K-POP韩国美食、台山蚝烧烤、国王吐司、京派铜锅涮肉、城记等多种口味的食肆。街区的娱乐业态主要是以酒吧和沉浸式剧目，包括院儿酒吧、求奇侦探酒馆、PLUS NINE啤酒工坊等酒吧，以及《文和暗战》《华探之雷骆前传》等沉浸式剧目。不过，针对未来长远发展，水围1368文化街区应进一步提升街区及其周围的生活文化设施的建设水平，注重培育夜间文化消费业态的多样性，打造出若干能够彰显水围村和1368文化街区特色的区级乃至市级的文化节庆活动，树立深圳"夜生活"的行业标杆。

小　结

本章以主体、空间、活动为分析要素，通过场景理论来考察深圳都市夜间经济的多方参与、地点美学和文化实践。首先，以消费者为中心，政府、艺术家和文化创意产业从业者、商业经营者等共同构成了都市夜间经济的四大利益主体，其关系处于动态博弈之中。夜间经济因消费者的夜间消费而起。商业经营者中的资本和商户塑造与维护夜间生活文化设施并提供相应的产品与服务，是夜间文化消费业态的运营者；艺术家和文化创意产业从业者通过植入自身的艺术文化素养，丰富了夜间消费场景的精神内核与人文内涵；政府作为管理者、引导者、协调者及监督者，充分调动经济、文化、社会资本，推动不同利益主体的良性互动。其次，夜间文旅消费集聚区进行创意场景营造的核心在于舒适物的多样化组合，这意味着城市空间需要在尊重本土文脉的基础上走向开放、公共、集聚。都市夜间经济的空间分布，主要体现为商业综合体（商圈）、文旅场所、休闲功能区。无论是"大尺度"的城市地标还是"小尺度"的街道社区，只有营造公共开放、具有场所感、彰显本土特色及文化辨识度的夜间创意场景才能更好地满足广大消费者"工作时间之外"身心休闲、愉悦的需求，以及对"烟火气"的追求。最后，兼具审美性和多元性的文化消费新业态是夜间经济持续发展的动力源泉。文化节庆（事件）有助于将公共文化服务活动延伸到夜晚时空，通过符合大众审美趣味的创意活动，触动创意阶层的蜂鸣效应并释放场景动能。

通过深圳都市夜间经济的分析，可发现"前场景"与"后场景"的并存：一方面，像华侨城创意园 B10 现场的乐队演出、附近书吧的小众读书会、放映会以及一些不太为大众所知的青年亚文化群体的夜晚文化活动，主要是基于某种文化形式、由圈子内部人士或对这个圈子感兴趣的人参与，更为接近非正式经济、社交网络、微经济活动、文化共生体系等角度的"前场景"①。另一方面，由政府、企业、艺术文化工作者、市民等不同利益主体参与，通过多样化的文化设施布局而形成某种城市共同体的价值观，进而将娱乐和消费作为一种文化动力吸引人群所形塑的夜间文旅消费集聚区，则更为接近"后场景"。"前场景"与"后场景"的良性循环，意味着一种有创意的夜间场景生态的开启。

根据《2021 深圳夜经济消费报告》，深圳的夜间经济已形成"一城多核"的格局，成为具有年轻活力的"不夜城"。得益于深圳"文化强市"战略、一流营商环境的建设，以及深圳市政府多项激励政策的多管齐下，深圳市夜间经济所贡献的消费力已经成为深圳经济的新亮点。不过，深圳的夜间文化消费尚处于起步阶段，应在以下三方面继续深耕。

第一，打好深圳夜间场景的创意空间"组合拳"。深圳拥有大量面向公众开放且设施优良的公共空间及商圈资源，这些专业型消费空间与历史街区构成了夜间创意场景营造的现实基础。从东门老街这一深圳最早形成的本土商业街因"文和友"的引入而人气"翻

---

① 温雯等：《场景理论的范式转型及其中国实践》，《山东大学学报》（哲学社会科学版）2021 年第 1 期。

红"，到华强北这一"中国电子第一街"围绕科技时尚文化特色街区定位进行规划运营，再到南头古城由混乱的城中村蝶变重生，依托特色餐饮、文创业态、创意活动而上演夜间精彩，这些对于夜间创意场景的空间优化具有一定的启发。各区在提取地域文脉重点建设或培育某一特色夜间文旅消费集聚区时，应对该区域的舒适物设施、社区邻里关系、自然条件、特色场景及文化背景等进行调查，构建科学的文化场景数据库，分析场景的多维价值观，并基于原有空间资源，更新相应的舒适物设施和创意活动进入已有场景，以期塑造更具吸引力的夜间消费场景。此外，若要凸显夜间场景的多样性与魅力值，各大商圈还需迭代优化软硬件配套设施，公共文化场馆还需扩大夜间开放范围，文化娱乐场所还需进行针对性的转型升级，文旅资源还需充分挖掘并跨界联动，街道社区还需综合提升管理成效。总之，要充分发挥深圳的主题公园、滨海胜景、购物天堂、图书馆之城、设计之都、美食之都等空间资源的创造性组合优势。

第二，打造具有烟火气的"夜深圳"。夜间经济的发展不仅是经济利润的问题，更关系到市民们的日常生活与交往。因此，夜间经济不应只存在于重大活动期间，也不应只是几个"网红打卡"场所或项目，而是要通过日常化、常态化的高品质场景吸引民众广泛参与夜生活。在深圳夜间经济发展中，夜食、夜游、夜购、夜娱是重点消费场景，夜读、夜演、夜秀、夜养、夜健、夜宿等新兴消费场景也在快速发展。夜食可称得上是夜间消费链的枢纽，因此，应充分发挥美食在夜间经济中的综合效应[①]，着力培育本地美食文化。各大商圈及文旅场所应通过开展主题活动，针对年轻人普遍喜欢的"剧本杀"、酒吧、脱口秀、剧场表演等活动，打造品牌效应，进一步刺激市民的夜间消费需求。政府应在营商和消费环境上下功夫，扶持文娱行业高质量发展，丰富夜间文化消费业态的层次与档次。在反映百姓生活日常的同时，积极打造具有高知名度和美誉度的夜间主题节庆活动、文旅项目，以"现象级"夜文化 IP 彰显深圳这座"不夜城"的无限魅力。

[①] 程小敏：《中国城市美食夜间经济的消费特点与升级路径研究》，《消费经济》2020 年第 4 期。

第三，以"艺术+科技"提升深圳夜生活的精神内涵。文化消费水平的高低不仅取决于居民的消费需求，还取决于文化产品与服务的供给质量。作为"创新之城""移民之城"，深圳历来是各类文化新业态的"宠儿"。但整体来看，深圳夜间经济还存在内容供给不平衡、精神消费跟不上等短板。此外，深圳虽然具有良好的公共文化服务基础（比如完善的图书馆体系助力夜读场景的构建），但深圳在戏剧、音乐等原创文艺品牌打造和常态化演出上还有很大的提升空间。深圳的夜生活应能够彰显城市个性，将科技基因融入新品研发、业态创新、服务管理、场景塑造之中，如以数字技术赋能商圈运营及门店管理，以AR、VR、人工智能技术等打造沉浸式体验型文旅消费项目，以线上与线下联动的夜间创意场景建设提高人们的消费满意度，以"技艺相融"的方式营造城市夜景，让市民感受城市的光影魅力。

第六章

创意阶层的伙伴关系与合作共治（二）：城市公共文化服务的智慧治理

随着中国城镇化进程的快速推进与高度发展，城市运行管理呈现日益繁杂的趋势，尤其随着5G、人工智能、物联网、大数据、云计算等新一代信息技术的出现，如何与数字化深度接轨成为当下城市公共文化服务建设面临的重要问题，这也要求政府不断地更新自身的治理理念，将这些数字化思维和数字化手段引入城市文化治理的实践过程。

回顾中国城市管理的数字化建设历程，2000年发布的《中共中央关于制定国民经济和社会发展第十个五年计划的建议》首次将"信息化"作为国家战略，推动搭建信息高速公路成为21世纪最为重要的政务工程之一，自此政府的政务服务开始全面向网络化转型探索，所催生的政务网络交流平台成为政府便民服务的典型代表。2010年后，随着大数据的出现与兴起，我国的城市建设开始从"信息化+治理"向"大数据+治理"模式转变。2012年，工信部发布《物联网"十二五"发展规划》、科技部发布《中国云科技发展"十二五"专项规划》，在这些政策文件的指导下，大数据被广泛地应用于疾病防治、灾害预防、社会保障、电子政务、政府监管等领域，基于神经网络和机器学习技术革新的图像识别、算法判断、机器决策等人工智能技术逐渐强有力地支撑城市管理。2017年，国务院《新一代人工智能发展规划》进一步提出要"推进社会治理智能化"。2020年，党的十九届五中全会进一步指出要加强数字社会、数字政府建设，提升公共服务、社会治理等数字化智能化水平的要求。2021年国务院发布的"十四五"规划及2035年远景规划再次强调，加快建设数字经济、数字社会、数字政府，以数字化转型整体驱动生产方式、生活方式和治理方式变革。2021年6月22日，广东省人民政府发布《广东省数字政府省域治理"一网统管"三年行动计划》，明确将进一步深化数字政府改革，打造理念先进、管理科学、平战结合、全省一体的"一网统管"体系，努力打造全国数字化治理示范省。在深圳，早在2004年10月建设部出台的《关于公布数字化城市管理试点城市（城区）名单的通知》（建城函〔2005〕207号）文件中，深圳市就被列入数字化城市管理首批试点城市（城区），在全国范围内大力推广数字化城市管理新模式。2012年深圳市发布《智慧深圳规划纲要（2011—2020年）》，加速政务服务数字化转型，智慧治理全面启动。2017年，《深圳市信息化发展"十三五"规划》发布，提出要建成全程全时的公共服务信息化体系。2018年发布的《深圳市新型智慧城市建设总体方案》提到要建设城市大数据中心和智慧城市运行管理中心。2021年1月，深圳市人民政府发布《深圳市人民政府关于加快智慧城市和数字政府建设的若干意见》，提出深圳市加快智慧城市和数字政府建设的总体要求、重点任务和保障措施，推动通信网络全面提速，推进公共服务"一屏享、一体办"，强化网络信息安全管理，实施"云上城市"行动等。同年，《深圳市数字经济产业创新发展实施方案（2021—2023年）》提出要在电子政务等重点行业领域形成一批可复制推广的解决方案，将深圳打造成为全国信创产业的发展高地。

在实践应用层面，2004年，以北京市东城区、朝阳区为代表，通过将信息技术引入城市管理，实现技术创新与制度创新的融合，推动城市管理领域的流程再造，探索出以网格化为基础的数字城市管理新模式，并迅速在全国推广。[①] 近年来，随着新一轮科技产业革命的发展，特别是5G、人工智能、物联网、云计算、大数据等技术的应用，又兴起了以上海的"两张网"（一网通办、一网统管）、杭州等地的"城市大脑"、雄安新区数字孪生城市等为代表的新一

---

① 焦永利等：《从数字化城市管理到智慧化城市治理：城市治理范式变革的中国路径研究》，《公共行政》2021年第4期。

轮城市治理模式变革。而广东运用"粤省事"App 大力推动"数字政府"改革，实名注册用户达到 1.15 亿，高频服务事项基本实现"指尖办理"，政务服务"一网通办"水平走在全国前列。[①] 发挥创新型科技企业的力量，推动其参与城市治理已成为鲜明的深圳特色。以深圳具有代表性的科创企业为例，腾讯集团从连接到赋能，借助自身强大的 C 端能力和流量，推出"互联网+智慧医院""互联网+社会保障""互联网+警务""互联网+交通"等数字城市创新实践；华为集团则以 5G、云计算、物联网、人工智能等一系列最新规模商用的技术，推出"沃土"数字平台，打造智慧城市的基础平台和神经系统，助力龙岗区"城市大脑"的全面建设；平安集团于 2018 年成立智慧城市公司，围绕"新基建"重点发展人工智能、区块链、云服务、大数据、安全、物联网、边缘计算、数字孪生和 5G 等九大科学技术，积极融入深圳智慧城市的建设与发展进程。如果说早期的数字化城市管理主要是借鉴国外经验、将信息化技术与我国的城市管理体制进行初步的融合，那么，当前面向智能社会的城市数字化治理新模式尽管仍在探索与完善之中，但也体现出更为鲜明的"中国原创"特点。

有鉴于数字技术广泛地参与到城市治理之中，技术变革、技术参与已成为提升国家治理能力、实现治理体系现代化的重要抓手，如何通过数字技术来优化城市领域的公共文化服务体系建设，深入推进公共文化服务的均等化、标准化和社会化？"数字孪生""城市大脑"等新型城市治理模式如何影响公共文化服务的智慧化变革？广东省公共文化服务体系的体制机制改革经历什么样的改革历程？又积累了哪些数字化创新经验？深圳在推进城市公共文化服务的智慧治理上有哪些创新做法？本章通过厘清城市公共文化的治理维度，聚焦以"数字化"来实现"公共性"的学理依据和应用模式，立足于广东城市公共文化服务体系的建设历程和创新作为，进一步以深圳的都市"灯光秀"与公共情感及城市品牌的塑造、腾讯"一机游"与智慧文旅的形塑为个案，以此来说明强调多方参与、跨界

[①]《打造全国数字化治理示范省》，2021 年 6 月 22 日，南方日报（https://epaper.southcn.com/nfdaily/html/2021-06/22/content_7949550.htm）。

融合的数字化治理对提升城市公共文化服务水平的深刻影响。

第一节　城市公共文化服务的智慧化变革

一　公共性与数字化：城市公共文化的治理维度

（一）"城市+公共文化服务体系"

1. 公共文化服务体系

现代社会是一个价值多元的社会，近代资本主义时期市民社会的形成使学界将视线转向公共领域。由此，公共性议题的凸显，促使对文化之公共价值的关注逐渐成为一大研究热点。马克斯·韦伯提出"世界的祛魅"，认为"文化逐渐丧失了公共性的品格，越来越难以构成公众之间的共识"。[①] 汉娜·阿伦特高度肯定了公共领域的价值，认为公共领域能够超越社会差异属性而形成平等对话的空间。[②] 哈贝马斯指出，资本主义民主化进程推动了政治国家与市民社会的分离，市民社会内部又再度分化为政治公共领域和文化公共领域。公共领域包含公众、公共舆论与公共媒介三个方面，这里所指的公众并没有身份、阶层限制，只要某一个自愿地关注某些普遍利益，就有可能成为公众的一部分。[③] 在文化公共领域中，市民们就所共同关心的政治、经济、文化问题相互讨论，形成公共舆论或曰公共文化。公共文化有助于整合市民的价值观念，建立市民社会统一的价值认知体系。可以发现，公共领域、公共文化的实现条件都超越了个人私利与必然性，但这并不是在描绘一个乌托邦景象，而是指出了一条通往自由、共同的社会的理想路径，"公共性"研

[①] 袁祖社：《"公共性"的价值信念及其文化理想》，《中国人民大学学报》2007年第1期。

[②] [德] 汉娜·阿伦特：《公共领域和私人领域》，刘锋译，转引自汪晖等编《文化与公共性》，生活·读书·新知三联书店1998年版，第84页。

[③] [德] 尤尔根·哈贝马斯：《公共文化》，汪晖译，转引自汪晖等编《文化与公共性》，生活·读书·新知三联书店1998年版，第125页。

第六章　创意阶层的伙伴关系与合作共治（二）：城市公共文化服务的智慧治理

究的意义就体现为其理想性。[1]

"公共文化"（public culture）的正式提出是在1988年创刊的英文学术杂志《公共文化》的创刊号上，杂志主办者对这一概念进行了学理阐释。该杂志的骨干学者、人类学家阿帕杜莱指出，使用公共文化，而不是人们熟悉的流行文化、精英文化、大众文化、民族文化等概念，旨在超越文化中阶级、品位、民族等差异，表达社会所共有的文化，表示一个共同体的公共生活与文化共享。[2] 全球化与多元文化的并存，精英文化与大众文化的对话，以及民族国家的各种政治议题促成了"公共文化"的广泛讨论。在此后的几十年间，西方国家关于公共文化相关问题的研究，大多出现在公共经济学，公共管理学及文化创意产业以及文化政策等相关研究中。

在中国，从官方到学界均对"公共文化"形成广泛共识，[3] 根植于当下中国社会的特殊结构、制度以及社会全面转型的大背景之下。[4] 20世纪90年代以来，面对社会主义市场经济体制改革带来的快速城镇化以及西方现代价值体系的冲击，文化的公共性问题日益凸显，呈现出鲜明的本土意识。当前，学界对公共文化的研究主要聚焦于"公共性"。从公共文化的历史沿革来看，不同国家、民族、地区以及不同时期的公共文化有着形态和内容的差异，而公共文化是一个社会得以存在和延续的基本要素。在这些社会中，公共文化意味着某一文化被某一群体共享与认同，文化的公共性是文化分享性的基础。[5] 从公共文化的本质属性来看，文化的公共性要得以彻底实现，必须普遍确立和承认公众的基本文化权利，而公众基本文

---

[1] 袁祖社：《"公共性"的价值信念及其文化理想》，《中国人民大学学报》2007年第1期。

[2] Kopytoff Igor, *Public Culture: a Durkheimian Genealogy*, Public Culture Bulletin, 1998. 转引自高丙中《公共文化的概念及服务体系建设的双元主体问题》，《广西民族大学学报》（哲学社会科学版）2016年第6期。

[3] 花建：《增强我国文化整体实力和竞争力研究（下册）》，上海社会科学院出版社2018年版，第757—759页。

[4] 袁祖社：《"公共性"的价值信念及其文化理想》，《中国人民大学学报》2007年第1期。

[5] 荣跃明：《公共文化的概念、形态和特征》，《毛泽东邓小平理论研究》2011年第3期。

化权利的确立只能是现代市场经济充分发育的结果，因此，文化与市场经济形成不可分割、相辅相成的辩证关系。① 闫平进一步认为，服务型政府的公共性表现为接受公共支持、具有公共精神、实现公共价值、满足公共需求。② 从公共文化的类型构成来看，有学者从本体/现象的角度进行二元划分，意即从本体层面上看，指文学和艺术概念下的书籍、戏曲艺术表演、城市公园里的公共雕塑等文化艺术形式；从现象层面上看，指个人或社群在共同的活动或实践中进行文化资源的展示、传播、接受和利用，并形成共享意义的过程，即公共文化的形成与接受过程。③ 也有学者从外延/内涵的双重属性进行区分，认为在外延上，公共文化指的是具有群众参与性、资源共享性等外在公共性特征的文化，往往依托文化站、群众艺术馆等公共文化场所，借助公共图书馆、公共博物馆的公共文化资源开展群众文化活动；在内涵上，公共文化是在文化的精神品质上具有整体性、公开性、公益性、一致性等内在公共性特征的文化，它培养人们的群体意识、公共观念以及文化价值观念上的群体认同感和社会归属感，追求文化的和谐发展与文化整合。④ 还有学者从政府/民间的角度说明公共性的构成维度：从政府工作的角度来看，公共文化是公共财政支持的文化事业；而从民间社会的角度来看，公共文化是能够合法出现在公共领域的文化，是每个成员都可以参与的文化，且这些文化或文化活动则有利于人们的认同。⑤ 尽管上述学者对公共文化的认知存在一定的差异，但也可归纳其理论共性。也就是说，公共文化的公共性既是被公众与社会广泛认同、共享，且经由行政或政治程序认同的，对社会成员具有公共利益的民间文化；也是具有内涵的价值尺度与价值追求的一种与国家政治管理不同的社会整

---

① 张晓明等：《公共文化服务：理论和实践含义的探索》，《出版发行研究》2008年第3期。
② 闫平：《服务型政府的公共性特征与公共文化服务体系建设》，《理论学刊》2008年第12期。
③ 王平等：《公共文化研究：从概念出发》，《图书馆论坛》2022年第5期。
④ 万林艳：《公共文化及其在当代中国的发展》，《中国人民大学学报》2006年第1期。
⑤ 高丙中：《公共文化的概念及服务体系建设的双元主体问题》，《广西民族大学学报》（哲学社会科学版）2016年第6期。

合方式。①

改革开放四十年来，中国公共文化服务体系建设主要经历了"政府主导""市场运营""人民主体"三大发展阶段。② 首先，"政府主导"型的公共文化服务指的是由政府统包统管的文化事业管理体制。哈佛大学裴宜理教授认为，中国革命的文化传统是共产党通过意识形态对文化内容进行选择，由政府提供文化服务。③ 这一做法在五四运动之后得到发扬，共产党在后方根据地进行文化筛选，将民间喜闻乐见的文化旧形式、旧内容转变为新时代文化形式，开辟了一条使老百姓生活中的文化进入政府管理公共空间的通道。④ 这一革命时期的文化发展战略在中华人民共和国成立后依然延续了下来，以"管"和"控"的方式管理文化在很长一段时间内占据着主流话语。不过，政府主导的模式导致公共文化服务出现资源配置效率不高、政府考核标准不科学、群众参与意识薄弱、官僚主义等诸多问题。其次，"市场运营"型的公共文化服务指的是利用市场的竞争机制进行资源配置的公共文化供给。1992年，邓小平南方谈话在"姓资姓社"问题上一锤定音，推动市场向民营企业开放。思想的解放促进了公共文化服务的市场化、商业化进程，部分文化单位向市场开放。相较于政府主导形态，引入了部分市场机制的公共文化服务在资源配置效率与运作灵活性方面具有明显的优势，但由于市场的竞争性、趋利性与公共文化服务的非竞争性、非排他性具有天然的隔阂，一味地将公共文化服务推向市场，可能导致"政府

---

① 万林艳：《公共文化及其在当代中国的发展》，《中国人民大学学报》2006年第1期。
② 许继红等：《中国特色公共文化服务体系的现代化进程研究》，《经济问题》2018年第12期。
③ ［美］裴宜理等：《发掘中国革命之传统》，阎小骏译，香港中文大学出版社2014年版。转引自高丙中《公共文化的概念及服务体系建设的双元主体问题》，《广西民族大学学报》（哲学社会科学版）2016年第6期。
④ 高丙中：《公共文化的概念及服务体系建设的双元主体问题》，《广西民族大学学报》（哲学社会科学版）2016年第6期。

越位"与"政府缺位"等问题。① 最后,人民主体形态指的是切合"以人为本"的科学发展观的指导方针,以人民的文化需求为出发点,切实维护好、发展好、实现好最广大人民群众的文化权利。"人民主体"发展形态将公共文化服务视为一项民心工程,将人民的创造力视为公共文化服务体系的内生活力和动力。② 较之"政府主导"与"市场运营","人民主体"形态下的公共文化服务体系更具时代性和包容性,顺应了适应市场经济运行环境的现代公共管理和公共服务理念,体现出公民参与意识的觉醒、社会力量的壮大与国家现代化的不断推进。"人民主体"是中国公共文化服务体系建设的基本内涵,也是政府治理体系与治理能力现代化的内在要求。构建现代公共文化服务体系是在国家治理体系发生重大转型、公共文化服务提质升级背景下提出的全新概念,是人民主体思想在公共文化服务领域的践行,反映了政府对于文化价值、文化职能的全新理解和战略性定位。

2. 城市公共文化服务体系

与乡土社会结构下的"熟人"社会不同,现代城市是"一个由相互陌生的人所构成的陌生人社会"③。随着快速城镇化的深入推进,人口流入城市带来的聚集导致城市道德真空填补、社会信任重构与基层治理变革等难题。④ 保障公民在城市过上有秩序、有道德、有意义的生活,将"陌生人的社会"构建为一个具有自我认同与内部凝聚力的共同体,⑤ 是城市公共文化服务体系建设的重要任务。

作为城市文化建设的重要组成部分,城市公共文化服务体系既

---

① "政府越位"指的是一些文化事业单位受到计划经济时期管理模式的影响,在公共文化领域仍采取政府"大包大揽"的方式,束缚了公共文化服务的灵活性与开放性。"政府缺位"则指的是在市场经济条件下,政府将公共文化服务完全推向市场,在导向问题与法律问题上疏于监管,导致公共文化服务过度商业化,失去了公共文化服务应有的作用,最终的后果是公共文化服务体系出现"市场失灵"的情形。许继红等:《中国特色公共文化服务体系的现代化进程研究》,《经济问题》2018年第12期。

② 刘新成等:《中国公共文化服务发展报告(2014—2015)》,社会科学文献出版社2015年版,第98页。

③ 龚长宇等:《陌生社会秩序的价值基础》,《科学社会主义》2011年第1期。

④ 何绍辉:《论陌生人社会的治理:中国经验的表达》,《求索》2012年第12期。

⑤ 何绍辉:《论陌生人社会的治理:中国经验的表达》,《求索》2012年第12期。

第六章　创意阶层的伙伴关系与合作共治（二）：城市公共文化服务的智慧治理

要改变以往城市建设中"重物质体验，轻精神生活"的状况，又要保护城市历史文脉、展现城市文化特色，还要拓展市民日常文化活动空间并提升市民的社群文化。[①] 具体到不同的城市，其公共文化服务体系建设的内容和渠道呈现多样化的形态，往往与城市的基础条件和市民需求息息相关。比如，安徽省滁州市为积极应对人口老龄化，切实保障老年人文化权益，进行公共文化服务体系"适老化"改造，保障老年人公共文化服务权益。又比如，作为拥有两千万人口的超大城市，深圳拥有数百万农民工和城市移民，外来人口众多，群众文化需求多样。从深圳的公共文化服务体系建设实践来看，无论是推出适合外来建设者便利参与、促进其身心健康的文体基础设施；还是充分利用深圳高新技术发达优势，加强公共文化与科技应用结合，构建公共文化技术服务支持体系；抑或是坚持以改革创新为动力，形成持续发展的公共文化综合创新体系等，都带有强烈的"深圳气质"。简言之，城市公共文化服务体系既要解决我国城市化进程中所面临的共性问题，也因为具体城市所面临的问题的不同而有所差异。随着现代公共管理和公共服务理念的普及与优化，城市公共文化服务体系的范畴将不断调整、拓展，发挥文化在城市发展中的价值引领作用。

现代治理理论有助于公共文化服务体系从"管控"走向"服务"。中国城市文化治理的最大特色是与城市问题的解决相结合，[②] 它并非单纯为了关注文化后面的美学问题，而是关注以文化为支点的城市社会问题、城市民生问题和城市发展问题。因此，文化治理视域下的公共文化服务具有多重治理价值和治理效应，既要摆脱以往"自上而下"的供给模式，注重政府与多元主体之间的协作关系，建设服务型政府；也要激发社会自主性，畅通群众反馈渠道，避免政府"一言堂"与"独角戏"，将公共文化服务打造成培育群

[①] 吴丹等：《面向多源异构资源融合的公共文化数字化建设路径》，《西安交通大学学报》（社会科学版）2021 年第 5 期。

[②] 宋道雷：《从城市生产到文化治理：中国城市文化建设实践的历史、现实和机制研究》，《山东大学学报》（哲学社会科学版）2021 年第 6 期。

众主人翁精神，增强政府合法性认同与民族国家认同的重要途径。[①]正因为文化具有影响人、塑造人、感染人、提升人的价值引领作用，发展好公共文化，意味着通过文化的公共性来推动政治、经济、社会等其他国家治理领域问题的解决。由此，作为一种软性治理策略，公共文化服务体系建设更意在成为一种公共政策的文化策略，[②] 以文化的公共性来助推其他城市问题的柔性解决。

（二）城市治理数字化模式及其在公共文化服务体系领域的应用

"智慧大脑"的出现可溯源至2009年IBM公司首席执行官彭明盛首次提出"智慧地球"概念，主要倡导将最新的技术运用到城市建设中，以期推动城市的智慧化发展，由此延伸的"智慧城市"概念极大地推动了世界各国城市的现代化进程。[③] 不过，"智慧地球"的概念相对缺乏对实践的规范与指导，很快在城市与城市之间、行业与行业之间都推出了各自的智慧化方案，智慧化建设走向点状发展，技术只是被引入城市治理中，并没有起到赋能的作用。随着技术领域的不断摸索与创新，"城市大脑"在此前的基础上进行了迭代升级，也成为城市智慧治理的关注热点。城市大脑是互联网大脑架构与智慧城市建设结合的产物，是城市级的类脑智能巨系统，在人类智慧和机器智能的共同参与下，在物联网、大数据、人工智能、边缘计算、5G、云机器人和数字孪生等前沿技术的支撑下，城市神经元网络和城市云反射弧将是城市大脑建设的重点。[④] 其主要特点呈现为连接、赋能与协同，通过城市神经元网络的搭建，城市内部被连接起来，技术在监察、反馈及解决问题上发挥着重要作用，借助大数据和云服务城市各子单元也被有效地协同起来，"城市大脑"的建设就如其名字一样，发挥着大脑之于人体的重要作用。又因为建设的对象是城市整体，所以"城市大脑"很快作为城

[①] 吴理财等：《中国公共文化服务体系建设40年：理念演进、逻辑变迁、实践成效与发展方向》，《上海行政学院学报》2019年第5期。

[②] 任珺：《当代都市治理与策略的文化转向——国际经验及深圳创意城市实践》，《南方论丛》2014年第3期。

[③] 李云杰：《IBM转向"智慧地球"》，《IT经理世界》2009年第6期。

[④] 刘锋：《城市大脑的起源、发展与未来趋势》，《学术前沿》2021年第5期。

第六章 创意阶层的伙伴关系与合作共治（二）：城市公共文化服务的智慧治理

市智慧化建设的样本被复制开来。

2016年，杭州基于改善城市交通状况，与阿里巴巴合作推出"智慧大脑"的一体化解决方案。① 随后，上海、海口、福州、北京、长沙、郑州、合肥、宁波、深圳、呼和浩特等城市也都开展了"泛城市大脑"建设。至2021年，全国已经有近500个城市开始了城市大脑的建设或规划。② 近年来，上海的"一网通办、一网统管"③、雄安新区的"数字孪生城市"④、华为的"全场景智慧城市"等一系列新型的城市治理数字化模式开始涌现。在此过程中，高科技企业也成为参与智慧城市建设的关键力量，如腾讯提出Wecity未来城市愿景，京东提出发展智能城市操作系统，华为提出的"全场景智能城市体"。虽然在全国各大城市的具体实践中，智慧化建设被命名为不同的名字，但整体与"城市大脑"的数字化建设逻辑有着高度的同构性。

---

① 城市的复杂度远远超出人类本身智能可以解决的范围，但人类可以发明出新的智能即机器智能来解决挑战。"城市大脑"就是未来数据资源时代的城市数字基础设施，是用算力和数据资源去优化和高效调配城市自然资源和公共资源的使用，用计算能力和数据价值造福每一个家庭，将来应该像规划土地资源一样规划城市数据资源，像规划垃圾处理一样规划数据处理。王坚：《"城市大脑"：大数据让城市聪明起来》，《政工学刊》2020年第1期。

② 唐奇云：《全国500多个城市想建"城市大脑"》，2019年3月31日，http://www.cnr.cn/shanghai/tt/20190331/t20190331_524562061.shtml。

③ "一网通办"是对政务服务提出的新要求，目标是智能化管理、智慧化服务。"一网统管"是指通过建设、架构和联通与城市运行管理和突发事件应急处置相关的各类城市运行系统，形成"城市大脑"，并对海量城市运行数据进行采集、汇聚、分析、研判和应用，从而实现城市运行"一屏观天下，一网管全城"目标的技术治理模式。详见汪玉凯《"一网通办"，政务服务新境界》，《中国信息安全》2019年第3期；董幼鸿等《技术治理与城市疫情防控：实践逻辑及理论反思——以上海市X区"一网统管"运行体系为例》，《东南学术》2020年第3期。

④ 数字孪生城市以城市复杂适应系统理论为认知基础，以数字孪生技术为实现手段，通过构建实体城市与数字城市相互映射、协同交互的复杂系统，能够将城市系统的"隐秩序"显性化，更好地尊重和顺应城市发展的自组织规律。周瑜等：《雄安新区建设数字孪生城市的逻辑与创新》，《城市发展研究》2018年第10期。

表 6-1　　全国各大城市的"城市大脑"数字化建设现状（部分）

城市	
杭州	2016年联合阿里巴巴等多家企业开始"城市大脑"建设，前后经历了三个阶段。第一阶段，杭州"城市大脑"选定城市交通作为主要应用场景，通过"城市大脑"接管调控若干街区的红绿灯控制，提升通行效率。具体实现方法是通过人工智能处理视频，识别交通事故、拥堵状况，融合互联网及警务数据，实时高效感知交通运行情况，结合智能调度算法模型，对各类车辆联合指挥调度，保障特种车辆优先通行，城市交通更高效运转。第二阶段，杭州"城市大脑"应用开始拓展到交通以外的领域，如平安城市、城管、旅游、医疗、环境、信用等。第三阶段，"城市大脑"开始在实现多行业数据融合的城市智能方面进一步探索与实践
雄安新区	雄安新区提出的"数字孪生城市"，主要是通过将数字城市和现实城市同步规划、同步建设，物理世界和云端的数字世界相互映射，借助搭建统一的云资源管理平台，实现整体资源的按需分配、弹性服务和统一管理，满足新区政府单位、企业、个人对计算、存储、网络等资源的业务需求，支撑智慧城市、智慧交通、智慧医疗、精准扶贫、人口信息库、企业信息库、地理信息库、经济数据库、物联网等应用，推动雄安新区政府及企业的信息化进程
上海	上海在2020年4月举办了"一网通办""一网统管"工作推进大会，明确了"两张网"的建设思路。"一网通办"是将政府不同的智能板块集成在网上，通过一个端口触达各个"办事大厅"，提高政府服务效率，让"数据跑路"代替"群众跑腿"；"一网统管"主要是利用智慧公安建设成果和大数据、云计算等技术，整合接入住建、交通、水、电、气等22家单位33个专题应用，深化联勤联动，探索研发地图服务、气象服务、交通保障、应急处置等六大插件，围绕城市动态、环境、交通、保障供应、基础设施5个维度直观反映城市运行宏观态势，为跨部门、跨系统联勤联动增效赋能，初步实现"一屏观上海，一网管全城"

表 6-2　　部分科创企业的"城市大脑"数字化建设现状

企业	
腾讯	2019 年，腾讯公司提出了"WeCity 未来城市"的建设构想，未来城市发展分为以下三个阶段：数字城市、智能城市、未来城市。数字城市是效率驱动，以系统为中心，以办公和业务的电子化、自动化为主，通过搭建各种系统完成城市要素的信息化。智能城市是场景连接，以场景为中心，通过"互联网+"将城市全场景与人连接起来，实现服务不受物理空间制约。未来城市是以人为中心、实现物理—赛博融合，深化连接，推动各系统打通，实现物理空间和数字空间融合协同
华为	龙岗区"城市大脑"是华为的第一个全球"城市大脑"智慧项目，具体模式为"一个中心、三张专网、四大基础平台"提升政府智慧化治理能力，"一个中心"即通过龙岗智慧中心政务数据机房汇聚全区人口、法人、房屋三大基础库，可满足全区各部门的多种数据存储需要。"三张专网"即建成政务网，已覆盖全区各党政机关单位、11 个街道办、111 个社区和 38 个园区党群活动中心，实现市—区—街道/机关单位—社区—部分园区、校区的光纤网络互联，支撑政务办公网上高速运转。建成视频专网，共建共享高清视频监控系统，按需共享资源，联网高清探头超过 3.3 万个，猫眼点 9.6 万个，数据总量已达 1129 亿条，日均增加近 2000 万条。建成物联网，构建起"城市大脑"的神经末梢，烟感、电气火灾监测等设备联网近 50 万套。"四大基础平台"即建设数据共享交换平台、运行管理平台、时空信息平台和安全感知平台。通过实施以上"平台+生态"战略，把龙岗"城市大脑"建成全球"样板间"，构建全球领先的智慧城市建设应用示范

当前，信息技术的创新发展，为城市公共文化服务体系的迭代升级带来新的契机。大数据、物联网、云计算、AR、VR 等新一代信息技术有助于建设智能、高效、便捷的公共文化服务体系，这包含了科技化、现代化与个性化三方面的含义。[①] 首先，科技化指的

---

① 吴丹等：《面向多源异构资源融合的公共文化数字化建设路径》，《西安交通大学学报》（社会科学版）2021 年第 5 期。

是要加强文化领域的科技创新能力，将最新科技研究成果运用到公共文化服务当中，加快科技成果在公共文化领域的落地转化。比如，在 2020 年上海大世界"公共文化创新服务示范体验日暨 2021 年文化和旅游公共服务产品采购大会"上，一批科技企业尝试将领先的互动技术与沉浸式视听体验运用于公共文化服务领域，运用大数据、物联网、文化电商等各种新型智能化技术推动公共文化服务转型升级，在现场搭建"创新空间""互动体验""网络视听""智能服务"四个单元，探讨科技与公共文化服务结合的更多可能性。

其次，现代化指的是建设手段的先进与服务的便捷高效。例如，公共文化服务云平台通过融合网站、微信公众号、App 等不同形式的文化资源，将文化资源、文化服务、文化活动汇集一体，打造"一站式"公共文化服务平台，让用户便捷地获取公共文化服务。又如，部分文化主管部门深化与喜马拉雅（"文旅之声"栏目）、学习强国、腾讯、阿里云等市场化、社会化平台以及主流媒体的合作，[①]充分利用市场化文化资源，提高公共文化服务的丰富性与适用性。

最后，个性化指的是精准地把握群众需求，有针对性地提供公共文化服务。在具体实施路径上，公共文化的供给方可借助物联网、大数据等技术，对移动客户端、数字公共文化服务网页、公共文化云、图书馆等各类数字资源服务平台的浏览量、点击量、浏览时间、评论量等信息进行数据分析，各级公共文化服务平台互联互通，合作建立起全面、立体的用户画像与用户模型，深入了解用户喜好，结合现有公共文化服务平台提供有针对性的服务模块。[②] 同时，重视用户体验，从感官体验、内容体验、功能体验、服务体验、价值体验和情感体验等多个维度构建用户体验评价体系。[③] 可以说，在科学技术的助力下，未来的城市公共文化服务体系会逐步趋于精细化和现代化，加深人民群众的参与感和获得感。

---

① 吴丹等：《面向多源异构资源融合的公共文化数字化建设路径》，《西安交通大学学报》（社会科学版）2021 年第 5 期。

② 韦景竹等：《基于 DEA 模型的公共文化云平台运营效率研究》，《情报资料工作》2020 年第 4 期。

③ 戴艳清等：《中国公共数字文化服务平台用户体验评价：以国家数字文化网为例》，《图书情报知识》2019 年第 5 期。

二 深圳公共文化服务体系的改革经验

(一) 特区文化建设背景下公共文化服务体系的阶段性历程

深圳建市四十年以来,深圳的城市文化建设大致经历了以下四个阶段:第一,社会主义精神文明建设初始阶段(20世纪80—90年代),从"功能城市"转向"文化城市"[①],主张社会主义精神文明建设是社会主义现代化建设的主要内容和必要保证。在中央关于"精神文明和物质文明两手抓"以及《关于加强社会主义精神文明建设若干重要问题的决议》等文件精神的指导下,深圳市委、市政府相继颁布《深圳经济特区社会主义精神文明建设大纲》(1985年)、《深圳精神文明建设"八五"规划》(1991年)等系列政策文件,对深圳文化建设的方向做出明确指示,"敢闯敢干"的特区精神为特区改革开放实践奠定了坚实的文化基础。与此同时,兴建"八大文化设施",切实改变"文化沙漠"的刻板印象,也为特区文化发展打下硬件基础。

第二,社会主义精神文明建设深化增创阶段(20世纪90年代—21世纪初期),进入新型工业化阶段的深圳提出实施"科教兴国"战略和"现代文化名城"目标,致力于创建有深圳特色的社会主义先进文化。这一时期,特区的公共文化基础设施建设是深圳城市总体规划的重要组成部分。深圳市政府提出增建包括关山月美术馆、深圳书城、深圳画院、何香凝美术馆、深圳特区报业大厦、深圳商报大厦、深圳有线电视台、华夏艺术中心在内的"新八大",以及包括深圳图书馆(新)、深圳音乐厅、中心书城、现代艺术中心、深圳电视中心、深圳少年宫在内的"新六大"等一批文化基础设施,构建现代城市文化景观,这些文化基础设施也成为深圳公共文化服务体系的重要空间载体。

第三,进入21世纪后,深圳的文化建设进入"拼文化"的文化自觉阶段。2003年,深圳市三届人大六次会议提出"文化立市"的发展理念,主张全面提升城市的文化内涵和文化品位,将城市公

---

① 吴俊忠:《深圳文化三十年:民间视野中的深圳文化读本》,商务印书馆2010年版,第82页。

共文化服务体系建设纳入城市发展规划之中。深圳市进一步颁布《深圳市建设"图书馆之城"实施方案（2003—2005）》，推动"两城一都一基地"（指图书馆之城、钢琴之城、设计之都、动漫基地）的建设，推动现代文化产业作为特区四大支柱产业之一。2007年，深圳市委宣传部、深圳市文化局联合制定《深圳市进一步完善公共文化服务体系实施方案》，重视市民和外来建设者文化权利的实现，满足民生文化福利需求。通过"深圳读书月""创意十二月""文博会"（全称：中国深圳国际文化产业博览交易会）等一系列文化节庆或文化赛事等活动，保障市民与外来建设者参与文化和享受文化成果的权利。这一阶段，深圳的文化建设逐渐从强调文化硬件设施转向构建完备的公共文化服务体系，建设以人为本的高品位文化城市。

第四，2010年，深圳市委、市政府在"十二五"经济社会发展规划中提出"文化强市"的发展目标。这既是对广东省"文化强省"目标的回应，也是深圳"文化立市"（2003年）战略的纵深拓展。① 这表明深圳将在"文化立市"战略的基础上继续深入推进特区文化建设，将文化与经济一并作为城市发展的支柱性力量，积极发挥文化的多方优势来实现内涵式、高质量的城市升级。② 2016年，《深圳文化创新发展2020实施方案》出台，提出以"文化创新发展2020"作为推动城市文化繁荣兴盛的总抓手，打造国家文化创意先锋城市。由此，深圳文化进入了以城市文化作为城市竞争力重要抓手的新阶段。

作为城市文化建设和文化管理的重要构成部分，深圳公共文化服务体系的发展历程与特区文化建设的历史轨迹相呼应，已有研究认为其总体上可划分为三个阶段：③ 一是特区成立至21世纪"文化之城"建设时期（1978—2002年）的文化基础设施兴建和品牌文

---

① 夏国锋等：《公共文化服务体系建设的发展历程、基本逻辑与经验启示——深圳样本的表达》，《理论与改革》2012年第3期。
② 李丹舟：《城市文化治理的深圳经验：以"图书馆之城"建设为例》，《深圳社会科学》2019年第1期。
③ 夏国锋等：《公共文化服务体系建设的发展历程、基本逻辑与经验启示——深圳样本的表达》，《理论与改革》2012年第3期。

化活动开展。早期的深圳注重经济的快速发展,文化事业相对滞后,文化基础设施薄弱。因此,这一时期特区的公共文化建设主要通过《深圳市1995—2010年文化发展规划》《深圳市文化事业发展(1998—2000)三年规划及2010年远景目标》的制定,推进"新八大""新六大"等一系列公共文化基础设施建设和文化活动,并确立"现代文化名城"的战略目标。2000年前后,"实现市民文化权利"命题的提出,意味着深圳的公共文化建设从自为走向更为自觉的新阶段。

二是"文化立市"(2003年)和文化体制改革背景下公共文化服务体系的政策法规构建。这一阶段深圳的公共文化事业围绕"公共文化服务体系"概念,相继出台《深圳市文化体制改革综合试点方案》(2003年)、《深圳市文化发展规划纲要(2005年—2010年)》(2005年)、《深圳市文化事业发展"十一五"规划》(2007年)、《深圳市进一步完善公共文化服务体系实施方案》(2007年)等系列指导文件来构建深圳市公共文化服务体系的整体框架,[①] 并进一步制定了《深圳市建设"图书馆之城"(2003—2005)三年实施方案》《深圳市建设"图书馆之城"(2006—2010)五年规划》《深圳市民生净福利指标体系》《深圳市文化局重大公益文化活动实行社会化运作试行办法》等系列专项实施方案来说明公共文化服务体系的具体施政举措,为深圳市公共文化服务体系的科学化构建创造良好的制度环境。

三是"文化强市"(2011年)战略背景下公共文化服务体系的纵深发展。这一时期深圳通过进一步加大原特区内外公共文化服务财政投入、公共文化服务基础设施等方面的资源倾斜,缩小关内外公共文化服务水平差距;同时继续落实包括高品质文化城市建设、市民文化素养提升、外来建设者文化权利保障等在内的文化民生工程,体现深圳更加注重公共文化服务品质的决心和思路。总体来看,深圳市公共文化服务体系的发展轨迹可概括为由初期的文化基础设施建设和文化服务活动开展,逐渐拓展为公共文化服务体系的

---

① 李丹舟:《城市文化治理的深圳经验:以"图书馆之城"建设为例》,《深圳社会科学》2019年第1期。

制度完善和框架搭建，进而形成较为完备的现代公共文化服务体系。

党的十八大以来，我国进入了"承前启后、继往开来，决胜全面建成小康社会、全面建设社会主义现代化强国的新时代"，党的十九大进一步指出新时代要积极"推动国家治理能力和治理体系现代化"。2019年，《粤港澳大湾区发展规划纲要》和《关于支持深圳建设中国特色社会主义先行示范区的意见》（以下简称《意见》）先后出台，赋予深圳"粤港澳人文湾区""中国特色社会主义先行示范区"与"城市文明典范"的历史新使命与发展新定位。从具体内容上看，在第一部分"总体要求"中，《意见》要求深圳在城市文化建设中着力践行社会主义核心价值观，构建高水平的公共文化服务体系和现代文化产业体系，成为新时代举旗帜、聚民心、育新人、兴文化、展形象的引领者。在第四部分"率先塑造展现社会主义文化繁荣兴盛的现代城市文明"中，《意见》进一步提出新要求，"全面推进城市精神文明建设……推进公共文化服务创新发展，率先建成普惠性、高质量、可持续的城市公共文化服务体系"①，为新时代深圳公共文化发展指明了方向和道路，也提出了更深层次的发展目标和要求。

（二）深圳公共文化服务体系的数字化创新举措

1. 以布局"生态"、多中心的数字化思维统领公共文化服务管理

深圳市福田区在2014年成立全国首个区级文化议事会，这是区委、区政府的文化决策性咨询机构。福田区政府在海内外聘请知名文化专家学者担任文化顾问，负责重大文化项目及区域文化战略决策的事先调查研究、民意舆情预判、文化项目经费支出评估、项目运转监督、咨询论证和跟踪评估等文化事务。从人员构成上讲，这些专家来源广泛，理论基础扎实，从业经验丰富。文化议事会由国际专家、国内专家和本土专家构成，来自文化行政管理、文化理论研究、文化企业营运等多个领域，还有许多专家具有本土工作经

---

① 《关于支持深圳建设中国特色社会主义先行示范区的意见》，2018年8月18日，中国政府网（http：//www.gov.cn/zhengce/2019-08/18/content_5422183.htm）。

历，担任市、区人大代表或政协委员，对区情、民意非常熟悉。文化议事会是福田区文化一大创新举措，突破了过去文化行政"拍脑袋工程"的线性思维，转而以非"自上而下"的多中心合作思维进行科学决策。据悉，福田区文化议事会在车公庙地铁文化长廊项目的规划设计、全国"改革发展调研联系点"建设和区图书馆"公共文化机构法人治理结构"国家级改革试点等工作中发挥了重要作用。

2. 以跨界融合、突变创新的数字化手段推进公共文化产品供给

充分撬动社会力量、推行"文化菜单"式的公共文化产品供给已成为广东多个城市的文化治理共识。广东多年来都是全国流动人口流入最多的省份，覆盖外来务工人员的公共文化服务供给问题尤为突出。宝安区位于深圳市的西部，是外来人口来深务工的工业大区。如何切实服务广大外来务工人员，保障其市民文化权利，培育外来人口对深圳的认同感与归属感，是城市文化行政部门的重要职责。面对政府财政投入不足、辖区市民文化程度参差不齐、文化人才队伍相对薄弱等现实困境，宝安区展开"文化春雨行动"，整合文化义工、文化钟点工、文化辅导员等社会力量构建基层公共文化服务体系的参与机制。其中，文化义工主要由热衷公益的市民组成，主要从事图书馆义务馆员、博物馆讲解员、文物馆巡防员等工作；文化钟点工由具有一定文艺特长的市民组成，根据文化钟点工文化特长与群众文化需求，政府向文化钟点工常态化采购包括舞蹈、戏曲、书法、健身等项目在内的48个广场或街区文化服务；文化辅导员则是专业艺术院校毕业或具有较高艺术水平的市民组成的文化服务队伍，他们下沉到各街道开展专业性文体辅导，并为社区规划特色文化品牌。"文化春雨行动"以广泛吸纳体制内外力量的跨界思路，深入宝安各社区和街道的一线，探索分层式、组合化的公共文化服务供给模式，连续两年被文化部评为"文化志愿服务示范项目"。

综合前述分析可发现，城市公共文化服务的智慧化变革实际上涉及城市治理数字化创新的一体两面：一是以数字化思维深化公共文化管理的多中心治理结构，二是以数字化手段丰富公共文化产品

的跨领域供给，进而突破公共文化管理的平面化管理、单一化供给，致力于打造城市公共文化服务的"城市大脑"生态体系。在此基础上，深圳经历了从经济与文化协调发展的"文化自省"（1978—2002 年）、建设完备的公共文化服务体系的"文化自觉"（2003—2017 年）到构建以文化战略为引领的城市文化生态的"文化创新"（2018 年至今）三级递进过程，① 其公共文化体制机制改革已经展现出这种布局"生态"、突变创新的改革思路。下一节将分别聚焦深圳公共文化的两重治理维度：一是以富有公共性与科技性的"灯光秀"对市民公共情感的培育和城市文化品牌的塑造，来说明一种突破"条块分割"的数字化"生态"布局在城市公共文化管理层面的实现；二是以深圳本土科技创新标杆企业腾讯集团打造的"一机游"对全域旅游的推动和全域管理的整合，来说明一种平衡"统包统管"与"政府缺位"之间的关系、以数字技术优化文旅资源配置的城市公共文化供给模式。

第二节　案例介绍

一　"艺术+科技"的都市"灯光秀"

（一）"灯光秀"的历史成因

夜间城市霓虹闪烁，带给人们无尽的城市想象和现代性体验。在漆黑的夜晚，光消除了人们的恐惧，同时集光与影、梦幻与神秘于一体，呈现出与白天不同的活力与光彩。在此背景下，"灯光秀"（light show）越来越成为当下最火热的城市景观，是新潮的艺术形式、时尚的城市氛围与个性化的感官体验所共同形成的一种公共艺术现象。"灯光秀"不仅引发了年轻市民的喜爱和追捧，同时也越来越成为我国各城市间进行创意资源比拼的夜间文化消费赛道。近年来，北京、上海、广州、深圳、武汉、长沙、成都等地以城市地标性建筑和地标性景观为载体，组织了多场"灯光秀"表演。这些

---

① 傅才武等：《新兴移民城市发展的文化"跟进—引领"范式：深圳叙事》，《山东大学学报》（哲学社会科学版）2021 年第 1 期。

第六章　创意阶层的伙伴关系与合作共治（二）：城市公共文化服务的智慧治理

城市的"灯光秀"大多是政府牵头、企业主导、专业创意人才参与的协同治理模式，但由于各城市的政府效能、资源配置和产业运作之间的差异，各地的"灯光秀"也呈现出不尽相同的艺术风格。

从城市发展史角度来看，灯光是衡量城市活力和经济水平的一项重要指标，华灯初上的夜生活一定程度上反映了城市的繁荣。在古代，我们可以通过各类史书、文学作品、艺术作品的记述，窥见庙会、灯会对于民间节庆、文化传统及仪式信仰的重要意义。苏轼《蝶恋花·密州上元》的"灯火钱塘三五日，明月如霜，照见人如画"，用来形容元宵节前后杭州城内热闹非凡的景象。在古典小说《红楼梦》中，曹雪芹也对元宵佳节的礼仪庆典、文化习俗进行了细致入微的描绘。由此可见，灯光不仅跟营造节日氛围有难舍难分的关系，同时还与民间生活、文化承载等议题相关。有研究者通过开平泮村灯会的田野观察，发现即使在城市化和工业化一路高歌猛进的现代社会，灯会依然具有维护居民公共团结、促进文化传承、展现族人性格、保存地方传统的实用功能。[1] 进入电气时代以来，声、光、电等技术开始渗透城市内部肌理，形成了虚实互嵌的城市景观。人们开始探索和想象各种各样的灯光应用场景，进而形成以整个城市为实验场域而构建的媒介化景观。随着城市进入"后工业"时代，城市灯光开始超越公共照明维度上的实用功能，逐渐走向对城市性格的展现、赋能城市夜间休闲生活和拓展城市审美维度。有学者用"媒体建筑"[2]的概念来说明科技进步、当代艺术实践、信息传播等多重背景下，城市实体空间与虚拟空间相互融合，媒介技术与当代艺术实践相互赋能，使城市中林立的建筑拓展成一种信息可视化的视觉媒介。媒体建筑解释了依靠现代媒体技术而形成的全新视觉审美体验，有助于重塑城市独特的精神风貌。作为当代新媒体艺术的典型形态，"灯光秀"不仅在相当程度上参与了城

---

[1] 宋旭明：《开平泮村灯会与现代乡村生活》，《广西民族大学学报》（哲学社会科学版）2017年第2期。

[2] 王蕾：《意象表征·情感联结·具身参与：论数字时代媒体建筑的光影传播》，《现代传播》2019年第9期。

市意象的场景营造,并以此为介质①全面重构了新型的城市社会关系。与功能照明不同的是,作为城市公共艺术的视觉表征,"灯光秀"不仅具有一般艺术形式所具备的丰富内容指向,同时借助城市景观的联动,通过将历史文化资源、地方性知识、文化传统按照特有的叙事逻辑进行内容演绎,强化城市的视觉符号体系,凸显城市性格、展现城市精神。换言之,城市灯光经历了从"亮起来"的功能照明,到"美起来"的灯光美学、再到"文创+艺术+互动"的演绎照明等阶段。②

(二)"灯光秀"的公共性与科技性

2018年,以庆祝"改革开放四十周年"为契机,"灯光秀"以一种日常化的公共艺术装置嵌入城市内部,丰富市民的夜间文化生活,很快成为深圳市民最喜欢的公共艺术项目之一。查尔斯·兰德利描述的"健康城市"是一个让城市居住者可以在情绪、心理、精神、肉体和审美上都得到满足的地方。③ 这意味着经济发展固然重要,但健康城市更关注市民对城市的心理感受,比如是否对城市有自豪感和认同感等微观层面。基于此,一方面,"灯光秀"作为新媒体艺术介入城市实体空间,连接了分散林立的城市地标,将城市建筑转化成为主动叙事的艺术主体;另一方面,与其他公共艺术项目功能不同,"灯光秀"不以美化城市环境、塑造功能性的城市人文气氛为主要诉求,而是以建构和谐的人际关系、促进市民的公共交往、加深市民对城市的认同感为价值取向。在深圳,"灯光秀"很大程度上契合了科技城市、创新城市、创业城市、移民城市的城市特色,其主题确定、内容表现、科技呈现等都无法避免地与城市人文精神相互渗透,由此成为联结城市与城市、城市与人、人与人的公共情感通路,成为塑造城市性格、打造城市品牌、维系城市公共生活的文化路径。比如,"来了就是深圳人"将深圳移民城市的

---

① [澳]斯科特·麦奎尔:《媒体城市——媒体、建筑与都市空间》,邵文实译,江苏教育出版社2013年版,第2页。

② 赵梦笛:《都市夜间文化消费的审美文化研究》,硕士学位论文,深圳大学,2021年。

③ [英]查尔斯·兰德利:《创意城市打造:决策者指南》,田欢译,社会科学文献出版社2019年版,第32页。

第六章　创意阶层的伙伴关系与合作共治（二）：城市公共文化服务的智慧治理

现实境况阐释得淋漓尽致，大多数市民因工作机会、教育资源、社会福利等缘由生活在深圳，但或许尚未与这座城市建立起深刻的情感联系。以往的城市公共文化服务往往都以美化城市环境、履行政府的文化职能等实用性、功能性目标为诉求，但"灯光秀"精准地对接了市民的文化需求，它以公共艺术的实验方式介入城市实体空间，促进了人与城市、人与人之间关系的再生产，真正地推动了社会各界都参与到大型公共艺术实验的活动中来。

正如凯文·林奇所言："城市道路、节点、边界、标志物在塑造城市意象与可见性方向上发挥着至关重要的作用，且各要素之间不是单独发挥作用，而是通力合作形成整体的城市意象群。"[1] 麦奎尔用"媒体城市"的概念来说明越来越复杂且精细的媒体技术给当代城市空间动态化生产带来的积极后果。[2] 比如，福田中心区"灯光秀"以深南大道、中轴线为展示界面，形成以市民中心为核心、平安大厦为地标的夜间光影布局。围绕平安大厦周围43栋CBD建筑群组成了270度的环形展示屏，把整个福田中心区打造成为以城市实体建筑和公共空间为基本轮廓、以灯光为介质的城市艺术现场。"灯光秀"浸染下的平安大厦和其他建筑楼体呈现出不同于往日的模样。作为城市地标，它们一方面是深圳城市现代化进程中的空间缩影；另一方面，这些建筑群也是外地游客识别深圳印象的参照点，"灯光秀"制造出梦幻般的视觉效果，给市民带来了崭新的感官体验。随着城市公共照明项目的发展，静态灯光塑造出城市清晰而独特的轮廓，拔地而起的高楼大厦在灯光的渲染下挺拔而庄严。但"灯光秀"带给市民的感官刺激远不止于此，在以移民为特色的深圳，全面激活市民的公共交往、维系公共情感、促进和谐的人际关系是公共艺术的主要目的。例如，市民中心是深圳市的政治中心、经济中心和文化中心，市政府办公地、CBD办公区以及市博物馆、图书馆、音乐厅集聚于此。但市民似乎并未将之视为公共生

---

[1] ［美］凯文·林奇：《城市意象》，方益萍等译，华夏出版社2011年版，第36—37页。

[2] ［澳］斯科特·麦奎尔：《媒体城市——媒体、建筑与都市空间》，邵文实译，江苏教育出版社2013年版，第1页。

活的主要场域，而"灯光秀"激活了市民作为城市居住者通往城市的公共权利，通过光影幻动而重新赋能公共空间。近年来，无人机多次被应用到"灯光秀"表演中，将"灯光秀"的表现空间从地面拓展到天空，大大提升了"灯光秀"的艺术表现力和感染力，使城市的夜景成为一种独特的言说主体。值得一提的是，2019年8月11日的"深圳湾点亮中国"主题"灯光秀"活动，演绎了内地对香港的"最强应援"。无人机通过不断变换队形，在空中书写"我爱深圳""我爱中国""我爱香港"等标语，既表明了内地与香港民心相亲，又展现了普通市民的爱国之情。就像林奇指出的："虽然声音和气味不能形成标志物，但它们有时候可以强化标志物的意象。"[1] "灯光秀"通过深度挖掘所在城市的符号元素，并将这些文化资源以特有的叙事逻辑进行串联，以灯光讲述在地经验，逐渐成为深圳文化颇具特色的一张城市名片。

"灯光秀"也是公共艺术在文化新基建背景下的一场全新试验。文化新基建指的是将大数据、VR、5G全面地应用于公共文化，营造全新的文化消费场景、精准对接市民的文化需求，进一步利用"文化+科技"的产业优势，引领深圳城市文化的高质量发展。这其中，科技感是"灯光秀"区别于传统公共艺术项目最明显的特征，美轮美奂、流光溢彩的"灯光秀"离不开传统城市照明行业的转型升级。爱丁堡市长弗兰克·罗斯评价深圳是技术创新和国际会议举办的理想之地。形成于深圳民间的"十大观念"，如"人文深圳、科技深圳""科技就是财富、创新就是生命""变深圳制造为深圳创造"等强调科技创新的深圳性格也在岁月流转中被不同的科技型企业不断地重复检视。和其他科技行业相似，深圳照明行业通过行业学术交流、"深照奖"、人才培养和职业鉴定等推动传统照明行业的升级和发展。[2] 以福田中心区的"灯光秀"为例，整个项目的实施过程都体现出政府、企业、艺术家以及社会力量的广泛参与，进而形成了一种协作共治的公共文化治理模式。天健集团、名家汇、利亚德、达特照明、凯铭照明等参与"灯光秀"项目基础设施

---

[1] ［美］凯文·林奇：《城市意象》，方益萍等译，华夏出版社2011年版，第63页。
[2] 深圳市照明学会，http：//www.szlightingtec.com/a/introduce/。

第六章　创意阶层的伙伴关系与合作共治（二）：城市公共文化
服务的智慧治理　213

搭建的科创企业既是城市文化的建设者与阐释者，又是"灯光秀"得以落地的技术保障，它们在一定程度上代表了深圳的科技创新水平。"灯光秀"所使用的150万套灯具，90%由深圳市本地企业生产和提供，正是它们通过"灯光秀"的公共艺术实践向全国甚至全世界展示着深圳力量，用科技演绎深圳这座年轻城市的创新活力。

（三）"灯光秀"对市民公共情感的培育

与城市雕塑、园林景观、城市组画等静态的公共艺术不同，"灯光秀"是数字时代基于媒介科技的一项城市公共艺术项目，涉及城市文化的公共性问题。① 正因为"灯光秀"展现了政府、企业、艺术家和市民所共同形成的合作模式，通过公共艺术项目唤醒公众对公共领域、公共空间和公共性的积极探索，因此具有鲜明的城市公共文化普惠性这一特点。查尔斯·兰德利指出，基础设施是打造创意城市的物质基础，但城市规划者应该将重点放在将"软件"的思维用于城市建设和城市规划，以此来打造地方（place）的感受、情绪、心理和审美的愉悦体验，包括促进更频繁的人际交往、社会纽带和社会网络。② 换言之，挖掘和培育城市的独特性、鼓励市民的交往联系和社会参与、主张市民对城市的公共权利是创意城市的根本立足点。斯科特·麦奎尔也指出，媒介技术、具身行动和城市地理空间深度融合共同造就了成为公共（becoming public）的体验，③ 有助于打开城市生活的审美向度，培育市民的城市公共精神，激发了市民主张城市权利的可能性。借助现代媒介技术、城市地理空间以及本地文化历史积淀按照不同的叙事逻辑的联结，"灯光秀"艺术化地、参与式地嵌入城市物理空间内部，不断创造新的交往时空，使得市民以主人公的视角审视城市、参与城市的公共事务、培养对城市的归属感和认同感，进而重构市民与城市、市民与自我以

---

① 李建盛：《公共领域、公共性与公共艺术本体论》，《北京社会科学》2020年第11期。
② ［英］查尔斯·兰德利：《创意城市打造：决策者指南》，田欢译，社会科学文献出版社2019年版，第28页。
③ ［澳］斯科特·麦奎尔：《地理媒介：网络化城市与公共空间的未来》，潘霁译，复旦大学出版社2019年版，第82页。

及与多元他者之间的关系。①

　　随着我国改革开放政策的实施,深圳作为首批经济特区开展试点,依靠政策优势、经济优势、区位优势吸引了大批"淘金者",在此基础上形成了具有中国特色的移民文化,成为全国最大的移民城市。②尤其是近十年来,深圳市依靠一系列人才引进政策吸引了大批有志青年和高端人才来深就业。"来了就是深圳人"的城市标语不仅体现出深圳的开放性和包容性,同时也展现出移民来源的多元性和流动性。不过,居住在深圳的市民常常冠以自己籍贯地的身份,对深圳这座城市的认同缺失往往使深圳市民放弃了作为居住者(inhabitants)对城市以及城市公共生活的权利。有评论文章指出,深圳"灯光秀"为城市打开了新的可能,而不简单将其视为一个照明工程。③换言之,"灯光秀"突破了城市公共文化仅限于硬件基础设施的局限,试图通过打造城市新的文化符号来塑造城市精神的价值诉求。首先,丰富的内容表述不仅增强了"灯光秀"的可观赏性,同时利用各种具象化的深圳符号激活了市民独特的深圳记忆和生活体验,使得"原子化"的个体最大限度地和城市产生情感联结。其次,深圳灯光秀由实向虚,游走于静止、冰冷的建筑墙体之间,用灵动的艺术表现手法讲述"深圳故事"、建构所有来深建设者的集体记忆。比如"灯光秀"运用"拓荒牛"、华强北等符号元素,不仅再现了深圳城市发展的奋斗历史,更是折射出了一代代"深圳人"的独特奋斗史。而与"灯光秀"紧密关联的标志性建筑本身就是深圳城市化、现代化进程中的重要城市景观,它们见证了这座城市的成长与繁荣,透过流光溢彩的光影深刻而巧妙地嵌入这些标志性建筑内部,进而形成了新的公共空间标识,提升了城市的可感知性。

　　因此,深圳的"灯光秀"是一场有关"声光电"的城市艺术实

---

　　① 潘霁:《地理媒介,生活实验艺术与市民对城市的权利——评〈地理媒介:网络化城市与公共空间的未来〉》,《新闻记者》2017年第11期。
　　② 王为理:《移民文化的当代图像:从全球到深圳》,《深圳大学学报》(人文社会科学版)2003年第5期。
　　③ 钟刚:《深圳灯光秀秀出了什么》,《中国文化报》2019年5月12日。

验，它借助媒介技术为市民书写独特的深圳故事、深圳记忆，建构全新的城市公共性体验。同时，它击落了城市的玩乐（play）[①] 精神，赋予了城市全新的文化活力。作为地理媒介和艺术装置的"灯光秀"，它被安置和嵌入深圳标志性的道路、公园、广场、大厦等实体公共空间之中，与城市建筑交相辉映，打通了这些空间的可见性和沟通性。"灯光秀"也将人群安排在了聚散流动的时空关系中，建筑由此演绎为一件件开放的艺术作品，破解了城市理性规划逻辑对公共意识的消解，让城市道路、公园、广场等城市公共空间重新焕发活力。

（四）"灯光秀"对城市文化品牌的形塑

随着我国城镇化的不断推进，城市与城市之间的竞争也越发激烈，主要竞争方向集中在经济活力、产业集群、教育资源、人才密度，以及城市经济对地方财政的直接贡献等可量化的实体指标上。长期以来，这种重硬件指标的城市发展方式导致了"重经济、轻人文""重物质、轻精神"的城市人文建设相对缺失的弊病。查尔斯·兰德利指出，城市规划在具体实践环节应该关注塑造地方的艺术，"创造"地方（place）[②] 的基础设施、经济繁荣程度、宜居环境对塑造城市品牌的重要意义不言而喻。因此，进一步挖掘城市文化内涵、拓展城市精神、丰富和拓宽城市生活的多重面向是提升城市品位的关键议题。2019 年以来，党中央和各级地方政府连续出台了一系列引导和促进夜间文化消费的相关政策。截至 2020 年 10 月，我国出台推动夜间经济的相关政策共计 197 项。[③] 作为与之相配套的灯光艺术节、"灯光秀"表演、智慧照明等城市公共景观项目，美轮美奂、流光溢彩的城市灯光与城市建筑群、公共空间、主干道紧密配合，这些创意资源共同构成塑造城市意象的独特载体。城市的建筑群、主干道、广场、地标与"灯光秀"交错，展现出更

[①] 潘霁：《地理媒介，生活实验艺术与市民对城市的权利——评〈地理媒介：网络化城市与公共空间的未来〉》，《新闻记者》2017 年第 11 期。

[②] ［英］查尔斯·兰德利：《创意城市打造：决策者指南》，田欢译，社会科学文献出版社 2019 年版，第 25 页。

[③] 傅才武等：《场景视阈下城市夜间文旅消费空间研究——基于长沙超级文和友文化场景的透视》，《武汉大学学报》（哲学社会科学版）2021 年第 6 期。

为清晰的城市面孔和更为鲜明的城市性格,使城市本身成为一件尚未完成的艺术作品。

改革开放以来,深圳寄托了党和国家对建设社会主义现代化强国和创新型国际化大都市的深切期望。"时间就是金钱、效率就是生命""深圳速度""杀出一条血路""闯"等城市标语是深圳文化精神的观念化表达和塑造城市意象的精神源泉。艰苦奋斗、开拓创新、顽强拼搏的价值信仰,多方位地展示了"深圳人"开拓进取的城市精神。不过,较之北京、上海等历史底蕴深厚的城市,深圳的文化积淀相对薄弱。经过四十多年的发展,从"文化立市"到"文化强市",从"两都一城"到"人文湾区",深圳积极参与国际创意城市网络建设、构建以创新为特点的城市品牌意识、积极推动文化产业与城市意象的协同互生关系,[1] 培育出以文化+科技、文化+贸易、文化+金融、文化+旅游为主要特色的现代文化产业体系。[2] 作为新兴移民城市,充分利用科技要素、人才要素、资本要素,依托雄厚的文化产业基础,进一步整合和对接产业资源、文化资源以及社会力量,塑造城市品牌、提升城市可沟通性、增进市民与城市、市民与市民的情感联结是深圳深入推进城市公共文化转型升级的重要任务。首先,作为依靠新型科技力量介入城市现场的大型公共类艺术项目,深圳"灯光秀"的出品展现出政府、企业、艺术家、市民等多方参与的公共文化新生态。在合作队伍上,参与深圳"灯光秀"的设计团队、施工单位和运维团队大多是深圳本土的企业标杆,不少企业也直接参与了厦门、西安、北京等城市"灯光秀"的制作和设计。它们一方面为诠释"高科技之城"的"灯光秀"文化定位提供了坚实的技术支撑;另一方面,又为其他城市塑造特色化的城市品牌贡献了"深圳力量",生动地诠释了"变深圳制造为深圳创造"的城市理念。其次,"灯光秀"的一次次上演,别开生面地参与了城市品牌宣传,通过光影艺术与实体建筑的互动

---

[1] 钟雅琴:《文化产业发展与城市意象再造》,《暨南学报》(哲学社会科学版)2011年第11期。

[2] 毛少莹:《深圳文化产业40年发展历程及主要成就》,《深圳社会科学》2020年第5期。

共生、市民的广泛参与，勾勒出独特的深圳城市轮廓。2018年，福田中心区"辉煌新时代"主题"灯光秀"运行仅三天，便吸引超过60万人次前往市民中心、莲花山、会展中心等地"打卡"观赏。[①] 此外，社交媒体、短视频也为"灯光秀"提供新的传播渠道，通过抖音、快手、微博等UGC（用户生产内容）的媒介传播火爆全网，屡登各大社交媒体热搜排行榜，"夜深圳"被冠以新的"网红"打卡地。市民以前所未有的热情投入深圳"灯光秀"的短视频制作和上传，构建出一种基于民间视角的"讲好深圳故事"。与此同时，央视、深圳本地媒体（第一现场、晶报、特区报）、深圳政务公众号（深圳发布）、本地自媒体（深圳本地宝）等媒体矩阵都对"灯光秀"进行了详尽的报道。可以说，"灯光秀"不仅以光影艺术为载体进入城市现场，在深度挖掘本地历史和文脉、整合当地文化资源的基础上突破了城市照明的单一维度，实现了从"点亮城市"到"赋能城市"的转变，同时也通过官方引导、企业参与、民间叙事的方式实现宣传城市、书写城市的品牌塑造目的。

二 腾讯"一机游"与智慧文旅

（一）文旅融合背景下的腾讯"一机游"

经过数十年的不懈努力，我国文旅产业已逐步告别粗放经营与单一发展模式，游览更加强调文化品质与精神内涵，民众旅游需求从"有没有"向"好不好"转变，从"美丽风景"向"美好生活"转变，[②] 但文旅建设进程中仍存在"重开发轻管理""重观光轻文化""重消费轻体验"等问题。2009年文化部、国家旅游局颁布《关于促进文化与旅游结合发展的指导意见》首次将文化与旅游发展提升至战略高度，[③] 提出旅游+文化的"线性结合"发展思路。

---

① 《赞！3天60万市民游客文明有序观赏深圳"灯光秀"》，2018年10月4日，https://gd.qq.com/a/20181004/004112.htm。
② 戴斌：《改革中蝶变，开放中成长——我国旅游业发展40年》，《前线》2019年第5期。
③ 《文化部 国家旅游局关于促进文化与旅游结合发展的指导意见》，2009年8月31日，中华人民共和国文化和旅游部（http://zwgk.mct.gov.cn/zfxxgkml/scgl/202012/t20201206_918160.html）。

2018年3月国务院办公厅颁布《关于促进全域旅游发展的指导意见》，以全域旅游全面提升为着眼点，助推业态转型升级。2018年3月国家文化和旅游部成立，打破了文化和旅游之间的体制壁垒，从"线性融合"走向"全域融合""深度融合"。响应国家号召与文旅形势发展政策，广东省出台《促进全域旅游发展实施方案》，将"构建文化服务新体系、提升旅游综合服务水平"提升至战略高度。2020年，《广东省加快推进文化和旅游融合发展三年行动计划（2020—2022年）》对文旅融合、文化产品供给、文旅公共服务效能提升①进行详细规划与部署，进一步强化文旅融合的战略地位。这不仅有助于满足大众日益高涨的文旅消费需求，更将扩大我国优质自然资源与人文资源的影响力，形成更强大的国家认同、民族认同，实现经济效益与社会效益双统一。

针对文化旅游融合的发展路径，有学者将其概括为三个层次：一是文化表征身份意义，旅游者追求文化认同，促使文化变成旅游资源；二是文化的商品化，对文化资源进行可参观性生产，使旅游者前来参观文化；三是面向游客消费的文化展示产业。② 这是文旅融合进程中相对理想的状态，但目前我国存在文旅资源分散、整合力差、文旅服务不完善、个性化服务缺位、文旅品牌附加值低等诸多困境。于游客而言，置身于"信息孤岛"，难以获取可感、可信、可行的旅游资源信息；于文旅景区与企业而言，对经济效益的追逐易引发对文化的忽视，进一步加剧文旅资源与经济发展的割裂；于政府而言，各行政部门的条块分割，给城市治理与文旅融合带来挑战。近年来，随着5G、VR、AR等新型基础设施日臻完善，互联网与文化旅游产业的联系越发密切。"互联网+文化+旅游产业"的模式有助于整合文旅资源、推广城市形象、重塑文旅融合发展格局。因此，大力发展文旅智慧化服务，逐渐成为解决当前文旅融合

---

① 《广东省加快推进文化和旅游融合发展三年行动计划（2020—2022年）》，2020年2月10日，广东省政府（http：//whly.gd.gov.cn/open_newjcgk/content/post_2890140.html）。
② 周建新等：《粤港澳大湾区文化旅游融合：现实需要、发展基础和优化路径》，《福建论坛》（人文社会科学版）2021年第6期。

困境的有效手段。

2022年1月国务院《"十四五"旅游业发展规划》将"深化'互联网+旅游',推进智慧旅游发展"①纳入重点工作任务。作为数字技术战略发展高地,广东省多年来坚持深耕智慧文旅建设。2020年,《广东省加快推进文化和旅游融合发展三年行动计划(2020—2022年)》明确实施文旅公共服务效能提升工程,搭建文旅公共服务智能云平台,促进文旅深度交融。②2022年1月,《深圳市旅游业发展"十四五"规划》将打造文化旅游融合示范城市、科技赋能旅游引领城市作为重点工作任务,聚焦深圳旅游全域化、全要素、全业态发展。③从中央、省、市政府到旅游景区,均在积极推进文旅产业数字化治理新模式,丰富数字服务供给已成为解决文旅发展症结的有效方案。针对"文旅融合数字化"这一议题,宏观研究与趋势分析相对较多,聚焦某一地区与个案的研究数量较少,理论研究暂未实现很好的对话实践、指导实践。戴斌认为,尽管数字文旅概念的提出与运用,能够有效促进文化产业进步,但也需谨防概念泛化、炒作和虚化的倾向。④针对数字化文旅建设现状,胡优玄认为仍存在融合不充分、数字泛化、法律法规真空等诸多制约因素,需从文旅产业供给侧、需求端、法律政策面三个层面改革创新,构建数字文旅产业融合发展新格局。⑤具体来看,应加快数字文旅产业网络基础设施建设,开发和应用万物互联的区域数字文旅服务平台,以游客需求为中心打造"网红"景区IP和数字文旅产品,完善数字文旅法律法规。⑥从个案研究来看,戴梦菲等人将

---

① 《国务院印发〈"十四五"旅游业发展规划〉》,2021年12月22日,新华社(http://www.gov.cn/zhengce/content/2022-01/20/content_5669468.htm)。
② 《广东省加快推进文化和旅游融合发展三年行动计划(2020—2022年)》,2020年2月10日,广东省政府(http://whly.gd.gov.cn/open_newjcgk/content/post_2890140.html)。
③ 《深圳市旅游业发展"十四五"规划》,2022年1月15日,深圳市文化广电旅游体育局(http://wtl.sz.gov.cn/gkmlpt/content/9/9500/post_9500296.html#3446)。
④ 戴斌:《数字时代文旅融合新格局的塑造与建构》,《人民论坛》2020年第1期。
⑤ 胡优玄:《基于数字技术赋能的文旅产业融合发展路径》,《商业经济研究》2022年第1期。
⑥ 姜艳艳:《互联网背景下区域数字文旅的创新发展策略》,《社会科学家》2021年第9期。

"从武康路出发"App 与欧洲同类型数字文旅应用程序相比较,指出欧洲优势体现为将 AR 技术广泛应用于历史虚拟重现、知识性互动娱乐、历史人文教育教学等方面,能够为旅客提供更精准、多样的文化旅游信息。① 当前,为满足文旅融合发展的现实需要,以理论为基础、以解决治理困境为目标,研发可落地、可推广、可持续的优质智慧文旅产品势在必行。

作为立足深圳、放眼全国的文化科技企业,腾讯是中国最大互联网增值服务提供商之一,也是最具科技底色的深圳名片。自 1998 年成立以来,在深圳"改革开放""拼搏进取"等城市发展理念的影响与自身技术战略加持下,腾讯快速成长为社交娱乐、数字平台服务等业务的领军者。2013 年,腾讯总裁马化腾呼吁各行各业以"互联网 +"为驱动,② 打通行业壁垒,激活信息能源。2015 年,"互联网 +"计划正式纳入中央政府年度工作报告。③ 面对我国文化资源禀赋丰厚却难以转化的困境,2018 年腾讯"跨界布局"文旅产业,以政府及大型企业为服务对象,依据各地资源特色及政府需求,因地制宜地搭建文旅服务平台,助力城市的智慧化治理。迄今为止,腾讯的相关业务赛道已覆盖逾 60 个全域旅游项目、40 余个景区公园、20 余家数字文博场馆。④ 腾讯联合云南省政府共同研发和打造的"一部手机游云南"平台,为城市旅游的智慧治理提供行之有效的在地化实践,并将"一机游"模式推广至全国,实现文化内容价值输出与数字技术创新的对接。表 6 - 3 是腾讯"一机游"模式的全国推广情况。

---

① 戴梦菲等:《AR 技术在数字人文应用上的运用策略——以"从武康路出发"应用为例》,《图书情报工作》2022 年第 1 期。
② 《马化腾"互联网 +"行动的探索者》,2018 年 12 月 24 日,晶报(http://jb.sznews.com/MB/content/201812/24/content_537463.html)。
③ 吴晓波:《腾讯传 1998—2016:中国互联网公司进化论》,浙江大学出版社 2017 年版,第 20 页。
④ 《科技 + 文旅诠释大美中国"新玩法"——首届中国(武汉)文化旅游博览会观察》,2021 年 11 月 27 日,https://baijiahao.baidu.com/s?id = 1717594541439068958&wfr = spider&for = pc。

表6-3　　　"一机游"模式全国布局现状（部分）

项目名称	项目类型	政府部门	技术支持方	内容/创新点	上线时间
一部手机游烟台	智慧旅游服务平台	烟台市政府	烟台市旅游大数据产业监测服务平台	提供游客体验为中心的数据驱动智慧服务	2018.3.28
一部手机游都江堰	小程序	都江堰政府	腾讯科技有限公司	上线英、日、韩、德、法五国语言版本	2018.5.1
一部手机游黄山	智慧旅游服务平台	黄山市文化旅游局	黄山旅游全域有限公司	设置景区360度三维全景体验模块	2018.12.29
一部手机游三区三州	智慧地图	文化和旅游部、国务院扶贫办	高德软件有限公司	以地图连接西藏、四川凉山州、云南怒江州等贫困地区	2019.1.5
一部手机游乌鲁木齐	智慧旅游服务平台	乌鲁木齐市旅游局	中国联通新疆分公司	上线"720°VR全景""AI机器人"等功能	2019.1.10
一部手机游山西	智慧旅游服务平台	山西省文化和旅游厅	山西省文旅集团	开通"晋游码"景区预约功能	2019.3.13
一部手机游潇湘	智慧旅游服务平台	湖南省政府	湖南省互信易居网络科技有限公司	搭建"三库两图"：全省基础信息库、商业产品库和精品线路库与精品线路导览图、全域旅游服务图	2019.4.12
一部手机游宜春	智慧服务平台	宜春市政府	阿里巴巴集团	提供VR/AR沉浸式讲解服务	2019.4.20
一部手机游河南	智慧旅游服务平台	河南省政府	河南信息产业投资有限公司、河南云数聚网络科技有限公司	发挥"交通枢纽"功能，推出"高铁游""一码游城"等特色模式吸引游客	2019.4.24

续表

项目名称	项目类型	政府部门	技术支持方	内容/创新点	上线时间
一机游甘肃	智慧旅游服务平台	甘肃省政府	腾讯科技有限公司	上线"三维导览"功能	2019.4.30
慧游泰山	智慧旅游服务平台	泰安市文化和旅游局	腾讯科技有限公司	策划泰安全域旅游网络抢票、直播博览会等多项活动	2019.4.30
一部手机游广西	智慧旅游服务平台	广西壮族自治区人民政府	腾讯科技有限公司	搭建"互联网+旅游+金融"三合一技术模型	2019.5.19
掌游成都	智慧旅游服务平台	暂无合作信息	北京智美智学科技有限公司	设置直播、视频、全景、好友即时分享功能	2019.5.19
一部手机游贵州	小程序	暂无合作信息	贵州程序科技有限公司	以"智慧扶贫+全域旅游"为主要模式	2019.5.26
一部手机游宁夏	智慧旅游服务平台	宁夏回族自治区文化和旅游厅	宁夏丝路风情旅游网络股份有限公司	主要聚焦景区服务,景区资源,游客游玩住宿	2019.8.29
一部手机游衡水	智慧旅游服务平台	衡水市文化广电和旅游局	衡水市文化广电和旅游局	"游衡水"微信小程序、公众号、应用程序协同布局	2019.9.9
一部手机游湖北(智游恩施)	智慧旅游服务平台	恩施土家族苗族自治州文化和旅游局	恩施旅游集团、鄂旅投聚游公司	上线分时预约功能,是湖北省唯一分时预约省级官方平台	2019.10.14
游上海	智慧旅游服务平台	上海市文化和旅游局	腾讯科技有限公司、上海景域文化传播股份有限公司	设置"进口博览会"等活动直播板块	2019.10.22

第六章 创意阶层的伙伴关系与合作共治（二）：城市公共文化
　　　　服务的智慧治理　223

续表

项目名称	项目类型	政府部门	技术支持方	内容/创新点	上线时间
一部手机游珠澳	签署战略协议	珠海市政府	腾讯科技有限公司	集"智慧城市建设、创新创业平台搭建以及新兴产业生态集群打造"为一体	2019.10.28
一部手机游江西	智慧旅游服务平台	江西省文化和旅游厅	江西省文化和旅游厅	线上联动开启"引客入赣"计划	2020.1.13
一部手机游新疆	智慧旅游服务平台	新疆维吾尔自治区政府	中国联通新疆分公司	联合携程、新浪、喜马拉雅、美团等搭建旅游生态体系	2020.4.30
一部手机全福游	智慧旅游服务平台	福建省政府	福旅先行智慧科技股份有限公司	以"本地旅游电商"+"全域旅游管家""本土便民服务"为主要模式	2020.4
一机游阜平	智慧旅游服务平台	阜平县文化广电和旅游局	腾讯科技有限公司	提出"县域即景区"创新发展理念	2020.9.18
一部手机游通渭	"通渭旅游"公众号内小程序	通渭县文体广电和旅游局	中电万维信息技术有限责任公司	上线"书画艺术"等VR体验板块	2021.9.24

　　2016年12月12日，云南与腾讯签署"互联网+"战略合作协议，助力云南营造具有活力的互联网产业发展环境。腾讯运用云计算、大数据、移动互联网等技术，为云南旅游业提供大数据精准服务。[①] 2017年，腾讯公司、云南省投资控股集团、云南省交通投资建设集团三方共同成立云南腾云信息产业有限公司，贯彻执行云南省"一部手机游云南"战略。2019年云南省省长阮成发指出，"一

---

① 《云南与腾讯签署战略合作"互联网+"赋能智慧城市和特色产业》，2016年12月12日，腾讯科技（https://tech.qq.com/a/20161212/035433.htm）。

部手机游云南"的实践，最根本的是依靠"政府革命+科技创新"。① 可以看到，"一部手机游云南"以政府监管为核心、科技算法赋能，围绕一个落地公司、一套系统化路径方案，一个智慧化服务终端，为云南这个旅游大省推进智慧城市治理方式、激发文旅消费活力、重塑城市形象增添活力，开拓数字经济发展新空间、新格局、新方向。2021年，文化和旅游部发布《2020年度文化和旅游信息化发展典型案例》，作为全域智慧旅游实践标杆，"一部手机游云南"项目成为云南省唯一入围的案例。这不仅是对云南"全域旅游、智慧治理"发展理念的肯定，也为其他省份发展模式革新、提升服务效能和智慧化发展提供参考范例。

（二）智慧文旅服务者："一部手机游云南"与"一部手机管云南"

"一部手机游云南"模式以"一部手机游云南""一部手机管云南"为主要产品，聚合旅游大数据中心、政府端综合管理平台、游客综合服务等多终端，将"数字身份体系、数字消费体系、全域投诉体系、AI服务和数字体系"融为一体，对云南既有的旅游产业链进行完善及延伸，实现多主体、多内容、多场景的深度文旅融合，真正践行云南省政府倡导的"游客体验自由自在，政府服务无处不在"全域发展理念。②

1. 数智引领：一部手机安心游

"一部手机游云南"解决了旅游市场信息不对称、政府监管不到位、企业供需不平衡等问题，以政府公信力为担保，通过腾讯公司进行技术赋能，利用人工智能、移动互联网、大数据、云计算等科技手段，打通政府、商家、游客等多个维度间的壁垒。这既满足了消费者个性化的游览需求、为"自由行"提供更多保障，也有助于提振云南省的文化消费潜力，打造"数字云南""智慧治理""全域共享"的创新发展模式。

---

① 《云南省省长为"一机游"助威：拟打造一流旅游目的地》，2019年11月15日，中国新闻网（http://travel.hnr.cn/zhlyzx/article/1/1258582394554945536）。
② 《2018年"一部手机游云南"专项经费绩效再评价报告》，2020年4月3日，云南省文化和旅游厅（http://dct.yn.gov.cn/xwjj/10743.jhtml）。

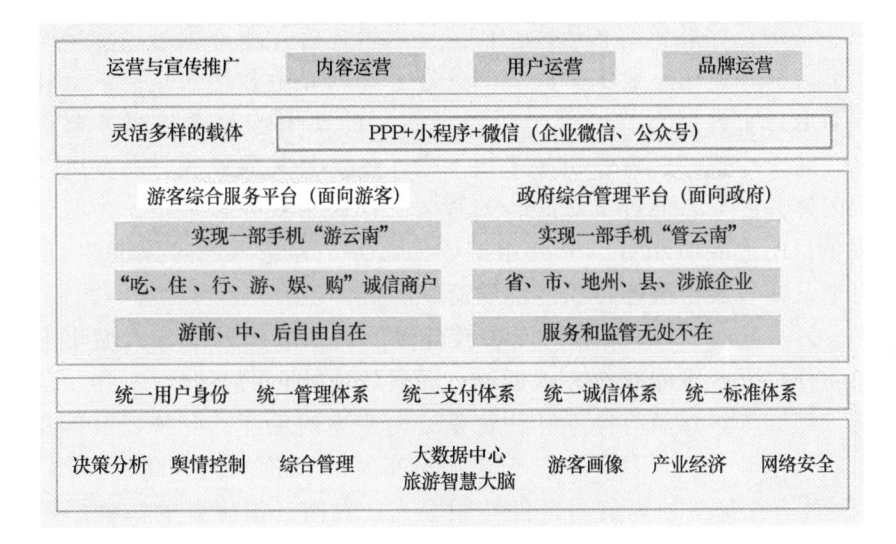

第六章 创意阶层的伙伴关系与合作共治（二）：城市公共文化服务的智慧治理 225

运营与宣传推广	内容运营	用户运营	品牌运营
灵活多样的载体	PPP+小程序+微信（企业微信、公众号）		

游客综合服务平台（面向游客）	政府综合管理平台（面向政府）
实现一部手机"游云南"	实现一部手机"管云南"
"吃、住、行、游、娱、购"诚信商户	省、市、地州、县、涉旅企业
游前、中、后自由自在	服务和监管无处不在

统一用户身份	统一管理体系	统一支付体系	统一诚信体系	统一标准体系

决策分析	舆情控制	综合管理	大数据中心 旅游智慧大脑	游客画像	产业经济	网络安全

图 6-1　"一中心、两平台"总体设计模式

一方面，"一机游"有效地打破了旅游信息壁垒，使广大游客能够舒心地游览。云南省地大物博，拥有广泛的文旅资源，但游客获取信息存在不少困难。"一部手机游云南"平台提供了云南省最全面的景区游览资讯，有效地填平了信息鸿沟，满足游客体验和需求。QQ、微信、优图实验室、腾讯地图、腾讯云、腾讯文旅、AI-Lab、QQ 浏览器、大数据平台、云鼎实验室等 20 多个腾讯产品团队通力合作，上线在线购票、刷脸入园、地图导览、识花草识景点、智能厕所、智慧停车等多样化功能，用一部手机解决"吃、住、行、游、购、娱"中的信息鸿沟与旅游"痛点"，推动云南智慧旅游的跨越式发展。[①] 例如，加强互动性，设置 24 小时慢直播、天气预报、景区最佳打卡点及景区评价等功能，满足游客提前游览及分享的需求；为满足不同年龄群体需要，"游云南"上线长辈版，操作界面更简洁，字体更清晰，体现人文关怀。除上述服务之外，为满足游客个性化导览需求，整治"无证导游""黑心导游"等市

---

① 《"游云南"App 正式上线，一部手机解决"吃住行游购娱"》，2018 年 9 月 29 日，千龙网（http://china.qianlong.com/2018/0929/2858129.shtml）。

场乱象,"一机游"平台提供"红色主题""非遗主题""生态主题"等游览路线供游客选择;而"达人带你游"服务则与当地导游协会合作,遴选专业水平高、服务意识强的导游和达人,提供金牌导游服务。为扩大"一部手机游云南"的使用普及率与服务覆盖面,线下设置"一部手机游云南"展示区、公共服务区、品鉴区与快闪体验区等,通过文旅融合的智慧新体验、服务新生态,为游客提供目的地旅游服务、公共旅游咨询服务、智慧零售等深度体验,打造云南省旅游服务形象的优质窗口。

另一方面,"一机游"能够较好地展现及重塑云南各大城市形象,使广大游客能够放心地购物。颇具滇南特色的茶叶、玉器、草药、银饰等纪念品与伴手礼往往是云南旅途的见证,也是当地重要的收入来源。但近些年来,云南旅游市场"低价参团、高价购物""贩卖伪劣商品"等负面事件频频曝光,致使云南旅游的口碑屡受重创。2017 年,云南省以"零容忍"态度整治旅游市场乱象,省长阮成发指出乱象的根源是市场失范、业态培育不足、旅游企业规范管理水平不高。① 针对上述"顽疾","一部手机游云南"App 创建了优质的购物引导与完善高效的投诉服务通道。具体而言,"一机游"为用户端搭建了"诚选"电商平台,所有上架商品均由云南省政府筛选,政府机构是直接运营者,极大地提升了商品信息的真实性和准确性。用户在使用过程中看到的商品信息,均纳入政府设立的黑名单、白名单诚信体系,避免产品质量参差不齐。在购买过程中,为最大可能保证商品的真实性,平台使用区块链等多项技术保真确权,减少游客的后顾之忧。以云南特产优质普洱茶为例,"一机游"平台引入 NFC 技术,为普洱茶防伪溯源提供标准化解决方案。在游客购买后,"30 天无理由退货"服务机制能够保障游客权益,5 分钟内得到退货反馈,寄抵商品 1 个工作日内完成退款流程。截至 2021 年 4 月 30 日,云南共为游客成功办理退货 17494 起,退款金额达 1.22 亿元,"30 天无理由退货"逐步成为"诚信云南"

---

① 《云南即将出台史上最严旅游整顿措施》,2017 年 3 月 9 日,人民日报海外版(http://m.haiwainet.cn/middle/352345/2017/0309/content_30782653_1.html)。

的全新标志。①

2. 文化偕行：一部手机 IP 游

腾讯以"一部手机游云南"平台为媒介，激活线下项目，将云南的旅游资源与腾讯体系的大文旅资源、生态合作伙伴等相关主体互联互通，匹配市场需求，为目的地打造新的文旅产品、构建新的品牌营销体系。目前，腾讯已与云南省政府签署新文旅战略合作计划，推出云南旅游代言人"云南云"IP 形象，打造以"自在云南"为价值观的新 IP、系列场景活动及周边产品，对既有产业链优化完善、补强延伸，②实现文化价值与产业价值的共赢。

首先，"一机游"塑造了人格化的 IP 品牌，将云南的城市理念通过形象生动的文化 IP 得以具象化。文化 IP 一般认为是文化符号的凝结与美好情感汇聚的承载媒介。腾讯基于新文创 IP 构建思路以及云南省政府"自在云南"的政策指引，专属定制"云南云"IP 形象。该形象以中国传统文化的祥云纹样为依托，以汉字"云"为创作原型，较好地传递了"自在云南"的休闲理念。作为云南省文化旅游形象大使，"云南云"在云南方言、自然资源与民族特色的基础上衍生出丰富多元的应用场景。在线下，位于机场、火车站等多地的"游云南国际旅游服务体验中心"透过"云南云"公仔提供向导指引服务。另外，在云南的多个交通枢纽及云南文旅的宣传推介场景中均有"云南云"的形象。在线上"游云南"App 的 3.0版，"云南云"IP 形象以人工智能的身份出现，云南省的优质文创产品也印有"云南云"的认证标识。此外，腾讯动漫创作了一部专门介绍"云南云"性格背景与成长故事的短片，这也为"一部手机游云南"App 的 IP 构建增光添彩，成为"自在云南"城市形象的有益补充。③

其次，文化 IP 有助于文旅资源实现场景化，由此拓展云南各大

---

① 《云南旅游"30 天无理由退货"两年退了 1 亿多元》，2021 年 5 月 4 日，https://www.sohu.com/a/464471671_116237。
② 《带领战略生态伙伴走进腾讯公司，共话数字文旅创新升级之道》，2021 年 7 月 20 日，https://baijiahao.baidu.com/s?id=1705796094338731792&wfr=spider&for=pc。
③ 《你好！云南云》，2019 年 9 月 29 日，腾讯动漫（https://www.acfun.cn/v/ac11260397）。

旅游城市的受众接受渠道。在"一部手机游云南"全域智慧旅游项目的合作基础上，腾讯与云南省政府发布"云南新文旅 IP 战略合作计划"，将腾讯游戏、动漫、文学、音乐、体育、电竞等多个优势 IP 领域与云南省文旅资源联动赋能，盘活"云南云"的 IP 资源。腾讯的"新文创"理念强化并更新了云南文化旅游资源及公共服务的供给方式，推进供给侧与需求侧的双效合一。2019 年，云南省政府联合腾讯举办"游云南 929"文旅节，拉动云南十一黄金周文旅消费。以云南的"文字夜市"项目为例，针对景区 IP 陈旧、开发过度等问题，腾讯旗下阅文集团获取知名网络文学作品的授权，结合当地的地理风貌，将原有建筑还原成原著场景。熔古城、文学、民俗等文化元素于一炉，① 打造沉浸式互动新场景。另有 QQ 音乐与云南省联合发起"唱游红河，梯田上的多声部"活动，以云南非遗音乐为主题举办文创活动，让游客在沉浸式参与的过程中感受云南红河及非遗音乐的魅力。此外，"一机游"开辟了《我们的西南联大》同款游学线路，熔历史事实、人文景观、影视内容为一炉，使爱国精神代代相传。总的来说，"一部手机游云南"全域智慧旅游项目使云南城市形象更多元、更具底蕴、更添活力。

最后，通过将 IP 产品进行产业化开发，有助于形成云南文旅的产业矩阵和规模效益。当前，腾讯的授权体系和创意衍生体系已经成为云南文旅资源数据库与云平台的原生动力；腾讯既有的 IP 矩阵和多元产品盈利模式也成为云南省构建智慧文旅、IP 文旅行业链条的"助推器"。正是通过技术赋能，推动文旅资源的可感性、可参与性，进而实现产品闭环。例如，人气国漫《一人之下》的衍生品概念潮牌"人有灵"，通过与云南老字号品牌合作，将云南的扎染、刺绣等多项传统工艺打造为云南特色潮流服饰。从消费画像来看，《一人之下》本身便是拥有千万级粉丝且文化色彩浓厚的网络巨量 IP。从产品构思来看，通过"仙鹤""祥云""鹿"等道家元素与《一人之下》剧情及价值理念高度契合，这既是对云南特色文化的弘扬，也是对"Z 时代"群体时尚理念的再塑。从销售渠道来看，

---

① 《新文创敲开文旅融合大门》，2019 年 8 月 6 日，人民日报（http：//opinion.people.com.cn/n1/2019/0806/c1003-31277224.html）。

该产品既有线上预售渠道"一机游",亦有线下渠道共同发力。此外,动漫爱好者还可在"游云南"App上一键下单,体验腾讯人气动漫《一人之下》的主题租车服务,打造IP可持续裂变的创意场景。又如,国潮动漫同名手游《狐妖小红娘》与云南5A级景区玉龙雪山协同合作,在充满爱情传说的蓝月谷旁打造以"纯爱"为主题的红仙客栈实景体验区,"动漫IP+线下景区"的联动模式不仅丰富了游客的观感体验,也吸引了众多原生动漫IP爱好者前往景区"打卡"观光。[①]

3. 生态重构:一部手机全域游

"云南只有一个景区,这个景区叫云南"一向是云南省的旅游发展理念。不过,在智慧文旅出现之前,丽江古城、苍山洱海、玉龙雪山等碎片化的符号想象构成了游客的云南印象。随着技术革新与文旅产业升级,单一景区难以支撑快速发展的云南旅游生态格局。近年来,我国的旅游市场正从"观光游"向"休闲体验游"转变,从"景区游"向"全域游"转变,旅游消费的升级变化"倒逼"供给侧不断产出新的旅游产品,而云南省的"全域旅游"则将数字文化产业的虚拟场景与具有云南特色的实体风景融会贯通。基于云南省文化旅游全产业链全要素的协同创新,几乎所有的云南实体风景都被纳入"一部手机游云南"的虚拟空间,[②]游客投诉、旅游市场监管也一并纳入"一部手机管云南"的诚信体系建设之中,从而打造全域旅游的"云南范本"。

第一,基于数字信息技术的全域生态游,促进了城市与乡镇的联动。云南省广袤多样的自然资源为游客提供了"诗与远方"般的美好幻想,尤其在2020年新冠肺炎疫情之后,人们感受自然、亲近自然的朴素愿望显得更为迫切。基于此,"一部手机游云南"平台聚焦生态旅游、康养旅游、乡村旅游、休闲度假等多条生态线路,推出徒步、夜行等多元化、常态化、特色化的旅行产品,全方

[①] 《〈狐妖小红娘〉手游在丽江开客栈?》,2019年11月29日,数娱梦工厂(https://www.sohu.com/a/357469177_226897)。

[②] 《彩云之南如何通过数字创意打开旅游新通路?》,2019年10月10日,https://mp.weixin.qq.com/s/F6L-rygfHuuOh7tlibnjlw。

位地满足游客需求。长期以来，云南将实施乡村振兴战略、打赢打好脱贫攻坚战作为文旅融合的重要发展目标，但因交通不便、数字化水平不均等多重因素阻碍"一机游"助推美丽乡村建设，如何打好"城乡协同+智慧景区"建设的"组合拳"仍值得深思。针对这一难题，"游云南"开设"特色小镇"专栏，为游客、居民、政府了解小镇相关信息提供平台，加快云南的特色小镇朝优质多元转型。此外，云南的生态旅游已有深厚的基础，自2019年起大力推进大滇西旅游环线，该环线呈"8"字形、全长3200公里，覆盖昆明、大理、丽江、香格里拉等13个州（市）旅游资源点1079个，充分体现了"绿水青山就是金山银山"的生态理念。这条旅游环线不仅是云南打造全域旅游产业的重要项目，其在实践过程中叠加旅游、文化、科技、扶贫等多层功能，满足人们对生态旅游、自在旅游、品质旅游的组合需求。① 未来"一机游"平台与腾云公司将协助完成大滇西旅游环线的沿途半山酒店、特色小镇、环线交通枢纽等项目的数字化建设工作，这一举措将帮助一批具有云南民族民俗文化、历史与地域特色文化的小镇突破发展瓶颈，助推其晋升为新兴文旅打卡地，体现出云南旅游高质量发展的决心。与此同时，"一机游"及腾云公司多次为云南脱贫攻坚贡献力量。2020年8月14日，云南省商务厅、扶贫办等多部门联合在深圳举办"知味云南·腾上云'消'"文化展演暨"云品"直播销售活动，通过线上、线下两种渠道售卖石屏县、石林县、永德县等地的138款云南特色农产品，彝族火把节体验活动充分展现了云南的民俗风情。目前，"一机游"的线上直播带货及旅游线路推荐，已成为粤、滇两省智慧治理及合作扶贫的重要范本。②

第二，全域旅游不仅体现在景区内容供给能力上，同时也意味着全域智慧监管，通过政企协同和资源整合提升文旅服务品质。在

---

① 《胜地：自在云南，悠游好在》，2020年5月1日，云南日报（http://www.yn.gov.cn/yngk/lyyn/lydt/202005/t20200501_203272.html）。
② 《"知味云南·腾上云'消'"云南民族文化展演暨"云品"直播销售（深圳）活动举行》，2020年8月17日，深圳新闻网（http://www.sznews.com/tech/content/2020-08/17/content_23460477.htm）。

第六章　创意阶层的伙伴关系与合作共治（二）：城市公共文化
　　　　服务的智慧治理　　231

云南省政府与腾讯公司的通力合作下，"一机在手，全程无忧"和"游客体验自由自在，政府服务无处不在"的目标正在逐步变成现实。政府端产品"一部手机管云南"建立了1个省级指挥中心、16个州市指挥中心、129个区县指挥中心、多个相关部门与涉旅企业的"1＋16＋129＋X"智慧治理生态体系，基本实现对云南省的全域覆盖。"一站式"政务平台将原本独立的各管理环节转化为链条式、体系化思维的治理体系，有助于政府治理效能提升和监管体制创新。"一机游"也解决了诚信体系不完善、投诉流程复杂、线上办公水平低等问题。例如，过去耗时12天才能完成的游客投诉信息处理流程，如今在"一部手机管云南"平台上的处理时间缩短为2—6小时，最快3分钟即可处理完毕，[①]响应速度和处理效率得以快速提升。此外，通过搭建线上政务平台，"一机游"能够较好地助力政府对旅游舆情进行实时监控与处理，及时做好应急预案与宏观调控，为游客平安出行保驾护航。截至2021年6月，"游云南"App累计下载量达2524万次，累计安装用户数达786万人，小程序用户超528万，累计为用户提供服务超2亿次，[②]广受好评，成为全国景区实时直播规模最大、景区地理信息最全、景区导游导览服务提供最多、旅游投诉处置最快的平台，[③]为全域文旅融合的智慧治理提供"云南范本"。

随着"文旅融合"理念的逐步深化，传统文旅服务供给模式难以满足游客多元需求。数字技术向文旅领域全面渗透，如何运用数字技术破除信息破碎、条块分割的治理困境，打造全域旅游、智慧旅游胜地，成为各界广泛关注的议题。本案例通过梳理腾讯"一部手机游云南"的发展模式，较好地回应了政府如何依托互联网技术，提升旅游服务及监管水平；科技公司在时代浪潮中如何发挥优势，协助政府塑造文旅生态新格局。从治理理念来看，"一部手机

[①] 《数字经济背景下"互联网＋旅游"的创新实践——以腾讯文旅为例》，2020年6月17日，腾讯文旅（https：//cloud.tencent.com/developer/article/1646991）。

[②] 《提供服务超2亿次！"游云南"App上线新功能》，2021年6月30日，https：//baijiahao.baidu.com/s?id=1703995637649746238&wfr=spider&for=pc。

[③] 《"一机游"观点篇｜文旅大咖们如何论道"一机游"？》，2020年6月17日，腾讯文旅（https：//cloud.tencent.com/developer/article/1646765）。

游云南"通过深化当地政府、赴滇游客、涉旅企业"三位一体"的合作互动关系，共建共治共享"文化+旅游"的数字生态体系。从治理手段看，"一部手机游云南"项目以物联网、大数据等技术为依托，通过景区概况、慢直播、主题定制路线、一键投诉等服务促进来滇游客与云南省政府信息双向触达、同频共振，为游客获取景区游览资讯提供便捷，为政府高效精准匹配游客需求提供保障；从治理成效来看，"一部手机游云南"高效整合云南省 16 个州（市）碎片化文旅信息，创新省域文化 IP 资源的发掘与传播形式，优化云南省旅游营商发展环境，全面推动公共服务与智慧治理效能提升，获得了游客的高度认可。对于技术主体腾讯而言，"一部手机游云南"是运用腾讯科技优势完善云南文旅服务供给的突破性尝试，是依托腾讯 IP 矩阵与云南景区的双向赋能与价值再造，是携手政府搭建智慧治理、全域旅游生态体系的创新实践，真正实现了数智引领、文化偕行。"一部手机游云南"项目既展现了云南省政府革新城市形象，提升治理效能的决心与精准实践；也展示了以腾讯为首的互联网企业秉持"科技向善"的发展理念，协助各省市政府搭建智慧旅游服务治理体系的有益探索。目前"一机游"模式已在全国 20 余个省份推行，为拓展数字文旅发展新空间提供行之有效的治理范本。

小 结

本章从公共性和数字化两个维度出发，剖析近年来城市公共文化服务领域发生的智慧化变革。通过对"公共文化"进行概念辨析，"公共性"不仅是国外市民社会形塑中出现的一个重要议题，20 世纪 90 年代市场化改革背景下也在中国学界形成广泛共识，并显示出具有打通民间文化与文化事业双轨化的本土意识。我国的公共文化服务体系建设经历了由"政府主导""市场运营"到"人民主体"的发展历程，意味着文化是公共的、普惠的，以满足人民的文化需求、切实保障人民的文化权利为根本出发点。在现代城市，

第六章 创意阶层的伙伴关系与合作共治（二）：城市公共文化服务的智慧治理

公共文化服务体系既要以多样化的文化供给和文化服务来满足不同市民群体的文化需求，更要致力于解决快速城镇化进程中暴露出来的"城市病"问题，在"陌生人的社会"中构建具有凝聚力和向心力的共同体。

在此背景下，将新一代信息技术广泛地应用于城市公共文化管理，不仅有助于实现多方参与、协同共治的文化治理主体，更重要的是借鉴"智慧大脑"的生态思路来打造城市公共文化服务体系的科技化、一体化、全场景式精准布局。作为改革开放的前沿阵地，深圳的公共文化服务体系主要经历了特区成立至 21 世纪"文化之城"建设时期（1978—2002 年）的文化基础设施兴建和品牌文化活动开展、"文化立市"（2003 年）和文化体制改革背景下公共文化服务体系的政策法规构建、"文化强市"（2011 年）战略背景下公共文化服务体系的纵深发展三大发展阶段。现已通过布局"生态"、多中心的数字化思维统领公共文化服务管理，以及以跨界融合、突变创新的数字化手段推进公共文化产品供给，为全国公共文化服务体系改革提供了"深圳样本"。进入新时代，在《粤港澳大湾区发展规划纲要》和《关于支持深圳建设中国特色社会主义先行示范区的意见》的指引下，构建普惠性、高质量、可持续的城市公共文化服务体系是深圳的新使命和新担当。这其中，公共文化服务的智慧化建设尤为关键。

通过对深圳"灯光秀"和腾讯"一机游"项目进行调研，本章得出了如下结论。一是"灯光秀"不仅是基于现代照明技术而形成的新媒体艺术，更重要的是发挥了此种媒介语言的公共性作用，将城市标志性建筑群和街道景观进行视觉联动，串联城市特有的历史文化资源、地方性知识、文化传统等叙事元素来"讲好深圳故事"，进而通过一种全新的文化新基建来实现移民城市人与人之间关系的再联结和再生产，并向世人展示深圳这座年轻城市的创新精神。

二是深圳本土科技创新标杆企业腾讯集团出品的"一机游"为文旅融合引入"全域"理念，通过数字虚拟场景的打造和实地文旅资源的场景化，"一机游"有效地解决了旅游市场信息不对称、政府监管不到位、企业供需不平衡等问题，重塑云南旅游城市的良好形象，透过"云南云"的IP新形象来积极塑造"自在云南"的休闲理念，助力云南文旅的全域旅游产业矩阵和规模效益。同时，基于数字信息技术的"全域生态游""智慧景区"等文旅产品组合也促进了城市与乡镇的联动，通过全域智慧监管、政企协同和城乡资源整合，树立粤滇合作、脱贫攻坚的创新范本。

如果说"灯光秀"致力于发挥科技助力下艺术的公共性作用，将人们熟悉的城市景观"陌生化"为市民参与的新公共空间，打破了文化基础设施的条块分割，借助变幻多姿的灯光演绎来培育市民对深圳的归属感、自豪感；那么"一机游"则立足于政府、企业、游客、平台之间的协作关系，围绕着信息获取、路线定制、特产推介、售后投诉等方面多维度地打造文旅融合的数字化"一站式"平台，以数智引领文旅产品和文旅服务的均等化、标准化、社会化供给。上述两个案例均涉及城市公共文化服务的多元主体协同治理、多样化跨界化产品供给的创新思路，也为全国城市文化治理数字化创新提供了有益的参照。可以说，公共文化服务领域的"城市大脑"生态布局正逐渐在深圳成型，这些依托于数字技术的智慧治理也正在为塑造覆盖面更广、资源配置更为优化的城市文化"公共性"贡献"深圳智慧"。

第七章

创意阶层的伙伴关系与合作共治（三）：都市公共艺术的民间表述

公共艺术是一种注重创作者与观众合作，以事件介入社会的当代艺术实践。这种当代艺术的新形态摒弃了传统博物馆体制下的架上绘画形式，以公共性、参与性等社会属性成为当代艺术领域重要的话语表达方式。各种文化艺术机构通过公共艺术实践，鼓励支持跨领域创意人才、在地艺术家与城市公共事务对话交流，倡导市民积极参与作为事件的公共艺术项目，体验个人生活与工作的城市肌理，有助于推动城市的创新发展及营造包容友善的城市文化氛围。可以说，拓展艺术固有边界的公共艺术已成为推动"创意城市"发展的重要手段。

作为一种西方舶来的艺术观念与创作方式，自1978年首都机场展出一组具有争议性的壁画后，公共艺术才正式进入中国人的视野，表现为精英化、传统化的题材。20世纪90年代，随着城市化、市场化、国际化的快速演进，在城市规划与更新改造的推动下，商业力量开始覆盖城市公共空间，出现了雕塑、装置、文化艺术商业街区等以城市美化为目的的艺术表现形态。[1] 这一时期的公共艺术既有地方政府城市治理意志的表达，又有资本力量的介入，整体呈现多样化的视觉景观。1992年，党的十四大正式确立我国经济体制的改革目标是建立社会主义市场经济体制。对于公共艺术而言，这项改革开放以来的重要内容直接地改变了中国以往计划经济模式下艺术创作为精英阶层与上层社会所垄断的局面，使艺术创作成果逐渐为全民所共享，开启

---

[1] 翁剑青：《局限与拓展——中国公共艺术状况及问题刍议》，《装饰》2013年第9期。

了艺术真正为"公共"的时代。2011年,中共十七届六中全会审议通过《中共中央关于深化文化体制改革、推动社会主义文化大发展大繁荣若干重大问题的决定》,标志着深化文化体制改革已成为国家治理体系和治理能力现代化的重要组成部分,也为民间艺术机构参与公共艺术话语体系建构指明方向。一方面,文化体制改革通过政策扶持、市场调节等手段不断丰富和完善中国特色社会主义文化;另一方面,文化艺术机构落实改革的具体过程也在为文化大繁荣大发展提供有益启示。全面深化文化体制改革,推动文化艺术机构转向政企分开,为文化艺术事业带来更多开放的视野。这些民间话语尝试在"政府—机构—市场"之间寻找平衡点,把握文化体制机制改革精神与社会主义市场经济动向,以更为丰富多元的创作形式满足人民群众对文化艺术的精神需求。

对于一座城市而言,公共艺术的最大意义在于通过各种艺术表现手法引起公众对于城市发展的感性思考。值得注意的是,在蓬勃发展的城市公共艺术项目中,日益涌现出越来越多的新生民间艺术机构,这些艺术机构正在以自己独特的力量对城市公共艺术进行反思和探索,积极推动着中国公共艺术的发展。那么,在新型城镇化的背景下,公共艺术对城市的包容性、创新性发展具有什么重要启示?广东省是如何通过全面深化文化体制改革推动公共艺术的民间转型的?深圳不同的民间艺术机构又是如何发挥自身特色推动"艺术的公共性"的?基于此,本章选取深化文化体制改革过程中具有代表性的深圳民间艺术机构,以背靠央企华侨城的OCT当代艺术中心(OCAT)、招商蛇口旗下的海上世界文化艺术中心及文化事业单位坪山美术馆为例,分析新时代语境下深圳公共艺术的发展现状,以及民间艺术机构融入城市发展的合作共治路径。

第一节 艺术的公共性

一 公共艺术的概念内涵

公共艺术(public art)是一种衍生于当代艺术又超越固有艺术观

第七章 创意阶层的伙伴关系与合作共治（三）：
都市公共艺术的民间表述

念的艺术实践。关于公共艺术的讨论，学界大抵存在两种观点：一是强调公共艺术的物质属性，即公共艺术就是公共空间的艺术，是综合建筑、雕塑、景观、行为等各种艺术形式，将雕塑、绘画等艺术作品长期放置于公共场所之中的艺术创作活动；二是强调公共艺术的文化属性与社会属性，以大众为接受对象，对传统博物馆与美术馆制度产生挑战的文化现象。① 其中，"公共空间的艺术"（art of public space）指的是艺术家与建筑师、工程师、景观设计师共同合作，通过创造视觉化空间来丰富公共场所，使一座城市或区域更舒适宜居。从公共艺术的文化与社会属性来看，公共艺术无法简单地被公共空间的艺术取代，一方面，它"代表了一种愿望，试图以乌托邦的形态和场所强化观众对于艺术品、环境乃至世界的体验；另一方面，它又潜在地担当着现代主义的重任，试图颠覆和质疑各种固有的价值观和偏见"。② 如果说过去的公共艺术多以永久性城市规划作品（如雕塑、绿地、滨水空间等）为主要表现形式，当下的公共艺术更多地指"平衡各种社会关系的艺术"③，即苏珊·雷西所提出的"新类型公共艺术"（new genre public art）。这种公共艺术以参与为基础，通过传统或非传统的媒体与更广泛、多样的受众进行沟通与互动，关注现场与生活直接相关的问题。④ 在这种公共艺术的转型下，艺术创作不再局限于城市街区静态作品，创作主体逐渐由艺术家转为观众，其表现形式也越来越多样化，出现如社区艺术（community-based art）、介入性艺术（engaged art）、合作式艺术（collaborative art）、关系艺术（relational art）、对话式艺术（dialogic art）等形式（见表7-1）。这些公共艺术以更加开放的姿态与公众参与的基层力量，补足城市自上而下的规划愿景，⑤ 是"一场在很多个人和集体之间展开的浩大的、多面的对话，

---

① 覃京侠：《"公共艺术在中国"学术论坛纪要》，《艺术时空》2005年第1期。
② 刘茵茵：《公众艺术及模式：东方与西方》，上海科学技术出版社2003年版，第11页。
③ 陈文佳：《公共艺术是平衡各种关系的艺术——对话美国公共艺术家珍妮·迪克森》，《公共艺术》2014年第2期。
④ ［美］苏珊·雷西：《量绘形貌：新类型公共艺术》，吴玛悧译，台北：远流出版社1984年版，第27页。
⑤ N. Sanders and P. Stappers, "Co-creation and the New Landscapes of Design", *Co Design*, No. 4, 2008, pp. 5–18.

参与者们在其所在的社会各节点上发起设计行动的社会对话"。[①]

表7-1　　　　　　　公共艺术的相关理论研究范式

相近名词	代表理论家	概念定义	代表艺术实践
社区艺术（community-based art）	安德鲁·海明威；霍尔格·卡希尔	以社区环境为基础的艺术活动，旨在通过艺术家、市民和其他参与者的合作共同解决社区问题，借由艺术形式创造社区新价值	《打倒奴隶贸易》（大卫·梅达拉）
介入性艺术（engaged art）	居伊·德波；彼得·比格尔	强调打破以艺术家为主体的传统艺术生产模式、消解艺术与生活的边界、艺术介入社会并在其中扮演一定的角色并参与社会批判与日常批判的艺术形态	俄国无产阶级文化剧场；《达达宣言》（布列东，里博蒙·德萨涅）；《屋顶着火》（苏姗妮·莱西）
合作式艺术（collaborative art）	格兰特·凯斯特	艺术家与非艺术团体（如环保主义者、艾滋病行动主义者等）之间在特定地点展开合作式项目，他们广泛开展互动与分工劳动，且这些项目大多发生于传统艺术场域之外	《奔跑的栅栏》（克里斯托和珍妮·克劳德）；《西鲁埃塔斯》（安娜·门迭塔）
关系艺术（relational art）	尼古拉斯·布里欧	有别于20世纪60年代的新前卫艺术且不同于"景观社会"的一种合理化的、敞开式的观众参与模式，其中观看表演的大多数人成为了表演者	《跟踪》（苏菲·卡尔）；《糖果》（冈萨雷斯）

---

① ［意］埃佐·曼奇尼：《在人人设计的时代》，钟芳等译，电子工业出版社2016年版，第60页。

续表

相近名词	代表理论家	概念定义	代表艺术实践
对话性艺术（dialogic art）	格兰特·凯斯特	主张以对话、合作对谈等模式削弱传统工作室模式下艺术家生产主体性，强调为观众及参与者提供一个无限自由与开放的交流场域。在这个现场，交流成为作品最重要的组成部分	《泛舟苏黎世湖》（Wochen Klausur）；《明天会更好》（里尔克里特·蒂拉瓦尼亚）

（一）市民社会与公共领域

公共领域是一种"'市民社会'所特有的"文化产物。[1] 市民社会（civil society）[2] 可追溯至古希腊时期，古罗马从野蛮逐渐走向文明并建立起区别于野蛮社会的城邦政治。市民社会用于描述城市或城邦生活的状态，其概念最早出自亚里士多德的《政治学》，意指"自由和平等的公民在一个合法界定的法律体系之下结成的伦理——政治共同体"[3]，是一个排除奴隶、妇女、外邦人的少数人所享有的自由与平等的共同体。古罗马政治理论家西塞罗认为，市民社会"不仅指单个国家，而且也指业已发达到出现城市的文明政治共同体的生活状况"[4]，即市民社会是描绘城市或城邦摆脱自然、荒蛮的生活状态。随着基督教在古罗马帝国的日益壮大，13世纪至14世纪的神学大师试图从亚里士多德的思想中寻找理论为教皇的统治辩论，以凸显教会所拥有的至高无上的权力。不同于古典市民社会理论"文明社会—野蛮社会/自然社会"的二分法，由黑格尔提

---

[1] ［德］尤根·哈贝马斯：《公共领域的结构转型》，曹卫东译，学林出版社1999年版，第3页。

[2] 在古典市民社会理论中，"civil society"可译为"市民社会""公民社会"或"文明社会"。

[3] Jean L. Cohen, Andrew Arato, *Civil Society and Political Theory*, Cambridge：MIT Press, 1992, p.84.

[4] 何增科：《市民社会概念的历史演变》，《中国社会科学》1994年第5期。

出、马克思加以完善的现代市民社会理论坚持"政治国家—市民社会"二分法。黑格尔将市民社会解释为追求个人利益的经济活动、私人领域及个人所有权得到法律确认与保护的外部保障，是"处在家庭和国家之间的差别的阶段，虽然它的形成比国家晚"。[①] 马克思进一步指出："市民社会包括各个个人在生产力发展的一定阶段上的一切物质交往，它包括该阶段上的整个商业生活和工业生活"[②]，即承认市民社会以个人为基础，包括经济结构、社会结构及意识形态结构。

20 世纪以来，哈贝马斯等人分析了市民社会的结构的当代变化，体现为"国家和社会的分离是一条基本路线，它同样也使公共领域和私人领域区别开来"[③]，即市民社会独立于社会，包括私人领域与公共领域。其中"私人领域"指由市场对生产过程加以调节的经济子系统，"公共领域"指社会文化生活领域，"在这个领域中，像公共意见这样的事物能够形成。公共领域原则上向所有市民开放。公共领域的一部分由各种对话构成，在这些对话中，作为私人的人们来到一起，形成了公众"[④]。在《交往行为理论》一书中，哈贝马斯提出了"生活世界"（life world）的概念，包括文化、社会、人格三方面的"解释性范式"，人们在其中以"交往行为"（communicative action）的形式相互理解、协调沟通。在此基础上，美国新马克思主义者柯亨和阿拉托进一步提出"国家—经济—市民社会"的三分法，认为市民社会是"介于经济和国家之间的社会互助领域，有私人领域（特别是家庭）、团体领域（特别是志愿结社）、社会运动及大众沟通形式组成"[⑤]，借此构建一种能够保障个人权利，实现自由、平等的理想乌托邦。这些新的市民社会理论对公共领域的凸显及对文化的侧重，有助于促进社会整合和群体认同，推

[①] ［德］黑格尔：《法哲学原理》，范扬等译，商务印书馆 1979 年版，第 197 页。
[②] 《马克思恩格斯全集》第 23 卷，人民出版社 1972 年版，第 75 页。
[③] ［德］尤根·哈贝马斯：《公共领域的结构转型》，曹卫东译，学林出版社 1999 年版，第 35 页。
[④] ［德］尤根·哈贝马斯：《公共领域》，汪晖译，转引自汪晖等编《文化与公共性》，生活·读书·新知三联书店 1998 年版，第 125—126 页。
[⑤] 王中：《公共艺术概论》，北京大学出版社 2007 年版，第 58 页。

动社会的生产与再生产。可以看到，当代的公共艺术不再仅仅是放置于外部空间的一件艺术作品，而是成为一种社会生活空间与大众意识交流沟通的方式与途径。[1]

（二）公共空间与大众权力

公共艺术的"公共"既指公共场合中的具体事物，也指人类所共同拥有的世界——包括空间、事物和人的活动及三者之间的动态关系。[2] 不同于私有空间，城市的街道以及开放的空间是艺术家进行公开行动并与观众发生相互作用的剧场舞台，[3] 也是公众进行分享和交流的领地。与传统艺术形式相比，公共艺术从其诞生之初就将公共空间纳入创作元素，不拘泥于传统美术馆或博物馆体制的内部空间展示，力求拓展艺术展示的边界与实践形态。如放置于芝加哥千禧公园内的雕塑作品《云门》（Cloud Gate），艺术家阿尼什·卡普尔以其液态水银的造型和质感映射芝加哥的城市主要建筑，人们从雕塑底部凹状空间经过时所呈现的形象也会随着雕塑的弧度而发生不同程度的扭曲与变形。《云门》与广场合称为"在 AT&T 广场上的云门"，意味着雕塑是公共空间的重要存在，也是进入公园内游客所共享的艺术形式。可以说，公共空间构成公共艺术公共性的客观基础，这种公共空间并不仅仅是物理层面上与室内相对应的室外，而应当是"一个被实践的地点"[4]，是社会生活、人际关系所发生的社会现场。

在杜尚看来，观众不是被动的"观看者"，而应该且有责任改变艺术家的行为或质疑他们所塑造的社会标准。如果对艺术没有做出反应并与之发生相互作用，艺术过程永远不可能完成。[5] 艺术作

---

[1] 翁剑青：《中国公共艺术的当代性与世界性——对于外来相关理论之影响的阐释》，《公共艺术》2010 年第 6 期。

[2] ［德］汉娜·阿伦特：《人的境况》，王寅丽译，上海世纪出版集团 2009 年版，第 32 页。

[3] Senie H. F., *Contemporary Public Sculpture: Tradition, Transformation and Controversy*, London: Oxford University Press, 1992, p. 94.

[4] 李耘耕：《从列斐伏尔到位置媒介的兴起：一种空间媒介观的理论谱系》，《国际新闻界》2019 年第 11 期。

[5] Mitchell W. J. T., eds., *Art and the Public Sphere*, Chicago: The University of Chicago Press, 1990.

品放置于公共领域之中,意味着协调各方意见并为大众所广为接受。公共性意味着对每一个社会个体独立的政治、经济、文化权力,以及自由思想和独立人格的肯定和尊重。[①] 在1982年的第七届卡塞尔文献展上,约瑟夫·博伊斯以《7000棵橡树》为作品参展,组织大众在卡塞尔市区种植7000棵橡树,每棵橡树旁放置一座四英尺高的玄武岩石柱,博伊斯为参与种植的申请者提供所需材料、一张捐款证书和一张植树证书。在资本主义转型及西方后工业文化发展陷入困境的时候,博伊斯看到资本主义社会对人的自由和平等的伤害,拒绝生产迎合统治阶级和小市民审美趣味的庸俗艺术品,提出"人人都是艺术家"的创作理念,鼓励公众冲破各种传统禁锢,以艺术的形式表达自己对社会的思想与情感。[②] 在《7000棵橡树》中,博伊斯设定了一个价值观,即以橡树800年的寿命和玄武岩的坚硬象征世界和平,当7000棵橡树和玄武岩逐渐从堆砌于美术馆分散至卡塞尔城市各地时,整座城市对自由和平的向往也将与公众参与的集体记忆紧密相连。传统意义上的雕塑是有形的,而博伊斯却将行动视为一种生长中的雕塑。就像《7000棵橡树》的持续行为与不断生长的橡树和亘古不变的玄武岩一并构成了卡塞尔这座城市的"社会雕塑"(social sculpture),艺术家与公众通过身体力行地参与公共艺术项目,进而参与到城市空间的"雕塑"过程。

作为公共艺术的第二个特点,"大众权力"主张公共艺术在更为广义的公共领域展示艺术作品,使作品成为协调各方意见的艺术方案。当前,公共艺术已成为艺术家与权力、公众的协商地带。[③] 正如政府有权力邀请艺术家为公众的公共生活空间进行艺术创造,艺术家有权力将自己具有前卫性或实验性的想法自由表达,大众也有权力监督政府的文化项目并参与讨论公共艺术作品。1981年理查德·塞拉受美国国家艺术基金会"艺术家提名委员会"推荐,将其创作的作品《倾斜的弧》放置于纽约联邦广场上。该作品由一块长

---

① 孙振华:《公共艺术时代》,江苏美术出版社2003年版,第13页。
② 倪志琪:《当现代公共艺术相遇博伊斯——论当代文化语境下的公共艺术》,《装饰》2016年第1期。
③ 易英:《公共艺术与公共性》,《文艺研究》2004年第5期。

120米、高12米、重达73吨的钢板组成,装饰于联邦广场意味着将空间一分为二,一定程度上阻碍了周围行政中心工作人员的通勤。塞拉强调该作品意在制造压力感,其移动意味着破坏作品与联邦广场的整体性。该作品经过4年争议及数场听证会后被迫拆除,但它引发了一系列讨论:艺术家是否有权力主张自己作品的归属?民众是否有权力判断艺术作品价值?[①]"如把公共艺术仅作为少数人的权力斗争和政治教化的工具,就不可能使之具有人类崇高精神与文化超越意识的'大关怀',即不会在久远意义上代表公众社会的根本利益与意志。"[②] 可以说,公共艺术体现出一个社会的开放程度及公众参与社会公共事务的能力,"'公共艺术'不是一种风格或运动,而是一种联结社会服务为基础,借由公共空间中艺术作品的存在,使得公众福利被强化"[③]。

二 公共艺术的全球版图

公共艺术可追溯至古希腊雅典城邦出现的"阳光广场",希腊的民主政治保护和鼓励公民享有广泛地参与公共事务的权利,人们可以在阳光下、广场上公开讨论国家大事。尽管这种"阳光广场"在当时仍属于少数贵族的专利,但已初具公共领域的雏形,出现了雅典卫城帕特农神庙等提倡宗教的道德教化功能的建筑。随着19世纪西方工业化、城市化及人口爆炸性增长等带来的一系列环境问题,催生了以美化环境、规划改造空间为目的的公共艺术。在世界范围内,公共艺术已经成为一个城市乃至一个国家形象的艺术象征,无论是纽约自由女神像还是丹麦哥本哈根美人鱼雕像,它们都成为一种艺术表达的集体方式,传达本区域的文化精神与公共态度。

1933年美国总统罗斯福推行《公共工程艺术计划》(*Public*

---

① 王檬檬:《试论公共艺术与公共话语建构》,《美术观察》2018年第9期。
② 翁剑青:《中国公共艺术的当代性与世界性——对于外来相关理论之影响的阐释》,《公共艺术》2010年第6期。
③ 黄义宏:《西方都市环境中户外艺术之研究》,硕士学位论文,台湾东海大学建筑研究所,1989年。转引自王中《公共艺术概论》,北京大学出版社2007年版。

Works of Art Project），邀请艺术家为国家公共建筑、设施、环境等公共领域创作艺术作品，用于救济和创造就业。1965 年美国成立国家艺术基金会（National Endowment for the Arts, NEA）并制订艺术的百分比计划（Percent for Art），要求任何新建成或翻新的建筑物，不分国有或私人，其总投资的 1% 必须用于艺术装饰。公共艺术由此逐渐成为都市更新计划的一部分，成为文化的代言者、经济富裕的证明以及赞助者的权力象征。① 二战后，英国将激励音乐与艺术委员会更名为"大不列颠艺术委员会"（Arts Council of Great Britain），主张艺术家以艺术的形式联结社会与公众，积极承担公民义务。20 世纪 70 年代以降，英国不少城市的老城区出现经济衰退和社会阶层分化等问题，越来越多的人为了寻找工作机会不断向新郊区转移，使得中心城市老龄化加剧，英国的城市复兴也由此开始。1990 年，英国的《城镇与国家规划法》要求城市新开发或规划改造的项目必须以 1% 的资金用于支持公共艺术，以换取规划许可。1997 年英国新工党政府提出"以文化为主导的城市复兴"策略，提出以艺术的方式改变城市区域环境，从而促进经济发展，提高居民生活质量，创造和谐社会。② 在德国魏玛共和国时期，国家宪法明确规定国家通过艺术教育、美术馆体系、展览机构等方式保护和培植艺术，以帮助一战后陷入贫困的艺术家们，并鼓励艺术家参与公共空间的建筑创作与美化。③ 柏林在 1978 年 9 月通过强制性的公共艺术办法条例，要求任何公共建筑必须预留一定比例的公共艺术经费，同时政府每年也需要拨款"都市空间艺术经费"用于城市公共艺术的落地实施。

较之欧美国家由政府牵头立项以公共艺术项目推动处理城市社会问题，日本的文化艺术活动自江户时代以来多为民间自发，主要着眼于地方重建与吸引游客。20 世纪 80 年代以来，越来越多的艺术家和组织者将目光放在政府所支持的传统文化与观赏性消费活动

---

① ［美］哈丽叶·西奈编：《美国公共艺术评论》，慕心译，台北：远流出版事业公司 1999 年版，第 5 页。
② 张羽洁：《英国公共艺术政策浅析》，《公共艺术》2013 年第 2 期。
③ 王中：《公共艺术概论》，北京大学出版社 2007 年版，第 101 页。

上，力求在美术馆及商业消费空间之外寻找新的表现场所，尝试用艺术的方式来解决城市边缘地区所面临的经济发展困境与人口老龄化问题，并逐渐发展出日本艺术项目（Japanese Art Project）。20世纪末，日本文化厅相继推行《21世纪文化立国方案》《文化振兴总体规划》，并于2001年确立《文化艺术振兴基本法》，从国家法律政策层面支持艺术项目更好地发挥作用。此后出现了东京国际论坛（Tokyo International Forum，1997）、越后妻有艺术三年展（Echigo-Tsumari Art Triennale，2000）、濑户内国际艺术节（Setouchi Triennale，2010）等影响力较广的公共艺术项目。艺术家将当地社群、人文资源以及自然环境紧密相连，切实关注作品的在地性交流，以艺术节等模式吸引国内外游客参与，带动当地经济发展。中国香港的公共艺术始于20世纪80年代末，民政局下属香港美术馆新馆、市政局等政府机构牵头向社会征集公共艺术作品，鼓励各类机构、个人支持公共艺术创作，以装饰城市景观。2001年，香港康乐及文化事务署设立"艺术推广办事处"，负责处理公共艺术相关事务，并提供专业的视觉艺术设施与培训。1998年，香港地铁推出"车站艺术建筑"计划，向全球艺术家征集作品融入港铁建设，借由作品与公共交通空间传达香港作为中西方多元文化交融城市的独特风貌。自20世纪80年代以来，我国台湾地区都市规模急剧扩张，大量人口涌入城市，造成生态环境恶化、生活品质降低等问题。1992年，中国台湾地区颁布《文化艺术奖助条例》，规定公共建筑应设置公共艺术用于美化建筑物与环境，并对投入公共艺术造价高的建筑物所有人或管理人予以奖励。此后相继颁布、修订《文化艺术奖助条例细则》《公共艺术设置办法》《台北市公共艺术推动自治条例》等规章制度，为台湾地区的公共艺术发展提供了制度保障。早期的台湾公共艺术重视作品与空间的关系，将公共艺术视为放置于公共空间的永久性艺术作品，但往往忽视了处于公共空间内人的存在。20世纪90年代中后期，随着"新类型公共艺术"和"特定场域艺术"等实践在全球掀起浪潮，台湾地区的公共艺术逐渐以展览、艺术节等形式影响乡镇与社区，开始把大众参与及联结社区作为艺术实践的条件，出现了台北公共艺术节、台北城市行动艺术节等公共艺术项目，吸引艺术家用展览、行动、表演等方式与观众共同创造艺术事件。这些政策、组织机构与经费拨款，为公共艺术的发展提供了有力的支持；与此同时，越来越多的公众为公共事务发声，也相应地削弱了艺术的精英主义姿态。

在中国，公共艺术发展与改革开放密不可分。随着社会主义市场经济体制转型和城镇化的快速推进，环境问题与旧城改造问题日益凸显。在时下当代艺术的创作领域，艺术家的叙事方式开始发生变化，越来越多的艺术作品开始打破原有的"艺术家—作品—观众"的审美意义生成机制，邀请观众参与现场互动，甚至观众成为艺术项目中不可或缺的组成部分，成为发生在具体社会现场的事件，公共艺术的发展方向也逐渐由"作品"向"事件"转型，更加关注公共空间的文化属性与社会属性。公共艺术逐渐成为满足大众物质文化需求、维护社会公共秩序，以及对公共艺术生活场域内的事件与实践表达自己的看法并参与其中的城市管理手段。1979年9月，为庆祝新中国成立30周年，首都国际机场候机楼展出数十幅壁画，打破艺术固守象牙塔的封闭姿态，成为公共艺术创作的一次重大实验。其中，作品《泼水节——生命的赞歌》因其大胆前卫地塑造女性裸体形象，引起不少争议。一方面壁画在公共空间的出现某种程度上意味着社会的思想解放，另一方面这些作品仍属于政府主管部门及精英艺术家的意志体现，其存在方式仍无法摆脱被展览的观看，无法与国际机场相融合。[①] 20世纪80年代，中国美协向国务院提交《关于在全国重点城市进行雕塑建设的建议》的报告，经中央批准组成全国城市雕塑规划组，并相继成立全国城市雕塑艺术委员会。这两个组织为普及城市雕塑和推动城市精神文明建设起到了积极作用，沿海城市及经济特区率先出现《珠海渔女》《开荒牛》等公共雕塑作品。进入90年代，中国的城市公共空间发生了重大转变，大批具有商业消费色彩的波普元素开始广泛地应用于艺术创作。如果说80年代的公共艺术是以政府为主导注重美化城市环境的手段，90年代及21世纪的公共艺术则更加突出个体价值并强调大

[①] 吴士新：《对公共艺术问题和中国当代公共艺术现象的分析和研究》，《云南艺术学院学报》2006年第1期。

众的参与。90年代后期规划创作的群雕《深圳人的一天》被称为国内第一个真正意义上的公共艺术作品，也是深圳公共艺术发展的开端。贯彻落实"人民城市人民建，人民城市人民管"的口号，《深圳人的一天》充分听取民众意见，以18位各个阶层的市民为原型，提供观众参与公共空间和艺术事务的机会。可以说，向"事件"转变、强调作品意义之开放性的公共艺术充分调动了大众的主观能动性，也打破了艺术作品只属于艺术家的创作特权。

三 公共艺术在广东

"粤"一般用来指称五岭以南的地区，"但不能否认的是，在许多明清时期的地方史籍里，本来用来涵盖今天整个广东以至广西地区的'粤'这个标签，往往只狭义地应用在以广州府为中心的广府话地区上"[1]，也就是今天的珠三角地区。早在先秦时期，岭南地区一直被认为是寸草不生的南蛮之地，意即士人被贬谪、流放的场所。秦始皇大一统后，在岭南地区设立桂林、象、南海三郡，今广东省基本属于南海郡，其郡治设在番禺（今广州）。复杂的地理条件，为岭南文化提供了自由生长的氛围，在封建制度中央集权的"边缘"最大限度地保留本土文化与主流文化。在烽火不休的动荡年代，岭南地区一直成为逃避祸乱的安身之所，明清时期地处岭南核心的广州更是商贸聚集地，成为海上丝绸之路的起点。在被炮火轰开国门的时期，岭南以其面朝海洋的地理优势担当起近代中国社会变革的先驱者。如中国当代史学家、"广东文物"展览筹备委员简又文在《广东文化之研究》一文中论述："文化是人们心力创作的结晶。一时代有一时代的文化；一地域有一地域的文化，一民族有一民族的文化；各有其特色、特质、特征。"[2] 20世纪40年代陈寅恪也提出"北魏胡汉之别，不在于种族而在于文化"[3]的民族研究命题。晚清科举制的废除，并没有影响到"士大夫"这一精英称

---

[1] 程美宝：《地域文化与国家认同：晚清以来广东文化观的形成》，生活·读书·新知三联书店2006年版，第49页。
[2] 广东文物展览会：《广东文物》，广东人民出版社2013年版，第652页。
[3] 陈寅恪：《唐代政治史述论稿》，上海古籍出版社1997年版，第16—17页。

号的存续，广东的知识分子在经历社会和政治变迁后，国家观念与地方意识被重新塑造。"不论是出于机缘巧合，还是出于裙带关系，民国时期不少积极参与'建造中国'的文人政客，都来自广东。他们不但努力组织实体的政府，还构想抽象的理念，甚至设计许多影响到日常生活和行为的意识和建筑。他们在国家政治舞台的活动，对他们为自己的地方塑造出来的广东文化，亦留下了深远的影响。"① 改革开放以来，"当内地的人们还在姓'资'姓'社'问题上争论不休时，广东人就敢于引进外资、引进外国先进的技术、设备、管理方法和管理人才……"② 自党的十一届三中全会以来，广东成为改革开放的试验基地。受益于时代发展的现实需要，岭南地区在改革与对外开放进程中以其旺盛的生命力和兼容并蓄的创造力，不断推动着经济贸易发展与社会现代化进程，成为新中国"放眼看世界"的"拓荒牛"。

在推进国家治理体系和治理能力现代化进程中，文化体制机制改革成为解放文化生产力的重大决策。2002年党的十六大突出强调了文化建设的重要地位和作用，对文化建设和文化体制改革提出一系列新的要求。同年，广东省委第九届二次全会贯彻落实党的十六大精神，提出"在推进经济强省建设的同时，加快推进文化大省建设"。③ 2003年党的十六届三中全会，明确将文化体制改革纳入完善社会主义市场经济体制的重要任务。广东作为全国文化体制改革的试点，于同年7月成立了文化体制改革试点工作领导小组，全面负责改革试点工作与文化大省建设工作。2003年9月，中共广东省委办公厅、省人民政府办公厅正式印发《广东省文化体制改革试点工作方案》，确定广州、深圳、东莞为文化体制改革试点城市，从"养机构"向"养项目"、"养人"向"干事"转变。2005年，广

---

① 程美宝：《地域文化与国家认同：晚清以来广东文化观的形成》，生活·读书·新知三联书店2006年版，第39页。
② 黄明同：《岭南文化的三次大兼容与三个发展高峰》，《学术研究》2000年第9期。
③ 《中共广东省委九届二次全会举行部署明年经济工作》，2002年12月25日，https: //news. sina. com. cn/c/2002 - 12 - 25/0811852279. html。

东省文化体制改革试点进一步扩大范围,将9个城市与9个单位[①]列为第二批文化体制改革综合性试点城市和单位。2006年,中共中央、国务院发布《关于深化文化体制改革的若干意见》,要求树立新的文化发展观,坚持文化事业和文化产业协调发展,以体制机制创新为重点,形成完善的文化创新体系,鼓励和支持非公有资本以多种形式进入政策许可的文化产业领域,为文化艺术的多元发展提供强有力的政策保障。2007年,广东省政府办公厅印发《广东省文化产业发展"十一五"规划》,明确深化文化体制改革,推动经营性文化事业单位"转企改制""政企分开",不断完善文化市场综合执法的体制机制。2012年,中共广东省委召开十届七次全会,通过《广东省建设文化强省规划纲要(2011—2020年)》,为进一步深化文化体制改革、推动文化发展做出部署。坚持改革开放,广东省在深化文化体制改革中彰显使命感与责任感,也为公共艺术的发展提供了民间化的可能性,由此涌现了诸如时代美术馆、52美术馆、维他命艺术空间等相当数量的民营美术馆,通过文化艺术与现代企业管理制度的深度融合,以此来探索城市的社会文化使命。相较于公立美术馆,民营美术馆一方面享有收藏、策划展览的自由度,另一方面也面临着政策、资金、学术、影响力等困境,导致自身"造血"功能和资金链极端脆弱。[②]2018年1月,超过40家广东省内民营美术馆组成协作方阵,于广东省新石湾美术馆举行展览,集中展出12家美术馆国画、雕塑等优秀作品,打开了体制外美术馆发展资源互补、合作共赢的新格局。"广东省民营美术馆协作方阵"的成立,是在建设文化强国、树立文化自信背景下的一次规范化、国际化的尝试,通过学术会议、合作展览等形式为民营美术馆的可持续发展与践行社会责任感创造更多的历史机遇。

一个区域的文化对该地区的影响更多的是潜藏在人们的思维模

[①] 在《关于进一步扩大文化体制改革试点范围的意见》中,新增珠海、佛山、惠州、中山、江门、肇庆、汕头、韶关、湛江9个城市及岭南美术出版社、广东教育书店、南方报业传媒集团、南方广播影视传媒集团、广东省出版集团有限公司、星海演艺集团、佛山传媒集团、广东画院、广东省新闻出版高级技工学校9个单位。

[②] 《广东民营美术馆协作联合是个"创举"》,2018年1月25日,https://www.sohu.com/a/218740050_161795。

式与行为方式之下,通过将音乐、绘画、戏剧、舞蹈等艺术门类作为载体进行可视化,美术馆在这一过程中扮演着重要的文化角色。广州美术学院美术史系副教授胡斌指出:"20世纪中国美术演变中最具有突出意义的方面之一便是展览的引入,而展览自然就延伸到作为其平台的空间、场地和机构。"① 由于广东地处华南沿海,因此在中国当代艺术发展的过程中广东并没有形成与北方"星星美展""85新美术"等相互联动的实验性美术活动现象,其当代艺术以及公共艺术的开端较全国发展起步稍晚。广东当代艺术的发端可以追溯至20世纪改革开放以来的本土艺术家群体组合行动,那时艺术家多出现在非固定的场所进行艺术活动,出现了"南方艺术沙龙"②"大尾象工作组"③等先锋艺术家群体。以广州美术学院为代表的学生开始对现代艺术进行探索和实践,在教学大楼105号房间逐渐形成了一个以李正天为核心的小沙龙,汇集一批美院派中青年艺术家,这个画室也被称为"105画室"。90年代末至千禧年初,随着深圳美术馆、广东美术馆、何香凝美术馆等公共艺术空间的相继成立,逐渐形成一定规模且功能齐全的美术馆体制,带动广东的美术馆生态朝着规范化与国际化方向发展。④ 这些公立美术馆开始对广东当代艺术进行系统性的整合,官方资金的投入为当代艺术的收藏与研究提供了有力支撑。自此,广东公共艺术空间开始自行摸索发展道路,引入西方双年展、三年展的策展形式,为广东当代艺术的当下现状与未来发展进行梳理,以展览的形式将城市社会与市民生活联结起来。这些多角度、动态化呈现广东当代艺术的公共艺术空间提供了一个深度交流的开放平台,市民有机会通过这些展览重新认识自己生活的城市,而艺术家也可以借用公共艺术空间提供的平台对艺术现象乃至社会现实进行反思,调动市民参与公共领域事务

---

① 胡斌:《以空间为线索:广东当代艺术展览三十年回顾》,《美术学报》2012年第1期。

② "南方艺术沙龙"由王度、陈劭雄、黄小鹏、林一林和梁钜辉于1986年设立,次年解散。

③ "大尾象工作组"由林一林、陈劭雄、梁钜辉和徐坦于20世纪90年代成立,旨在将艺术介入公共空间,反思改革开放对现代化的影响。

④ 王璜生等:《"新美术馆学"的历史责任》,《美术观察》2018年第9期。

第七章 创意阶层的伙伴关系与合作共治（三）：都市公共艺术的民间表述

的积极性。

如果说20世纪80年代的艺术史是民间与体制、前卫与保守、边缘与主流、精英与大众的抗衡①，那么进入90年代，面对大众文化与消费主义，中国当代艺术本土化的中国身份与自身的前卫性遭遇全球化、后殖民思潮的影响。一方面，商品化、大众化的后现代艺术有助于消解20世纪80年代以来前卫艺术中的意识形态叙事，并对传统精英文化产生有力的冲击；另一方面，政治波普、玩世主义等被移植的艺术形式并不是双向对话的，中国符号并没有在全球化趋势下产生同样的影响力。② 在中国，当代艺术的地方话语及其文化权力的诉求直接表现为一种强烈的自我意识与竞争关系。③ 在改革开放的背景下，广东最早与国际资本市场接轨，也最早将消费文化融入艺术发展。对于广东艺术家而言，除了反对第一世界的西方中心主义，还需要抗拒来自北方自上而下的中心主义。④ 比如，流行音乐的盛行与广东方言的传播，都在暗示着广东边缘性与区域性的存在。⑤ 1992年邓小平南方谈话带来了建立社会主义市场经济体制的新机遇，也为艺术的市场化带来新契机。1992年"首届广州双年展"将商业投资与操作的市场化带入艺术界，带动广东乃至全国当代艺术适应新的资本规则。当商业化与经济开始介入艺术领域时，当代艺术旧有的意识形态叙事将被弱化，这是走在改革前列的广东与北方不同的创作材料和资源。由于地理位置相邻，广东文化艺术市场受港澳文化的影响相当深刻。早在20世纪90年代，广东美术馆曾策划"香港艺术1997——香港艺术馆藏品展"；1992年10月广州中央大酒店展览中心举办"广州首届九十年代艺术双年展"。2002年广东美术馆策划的首届广东三年展及2005年深圳OCT当代

---

① [美]布鲁斯·阿特舒勒编：《建立新收藏：博物馆与当代艺术》，董虹霞译，中国青年出版社2019年版，第iii页。

② 盛葳：《后殖民理论视野下的中国当代艺术》，文化艺术出版社2020年版，第134—135页。

③ 盛葳：《后殖民理论视野下的中国当代艺术》，文化艺术出版社2020年版，第147页。

④ 杨小彦：《"卡通一代"——关于中国南方消费文化的生存报告》，《江苏画刊》1997年第7期。

⑤ 葛兆光：《方言·民族·国家》，《天涯》1998年第6期。

艺术中心举办的首届深圳城市/建筑双年展,将双年展、三年展等国际化的艺术交流形式引入广东,打破了传统的艺术展览方式,唤起市民的艺术参与意识。首届"广州三年展"突出了"本土性"和"艺术史"两大特征,立足于新世纪继往开来的史学角度,以"重新解读:中国实验艺术十年(1990—2000)"为题,旨在为集体研究和讨论公共艺术建立一个发声的平台。自2002年至2018年,"广州三年展"[①]已成为广东美术馆最重要的学术品牌之一,研究的视野也从立足中国与过去,转向放眼世界和未来。近年来,在党中央深入推进粤港澳大湾区建设世界级城市群的发展战略下,如何在不同区域和现场挖掘本土特质,打破"全球/本土"二元论的模式,为大湾区公共艺术发展创造更多的可能性成为文化艺术机构未来发展需要思考的议题。

四 深圳公共艺术四十年

在秦汉时期、两晋南北朝时期、南宋时期和明末曾发生四次大规模的人口南迁,受中原文化和长江流域文化的影响,融合变通成为岭南文化的鲜明特点,这也使兼容并蓄的文化精神成为岭南地区的集体无意识、渗透在岭南地区各个文化表现形式的襟怀与气度上。如李权时所言:"无论是对内还是对外,岭南文化都呈现出一种兼容的常态,以宽阔的胸怀拥抱南北来风,吸纳新鲜空气。它的兼收包容也浸润着一种世俗的宽容精神。正是这种兼容的特性,使岭南文化从历代南迁的移民身上不断摄取营养。依赖这不竭的营养之流,岭南文化不断地发展,不断地创造着辉煌。"[②] 一方面,岭南文化是中国近代"旧文化的保留所"和"新文化的策源地",另一

---

① 历年广州三年展的主题分别为:"重新解读:中国实验艺术十年(1990—2000)"(2002年第一届)、"别样:一个特殊的现代化实验空间"(2005年第二届)、"与后殖民说再见"(2008年第三届)、"见所未见"(2012年第四届)、"首届亚洲双年展暨第五届广州三年展——'亚洲时间'"(2015年第五届)、"诚如所思,加速的未来"(2018年第六届)。

② 李权时:《岭南文化现代精神》,广州出版社2001年版,第41页。

方面也是"抵抗外侮复兴民族的根据地"[①]以及左右中国近百年历史进程和政治命运的"主流文化"。它的发展与太平天国运动、鸦片战争、辛亥革命、北伐战争、广州起义等社会变迁与革命运动分不开,尤其康有为、梁启超、孙中山等人的思想已远远超越岭南地域限制,成为领导清末民国时期中国的新思想与新潮流。近代中国人"师夷长技以制夷""三民主义"等精神即学习"先进的西方"以反抗"侵略的西方",这种双重矛盾给岭南文化的发展带来的影响是巨大的,这意味着岭南文化的兼容并蓄必须建立在对优秀传统文化的坚持立场上。受岭南文化哺育的孙中山在近代民主革命中不断反思并重构三民主义学说体系,以积极的姿态挣脱旧时代的桎梏,在中国近代史上写下浓墨重彩的一笔。作为岭南文化的重要组成部分,新兴移民城市深圳通过传承其兼收并蓄的精神遗产,进一步以"文化流动"[②]——流动、变化、多样、创造和更新的城市新气象不断地拓展岭南文化的意义版图。公共艺术不同于传统的艺术门类,它需要公众的积极参与和互动,如此才能形成良性反馈。因此,建市时间短的深圳公共艺术较省会广州而言,起步晚、势头猛。

(一) 改革开放以来的深圳公共艺术"空间热"

深圳美术馆体制发展可以追溯至改革开放前夕。1976年12月,深圳展览馆正式开馆,其借助特区"文化窗口"的作用及毗邻港澳的地理优势,成为深圳艺术家展示美术作品、与海内外艺术汇聚交流的平台。1987年7月,深圳展览馆更名为深圳美术馆,预示着深圳的美术馆事业逐步朝向更科学、更规范的目标发展。1984年,深圳市政府批准设立首家美术创作研究专门机构——深圳画院,这是深圳顺应特区社会文化建设发展的需要,也是紧握中国当代艺术发展方向的体现。1991年,深圳雕塑院成立,并接受市政府、市规划

[①] 还有"新文化的策源地""旧文化的保留所""抵抗外侮复兴民族的根据地"等论述。详见陈序经《广东与中国》,《东方杂志》1939年第2期。转引自程美宝《地域文化与国家认同:晚清以来广东文化观的形成》,生活·读书·新知三联书店2006年版,第8页。

[②] 王京生主编:《文化流动与文化创新研究报告》,广东人民出版社2016年版,第31页。

与国土资源局等单位的委托,为城市雕塑规划、管理塑造深圳积极创新的城市雕塑。深圳雕塑院的学术定位强调城市雕塑的公共性理念与社会学立场及方法,尊重市民对公共事务的参与意识及文化权力,塑造了诸如《深圳人的一天》等事件转向的公共艺术作品。此外,艺术空间在推动深圳当代艺术的纵深发展上发挥了重要作用,通过这些公立艺术机构或民营美术馆、画廊等空间的策展,深圳当代艺术生态得到了极大的丰富。1997年,国务院侨办于深圳创建我国首个以个人名字命名的国家级美术馆——何香凝美术馆。该美术馆以陈列和研究何香凝先生的艺术创作及文献资料为主要功能,关注女性艺术,弘扬传统文化,策划、展示、收藏、研究优秀海外华人艺术、女性艺术、青年艺术家的创作。[①] 同年6月,关山月美术馆开馆,深圳的公共文化服务体系逐渐完善。关山月美术馆、何香凝美术馆的建立与原有的深圳美术馆三者之间形成良性的互动关系,使深圳形成了全新的美术生态环境,开始对深圳当代艺术进行系统性的整合,为深圳的当代艺术发展提供了良好的展示机会。

2009年3月,深圳雕塑院正式更名为深圳市公共艺术中心,成为全国首家以"公共艺术"命名的事业单位,承担起深圳公共艺术的研究、创作、推广等工作,推动深圳公共艺术的交流与发展。同年10月,深港城市/建筑双城双年展组委会办公室成立,挂靠于深圳雕塑院,立足深圳所处的快速城市化背景,聚焦城市与城市化主题筹备策划、执行实施双城双年展。次年,深圳市城市设计促进中心批准成立,致力于整合事业机构城市规划设计资源,鼓励公众参与城市设计与问题研究,促进城市设计创新等服务。2012年9月,深圳市公共艺术中心对双年展办公室、深圳雕塑院、深圳市城市设计促进中心进行管理架构与团队整合,对外保留三大业务并统一对外推广,对内形成业务支持、资源互补的高效架构。2017年12月,作为深圳市"十二五"(2011—2015)规划的重大建设项目之一的深圳当代艺术与城市规划展览馆(简称"两馆")面向公众开放。"两馆"坚持"两馆一体"的文化事业改革创新运营管理模式,为

---

① 《美术馆概况》,2021年3月15日,何香凝美术馆(http://hxnart.org.cn/cn/index/About-Us/About-the-Art-Museum)。

参观者提供多元化的公共教育活动与高水平的展览陈设,是深圳市当代艺术与城市文化传播与发展的重要艺术机构。这些多角度、动态化呈现深圳当代艺术的艺术空间提供了一个深度交流的开放平台,市民有机会通过这些艺术机构策划的展览重新认识自己生活的城市,艺术家也可以借用平台对艺术现象乃至社会现实进行反思,调动市民的参与公共事务的积极性。

我们的文化预设了一种艺术展示与呈现的标准,即特定的场馆、空间、刊物意味着特定的价值与等级。① 于深圳现场而言,出于"反北方中心"的自我意识,深圳美术馆、何香凝美术馆、关山月美术馆等艺术机构尝试接纳深圳乃至华南地区艺术家的多样化表达,为或书写传统或表达当代的艺术作品赋能,也使得传统材料与当代主题结合的"新水墨"得以在深圳开始实验。借助与国际接轨的地理位置,深圳各类型艺术机构也不遗余力地推动大型艺术展览的发展,以期由此带动公共艺术的发展。其中既有何香凝美术馆、OCT当代艺术中心等事业单位每年设置不同公共艺术相关议题并以展览的形式引起公众共鸣,也不乏成立于2010年的后起之秀——坪山新区美术馆举办的2019深圳(坪山)公共艺术季等跨媒介互动公共艺术节。与此同时,深圳的官方文化和学术机构对传统绘画形式保持着适度的敬畏心,也向新的艺术体系敞开大门,支持事业单位与民营机构交流合作。在事业单位与民营机构的合作共治机制下,OCAT深圳馆坚持对国内和国际当代艺术和理论进行实践与研究,对历史所呈现的问题提出思考,并保持参与和影响全球意识和诉求的深圳态度。② 何香凝美术馆的逐渐退出,为OCAT的独立主办带来更大的发展空间,使其能够遵从OCAT的独有工作方式,更加关注创作、思考、策展实践。坪山美术馆以年轻、无拘束的姿态为城市建筑文化和当代艺术领域带来积极的状态,连续两年打造"深圳(坪山)公共艺术季""四季沙龙"等视听多元的创意艺术实践。当代艺术不应仅是一种呈现出来的表面的艺术活动,而更多

---

① 汪民安等:《中国前卫艺术的兴起》,北京大学出版社2018年版,第254页。
② OCAT当代艺术中心:《OCAT十年:理论实践与文献》,中国民族摄影艺术出版社2015年版,第213页。

的应该是其背后隐含和提供对当下社会、文化氛围、时代发展的介入与思考。"新美术馆学"意味着叙述主体从艺术作品的"物"转向作为"人"的艺术家及观众身上,并处理美术馆与更开放的公共空间、艺术体制批判与空间权力等问题。① 因此,美术馆不仅仅是一个抽象的、外在的文化空间,也是有广度的、内在的场域与文化事件的统称。② 换言之,美术馆的主体建筑不仅提供了艺术作品的展示平台,而且塑造了观展者的参观经历,可以是正视历史严肃性的神庙,也可以是开展自由对话的论坛。③

表7-2　　深圳改革开放四十年来的相关艺术空间

成立时间	所属类型	名称	相关艺术事件
改革开放初期（1976—1989年）	事业单位	深圳展览馆/深圳美术馆	1976年12月26日深圳展览馆开馆
			1987年7月,深圳展览馆正式更名为深圳美术馆
			1996年5月,深圳美术馆举办"德国六人装置艺术展",这是中国首次由官方美术馆举办的艺术展,也是深圳美术馆首次办装置展
			2020年10月,深圳美术馆展出"观念的图像——2002中国当代油画邀请展",后发展为系列中国当代油画展
		深圳画院	1986年深圳画院成立,是深圳市政府批准设立的首家美术创作研究专门机构
			1992年,深圳画院与北京中国画研究院（现为中国国家画院）联合主办了"第二届国际水墨画邀请展'92深圳"

---

① 王璜生等:《"新美术馆学"的历史责任》,《美术观察》2018年第9期。
② 唐克扬等:《在通往美术馆的路上》,《艺术界》2012年第6期。
③ 王璜生编:《新美术馆学》,广西师范大学出版社2021年版,第15页。

续表

成立时间	所属类型	名称	相关艺术事件
思想解放起步阶段（1990—1999年）	事业单位	深圳雕塑院	1991年深圳雕塑院成立
			2000年6月16日，由深圳雕塑院牵头完成的大型群雕《深圳人的一天》在深圳园岭社区公园落成
		何香凝美术馆	1997年4月，何香凝美术馆开馆
			1998年11月，何香凝美术馆和深圳雕塑院联合举办了首届"深圳国际当代雕塑展"
		关山月美术馆	1997年6月，关山月美术馆开馆
			1998年12月，"第一届深圳国际水墨画双年展"在关山月美术馆举行
			2011年1月，关山月美术馆入选文化部首批国家重点美术馆
			2013年1月，关山月美术馆开始确立常设性、持续性的当代艺术项目——"中国青年艺术家作品提名展暨青年批评家论坛"
改变和发展期（2000—2010年）	事业单位	深圳大学"3号艺栈"	2007年8月，深圳大学将坐落在校园西南端的一栋3号厂房建筑建成为艺术家工作室，并无偿提供给校内艺术家使用，厂房逐渐云集艺术家形成一个艺术群体"3号艺栈"
		深圳大学美术馆	深圳大学美术馆始建于2008年，位于深圳大学粤海校区内，工作重点立足于支持青年艺术家创作探索上，日常展览更多地关注当代艺术和本土文化发展

续表

成立时间	所属类型	名称	相关艺术事件
改变和发展期（2000—2010年）	事业单位	中国·观澜版画原创产业基地（"版画村"）与中国版画博物馆	中国·观澜版画原创产业基地（"版画村"）于2008年正式开放运营，是集版画创作、制作、展示、收藏、交流、研究、培训和市场开发为一体的中国版画事业与产业并进的综合性项目
			中国版画博物馆于2014年建成开馆，是"版画村"学术项目和整体规划建设的重要组成部分
		深圳城市/建筑双年展组委会办公室	2009年10月，深圳城市/建筑双年展组委会办公室成立，牌子加挂于深圳雕塑院
		深圳市城市设计促进中心	2010年10月，深圳市城市设计促进中心成立
		深圳市公共艺术中心	2009年3月，"深圳雕塑院"更名为"深圳市公共艺术中心"，成为全国首个公共艺术事业机构。"深圳雕塑院"名称亦同时保留
			2012年9月，深圳市公共艺术中心对深圳雕塑院、双年展办公室、深圳市城市设计促进中心三大业务板块进行管理架构与团队整合
	民营机构	OCT当代艺术中心（OCAT）	2005年1月，OCT当代艺术中心（OCAT）成立，专业及行政隶属何香凝美术馆
			2012年4月，OCAT正式登记为独立的非营利性美术馆，并构建了布局全国的当代艺术馆群，馆群总部在深圳
			2005年12月，首届深圳城市建筑双年展在OCT当代艺术中心开展，后发展为深港城市/建筑双城双年展
			2012年5月，第七届"深圳国际当代雕塑艺术展"交由OCT当代艺术中心主办，并正式更名为"深圳雕塑双年展"
		华·美术馆	2008年9月，华美术馆正式开馆，由华侨城集团投资兴建，是全国首家以设计为主题的美术馆

续表

成立时间	所属类型	名称	相关艺术事件
迈向新时代（2011年至今）	事业单位	坪山美术馆	2019年3月30日，坪山美术馆开馆
			2019年12月至2020年1月12日，"嗰·啾——艺术扎营"2019深圳（坪山）公共艺术季在坪山美术馆举办
	民营机构	鳌湖艺术村/鳌湖美术馆	2013年，邓春儒在鳌湖老村发起艺术村项目
			2014年，鳌湖美术馆成立
			2014年12月，"牛湖发声"艺术群展在鳌湖艺术村举办
		雅昌（深圳）艺术中心	雅昌（深圳）艺术中心于2014年竣工投入使用，是全球首创的整合艺术服务的全景式平台，也是一个以艺术教育为纽带的会员制艺术俱乐部
		深圳市握手302艺术中心	2016年6月，深圳市握手302艺术中心于白石洲注册成立
		海上世界文化艺术中心	2017年12月2日，海上世界文化艺术中心正式开幕
		深圳市当代艺术与城市规划展览馆	2017年12月28日，深圳市当代艺术与城市规划展览馆面向公众开放
	事业单位	深圳市当代艺术与城市规划展览馆	2019年1月，第三届中国设计大展及公共艺术专题展在深圳市当代艺术与城市规划展览馆举办

（二）深圳公共艺术现场的"展览热"

艺术的双年展模式已成为地方与全球、专业与业余、观众与艺术对话的窗口。1895年，第一届威尼斯双年展与欧洲城市形象塑造、地方创意生态构建密不可分。时至今日，双年展已不再简单地指代两年一度的艺术展览模式，它已成为覆盖今天所有国际或地方大型群展的展览体制，且这些展览通常针对特定主题或特定文化开展。① 双年展对艺术的形态与历史进行了归纳、梳理与呈现，针对"今天的艺术是什么、艺术如何参与当今世界的建构、艺术的未来是什么"② 三个问题进行发问。国际性的双年展预设了策展人建构的一个虚幻世界景观，使观众能够进入其中，与社区、艺术家进行持续且具体的对话交流。③ 即便目前没有几个双年展能够超越卡塞尔文献展、威尼斯双年展、伊斯坦布尔双年展的规模，④ 但不断扩大的双年展网络，正在以全球化、多元化的方式吸纳主流或边缘的艺术和艺术家。双年展的话语权已从过去单一的策展人立场逐渐转向集体化的创作形式。除了特定时间内的展览，双年展模式还包括线上或线下的讲座沙龙、学术会议论坛、出版物等配套项目。在中国，1992年广东美术馆主办的"广州·首届九十年代艺术双年展（油画部分）"是批评家借助社会主义市场经济体制改革之势，以市场化、制度化推动艺术发展的初次尝试。自20世纪90年代以来，中国当代艺术逐渐融入全球艺术体系，中央美术学院美术馆（CAFAM）的"CAFAM双年展"、上海美术馆与上海当代艺术博物馆主持的"上海双年展"等常设性双年展井喷式涌现。它们试图关注当下社会与文化艺术的变化，融合机构策展与当代艺术生态，邀请观众共同创造新的艺术实践。"安仁双年展""田野双年展"等艺术乡建展览则远离城市中心，紧跟国家乡村振兴政策，以艺术的实践进驻乡村田野，发挥农村乡民主体性的同时兼顾艺术公共性与在地性。

在深圳，引入西方的双年展与三年展制度成为文化艺术空间探索艺术的当下与未来发展形式的重要方式。1992年4月，深圳画院与北京中国画研究院（现为中国国家画院）联合主办"第二届国际水墨

---

① ［英］朱迪斯·鲁格等：《当代艺术策展问题与现状》，查红梅译，中国青年出版社2019年版，第12页。
② 王璜生编：《新美术馆学》，广西师范大学出版社2021年版，第33页。
③ ［英］朱迪斯·鲁格等：《当代艺术策展问题与现状》，查红梅译，中国青年出版社2019年版，第13页。
④ ［英］朱迪斯·鲁格等：《当代艺术策展问题与现状》，查红梅译，中国青年出版社2019年版，第13页。

画邀请展'92深圳"。1997年，深圳画院根据自身业务发展和深圳市文化建设的需要，向市政府提出了在深圳举办常设性"深圳国际水墨画双年展"的设想，得到了市委、市政府的高度重视，该双年展被列入《深圳市文化发展规划》，成为国内外水墨画家交流艺术技法、探讨水墨画在当代的表现形式的国际化学术平台。1998年12月11日，为弘扬传统水墨画艺术，促进东西方文化交流，"第一届深圳国际水墨画双年展"在关山月美术馆举办。展览陈列来自海内外十多个国家和地区的共二百多幅作品，充分反映时下水墨画发展的总体趋势。如策展人所言，没有一种古老的绘画形式能够如水墨画一般具有开放性和兼容性，能够在当代社会保持其古老的传统与恒久魅力。[1] 时至今日，"深圳国际水墨画双年展"已先后成功地举办了十届，展陈作品随着深圳改革开放的进程也从最初的传统水墨画发展为具有深圳特色的"城市山水画"，涌现出一批具有实验性、前卫性的作品，极大地丰富了深圳美术界生态与水墨画的更多可能性。

1998年11月，何香凝美术馆与深圳雕塑院联合举办了第一届"深圳国际当代雕塑展"。以推动当代雕塑、环境空间的发展为诉求，该展览第一次整体地将中国当代雕塑艺术中颇具代表性的作品纳入公共空间，接受公众的检验和评判。该展览大胆地将展出地点设置在何香凝美术馆的室外，开中国户外举办雕塑年度展的先河，也是第一次整体性地将中国当代雕塑艺术中颇具代表性的作品纳入公共空间，接受来自各地市民的检验和评判。雕塑体系自西方引入中国以来，一直处于弱势地位，被视为宗教、社会生活等行为的审美产物。但与其说雕塑的引入是为了解决艺术满足时代审美需求问题，不如说通过引进的方式表达了一种走向现代化的愿景与积极学习的文化态度和立场。[2] 深圳国际当代雕塑展表达了推动雕塑艺术在当代社会向前发展的愿景，也凝聚了雕塑家们对生活的态度和观点。第一届深圳国际当代雕塑展入选的作品仍处于摸索状态，基本

---

[1] 《第一届深圳国际水墨画双年展前言》，2021年3月20日，深圳画院（http://www.szfai.com/twoshowpreface.action?id=5&tid=qy9）。

[2] 《追求雕塑艺术的当代性》，1998年11月21日，何香凝美术馆（http://www.hxnart.com/cn/category/article-list/detail!19981121）。

属于架上雕塑形式，与作为城市环境装饰与美化的雕塑品仍具有较大差距。但随着展览的探索与时代的发展，2007年12月开幕的"第六届深圳当代雕塑艺术展：透视的景观"实现了西方雕塑艺术形式在中国社会现代化进程下的创新发展。极少主义艺术家卡尔·安德烈曾将雕塑史概括为"作为形状的雕塑""作为结构的雕塑""作为场地的雕塑"[①] 三个阶段。自20世纪60年代极少主义出现以来，雕塑逐渐从"物性"向"剧场性"转变，观众、空间、媒介共同构成作品特殊的语境。第六届深圳当代雕塑展一方面关注中国社会高歌猛进的现代化发展与变化主旋律，另一方面通过展览检验艺术家对于现代化的憧憬与内心的冲突，审视艺术家的人文关怀与价值取向[②]。展览作品材料超越传统意义下可雕可塑的石膏、玻璃钢等材料，出现了树叶、黄花梨木、烟雾、蚕丝等自然状态的作品材料嵌入景观概念，传递着艺术家对现代城市规划与自然形态相互关系的态度。展览选址延续了过往介入公共场所的模式，有意识将参展作品与展场融合设计，为观众进入公共空间为艺术发声、交流与碰撞创造了条件。艺术家对于场地的批判性参与及"话语性"[③] 实践，弱化了艺术品与空间的附着关系。2012年，深圳国际当代雕塑展更名为"深圳雕塑双年展"，并由OCAT接手主办。2014年5月16日，第八届深圳雕塑双年展以"我们未曾参与"为题，思考约瑟夫·博伊斯所提出的"社会雕塑"概念，持续关注参与作为主流艺术实践形式对社会带来的冲击，借助展览反观架上雕塑与参与式艺术之间的异同。越来越多的展览将介入社会层面的参与纳入表达话语中：观众作为作品的重要组成部分，艺术家不再局限于某种艺术门类所限定的材料，作品作为社会有机体得到了边界的拓宽。

---

① James Meyer, *Minimalism*: *Art and Polemics in the Sixties*, London: Yale University Press, 2001, p. 131. 转引自周彦华《"介入性艺术"的审美意义生成机制研究》，博士学位论文，西南大学，2016年。

② 《第六届深圳当代雕塑艺术展：透视的景观》，2007年12月16日，何香凝美术馆（http://www.hxnart.com/cn/category/exhibition-list/detail! 20071216）。

③ Kwon M., *One Place After Another*: *site-specific art and locational identity*. Cambridge Massachusetts: The MIT Press, 2004. 转引自［英］朱迪斯·鲁格等《当代艺术策展问题与现状》，查红梅译，中国青年出版社2019年版，第163页。

表7-3 深圳改革开放四十年来的相关艺术展览

首次开展时间	展览名称	主办单位	历年主题
思想解放起步阶段（1990—1999年）	深圳国际水墨画双年展	深圳画院、关山月美术馆、深圳美术馆、OCAT	1998年第一届：无特定主题 2000年第二届："水墨与都市" 2002年第三届："都市水墨" 2004年第四届："设计水墨""笔墨在当代""水墨空间""水墨都市""韩国现代水墨" 2006年第五届："设计水墨""笔墨传承""水墨、生活、趣味" 2008年第六届："笔墨都市""新媒体水墨都市""深圳故事""日本现代水墨" 2010年第七届："笔墨新境""新语传韵""水墨新人""在线人间""香港水墨" 2013年第八届："形学""图学" 2016年第九届："新中国画vs新水墨画""墨海新境""鹏城墨韵" 2019年第十届："水墨现在"
	当代雕塑艺术年度展/深圳国际当代雕塑展/深圳雕塑双年展/OCAT双年展	何香凝美术馆、深圳雕塑院、OCAT	1998年第一届当代雕塑艺术年度展：无特定主题 1999年第二届当代雕塑艺术年度展："平衡的生存：生态城市的未来方案" 2000年第三届当代雕塑艺术年度展："开放的经验" 2001年第四届深圳当代雕塑展："被移植的现场" 2003年第五届深圳国际当代雕塑展："第五系统：后规划时代的公共艺术" 2007年第六届深圳当代雕塑展："透视的景观" 2012年第七届深圳雕塑双年展："偶然的信息" 2014年第八届深圳雕塑双年展："我们从未参与" 2021年第九届OCAT双年展："甩丫的！飞去来器"

续表

首次开展时间	展览名称	主办单位	历年主题
改变和发展期（2000—2010年）	深港城市/建筑双城双年展（前身：深圳城市/建筑双年展）	深港城市/建筑双城双年展组委会	2005年第一届："城市，开门！" 2007年第二届："城市再生" 2009年第三届："城市动员" 2011年第四届："城市创造" 2013年第五届："城市边缘" 2015年第六届："城市原点" 2017年第七届："城市共生" 2019年第八届："城市交互"
迈向新时代（2011年至今）	深圳公共雕塑展（前身：深圳公共雕塑作品展）	深圳市公共艺术中心	2013年第一届："质变" 2014年第二届："跨界""本土" 2015年第三届："镶嵌" 2017年第四届："共享之城" 2019年第五届："嫁接" 2020年第六届："35日生长"
	海外华人艺术家邀请展	何香凝美术馆	2013年：在地未来——文化中国·海外华人青年艺术家邀请展 2014年：重瞳体——文化中国·海外华人女性艺术家邀请展 2018年：别处/此在：海外华人艺术抽样展 2020年：离散与汇聚——文化中国·第三节全球华人艺术展

续表

首次开展时间	展览名称	主办单位	历年主题
迈向新时代（2011年至今）	在路上·中国青年艺术家作品提名展暨青年批评家论坛	关山月美术馆	第一季（2013—2017年）从媒介角度切入，开启传统媒介青年当代艺术的田野调查工作。① 2013年：以青年油画为主体 2014年：以青年水墨为主体 2015年：以青年版画为主体 2016年：以青年雕塑为主体 2017年：以媒体艺术为主体 第二季（2018年至今）以当代理论热点为线索，从学术问题本身切入文献研究和问题探讨。② 2018年："unmanned（无人）" 2019年："共生" 2020年："无极映射"
	中国当代艺术邀请展	深圳美术馆	2015年："温度" 2017年："透镜" 2019年："法模·心范" 2021年："关系"
	艺术深圳	中国（深圳）国际文化产业博览交易会组委会办公室	"艺术深圳"无特定主题，是"中国（深圳）国际文化产业博览交易会"1+N的重点项目，2015年转型做当代艺术博览会。"艺术深圳"秉持"立足本土、全球视野、品质未来"的工作理念，打造高品质的市场平台，积极地参与深圳当代艺术生态的建设③

---

① 彭宝玉：《后工业艺术群体考察——关于"在路上：2020 中国青年艺术家作品提名展暨青年批评家论坛"》，《画刊》2021年第1期。
② 彭宝玉：《后工业艺术群体考察——关于"在路上：2020 中国青年艺术家作品提名展暨青年批评家论坛"》，《画刊》2001年第1期。
③ 艺术深圳官网：http://www.artshenzhen.com/node_303981.htm。

从 1998 年的第一届深圳国际水墨画双年展到 2021 年的艺术深圳展会，越来越多的当代艺术展览开始在深圳生根发芽。在主办单位上，这些展览多由深圳美术馆、何香凝美术馆、关山月美术馆等对深圳产生重要影响的事业单位主持，其中也不乏体制内与民间力量的协作支持。如当代雕塑艺术年度展，经过 23 年的"改朝换代"，从由何香凝美术馆、深圳雕塑院等文化艺术机构的主办，改为 OCAT 接手，充分说明深圳艺术生态的魅力在于其流动性与跨界性。在关注的主题层面，这些展览紧随时代潮流与城市发展。如深圳国际水墨画双年展与当代雕塑年度展，在无特定主题中摸索，逐渐形成垂直领域内兼具学术性与审美性的常设展览。此外，深圳在改革开放与现代化进程下不断前行，旧城改造的冲突矛盾、未来城市景观的发展、城市中人的本土意识等问题逐渐显露，催生出深港城市/建筑双城双年展、深圳公共雕塑展、海外华人艺术家邀请展等展览。展览借助作品将视角转向本土现场，从深圳出发辐射粤港澳大湾区，进而带动中国社会对于人与城市关系的思考。在表现空间上，可以看到，美术馆等机构不再以艺术作品的呈现为目的，而是成为作品生产的重要现场。生产艺术的场域也不再局限于传统的展览馆体制，社会现场、历史建筑甚至日常生活的空间开始成为艺术家表达内心感受的创作空间。同时，作品也不再是简单地以架上绘画、传统雕塑等形式出现，而是成为介入社会生活的具体、可感知的事件。

第二节　案例介绍

一　华侨城当代艺术中心（OCAT）

（一）OCAT 的公共艺术实践

OCAT（OCT Contemporary Art Terminal）是由中央企业华侨城（OCT：Overseas Chinese Town）集团赞助，创立于 2005 年并于 2012 年 4 月正式登记为独立的非营利性新型艺术机构。OCAT 构建了一个辐射全国的当代艺术馆群，目前包括 OCAT 深圳馆（总部）、华·美术馆、OCAT 上海馆、OCAT 西安馆和 OCAT 研究中心（北京馆）。OCAT 以公益性、专业性、独立性为宗旨，以综合推动中国当代艺术与国际当代艺术互动为目的，通过展览、学术研究、交流、教育、出版和国际艺术工作室计划等项目，力图建立起立足于中国本土的当代艺术的运行机制，使其成为在中国具有国际水准的民间艺术机构。[1] 作为深圳当代艺术生态的参与者，OCAT 的建立离不开何香凝美术馆的发展。何香凝美术馆是国务院侨办于 1997 年在深圳创建的一个以陈列和研究何香凝艺术为主要功能的美术馆。出于华侨城集团的公共艺术装饰需要以及何香凝美术馆学术研究领域的实验，1997 年下半年，策展人黄专在何香凝美术馆副馆长的邀请下，与深圳雕塑院院长孙振华、深圳画院鲁虹合作策划了第一届深圳雕塑展，以期探讨深圳当代艺术与公共空间的关系。2000 年前后，华侨城集团希望借鉴北京 798 工业遗址改造模式，将何香凝美术馆与深圳东部工业区改造相结合。此时何香凝美术馆经过四五年的探索，在学术研究与展览陈列上已有较成熟的体制，但其作为体制下美术馆的弊端也逐渐暴露出来，在当代艺术的研究与实践上往往需要兼顾与政府项目的冲突。因此，在何香凝美术馆副馆长的委托下，策展人黄专提交了一份涵盖出版、文献收集和演讲、"驻地计划（Residency）"等有别于美术馆体制的艺术机构运营方案，即成立 "OCT 当代艺术中心（OCAT）"，专业和行政关系隶属何香凝美术馆，所需资金由华侨城投资。2005 年，OCT 当代艺术中心（OCAT）创立，并以当代视觉艺术的研究与展示为主体，辐射综合艺术领域，整合国内外当代艺术资源和多层面的艺术交流活动。同年 12 月，首届深圳城市建筑双年展在 OCT 当代艺术中心展出，后发展为 "深港城市/建筑双城双年展"，展览立足于珠三角地区急剧城市化的地域特点，关注全球普遍存在的城市问题，充分利用设计、影像、装置、戏剧、公共艺术、专题研究和对话等多种方式，展示了深港、中国乃至全球城市化进程和人居状态的多元维度。2011 年后，OCAT 为了避免各华侨城分部以 "OCAT" 的名义进行

---

[1] 《OCAT 深圳 | 关于 OCAT》，2021 年 4 月 8 日，OCAT 深圳馆（https://mp.weixin.qq.com/s/LA2Jc-mDaRbd9qTDdDQEnA）。

艺术展览迎合房地产营销活动并保障 OCAT（深圳馆）模式的延续，采取企业赞助、建立馆群的计划，在原则上保持各馆作为独立艺术机构的性质。同时，OCAT 指定专业策划人担任执行馆长的职务，推出理事会及学术委员会两套管理及专业决策机制。至 2012 年，OCAT 正式从何香凝美术馆体制下独立，成为深圳当代艺术界最为活跃的民营美术馆之一。2008 年，国内首家以设计为定位的美术馆——华·美术馆成立，为推动设计交流、发展与研究，关注实验性及跨学科设计提供深圳"设计之都"的创意支持，并与何香凝美术馆、OCAT 形成文化艺术资源全方位互补的艺术生态布局。

　　OCAT 深圳馆长期致力于国内和国际当代艺术和理论的实践与研究，既是"对描述中国当代艺术进程的线性历史观以及将个案绝对化和英雄主义倾向的警惕"，也试图"通过将它们呈现出来的同时提出我们的思考，与之产生交流、对话和撞击，并始终保持参与和影响全球华语的意识和诉求"①。OCAT 深圳馆既包括对艺术家个体实践的考察、研究，出版和展览的 OCAT 展览项目，也包括图书馆、工作室、表演、放映、出版等项目，助力于深圳打造城市文化品牌形象。与西方集展厅、影院、剧场和图书馆于一体的艺术机构相比，中国的艺术机构相对缺乏剧场等功能。为了实现其创馆蓝图，OCAT 从 2008 年开始，每年 12 月初在深圳馆主展厅临时搭建剧场，展出具有实验性的当代舞蹈剧场表演，呈现出集合工作坊、实验性当代舞蹈表演和影像放映三大功能的非传统表演生态。2021 年，OCAT 推出特别公共项目《深圳记忆——超越与消逝》，邀请深圳本地普通观众参与并集体创作剧场表演——《我的深圳记忆》。在艺术家方立华看来，"'剧场'除了是一个物理空间的概念，它同时也是一个意识空间的概念，当这些不同形式的表演进入到这个剧场的同时，'剧场'的概念也会再一次地被探讨和审视，并且逐渐变得更为明晰"②。这种开放性的 OCAT 剧场拓展了多样化的戏剧、

---

　　① OCAT 当代艺术中心：《OCAT 十年：理论实践与文献》，中国民族摄影艺术出版社 2015 年版，第 123 页。
　　② 方立华：《一种非舞蹈的表演——关于 OCAT 当代舞蹈剧场演出季·2010》，详见 OCAT 当代艺术中心《OCAT 十年：理论实践与文献》，第 86 页。

话剧表演，为深圳市民带来艺术的多种可能性，在这里人人都能成为舞台体验者，用身体语言表达自己张弛有度的创造力，透过艺术的方式来构建深圳市民与这座城市的内在联结。

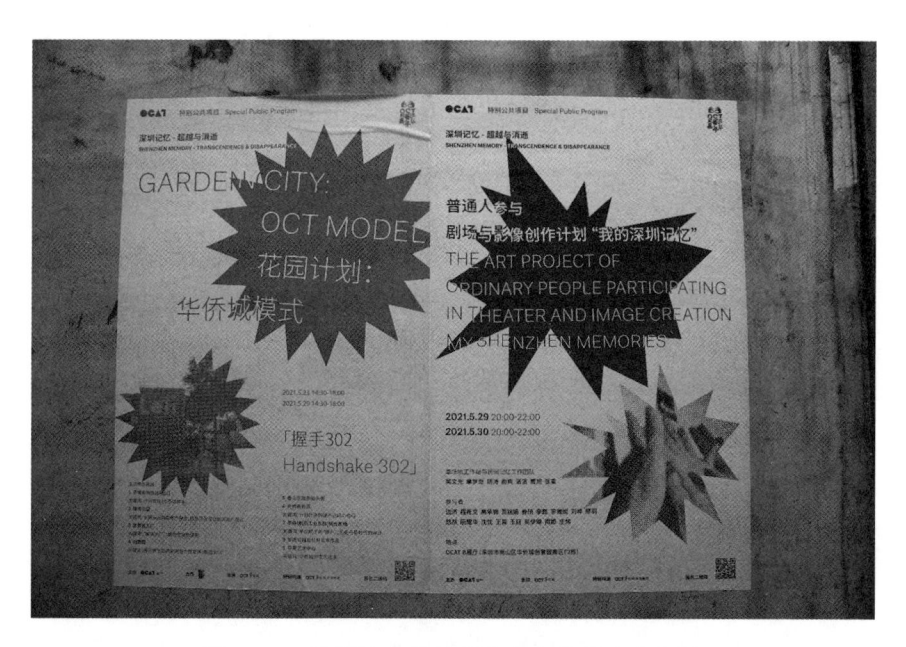

图 7-1　华侨城当代艺术中心的艺术活动海报

（二）OCAT 参与城市文化的合作共治机制

"合作治理"指的是将作为战略资源的文化贯穿到城市的整体规划、决策和管理层面，探索一种基于文化的城市共同体之间的协作关系。近年来，OCAT 已与陶身体剧场、草场地工作站、华·美术馆、"握手302"等团队与机构合作，优势互补、创意互助，推出形式多样的城市公共艺术项目。比如，"'花园城市：华侨城模式'走读工作坊"是 OCAT 深圳馆与深圳在地公共艺术团队"握手302"合作推出的公共艺术项目。参与者与"握手302"团队成员行走在华侨城片区，并在其中选取两个点进行自然艺术创作，以走读的形式体会花园城市的文化地理，让参与者通过"参与""体验""讲述"等方式从不同维度思考城市空间生态。OCAT 与"握手302"的合作创造了一种城市公共对话的新机制：OCAT 作为华侨城创意文化园内重要的艺术机构，见证了华侨城片区由工业遗产向创意文化园区的转型；而"握手302"也以艺术人类学的接地视角为华侨城文化旅游综合开发的模式带来全新的在地解读。

除了与深圳本土艺术机构联动，OCAT 也为呈现当代前沿文化艺术动态的展览提供对话平台。为展示城市转型与城市文化发展，打造以城市为固定主题的国际化艺术展览品牌，2005 年深圳市政府主办、深圳市规划局等机构承办发起首届深港城市/建筑双城双年展（以下简称"深双"）。"深双"借鉴威尼斯双年展等国际化独立策展人制度，以"城市，开门！"为主题，抓住当代中国最前沿的快速城市化问题，以平易近人的姿态表达城市文化多元性与复杂性。OCAT 作为首届"深双"的主展场，恰如其分地以不加修饰的旧厂房工业建筑视觉特征融入这场建筑与城市规划展览盛宴，体现了对旧建筑及其原有用途和记忆的尊重。在此之后，华侨城创意文化园也作为主展场，分别参与 2007 年（以"城市再生"为主题）及 2011 年（以"城市创造"为主题）的"深双"。首届"深双"借助 OCAT 旧厂房改造而成的展厅空间表达一种态度：在深圳这个全面加速发展的城市下，在城市文化与建筑规划中，存在一种前卫且通俗的表达方式，即以双年展的形式介入公共空间，推动不同阶层的市民积极参与探索城市未来发展的可能性。2014 年，第八届深圳雕塑双年展以"我们未曾参与"为题在 OCAT 开幕，展览邀请 13 个国家和地区的 33 位艺术家借助装置、影像等形式突破常规雕塑体例，探讨艺术中的"参与"问题。策展人马可·丹尼尔以博伊斯"社会雕塑"概念为参考系介入社会关系，在"参与"成为艺术既不充分也不必要条件的"后参与式"语境下讨论观众的"不参与也可以是一种重要的艺术声明、艺术态度"[1]。该雕塑展项目自 1998 年创立至今几度更名，[2] 不断延展雕塑双年展的形式边界，将视角

---

[1] 徐乔斯：《第八届深圳雕塑双年展：雕塑在哪里？》，《美术文献》2014 年第 8 期。

[2] "OCAT 双年展"前身为 1998 年的"第一届当代雕塑艺术年度展"，2001 年第四届展览更名为"深圳当代雕塑艺术展"，2012 年第七届展览更名为"深圳雕塑双年展"，2021 年展览由 OCAT 深圳美术馆和华·美术馆联合主办，更名为"第九届 OCAT 双年展"。

放眼于静态雕塑之外的艺术形式,即时地反映艺术家和创作者在创作上的新思考,以及在策展上的新实践。①

二 海上世界文化艺术中心

(一) 蛇口的公共艺术实践

蛇口工业区是招商局集团于1979年独资开发的第一个对外开放的中国工业区,蛇口的飞速发展与招商局的综合运营密不可分。招商局集团是中央直接管理的国有重要骨干,总部位于香港,创立于晚清洋务运动时期的1872年,为中国近代经济史和社会发展史做出重大贡献。为改变我国经济落后的面貌,党的十一届三中全会前,中共中央和国务院相继派出考察团赴港澳地区及国外吸取优秀经济发展经验。1978年,国家计委和外经贸部派出考察小组前往港澳学习,并向中央呈报《港澳经济考察报告》,建议将毗邻港澳的宝安、珠海两县(现为深圳市与珠海市)划为出口与加工基地。同年,国务院交通部外事局副局长袁庚赴香港考察,整顿该部所属香港招商局的工作。在综合分析香港与内地现状后,袁庚起草《关于充分利用香港招商局问题的请示》,得到交通部党组的认可,创造性地提出充分利用交通部香港招商局经营发展理念,加强在港澳的经济力量与远洋运输事业等举措。党的十一届三中全会的召开标志着中国人民进入了改革开放和社会主义现代化建设的新时期。在交通部的大力支持下,广东省革委会和交通部向李先念副总理报送《关于我驻香港招商局在广东宝安建立工业区的报告》,提出在蛇口公社境内建立工业区,建设和经营管理由招商局负责,党政工作、治安管理、生活供应等由宝安市负责;将蛇口廉价土地与劳动力及港澳与国外雄厚的资金、现金技术和原材料等有利条件相结合,推动宝安城市工业建设乃至广东省建设。1979年,广东省革委会在国务院的批复同意下,制定了《关于香港招商局蛇口工业区海关边防管理试行办法》,对蛇口工业区的建设、税收等问题进行制度上的管理,意味着蛇口工业区突破传统社会技术模式成为我国第一个对

---

① 朱凡:《OCAT 深圳雕塑双年展 在"参与"常规化之下再论参与》,2014 年 5 月 17 日,https://mp.weixin.qq.com/s/KfLgP3vqz3TJyIxJf5NrTg。

外开放的窗口,为我国改革开放和深圳经济特区建设提供了宝贵的经验。

改革开放以来,招商局相继创办中国第一家完全由企业法人持股的股份制商业银行——招商银行、中国第一家企业股份制保险公司——平安保险公司等,为中国改革开放事业的探索提供了强有力的"招商经验"。招商局是一家业务多元的综合型企业,主要集中于综合交通、特色金融、城市与园区综合开发运营三大核心企业,并努力实现由三大主业向实业经济、金融服务、投资与资本运营三大平台转变。进入新时代,招商局集团以习近平新时代中国特色社会主义思想和党的十九大精神为指引,提出了"立足长远、把握当下,科技引领、拥抱变化"的战略原则,明确了"立足香港、深耕湾区、一带一路"的战略布局,按照"质量第一、效益优先、规模适度"的工作要求,进一步提升能力、提质增效,不断深化改革,持续创新转型,稳步推进具有全球竞争力的世界一流企业建设。随着城市现代化的发展,城市空间、人口、生产资料的高度集中使诸多城市问题凸显,过去"三个为主""六不引进"①的蛇口工业区经济发展方针已不再适用于后工业的时代需求。2015年12月,招商蛇口吸收合并招商地产在深交所实现无先例重组上市,实现单一房地产开发向多元业务并举的转型。以"做中国领先的城市和园区综合开发运营服务商"为品牌愿景,招商蛇口聚合原招商地产和蛇口工业区两大平台的独特优势,聚焦园区开发与运营、社区开发与运营、邮轮产业建设与运营三大业务板块,以"前港—中区—后城"独特的发展经营模式,积极参与中国以及"一带一路"重要节点的城市化建设,打造出包括蛇口网谷在内的十六个产业园区、价值工厂等"文化+艺术"平台等项目,对提升城市功能和形象、促进城市的现代化、国际化和创新发展有重要的意义。"前港—中区

---

① 蛇口工业区建设初期,在缺乏城市经验依托的背景下,招商局吸取世界各地出口加工区和自由贸易区的经验,结合中国国情与蛇口特色,提出"三个为主"与"六不引进"方针。"三个为主"指的是产业结构以工业为主、资金来源以外资为主、产品销售以出口为主。"六不引进"指的是不引进来料加工项目、不引进补偿贸易项目、不引进产品外销要挤占国家出口配额的项目、不引进污染严重无法处理的项目、不引进设备陈旧技术落后的项目、不引进劳动密集型的项目。

—后城"（Port-Park-City、PPC）是招商局集团主导的园区开发模式，指港口先行、产业园区跟进、配套城市功能开发，进而实现区域联动发展的开发、建设、经营模式。"前港"的发力带动"中区"产业园向海边靠近，借助邮轮产业链的联动效应，实现区域的整体发展。招商蛇口模式下的"中区"以蛇口网谷为代表，是连接港口与住宅区和商业区的重要枢纽。"中区"的产业集聚与要素引进带来科技赋能与数字化转型，蛇口网谷与南海意库的升级也带动园区相应基础生活配套设施的更新与商业模式的转变。"后城"指从工业区到现代化转变的城市功能开发，是在"中区"互联网技术的引入与绿色低碳智慧生态的创新上积极研发的健康科技住宅体系与体验式旅游地产综合体开发运营。招商蛇口的"前港—中区—后城"模式在去区域化、全球化的趋势下已大规模推广布局至16个国家，成为积极践行"一带一路"倡议的典范，为世界城市化进程改造提供蛇口经验。

（二）海上世界文化艺术中心参与城市文化的合作共治机制

海上世界文化艺术中心是招商局集团旗下的招商蛇口所创立的深圳世界级设计艺术新地标。海上世界文化艺术中心是普利兹克建筑奖得主、日本建筑师槇文彦（Fumihiko Maki）主持的槇综合计画事务所在中国担纲建筑设计的首个项目。槇文彦认为，中国人很喜欢"人民"，所以这是一座"人民的山丘"。他希望这个场馆是亲人的、惬意的、自然的，可以是一个高度公共化的、属于大家的建筑，这一建筑设计理念与招商蛇口"前港—中区—后城"模式下做"美好生活承载者"的理念不谋而合，奠定了设计互联/海上世界文化艺术中心的公共属性。海上世界文化艺术中心建筑主体连接文化与商业空间，周边绿化和景观构成视野广阔的观海花园，开放联通的空间设计充分展现其作为公共机构的建筑特性。另外，招商蛇口与英国国立维多利亚与阿尔伯特博物馆（英国V&A博物馆）合作的机构品牌——"设计互联"负责运营。海上世界文化艺术中心的创办充分发扬蛇口先锋精神，沉淀蛇口发展历史，强调文化与创意设计对于城市发展的重要性，鼓励深圳设计行业的成长与发展，以国际化视野的设计与展览相互作用，为城市发展提供可持续的创意源泉。为积极回馈社会,履行作为文化艺术综合体的社会责任,设计互联成立"设计互联学院",倡导"与社会共设计"理念,通过"设计思维课程"和"去!设计社区节"两大品牌,将专业的设计实践和创新文化转变成每个人都能了解和参与的活动。同时,招商文化协同招商局慈善基金会、蛇口社区基金会、万科公益基金会、华为云、英国 V&A 博物馆等各界机构,共同营造蛇口的文化艺术氛围,从生态营造、创新教育、可持续发展等多个维度呈现蛇口社区的国际化风貌。

图 7 – 2　海上世界文化艺术中心的外观

自 2008 年被联合国教科文组织认定为"设计之都"以来,深圳以开放、包容、多元化的精神吸引全球设计人才在此发展。2018 年,设计互联 V&A 展馆以《设计的价值》为开幕展,梳理 V&A 在时尚、摄影、家具等领域的馆藏,清晰呈现不同社会价值观驱动下的设计发展,为深圳设计发展带来思考框架。2020 年 1 月,设计互联发起策划并联合英国 V&A 博物馆共同举办《设计的价值在中国》展览,综合性地梳理在地设计及其对中国现代化进程的影响,围绕性能、成本、解决问题、材料、身份、沟通与奇观七大主题，广泛探索设计与事物价值之间的关系。该展览展出的中国设计一方面积极与全球创新、可持续发展、社会平等等议题对话沟通，另一方面也在主动拥抱中国设计的新路径、新角色和更强的影响力。[①] 2020年11月，招商蛇口举办首届"蛇口文化艺术季"，围绕海上世界文化艺术中心举办13个公共艺术项目，涉及展览、演艺、读书社群等艺术形式，为本土艺术创作者提供发声平台，同时积极承担社会责任，举办蛇口社区无车日、"我不是外星人——关爱特殊儿童计划第二期"特殊儿童戏剧课程成果展等公益项目。在公共艺术项目筹办之初，海上世界文化艺术中心团队已深入走访蛇口的社区、学校，开展"去！设计社区节"，鼓励居民与设计群体共同参与设计营造，培育蛇口片区居民的城市文化认同感与归属感。2020年第四届"去！社区艺术节"创造性地设计出"企业+学生+公众+艺术"的由各创意阶层汇集而成的组合：华为云提供前沿技术支持，学生运用AI与云技术，结合田野调查，挖掘蛇口的历史与社区生活问题，产出一系列艺术项目，带动公众积极参与其中。这种合作治理的模式激活了民间艺术机构参与城市文化事务的创意动能，通过公共艺术实现居民与社区之间的动态联结。

三 坪山美术馆

（一）坪山美术馆的公共艺术实践

坪山美术馆位于深圳市坪山新区中心公园，始建于2010年，总建筑面积9900平方米，是坪山新区成立后设立的艺术展览机构。坪山新区位于深圳东北部，远离市区的地理条件使得坪山新区成为深圳文化艺术辐射"盲点"。以"创意文化带动地区的整体发展"思路提出"3+1"坪山文化聚落平台项目，体现出政府对当代中国城市化进程的敏锐洞察力。坪山美术馆主体建筑大量采用底层架空，将人群引入建筑群落内部，使得城市的能量能够从更多的方向

[①] 《设计的价值在中国》，2020年1月19日，设计互联（http://www.designsociety.cn/cn/category/exhibition-list/detail! VALUES-OF-DESIGN-CHINA-IN-THE-MAKING）。

渗透到建筑中。在建筑的立体层面上，建筑师创造了相当数量的公共平台，在深圳这种气候条件下实现了更多的遮阳和空气对流，使建筑中的人们能够感到凉爽和舒适。

以往的美术馆作为公共艺术空间，会将工作重心放在如何更好地让观众获得最优的艺术体验上。20世纪现代主义文化思潮兴起，世界各地通过调整美术馆自身建筑展示空间，审美倾向从过去的"艺术殿堂"转化为当代美术馆的"白立方"。1977年巴黎成立蓬皮杜国家艺术与文化中心，其建筑以筋骨结构和多彩的管线外露透明设计，向世人表达了美术馆开放、去精英化等思想。除此之外，芝加哥艺术学院美术馆、美国及西班牙的古根海姆美术馆等具有典型外观的美术馆都使美术馆逐渐远离过去收藏经典的传统，成为一座城市的现代文化名片。策展人唐克扬将美术馆的艺术形态转变总结为："美术馆不仅是一个抽象的地点也是一个有其广度的场域；美术馆的'形象'不仅是外在的也可以是内在的；美术馆不仅是一种特别的文化空间，也是一种文化事件的统称。"①坪山美术馆的创立旨在打破传统美术馆的工作框架，为观众打造有审美价值的艺术展览、公众活动，也不忘关注作为展览中与观众相对的策展人。坪山美术馆不定期与立足中国南方、聚焦艺术现场及文本的艺术媒体"打边炉"合作开展策展人采访行动，以策展人的角度探讨在展中的展览及其背后的艺术深度，从创作者、合作者的角度审视美术馆的发展动态。坪山美术馆年度艺术大展"共时"策展人李振华表示，任何事都不是一蹴而就的，都需要经历时间，需要培养和教育，最终形成属于自己的项目和人群，这是地方性的公共空间、文化服务机构的特征。一个好的机构，有好的内容固然是重要的，但是拥有长久的计划，去完成人群的培养、团队的建设，才是根本。②

坪山美术馆坚持文化惠民，打造"策展人导赏活动""艺术现场""艺术论坛"等品牌活动，打造儿童公共艺术教育品牌，在发挥美术馆大众化的普及教育与文化艺术审美教育功能上也进行有深

---

① 唐克扬等：《在通往美术馆的路上》，《艺术界》2012年第6期。
② 坪山美术馆：《周年人物｜李振华："期待这个美术馆一直有光，一直有前行的姿态"》，2020年3月31日，https://mp.weixin.qq.com/s/cbG4c6BXIqXcrPj-JwFDEg。

第七章　创意阶层的伙伴关系与合作共治（三）：
都市公共艺术的民间表述

度的尝试。在"未知城市：中国当代建筑装置影像展"展出期间，美术馆组织小学生参与艺术启蒙公教活动，以艺术的形式传递感受世界的审美方式，担当起在艺术文化领域的人才培养和精神文明建设的重任，在共享优质公共文化资源的同时提升区域的整体活力。2020年初的新冠肺炎疫情给全球艺术行业带来巨大影响，正值年度艺术大展"共时"圆满闭幕之际，坪山美术馆借此机会推出线上展览，借助全景VR技术，向观众呈现一场艺术融合科技的视觉盛宴——首场虚拟展览"共时"。这是刘晓都担任坪山美术馆馆长以来推出的首个大型当代艺术展览，由著名策展人李振华担纲策划，徐文恺、胡介鸣、吕胜中、邱志杰、芭芭拉·西格纳（Barbara Signer）、麦克·波登曼（Michael Bodenmann）、罗曼·西格纳（Roman Signer）、汪建伟等艺术家受邀参展。本次VR虚拟展览将实体空间展览分为四大板块：展览前言、虚拟现实（VR）体验、作品解析及楼层空间体验，观众可以通过电脑、智能手机等设备足不出户轻松感受坪山美术馆线上展览带来的视觉体验。受益于新媒介技术的发展，虚拟空间能够将在实体空间内无法实现的细节描述通过数字化的形式再现，观众可以通过与线上展览的UI互动观看视频，重现艺术家创作过程，将作品与观众之间的物理距离大幅度缩小，将艺术作品的细节呈现给观众。

（二）坪山美术馆参与城市文化的合作共治机制

在广东美术馆馆长王璜生看来，"中国美术馆目前的发展，最缺乏的是一种当代的文化精神、当代的管理模式以及当代的思维模式；当代艺术也不单纯是一种呈现出来的当下的艺术活动，而更多的是在当代艺术背后隐含和提供的对当下社会、当下的文化氛围、时代发展的氛围的介入，这种介入是对当代文化新的思考、思维方式的创新，同时也在以一种新的方式对当代美术馆的策展、展示、管理发生意义和影响"[①]。换言之，美术馆的主体建筑不仅提供了艺术作品的展示平台，而且塑造了观展者的参观经历。坪山美术馆的自我定位倾向于引进大批当代艺术项目，在有限的资金下一年做一

---

① 王璜生：《美术馆与当代艺术》，2009年11月6日，https：//www.cafamuseum.org/exhibit/newsdetail/1754。

图 7-3　坪山美术馆的外观

个大型展览、一两个中型展览、三四个小型展览等，以期改善珠三角艺术生态圈。2019 年 3 月至 2020 年 3 月美术馆建馆一周年期间，坪山美术馆共策划举办了四场展览和 100 多场公众活动，其中包括："未知城市：中国当代建筑装置影像展"、"影像坪山·庆祝中华人民共和国成立 70 周年主题图片展"、"叩响——深圳城市历史影像展"、坪山美术馆年度艺术大展"共时"；打造主题"四季学术沙龙"，以春夏秋冬四季为节点结合时下艺术热点，邀请艺术界人士与公众进行艺术的思想与碰撞；为了吸引更多孩子喜爱艺术，播撒"美育的种子"，坪山美术馆推出了 PAM Kids Studio 儿童公教系列活动，举办"仰望星空，与艺术相遇"和"I LOVE SZ"艺术涂鸦以及"艺术扎营"等主题活动，为孩子们提供的不仅仅是一次欣赏、积累和感知、探索、创作的学习体验，更是一场精彩纷呈的艺术感染和文化浸润。

第七章　创意阶层的伙伴关系与合作共治（三）：
　　　　　都市公共艺术的民间表述　279

　　2019年12月29日至2020年1月12日，由深圳市坪山区文化广电旅游体育局主办、坪山美术馆承办的"嘚·瞅——艺术扎营"2019深圳（坪山）公共艺术季在坪山美术馆拉开序幕。这种公共艺术季跨年活动是一种试验性艺术实践，打破了传统艺术固守于艺术空间建筑方盒子内的叙事模式，以流动性与日常性渗透到公众生活的方方面面，将艺术融入公共及户外空间，在游弋、营建、对话和创作中实现跨媒介创新。第二届广州三年展策展人之一汉斯·尤利斯·奥布里斯特曾将这种"实验室"式的表现形式定义为："不是简单的形式表现，而是渗透到生活之中的观念与行动的结合，是一种活生生的生活形式，它具有很强的流动性与日常性。这决定了过程的重要性。"[①] 2021年1月，"山·河——2020深圳（坪山）公共艺术季"开幕，该项目创造性地引入舞蹈工作坊、编程音乐工作坊等跨领域工作坊形式，与舞团、深圳在地电子音乐人合作，打造多元创意的艺术实践，为参与者带来视听盛宴。本届公共艺术季不仅仅局限于美术馆建筑内，更是将坪山河岸纳入活动范围，邀请艺术家在河岸旧工厂的四栋旧楼进行色彩景观改造，也邀请市民参与喷绘启动仪式，以"坪山艺术河岸"的创作形式拉近艺术与公共环境、艺术与人的距离。成立仅短短两年，坪山美术馆以公共艺术季为重点品牌实践方式，探讨艺术与不同学科及多元公共空间之间的对话及可能性，成为新时代都市美术馆的深圳特色标杆。

　　艺术作为以感性思维主导的学科，从一开始便是无解与无界的。公共艺术的公共性使得对于公共空间内发生的事务拥有多种解释的可能性，且无法以消费商品的准则去评判优劣。恰恰是其结果开放的多样化，使得越来越多的公共空间开始以公共艺术介入社会问题。坪山美术馆主体建筑设计师董功在接受坪山美术馆周年庆采访时表示："美术馆对于一个城市来讲，有它很特殊的角色，它所扮演的'公共文化机构'这个角色是很吸引我的。怎样通过一个建筑去激活一个城区甚至带动一个城市的文化发展，美术馆这种建筑类

[①] 孙晓枫：《别样：一个特殊的现代实验空间——关于第二届广州三年展对侯瀚如和Hans Ulrich Obrist（汉斯·尤利斯·奥布里斯特）的访谈》，《艺术·生活》2005年第2期。

型是可以作出一点贡献的。"① 坪山美术馆于 2020 年 6 月 20 日推出展览"缪斯、愚公与指南针",由复旦大学哲学学院艺术哲学系青年研究员鲁明军策展。策展人聚焦当下新冠肺炎疫情暴发、缓和与全球蔓延的背景,在展览中力求通过强有力的作品与美术馆的空间相联结,与公众探讨疫情影响下人类的精神困境。美术馆对社会问题的洞察、研究与呈现是一个文化解读的持续过程,展览、研讨会、沙龙、出版物等艺术的外延不断实现生产与对话。就像坪山美术馆馆长刘晓都在采访中表示:"美术馆像大浪淘沙一样,把珍贵的东西慢慢筛选出来,为城市特征、城市形象去做定义……美术馆的发展,其实是不断把历史的东西收集、沉淀,用逻辑进行编辑,影响后人。"② 借由一座建筑空间,坪山美术馆以张弛有度的艺术实践方式,承担起激活区域乃至带动城市文化发展的责任。

小　结

公共艺术是发端于西方语境下强调公共性与大众参与的一种当代艺术形态。这种超越传统美术馆、博物馆体制束缚的艺术创作,弱化了传统艺术阳春白雪的精英姿态,以多元主体、创意互动的方式推动不同身份的主体产生对话,进而积极参与到城市文化建设之中。中国公共艺术的快速发展与深化文化体制机制改革密不可分。作为深化改革开放的"领头羊",深圳率先推动体制机制改革试点,坚持社会效益和经济效益双效统一,鼓励支持文化事业单位及民营艺术机构的创新发展,形成改革开放四十年来"空间热"和"展览热"这两波公共艺术的发展潮流。具体表现为,不同背景的文化艺术机构以发展公共艺术为契机,通过跨界、跨平台、跨机构的"合

---

① 坪山美术馆:《周年人物丨董功:"期待这个美术馆成为坪山地区的一种文化归属、文化象征"》,2020 年 4 月 2 日,https://mp.weixin.qq.com/s/WDT7HCR7jCVjGHVgNeTqtA。
② 坪山文化聚落:《坪山美术馆:机制创新坚持品质　引领公共艺术激活城市》,2020 年 12 月 30 日,https://mp.weixin.qq.com/s/St0Uj1I_WwAlXDDZA6I-CA。

作治理"模式推动城市文化管理的创新。

本章通过分别梳理 OCAT、海上世界文化艺术中心及坪山美术馆三个案例的公共艺术实践与参与城市文化的合作共治机制，发现深圳艺术机构的公共艺术实践强调与在地艺术团体、居民的参与、对话与合作。三个案例均为央企背景或事业单位，在深化文化体制机制改革的先行先试背景下，这些民间艺术机构在展览演艺、户外工作坊、公教活动等方面呈现出正面的价值导向，极大地激发了深圳城市文化发展的创意动能。其中，OCAT 关注当代艺术发展前沿动态，打造"OCAT 双年展""OCAT 图书馆"等特色品牌，力求平衡理论研究与艺术实践；海上世界文化艺术中心注重与蛇口的地方联结，充分尊重蛇口居民的个体话语，培育公众参与城市生活的归属感与认同感，以国际化的运营团队与视野践行文化艺术领域的蛇口精神；坪山美术馆立足深圳，放眼粤港澳大湾区，强调拓宽文化艺术的深度与广度，较好地发挥了美术馆大众化的普及教育社会职能与文化艺术审美教育的功能。尽管三个案例的着力点各具特色，但都在"城市+文化"的治理体系上以公共艺术的方式探索治理效能的最大化，也为创意城市的发展提供了合作共治的可能性：（1）机构间的合作有助于文化艺术资源共享，形成良性互动的创意氛围；（2）市民深度参与公共艺术项目，有助于丰富其城市生活的文化内涵；（3）涵盖艺术家、艺术机构、市民等不同群体在内的创意阶层，其在文化艺术层面的协商交流，有助于推动城市社会日常生活事务的对话。因此，城市民间艺术机构的创新性发展，为举全市之力推动深圳"双区"建设提供一种"创意治理"的合作路径。

第八章

创意阶层的伙伴关系与合作共治（四）：城市社区更新的艺术介入

城市化是一项全球议题。在中国，相当长时间内的城市化重心在于以工业化带动城市基础设施建设，即从沿海经济特区向其他参与海外跨国资本流动的城市逐步推进，将所获得的剩余资本利润投入高效且迅速的城市建设，并从乡村调动大规模的剩余劳动力。① 城市的急剧扩张颠覆了城乡关系与城市内部生活方式，城中村成为农村土地集体所有制和城市工业化共存背景下出现的一种独特的空间景观。一方面，城中村肩负着对乡村社会转型的重任，通过户籍、土地等方面的改制逐渐完成彻底的城市化；另一方面，城中村也是城市社会结构变迁的"中转站"，呈现为城乡混合体的空间布局。与此同时，在城市化进程中，随着城市边界的迅速扩张，乡村聚落逐渐被纳入城市更新的范围，发挥着转移城市功能的作用。除了位于市区中心区域的城中村，在城市的边缘还存在一种特殊村落（下文简称"城边村"），其特征既有城中村的城乡接合部二元结构，又与城市中心存在较多显著差异。城中村与"城边村"分别代表了城市化进程的两个不同阶段和特点，如果说城中村是工业社会的产物，那么"城边村"则是乡土社会在现代化城市的遗存。

20世纪下半叶以来，后现代主义促成了有别于古典主义与现代主义的新艺术生态。② 20世纪60年代兴起的波普艺术、行为艺术、

---

① ［美］大卫·哈维：《叛逆的城市：从城市权利到城市革命》，叶齐茂等译，商务印书馆2016年版，第12页。

② 邹建林：《试谈汉斯·贝尔廷对当代艺术的界定》，《西北美术》2014年第1期。

第八章 创意阶层的伙伴关系与合作共治（四）：
城市社区更新的艺术介入

大地艺术等思潮已无法用现代主义美学理论去诠释其审美特性。在时下盛行的当代艺术创作领域，越来越多的艺术作品开始打破原有的"艺术家—作品—观众"的审美意义生成机制，邀请观众参与现场互动，甚至观众成为艺术项目中不可或缺的组成部分，成为发生在具体社会现场的事件。艺术逐渐从美中分离出来，出现了作为命名的艺术、作为事件的艺术、作为"在场"的艺术等新形态。这一系列新兴艺术实践的涌现整体上说明艺术品和艺术活动是一种社会文化语境建构下的集体性产物、艺术界是不同行动者和参与者以沟通协商等集体活动方式构建起来的社会组织及生产艺术品的合作者网络。[①] 有别于传统美术馆展览体制、挑战美学意义上"高雅艺术"的"参与式艺术"已经成为当代艺术最具生命力的实践形式。随着我国城市建设由粗放式、注重土地快速扩张转向追求城市品位的高质量提升，无论是艺术介入美丽乡村建设还是城市的文化创意园区与艺术村的空间转型，艺术在建立新的日常生活文化和空间营造中发挥着日益重要的作用。

基于对深圳当代艺术涌现的"社会热"的深度关切，本章选取"城中村"和"城边村"两种空间形态，分别考察各自的参与式艺术实践及社会干预效果。不同于白石洲城中村，鳌湖老村位于城市的边缘，保留了较完整的岭南客家围村生态，较之深圳"关内"的城市空间具有一定的边缘特质，至今尚未纳入城市更新范围。通过对两种社区进行概念界定、历史沿革和现状把握，探讨域外人类学家马立安及其"握手302"团队在白石洲城中村、成长于鳌湖的艺术家邓春儒及外来艺术家群体介入"城边村"的参与式艺术实践，反思艺术参与和城乡再造之间的内在逻辑。

[①] 详见［美］薇拉·佐尔伯格《建构艺术社会学》，原百玲译，译林出版社2018年版；周计武《艺术的祛魅与艺术理论的重构》，北京大学出版社2019年版；卢文超《是欣赏艺术，还是欣赏语境？——当代艺术的语境化倾向及反思》，《文艺研究》2019年第11期。

第一节　参与式艺术的深圳现场

一　作为理论范式的参与式艺术

"参与式艺术"指的是 20 世纪初的历史前卫主义以及 60 年代的新前卫主义运动背景下兴起的公共艺术实践,通过与未来主义、构成主义、巴黎达达、情境主义国际等流派的社会实践相互交织,分别介入社会改造与日常生活,展现了资本主义审美现代性对启蒙现代性的批判和前卫立场。其中,"参与"指个体介入集体的行动,"艺术家不再是某一物件的唯一生产者,而是情境(situation)的合作者和策划者;有限的、可移动的、可商品化的艺术作品不再存在,取而代之的是一些没有时间起点,不知何时结束的不间断或长期合作项目;观众从'观看者'或'旁观者'转变为合作者和参与者"[1]。对于艺术作品生产与接受的全过程而言,"参与"体现为观众出现在艺术作品创作的全过程,同时艺术家的主体性被削弱,取而代之的是引导、对话、合作的角色;对于社会现场而言,"参与"也意味着艺术家与观众等参与者通过艺术作品介入社会。在形式上,参与式艺术由艺术家与观众共同参与,在特定现场开展事件性艺术活动。在内容上,参与式艺术通常以融入社会结构的"协商"姿态或游离于社会体制内外的"对抗"姿态参与特定社会现场,以艺术的方式取代访谈、游行等模式,与现场进行对话交流。

针对"何谓参与",主要涌现出如下三派理论交锋:一是以尼古拉斯·布里欧(Nicolas Bourriaud)的"关系美学"为理论框架的"协商"[2]、"共时性参与"[3] 模式;二是以雅克·朗西埃(Jacques Rancière)的"歧感美学"与克莱尔·毕莎普(Claire Bishop)的

---

[1]　Bishop Claire, *Artificial Hells: Participatory Art and the Politics of Spectatorship*, London: Verso, 2012, p. 2.

[2]　王志亮:《对抗还是协商?——参与式艺术论争的两条审美路线》,《美术观察》2017 年第 1 期。

[3]　周彦华:《参与式艺术的关键词》,《艺术当代》2017 年第 2 期。

"参与性艺术与观众政治"为基础的"对抗"[1]、"异见性参与"[2] 模式;三是格兰特·凯斯特(Grant H. Kester)以"对话式艺术""合作式艺术"命名,认为"艺术作品成为一种沟通交流的过程,一个呈现差异的意义、诠释和观点的场域"[3],这类事件性艺术项目的目的在于促进不同社群间的对话与交流,且这些作品大都打破传统美术馆与博物馆体制的局限,大多发生在传统建筑之外的公共空间。

"参与式艺术"的关键词谱系包括如下方面:社区艺术(Community-based Art),介入性艺术(Engaged Art),合作式艺术(Collaborative Art),新派公共艺术(New Genre Public Art),关系艺术(Relational Art),对话性艺术(Dialogic Art),情境艺术(Contextual Art),特定场域艺术(Site-specific Art)。无论是"介入性艺术""对话式艺术""合作式艺术",还是"参与式艺术"等概念,都表示艺术"不再是简单的视觉感受:是观众的整个身体、历史及其行为,而不再是一种抽象的身体在场"[4]。类似"策展人制度建构""艺术介入社会的自我反省"[5] 等观点均指出"参与是艺术公共性的延伸,是公共性在当代社会的放大,也是体现主动性价值与主观意图的方式"[6]。参与式艺术本质上强调的是一种进步的意识,消解艺术与生活边界,强调打破以艺术家为主体的传统艺术生产模式,以艺术创作介入社会改良。因此,参与式艺术之于艺术美学的最大突破体现为一种强调间性关系的"剧场性"的开启及其"事件"属性,从而使艺术成为沟通创作者、作品、观众与世界之间的关系媒介。

---

[1] 王志亮:《对抗还是协商?——参与式艺术论争的两条审美路线》,《美术观察》2017 年第 1 期。

[2] 周彦华:《参与式艺术的关键词》,《艺术当代》2017 年第 2 期。

[3] [美] 格兰·凯斯特:《对话性创作:现代艺术中的社群与沟通》,吴玛悧等译,台北:远流出版事业有限公司 2006 年版,第 22—25 页。

[4] [法] 尼古拉斯·布里欧:《关系美学》,黄建宏译,金城出版社 2013 年版,第 74 页。

[5] 详见王春辰《"艺术介入社会":新敏感与再肯定》,《美术研究》2012 年第 4 期;王春辰《策展人制度远没有建立起来》,《东方艺术》2013 年第 21 期。

[6] 王春辰:《"艺术介入社会":新敏感与再肯定》,《美术研究》2012 年第 4 期。

二 深圳艺术参与的"社会热"

这种以"事件"的姿态取代"物"的姿态而登场的艺术实践,正在尝试打破过去的艺术认知秩序,通过对社会现场进行艺术干预,实现对城市空间的审美判断。强调当代艺术的文化属性与社会属性而出现的艺术事件,代表了一种试图以乌托邦形态和场所强化观众对于作品、环境乃至世界的体验,同时潜藏着试图颠覆和质疑各种固有价值观和偏见的责任感,[1] 即苏珊·雷西所提出的"新类型公共艺术"[2]。无论是参与式艺术抑或新类型公共艺术,这些艺术事件的开展空间既指公共场合中的具体事物,也指人类所共同拥有的世界——包括空间、事物和人的活动及三者之间的动态关系,[3]是"一个被实践的地点"[4]。当前,新类型的公共艺术或参与式艺术已成为艺术家与权力、公众的协商地带。[5] 正如政府有权力邀请艺术家为市民的公共生活空间进行艺术创造,艺术家有权力将自己具有前卫性或实验性的想法自由表达,大众也有权力监督政府的文化项目并参与讨论艺术作品。各界对艺术领域的参与发声,更能体现出一个社会的开放程度及市民参与社会公共事务的能力。如前所述,深圳的"文化热""空间热"与"展览热"自上而下地为艺术的大众权力提供政策、平台与内容层面的保障,使当代艺术在深圳拥有自由生长的可能,这也促使艺术能够在地扎根,从个体与基层现场出发,自下而上地探索介入社会的契机。

(一) 以艺术展览介入社会

2005年12月,首届"深双"在OCAT开展。"深双"的策展工

---

[1] 陈文佳:《公共艺术是平衡各种关系的艺术——对话美国公共艺术家珍妮·迪克森》,《公共艺术》2014年第2期。

[2] "新类型公共艺术"是"参与式艺术"具有相互重叠内涵的姊妹关键词,指一种互动的社区艺术新模式。艺术项目并不以物态的艺术作品呈现,也不是一种艺术家强行介入的表演行为,而是与居民互动的,根植于当地社会文化语境的艺术实践。

[3] [德]汉娜·阿伦特:《人的境况》,王寅丽译,上海世纪出版集团2009年版,第32页。

[4] 李耘耕:《从列斐伏尔到位置媒介的兴起:一种空间媒介观的理论谱系》,《国际新闻界》2019年第11期。

[5] 易英:《公共艺术与公共性》,《文艺研究》2004年第5期。

第八章　创意阶层的伙伴关系与合作共治（四）：
　　　　城市社区更新的艺术介入　　287

作是为了让观众重新认识所处的城市，重新唤起并凸显地方的历史记忆。建筑师和规划师从宏观的角度，结合个案直观地探讨城中村发展与更新的可能性；艺术家则以感性的态度间接地展现个人与社区空间、社会生活的感受。2017年第七届"深双"以"城市共生"为主题，首次将展览置入南头古城城中村，邀请居民共同创作，以"接地气"的观展方式与城中村及艺术展品近距离互动。把展厅搬入南头古城，既是策展团队敢于直面历史遗产、旧厂房和城中村等多重城市空间形态的勇气，也引发了人们对城中村与城市公共空间的重新思考。本届"深双"分为"世界丨南方""都市丨村庄""艺术造城"三大板块，从历史、事件、案例等多个视角出发，以城市共生为线索串联起碎片化的展品，借此表达城中村不应仅仅代表城市的过去，还应该关乎城市的未来。除了展场内的作品，"深双"还举办了"古城论坛：南头古城与深圳城市的再生""做课：跟UABB进村做点儿什么！分享会"等艺术活动，邀请策展人、艺术空间主理人、地产集团董事等社会各界人士，以各自所扮演的角色共同参与城中村当下与未来的话题讨论。透过"大冲""岗厦""南头古城"等地名，深圳高速转型背景下的城中村视觉景观为人所熟知；也通过双年展模式，深圳的城中村现状被置于中国乃至世界城中村改造发展史中进行横向思考。在"艺术造城"板块，"卤味高清频道"[1]艺术小组将自身设定为"卤味"房地产公司，构想了一个南头古城村民回迁的蓝图，以影像作品《南头城市花园》参加"深双"的讨论。在这个作品中，南头古城村民的消费和生活功能被纵向布置于南头城市花园这栋虚构的大厦里，传统祠堂与现代购物中心等原古村配套公共设施被戏谑地拼贴重构。在总策展人侯瀚如看来，所谓的"艺术造城"是一种杂糅半乌托邦与半现实主义的呈现，它并不能造出一座城市。艺术能够造的只是某种让人觉悟的意识，艺术能让人以社会学视角重新看待人与人的关系。[2]尽管

---

[1] "卤味高清频道"由六位来自广东的"85后"年轻艺术家组成，他们的作品深受粤语和珠三角流行文化影响，旨在通过录像、插画、文本等形式重构不同的视觉叙事。
[2] 深圳市城市设计促进中心：《城中村：消失中的城市》，深圳报业集团出版社2020年版，第173页。

持续三个月、以艺术为名的展览为资本的入驻提供了便利,展览为南头古城"量身打造"的艺术空间一定程度上挤压了城中村原有的生态,顺势上涨的房租也在驱逐着租客;[①] 但媒体报道与观众的讨论冲洗了过往城中村"脏乱差"的污名化叙事,为深圳城中村发展提供了艺术介入的可能性。艺术无法阻挡特区城市更新背景下的城中村改造进程,但艺术家可以借助展品为公众讨论创造空间,观众可以通过自身体验进行深度参与。

表 8-1　　　　　　历届"深双"展览相关信息

时间	主题	主展场	分展场	策展人
2005 年第一届	城市,开门!	华侨城创意文化园南区 OCAT 当代艺术中心	无	张永和
2007 年第二届	城市再生	华侨城创意文化园北区	无	马清运
2009 年第三届	城市动员	深圳市民中心	南山深圳湾大街,南山益田假日广场	欧宁
2011 年第四届	城市创造	深圳市民中心	华侨城创意文化园	泰伦斯·瑞莱
2013 年第五届	城市边缘	深圳南山蛇口 A 馆—价值工厂,B 馆—文献仓库	无	奥雷·伯曼(Ole Bouman)、李翔宁、杰夫里·约翰逊(Jeffrey Johnson)
2015 年第六届	城市原点	深圳蛇口原大成面粉厂及 8 号仓库	龙岗西埔世居	艾伦·贝斯奇(Aaron Betsky) 阿尔弗雷多·布林伯格(Alfredo Brillembourg) 胡博特·克伦普纳(Hubert Klumpner) 刘珩

---

① 李潇雨:《深圳都市更新中的空间政治》,《文化纵横》2019 年第 4 期。

续表

时间	主题	主展场	分展场	策展人
2017年第七届	城市共生	南头古城	罗湖、盐田、龙华上围、龙华大浪、光明	侯瀚如、刘晓都、孟岩
2019年第八届	城市交互	福田高铁站、深圳市当代艺术与城市规划馆	盐田综合保税区沙头角片区、宝安国际艺展中心、宝安桥头社区、龙岗坂雪岗科技城、龙华观澜古墟、光明云谷、大鹏新区所城、大鹏新区溪涌、前海合作区	卡洛·拉蒂（Carlo Ratti）、孟建民、法比奥·卡瓦卢奇（Fabio Cavallucci）
2022年第九届		罗湖区粤海城原金威啤酒厂工业遗存项目		

21世纪以来，作为关山月美术馆研究当代艺术的常设性项目，"在路上：中国青年艺术家作品提名展暨青年批评家论坛"（下称"在路上"）兴起，艺术家的精英姿态被不断削弱，开始尽可能多地以参与式艺术的形式思考所身处的社会生活。"在路上"由关山月美术馆副馆长颜为昕（现任"两馆"馆长）、关山月美术馆学术编辑部主任张新英等深圳艺术研究者担任召集人，重点以20世纪70—80年代出生的策展团队、艺术家、批评家为叙述主体，通过社会变革亲历者的视野，探讨新一代青年艺术家如何书写当代艺术的话语体系。2013年首届"在路上"展览以媒介角度切入，邀请31位青年艺术家从"栖居/景观阅读""思辨/观念生产""方式/图像叙事""意识/主体自觉""工具/语言批判"五个维度完成自我探索与视觉图像再造。在青年批评家论坛板块，"在路上"围绕"70后"与"80后"所处的当代社会与未来艺术生态展开学术讨论，以期从宏观上把握中国当代艺术发展版图，建构属于青年一代的艺术体系。自2018年起，"在路上"结束了前一阶段以媒介为线索的

探讨,转为梳理当代艺术的理论脉络,探讨热点问题与文献研究。2019 年"共生·在路上"展览整理了 43 个中国参与式艺术作品,关注艺术生态中艺术家与社区、社区艺术与艺术生态等角色间的多样共生关系。本届"在路上"展览首次设立分展场,将鳌湖艺术村、握手 302、地铁美术馆与 33 当代艺术空间四个长期从事参与式艺术实践的空间设为分展场,展现参与式艺术的深圳叙事。2020 年"在路上"展览以"无极映射"为关键词,观照 21 世纪以来全球化、商品化语境下,后工业艺术群体动态、不确定的合作艺术生产方式。"无极"指向派生万物的本体,意味着消解体制的限制,艺术家群体回归自由且不受限的自然状态。相较于传统的合作制,这些群体对空间、工作室、实验室的多样化运用组成了一个开放且模糊的概念,如计算机科学术语中的"映射",可以和任意一个"端口"目标形成广义上的关联互动。"无极映射"意在强调艺术群体通过集体与个体之间的碰撞,在广阔的艺术边界上以多重语境、多样组织进行实践与拓展,丰富新时代青年艺术面貌。例如,"01 小组"与"网红"合作,将"直播带货"与艺术结合的《爆款墨丘利》项目搬到关山月美术馆:"网红"与艺术群体在美术馆内开设网络直播间进行"直播带货";观众可线上或线下参与直播观看与商品购买;整体作品以大众参与式的荒诞行为解构网红直播商业模式,借此引发大众反思后工业时代下碎片化消费行为。又如,黄可一关注全球新冠肺炎疫情蔓延背景下人们的艰难处境,发起"全世界回不来的人艺术征集计划",借助互联网邀请滞留在全球各地的艺术工作者创作数码版画,通过"计划"帮助他们完成作品在线传播与销售,用以补贴高昂回国机票。总的来说,举办了八届的"在路上"展览出现了影像、直播、屏幕互动等新媒体形式,新兴的艺术实践与知识体系在关山月美术馆得到保存和延续。展览上的每一件作品,都是艺术家与观众对空间想象的实体化,也是对艺术世界动荡变化的积极回应。关山月美术馆借"在路上"展览,弱化了传统美术馆对视觉与展陈效果的追求,青年艺术家与批评家的前卫艺术实践增强了美术馆作为公共空间的参与性。

(二)以艺术事件介入社会

过往的深圳叙事往往预设为缺少自身的历史文化,深圳要走的

第八章 创意阶层的伙伴关系与合作共治（四）：城市社区更新的艺术介入

是现代化、国际化的发展道路。但在快速城镇化营造的现代景观之下，越来越多的旧城保护项目及其中所蕴含的历史积淀给城市现代化带来强烈的视觉冲突，民间参与开始成为介入城市化进程的一股重要力量。深圳市罗湖区湖贝村的历史可追溯至明成化年间（1465—1487年）张氏宗族由福建迁至南部广东定居，至旧改前仍保留着完整的古村村落格局，同时潮汕租户与新移民的传统习俗也在湖贝村鲜活地上演。湖贝村的整体布局由东、西、南、北四坊组成，占地面积7.8万平方米，居住人口为20000多人，外来人口占95%，是反映明清至改革开放500余年间深圳历史与文化变迁的重要历史遗产。1992年，湖贝村被纳入罗湖区旧村改造范围，由于缺乏合适的开发计划，直至2005年前后才完成声势浩大的"穿衣戴帽"工程：由罗湖区政府补贴与村民自筹资金，共同对湖贝村的水电等基础设施进行翻新整治。2009年，罗湖区委、区政府将湖贝村列入《罗湖区国民经济和社会第十一个五年总体规划》（2006—2010年），要求重视湖贝旧村改造，以促进东门商圈发展。2011年，罗湖区政府委托华润置地主导湖贝片区的旧城改造，按照初步规划将湖贝片区建设为融岭南建筑风貌与现代化商业元素于一体的超大型商业综合体，打造下一个"万象城"与罗湖消费中心新地标。

在地产开发商公布的湖贝旧改立项拟建方案中，旧有的古村建筑肌理需要被完全拆毁与破坏，湖贝百年古村所保留的传统文化资源在快速城镇化进程下岌岌可危。2012年，深圳都市实践建筑设计事务所开始对湖贝古村进行持续性研究，从专业的建筑规划角度探求完整保护古村落的解决方法，并邀请村民代表、社会学家、政府部门、媒体人等共同参与湖贝村保护与复兴的研讨中。都市实践将研究报告递交罗湖区政府，提出古村及罗湖公园保护更新的规划方案，获得政府的高度评价。经罗湖区政府、华润集团、都市实践的建筑师孟岩、深圳大学建筑与城市规划学院等多方人士数年的推进，2016年6月，罗湖区六大城市更新项目开始动工。但此时华润集团所公布的湖贝村局部保留方案与未解决的旧村保护相关问题依然存在争议，开发商公布的方案在名义上呼吁保护古村，实际上是全盘拆除重建。2016年7月2日，为更好地形成湖贝村改造中开发与保护并存的共赢局面，深圳本土建筑师联合社会研究学者、艺术家共同发起"湖贝古村120城市公共计划"（简称"湖贝120计划"），在有方空间举办"共赢的可能：湖贝古村保护与罗湖复兴设计工作坊"，邀请同济大学"古城卫士"阮仪三教授、社会各界人士共同对话。在"湖贝120计划"发起期间，"'每个人的湖贝'公共艺术计划"也同时展开。该项目以艺术家的实践作为开端，逐渐转向邀请市民以自己心目中艺术的方式展现对湖贝、深圳与时代的个体记忆。来深20余年的当代艺术家沈丕基在湖贝古村街头与祠堂前弹奏《渔歌》《神人畅》等古琴曲，演奏结束后举起爱琴将其砸碎，意在对抗不合理的城市拆迁进程。独立建筑师张星在湖贝进行"湖贝古村圈地行"实践项目，以自身步伐圈出个人认为湖贝古村应该被保护的范围，借助手机软件将步行轨迹可视化地记录下来，并指定一位艺术家在七天内进行"圈地行"项目。第三位接力的建筑师、马拉松跑者黄剑以"我想有个家"为主题，认为南头古城沿着深南大道与湖贝古村相连，古城的宗教建筑关帝庙与古村的宗祠建筑张公祠共同记录着深圳的过去。因此，他的"圈地行"实践是一条探寻深圳之源的路线，即从南头古城一路向东，全程总计33.21公里。在沿着深南大道奔跑的过程中，黄剑以镜头展示着城中村漂泊的租户生活，也记录下深南大道上一个个"深圳奇迹"，最后发出"我飘来又飘去/何时才能有家/哪怕不在深南大道旁"[①]的感叹，呼吁城市需要真实的人文关怀。

"湖贝120计划"提供了民间参与城市规划事务的可能性，在城市发展过程中，社会与民间的诉求在湖贝古村问题上得到最大限度的对话，建筑师与艺术家的质疑精神正在为传统村落与民间文化争夺话语权。在"湖贝120计划"中，湖贝村不是简单的古村落，而是深圳移民历史变迁的缩影，"它留存了岭南地区传统村落的社会结构与社区肌理"，并以"独特和活跃的社会生态系统丰富了城

---

① 湖贝古村120城市公共计划：《〈每个人的湖贝〉07：湖贝圈地行之我想有个家丨黄剑》，2016年8月18日，https：//mp.weixin.qq.com/s/XgWRkazzTt9IAQP7-YS-_g。

市多样性"①，是具有社会功能的不可替代的历史空间聚落。"湖贝120 计划"将工作坊与对话反馈意见整理成《湖贝古村120 城市公共计划意见书》《公开信：致深圳市建环艺委委员》并递交给区政府、深圳市规划和国土资源委员会、深圳市建筑与环境艺术专业委员会等单位，表达了对湖贝村先原地保留后活化等旧改方案优化建议，力求达到多方共赢的效果。"湖贝120 计划"最初目标为保留湖贝南坊三纵八横村落建筑群完整，其次更新方案中需要保留原有的开放的公共空间。遗憾的是，即便最后保护面积有所增加，但湖贝村物业权仍属于开发商私有，而非公共所有。湖贝村旧改的舆论与争议暴露了现有城市更新制度下，自下而上的公众参与不足、城市空间生产模式单一等问题。在"每个人的湖贝"中，筑博设计总建筑师冯果川带领15 组家庭参观湖贝古村，与"深二代"小朋友讨论"要不要拆湖贝旧村""如果拆了，住在里面的人怎么办"②等深刻的社会问题。当时11 岁的"深二代"女孩刘一童反问父亲："用第二个甚至第三个繁荣万象城，能替代唯一的一个湖贝古村吗？"③正如参与活动的青少年无法理解深圳以缺失的古村替代并不匮乏的购物中心，身为成年人的艺术家与建筑师同样寄希望于市民的集体发声，共同寻求古村保护更新的最优解决方案。虽然"湖贝120 计划"未能理想化地实现诉求，但在深圳这个多元文化共存的社会结构里，在建筑师等专业人士的"转写"与"编译"下，每一个人都在重新审视人与人、人与古村落的关系，以参与式艺术实践为城市命运共同体发声。

---

① 深圳市城市设计促进中心：《城中村：消失中的城市》，深圳报业集团出版社2020 年版，第112 页。

② 湖贝古村120 城市公共计划：《〈每个人的湖贝〉"我们上哪寻找乡愁？"十一岁的深二代女孩看完湖贝后说》，2016 年7 月20 日，https://mp.weixin.qq.com/s/X9PeY0NSkFdgvpSSBEnlpw。

③ 湖贝公共艺术计划：《"湖贝"生死进行时：公共参与》，2016 年7 月8 日，http://hubei120.mysxl.cn/3。

第二节　案例介绍

一　"握手302"与白石洲城中村

（一）深圳城市更新背景下的城中村改造

"城中村"或称"都市里的村庄""城市里的乡村""非农化村庄"[1]等，是我国城市化进程和城市更新背景下的独特产物，英语"village – in – the – city"（"城市里的村庄"）直观地反映出城中村与城市处于共同发展的状态。城中村是转型大背景之下"跨越两个世界的家庭和社区"[2]，是缓和传统向现代性巨变差异的平稳过渡场所[3]与"类贫民窟"[4]形态。据史志记载，1987年深圳境内分布有1500多座村落，2015年的普查数据显示有1225座自然村。随着拆迁旧改的逐步推进，2017年村落数量已降至1008座。[5] 城市更新是一种解决城市问题的愿景，它力求为地区带来经济、物质、社会、环境等方面持续性进步。[6] 深圳的快速城市化一方面使得经济能够按照空间结构演化快速发展，书写世界城市史上的"深圳奇迹"；另一方面不得不面对城中村内人口结构复杂与居住密度过高的治理困境。当前，深圳针对城中村非正规住房的改造方式主要为全面改

---

[1] 详见李培林《巨变：村落的终结——都市里的村庄研究》，《中国社会科学》2002年第1期；敬东《"城市里的乡村"研究报告——经济发达地区城市中心区农村城市化进程的对策》，《城市规划》1999年第9期；蓝宇蕴《城中村：村落终结的最后一环》，《中国社会科学院研究生院学报》2001年第6期。

[2] 项飚：《跨越边界的社区：北京"浙江村"的生活史》，生活·读书·新知三联书店2000年版，转引自魏立华等《"城中村"：存续前提下的转型——兼论"城中村"改造的可行性模式》，《城市规划》2005年第7期。

[3] 马航：《深圳城中村改造的城市社会学视野分析》，《城市规划》2007年第1期。

[4] 蓝宇蕴：《我国"类贫民窟"的形成逻辑——关于城中村流动人口聚居区的研究》，《吉林大学社会科学学报》2007年第5期。

[5] 深圳市城市规划设计研究院：《深圳城市更新探索与实践》，中国建筑工业出版社2019年版，第34页。

[6] Roberts P., "The Evolution, Definition and Purpose of Urban Regeneration", in Roberts P. and Sykes H., eds., *Urban Regeneration: A Hand Book*, London: SAGE Publications, 2000. 转引自深圳市城市规划设计研究院《深圳城市更新探索与实践》，中国建筑工业出版社2019年版，第72页。

第八章 创意阶层的伙伴关系与合作共治（四）：城市社区更新的艺术介入

造和综合整治。比如，位于城市干道、毗邻高新区的南山区大冲村从纳入旧城改造范围到项目落成、居民回迁跨越整整17年：村民的诉求是满意的回迁环境、完善的基础设施建设与一定的拆迁补偿款；政府从宏观角度要求旧改项目落地后的公共设施、市政基础设施符合城市规划要求；开发商华润则力求最终所持的物业能确保盈利。这种通过复杂利益博弈达到"三方共赢"的结果释放了存量土地的潜力，促进商业综合体、文化产业园区等产业持续升级，从落实多样化公共设施、解决土地产权所有的历史遗留问题等层面提升城市技能，建构了一个多样融合的社区空间。不过，"绅士化"[1]现象的背后往往是资本的价值导向：村民"世袭"的土地通过政府的赔偿转化为资本，又通过开发商的二次开发转变为商品。对于城中村村民而言，拆迁征地带来的是一夜暴富的梦想成真，但留给政府的是居高不下的房价和土地成本。同时，还有一群中低收入的租户因没有土地产权，在城市更新过程中一直处于被隔绝的真空状态。推土机驶入城中村意味着他们必须陷入"候鸟迁徙"、寻找下一个住所的窘境。[2]

近年来，随着城市土地规划转向存量空间，城中村的历史文化价值逐渐成为城市可持续发展的着力点，对"消失中的村落"进行"生产性保护"迫在眉睫。在此背景下，"清除贫民窟—邻里重建—社区更新"的改造过程，从单纯的物理环境改造转向强调对历史文脉的保护传承，提供了一种政府引导、社区多元主体参与的柔性改造经验。不同于西方贫民窟动态的区位与临时的、随机的社会关系，城中村叠加着被动城市化转型与主动城市化转型的社会[3]，形成城乡二元体制下有效运作的"单位制"社会结构。[4] 在社会关系

---

[1] 英国社会学家格拉斯（Ruth Glass）曾将城市中上层阶级介入旧城改造并聚居，使原有中低收入居住的空间被占有和取代的现象称为"绅士化"（Gentrification）。
[2] 钱洛阳等：《西方国家"绅士化"研究进展综述》，《世界地理研究》2008年第4期。
[3] 李津逵：《城中村的真问题》，《开放导报》2005年第3期。
[4] 马航等：《深圳城中村的空间演变与整合》，知识产权出版社2011年版，第3页。魏立华等："城中村"：存续前提下的转型——兼论"城中村"改造的可行性模式》，《城市规划》2005年第7期。

上,城中村以有闲乡绅[①]、宗族子弟[②]等关系搭建起农户与社会市场的循环互动桥梁,连接微观基层村落与宏观行政区划。在深圳乃至岭南地区的城中村,几乎所有涉及公共荣辱、制度管理等问题都与集体经济紧密地联系在一起,小至村民子女考取大学,大至遵守计划生育政策都与直接的补贴奖惩挂钩。自深圳撤县设市以来,工业化与城市化对传统熟人社会提出了挑战,产业结构的调整带来了大量农民工进城,城中村作为自给自足的小型社区结构成为过渡期劳工的首选居住地。"食租阶层"村民的向外迁移和社区关系的"陌生人"化打破了传统村落社会空间的平衡,形成互相支撑、互利共赢的利益共同体,逐渐为传统村落完全城市化创造了条件。[③] 近年来,深圳通过将城中村改造为人才保障房社区、出台新规完善非深户市民的基本社保福利等举措降低了"深漂族"的生活成本,切实提高了"新深圳人"参与城市建设的积极性与主体性,户籍制度带来的分野逐渐被弱化。如何在城市更新背景下唤醒居民等利益主体的对话意识,营造人本主义与公共参与的城市可持续发展氛围,是深圳城中村未来改造所必须关注的面向。

(二)"握手302"介入"消失中的村落"

当提及深圳南山区白石洲,媒体常以"深圳规模第一的超级旧

[①] 有闲阶级指没有固定职业、没有生活压力,以休闲社交娱乐为主的阶级。乡绅是中国封建社会时期科举落第或及第未仕的士子、有文化的地主、退休返乡或长期闲居乡村的官吏等在乡村社会有一定影响力的群体。美国人类学家施坚雅(G. William Skinner)提出"基层集市社区模式",试图通过集市作为枢纽,连接宏观与微观、经济与社会、村落与国家。在这个基层市场社区中,有闲乡绅控制着联系的话语权。相关论述详见[美]施坚雅《中国农村的市场和社会结构》,史建云、徐秀丽译,中国社会科学出版社1998年版。

[②] 宗族关系是英国人类学家、汉学家弗里德曼(Maurice Freedman)研究中国社会的范式,在他看来,宗族通过子弟入仕、地方自治与国家进行对话或对抗。中国东南地区远离国家权力中心,因而宗族关系与活动在当地乡村占主导、组织作用。相关论述详见[英]莫里斯·弗里德曼《中国东南的宗族组织》,刘晓春译,上海人民出版社2000年版。

[③] 马航等:《深圳城中村的空间演变与整合》,知识产权出版社2011年版,第46页。

改航母"①、"1879人变亿万富翁"②、"深圳最大城中村"③ 来表达对这块约350万平方米城中村未来发展的关注。白石洲是一个人口密度大且多元化的城中村片区,由深南大道南侧的白石洲村以及深南大道北侧的上白石村、下白石村、新塘村和塘头村五个自然村组成,又称"沙河五村"。白石洲行政村总面积约0.6平方公里,常住人口约15万,原户籍村民1800余人,人口密度约为深圳市平均人口密度的2.5倍,即每平方公里有1.89万人生活居住。④ 1959年,佛山专区农垦局在白石洲创办国营沙河农场(后改称为沙河华侨农场),以自然村为单位成立生产队,以农耕、捕鱼及农产品加工和手工业为主要生产方式。改革开放后,国务院特区办公室、国务院侨务办在沙河华侨农场划出一块区域用于吸引华侨资金、人才和技术。在这片区域内,主题公园、工业区和高档住宅区随着改革开放拔地而起,逐渐形成今天的华侨城产业布局。2014年白石洲被列入深圳市城市更新单元计划,目前原沙河华侨农场片区共有四个旧改项目。2017年6月,深圳市规土委南山管理局发文《关于南山区沙河街道沙河五村城市更新单元规划(草案)的公示》,正式吹响改造白石洲城中村的号角。根据公示草案,位于沙河街道的沙河五村片区近348万平方米的计容率建筑面积⑤远超大冲村旧改项目(约280万平方米)、蔡屋围旧改项目(约260万平方米)与湖贝古村旧改项目(约208万平方米),成为深圳城市更新中规模最大的旧改项目。

---

① 创新南山:《白石洲旧改规划曝光!堪称深圳规模第一的超级旧改航母》,2017年6月17日,https://mp.weixin.qq.com/s/9ANdq3aaiMrGlubEg8Fp9w。
② 腾讯微楼市深圳:《白石洲改造:1879人变亿万富翁,而另外14万人只能迁往更偏的城中村!》,2017年6月24日,https://mp.weixin.qq.com/s/berWfYACCKeOge-aKIwFKHA。
③ 南方周末:《最后的白石洲:深圳最大城中村即将消失》,2019年10月25日,https://mp.weixin.qq.com/s/WYryGgdLckCdNmP3oM0lcQ。
④ 本节白石洲相关统计数据来源于深圳市南山区人民政府官网(http://www.szns.gov.cn/)、深圳市规划和自然资源局官网(http://pnr.sz.gov.cn/)。
⑤ 计容积率建筑面积=规划条件容积率×规划建筑用地面积。在房地产开发项目中,计容面积一般指不含用于停车场、设备机房等地下空间的地上建筑面积,即房产证上房屋正常的产权面积。

自深圳启动城市更新以来,白石洲旧改传闻时常发酵。一方面,环绕白石洲的香山美墅、波托费诺天鹅堡等小区、华侨城片区住宅均价早已超过每平方米 10 万元,白石洲未来的土地发展令人期待;另一方面,白石洲是"深漂一族""科技民工"在城市落脚的首选地,白石洲居住着怀揣梦想从五湖四海来深的毕业生、在华侨城创意园工作的设计师、在科技园与高新园上班的"格子间"白领、从事餐饮经营的个体户等群体,见证了成千上万的人通过劳动与知识实现个人价值。白石洲容纳了丰富的生活形态,这里可以找到新疆人开的正宗烤羊肉串流动摊贩、吃苦耐劳的小时工、从事互联网平台快餐配送的外包"骑手"团队等。因为低廉的商铺、房屋租金,这些从事不同工作的租户集聚于此,构成城中村的主要人口结构。在城市更新的研究讨论中,曾出现不少反思性问题:城中村应该面临拆迁吗?应当如何保护城中村?应该保留建筑物本身吗?[①] 纵观世界城市发展史,城乡融合是空间发展的最终归宿。无论是将城中村视为"文物"进行"收藏",还是以资本介入空间进行同质化开发,都可能会忽略城中村的活态价值。20 世纪 90 年代,巴西里约提出将贫民窟正式纳入城市发展规划,启动"贫民窟—街区"计划,意在通过为贫民窟提供城市公共服务、改善住房条件等手段,将贫民窟升级改造为一种宜居的新型城市形态。在国内,不少艺术家以艺术干预日渐衰落的老工业城市遗存、城中村,催生出"圆明园画家村""宋庄""798 艺术区""广州小洲村"等空间转型与城市更新典范。艺术逐渐成为城乡建设的重要参与手段,它将涉及旧改的区域从政府主导、开发商介入的单一模式中释放出来,丰富了空间在地化、社区化、参与化的城市美学特性。从国内外鲜活的案例观照深圳现场,城市更新与城中村旧改中人们应该做的是在介于城乡之间的混杂空间中激活过去、现在与未来的社区活力。

　　作为深圳最大的城中村,白石洲在旧改区域彻底封闭前也吸引了不少艺术工作者的关注:建筑师段鹏曾组织"白石洲小组",以影像、展览记录他们眼中的白石洲生活;华南理工大学建筑学博士

[①] Travis, Bunt:《白石洲五村城市更新研究》,《城市环境设计》2018 年第 6 期。

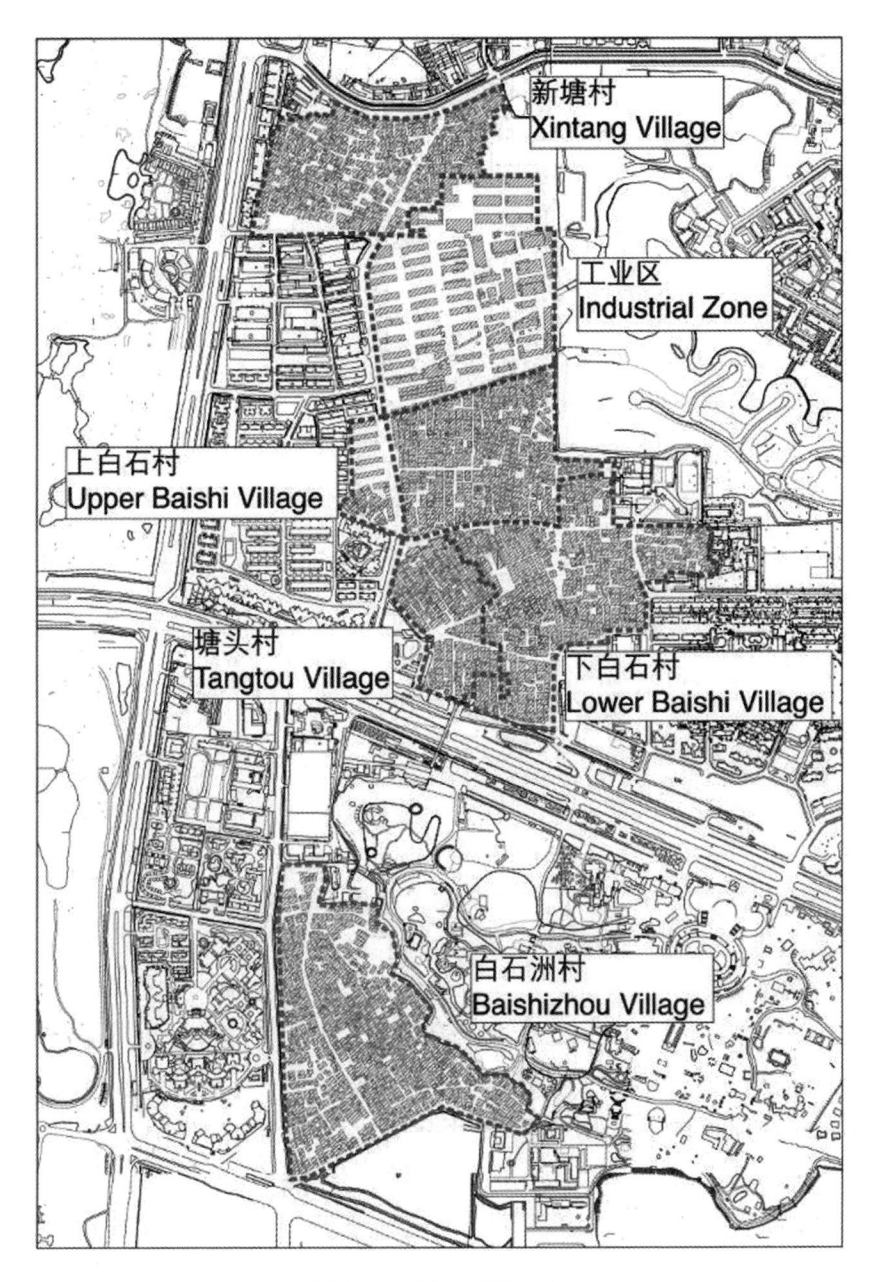

第八章　创意阶层的伙伴关系与合作共治（四）：
　　　　城市社区更新的艺术介入　　299

图 8-1　沙河五村分布

资料来源：Travis, Bunt：《白石洲五村城市更新研究》。

生李晶磊基于学术研究发起"城中村观察小组";留深美国人类学家马立安(Mary Ann O'Donnell)、前深圳雕塑院公共艺术家张凯琴联合深圳建筑师、设计师组成"CZC城中村特工队"("握手302"前身),希望在城中村进行公共艺术实践。对于艺术家而言,白石洲等地理位置优越的城中村既有乡村残留的社会关系网络,也有不规则的建筑肌理,临时性、审美多样性的艺术介入能够使社区生发出不一样的魅力。

因为意识到城中村之于深圳的重要性,马立安、张凯琴及一群工作生活于深圳的建筑师与规划师决定组建"CZC特工队",旨在以自身的专业素养在城中村进行不一样的参与计划。一开始,由于工作繁忙以及深圳市内城中村陆续开始施工,团队面临缺乏合适的空间进行改造的困境,一些建筑师和规划师逐渐减少了参与"CZC特工队"事务的次数。在马立安与张凯琴看来,城中村从经济、人与历史的角度诠释了深圳的独特之处,放弃研究作为深圳城市化重要一环的城中村着实可惜。与此同时,由于历史遗留原因,白石洲的城市综合整治稍晚于其他城中村,使这里自然而然地成为他们进行艺术实践的最佳场所。2013年,马立安与张凯琴将实践地点定于白石洲上白石村二坊49栋302号,以"握手302"(深圳市握手三零二艺术中心)的名称开始在城中村进行艺术实践。[①]"握手302"团队由马立安、张凯琴、吴丹、刘赫、雷胜五人组成,策划的活动包括工作坊、讲座、舞蹈、话剧、讨论等形式,内容涉及人文、社会、生活、艺术、教育、建筑等领域。[②] 除了独立艺术空间与城中村内的实践,团队成员还出资注册成立一家艺术机构,希望借助平台将每个人对于雕塑、公教、设计等领域的专业能力与政府等机构合作。他们所做的"有趣的事情"[③]是以艺术的方式介入城中村、

[①] Shenzhen Noted:"Handshake302",2021 - 12 - 26,https://maryannodonnell.files.wordpress.com/2018/09/e68fa1e6898b302e4bb8e7bb8d2018.pdf.

[②] Shenzhen Noted:"Handshake302",2021 - 12 - 26,https://maryannodonnell.files.wordpress.com/2018/09/e68fa1e6898b302e4bb8e7bb8d2018.pdf.

[③] 来自2021年8月25日作者与张凯琴的半结构化访谈,下文未特别注释的口语化引用来源于同一场访谈交流。在交流中,张凯琴将"握手302"的艺术实践称为"有趣的事情"。

第八章　创意阶层的伙伴关系与合作共治（四）：
　　　　　城市社区更新的艺术介入　　301

以参与的方式建立情感联结，以期借助不同的作品引导不同背景的观众、参与者探讨"在城中村能学到什么？""紧凑的握手楼、人烟稠密的街道、熙熙攘攘的小广场如何改造成为文化空间？""创造性干预如何激励深圳居民跨越文化和经济差异参与讨论我们共同的城市状况？"[①] 等多个问题，试图重构市民对白石洲的评价。

　　过去近十年间，"握手302"与白石洲互相见证了对方成长蜕变的重要时刻。于"握手302"而言，850元（2019年已涨价至约1600元一个月）一个月的白石洲"握手楼"租金是一个缺乏外部资金赞助的艺术团队所能够勉强承担的价格。此外，白石洲交通便利，毗邻华侨城与科技园，村内餐饮、服务业态齐全，旧城改造进度相较于福田区水围村等靠近口岸的城中村而言稍显滞后，整体上保留了较多城中村的原始状态。因此，从经济、社会结构等角度综合考量，白石洲是性价比最高的社区空间。在张凯琴看来，城中村并非大众所想象的"临时落脚点"，而是城市中不可或缺的定居点。"与其说白石洲依托于华侨城，不如说华侨城依托于靠近白石洲的优势。"正是白石洲提供了高性价比、完善业态的居住条件，才能使更多的"深漂"不用焦虑于日常通勤时长，得以在华侨城与科技园工作。随着白石洲的租户清退，"握手302"离开了白石洲，将实践场域转至福田区下沙村。2020年新冠肺炎疫情防控使全国各地加强了人口流动管制，城中村作为城市人口集中的社区，也受到严格的人员出入限制。这种严管给观众参与"握手302"的艺术项目带来不便，因此"握手302"在下沙的空间已退租。不过，城市化的过程就是城市空间生产与重构的过程，在这个过程中，城市给予了艺术创作自由与话语权自由，"我们与参与者一样，好奇未来'握手302'会在哪个地方发生有趣的事情"。

　　2017年"深双"龙华分展场上，"握手302"曾策划"迁徙——故乡与他乡，客家历史再发现与中心文化交流"展览。除了刘赫从小在深圳长大，其余团队成员都是"新深圳人"。"握手302"如今处于"居无定所""无拘无束"的状态，"可能是当年'迁徙'主

---

① Shenzhen Noted: "czc manifesto (of sorts)", 2013-10-15, https://shenzhennoted.com/2013/10/15/czc-manifesto-of-sorts/.

题的预言成真了。在深圳只要不违法乱纪，并没有什么人管你。同时珠三角的心态普遍包容与开放，这点让我觉得在深圳很自在"。深圳的资本积累、城市积累与人口快速增长是近40年发生的事情，与北京、上海、广州相比，它的历史积淀相对不足。在经济特区，"是不是'文化沙漠'这件事情并不重要，但凡有人存在的地方一定有它所匹配的文化，如北京的政治文化、上海的金融贸易文化等"。从城中村审视深圳的文化性格，可以发现体现在人与人之间恰到好处的边界感，以及对劳动实现富裕的人生追求之上。在白石洲的实践中，"互不干涉、没有太多圈子、保持清晰的边界感"的氛围是"握手302"团队进行艺术实践所享受的深圳城中村独特文化。在张凯琴看来，他们与白石洲居民之间并非相互理解的状态，而是相处于同一寸土地的关系，且"'握手302'的影响力不足以大到改变整个白石洲"。相反，"握手302"是一个设立于城中村、以艺术的形式窥探深圳不同阶层生活形态的显微镜。于白石洲村民而言，"握手302"的参与式艺术实践是不可思议的事情，"他们很难想象一个艺术家租了一辆叉车停在路边拨弄空气"，"他们只是好奇我们做的事情能不能赚钱"；于"握手302"而言，他们在白石洲所做的"有趣的事情"难以达到艺术赋能的高度，但越来越多年轻人通过艺术认识这个大城市里的小社区，这是他们一开始所没有预料到的效果。张凯琴将"握手302"比喻为白石洲内的一个面馆，艺术实践在城中村只是如同餐饮业一般的生态，缺少其中一环，城中村"生态系统"依然能够进行自我调整后继续运转。

（三）"握手302"的参与式艺术实践

从2013年10月至今，"握手302"在深圳已策划举办几十个参与式艺术介入城中村的活动、连续三年参加"深双"，并于2015年获得首届深圳设计奖（创意综合类）和社会创新奖。下文选取"握手302"策划的四类艺术项目，讨论艺术家如何以不同方式介入城中村以及所收获的效果与评价，探讨艺术实践过程中城中村所扮演的角色，反思"介入"行为何以成为保护都市历史记忆、寻觅文化归属感的日常生活实践：一是讨论新移民在深圳生活成本与人际关系的《算数》《单身饭》；二是2017"深双"大浪分展场"迁徙一故乡与他乡,客家历史再发现与中西文化交流";三是驻留城中村项目《白鼠笔记》;四是城市"漫游"活动《城市骨骼与肉体:发现深圳》。

1.《算数》与《单身饭》的城市生存成本

《算数》是"握手302"成立初期的参与式项目,旨在以数学计算的方式将新移民在深圳的经济成本具象化,再将金钱与时间建立换算联系,由此激发参与者对于这座城市过去、现在与未来的思考。《算数》由标注2013年深圳各区房价的"运气转盘"、仅有轮廓的深圳地图、记录预设税后月薪5000元的"新深圳人"一个月生活成本的综合装置以及摆满日常生活用品的铁质货架四个部分组成。① 在作品中,"握手302"邀请参与者转动"运气转盘"决定其住在市中心、"关外"还是与深圳毗邻的惠州市,并计算在当前月薪下剔除正常的生活开销后可供支配的金额,最后得出理想状态下在"运气转盘"所指定区域购买一套商品房并搬离城中村所需时间。在深圳新一代移民中,"来了就是深圳人,没钱就是惠州人"与"深圳赚钱深圳花,一分别想带回家"两句口号以调侃的口吻表达着《算数》所揭示的现实。在参与者看来,月收入五千、月存款两千的计算公式仅存在于绝对理想状态,而在深圳这座特大城市里,高昂的生活成本使不少人不敢奢望买房定居。这也是《单身饭》项目发起的前提:深圳是一座需要单身劳动者而非家庭的城市,组建家庭的高成本导致人们必须尽可能地降低吃饭费用。在《单身饭》系列中,"握手302"提供人均5元的伙食费,并辅助主厨买菜以及收拾碗筷,而对菜品、交流主题等内容不做任何干预。参与者可以在桌布上进行不限定的头脑风暴式绘画创作。② 布里欧将发端于具体社会场域、涉及人多种社交协作活动的艺术形式称为"关系艺术",从而使艺术成为转向依靠人际关系沟通的实践。在费孝通所描述的现代社会中,"各人不知道各人的底细",所以需要法

---

① Shenzhen Noted:"czc – six – months – in – baishizhou",2014 – 04 – 28,https://shenzhennoted.com/2014/08/28/czc – six – months – in – baishizhou/.

② 握手302:《"单身饭":拉关系的社交活动算一种艺术吗?》,2019年2月2日,https://mp.weixin.qq.com/s/h5KB1PNqapM52JYpLa7jjQ。

律将陌生人之间进行约束。① 与其他移民城市一样,深圳在高度市场化、城市化的发展下容易出现涂尔干(Durkheim)所提出的"失范"(anomie)现象,即离开了所熟知的社会价值观念和行为规范后,人容易失去归属感,导致个人人格发生错位,产生焦虑、愤怒、绝望等消极情绪,从而出现自杀、犯罪等异常行为,引发社会动荡。②《单身饭》的存在,破除了传统意义上艺术作品一对一互动的经验,意在通过未知的人物与事件,在深圳这座"缺乏人情味"的城市里创造新的集体时空关系与人际网络,实现人与人之间的交流、协商。通过备餐、就餐、贯穿全程的对话交流等行为,人际关系成为可感知、可检视的社会现实,在以艺术的框架中开放生长。《单身饭》的意义在于提供了一个相互交流的平台,使参与者与"握手302"能够走出自我生活经验,聆听来自不同阶层、不同出身的人的故事,思考并建立与他人共情的关系,体会不同的"家的滋味",探索以艺术活动改善现代城市化所带来的巨大社会与心理问题的可能性。③

2. "迁徙—故乡与他乡、客家历史再发现与中西文化交流"展览

2017年12月23日至2018年2月4日,马立安策划了第七届"深双"龙华(大浪)分展场——"迁徙—故乡与他乡,客家历史再发现与中西文化交流"(下文简称"迁徙"展),与"握手302"成员以龙华区虔贞女校与客家历史为起点,探讨人的移民与文化的流动。从1891年开办至1986年停止办学,虔贞女校以实物记录着被深圳移民历史忽略的传教士扩张时代,是深圳地区目前已知的最早的女校旧址,也是全国保存最完好的教会女校旧址之一。虔贞女校位于龙华区浪口社区一个典型的城中村内,学校围墙外的城中村嘈杂空间与校内安静的氛围形成鲜明对比,共同记录着深圳的过去

---

① 费孝通:《乡土中国》,人民出版社2015年版,第7页。
② 马航等:《深圳城中村的空间演变与整合》,知识产权出版社2011年版,第11页。
③ 握手302:《"单身饭":拉关系的社交活动算一种艺术吗?》,2019年2月2日,https://mp.weixin.qq.com/s/h5KB1PNqapM52JYpLa7jjQ。

第八章　创意阶层的伙伴关系与合作共治（四）：
　　　　　城市社区更新的艺术介入　　305

与现在。选择浪口社区作为"深双"分展场，是主流深圳与城中村、本地人与外来务工、当代艺术与日常生活三组文化地理关系的共生。①"迁徙"展以"遥远的家"艺术作品展、"百年相望"——虔贞收藏国际交流展为主，辅以四个系列（虔贞会客厅系列探讨、艺术作坊系列、虔贞故事馆系列、移民新家谱系列）共13场公众活动，创造了丰富的交流与参与的机会，鼓励浪口社区后人、生活在龙华的"新深圳人"以及对这段宗教移民史感兴趣的观众讲述自己的迁徙故事。

"迁徙"展并非"握手302"在龙华大浪社区的唯一实践。2016年，完成修缮后的虔贞女校对外开放，成为社区内外来务工子女免费进行艺术教育的学堂。马立安受邀担任虔贞女校艺展馆馆长，与"握手302"团队成员共同为大浪社区带来"艺术童萌"艺术教育课、"虔贞儿童电影节"等活动，传承和活化百年历史空间。与大浪社区居民建立的长期交往关系，让长期于"关内"创作的"握手302"看见两个界限分明的深圳。尽管深圳的二线关已取消，居住证相关条例的出台也保障了"新深圳人"在深圳工作生活的基本社会福利，但户籍制度的存在仍在不断提醒这些外来务工的非深户家庭与深户的区别。在过往的活动中，他们讶异于小学三年级的学生从小耳濡目染，知道在深圳有房子是令人羡慕的事情；他们也感慨于因非深户未来无法在深圳参加高考而被迫转学回老家的"深二代"无法适应老家生活，认为"深圳才是她的家，可是深圳不认她"。②与浪口社区长期的对话，使"握手302"与当地居民培养了深厚的、相互信任的情感，也让在社区的实践能够顺利推进。

《游牧的故乡》是张凯琴与雷胜创作的放置于大浪社区与虔贞女校公共空间的作品。该作品由四个颜色各异、大小不一的帐篷组成，意在给公共空间带来介于公共与私人的中间地带，让观众愿意

---

① Shenzhen Noted：《180626迁徙印刷文件》，2018年6月26日，https：//maryannodonnell. files. wordpress. com/2018/12/180626_%E8%BF%81%E5%BE%99%E5%8D%B0%E5%88%B7%E6%96%87%E4%BB%B6. pdf。

② 住区杂谈：《住区访谈 ｜ 握手302 - 寻找肉身》，2019年6月6日，https：//mp. weixin. qq. com/s/1uuUkkJM7pJ2XrGaJW2VIw。

进入帐篷内与其产生意想不到的互动。大浪社区与其他深圳城中村一样,非深户占据主要的人口结构,《游牧的故乡》则成为这些外来人口在大浪社区"游牧"的栖息地。在帐篷内,人与人之间的关系被发现与建构:孩子使用帐篷捉迷藏、老人聚集聊天、成年人盘腿在帐篷内操着方言与家人打电话、年轻人在帐篷内发呆……对于艺术家而言,居民的"参与"与"互动"是令人爱恨交织的行为。一方面艺术品依赖于众多的劳动分工[①],观众的进入能够为作品带来新的"惊喜",城中村内的社会关系也通过作品的建构被可视化放大;另一方面观众参差不齐的素质与知识背景容易给艺术家带来作品被毁坏、盗窃等"惊吓",使作品往意料之外的方向发展。虽然雷胜坚持《游牧的故乡》要在开幕前一天安装以免遭到破坏,但开幕式当天下午,展品已因为观众的参与互动而出现不同程度的毁坏。具有丰富的公共雕塑策展执行经验的张凯琴深知"互动性强"意味着展品必须在有限的展览期内进行多次维修,但也因为对于互动的未知性与展览周期有限,难以预期未来维护所需的材料及尺寸。她尝试在工作群向在附近的艺术家朋友发送请求,希望有人能够捐赠一些颜色匹配的布料。出乎意料的是,附近的居民与小朋友纷纷加入维护作品的行列,在经过数次修补后,帐篷已被动"生长"出不同颜色的"补丁"与时尚新潮的针法。在作品的展览中,观众从来就不是"他者",而是作品得以重塑于日常生活的具体存在。他们与艺术家共同构成艺术界内的合作网络,在其中共同参与作品持续不断的、对话性的"编辑时刻"[②],动态地、细微地调整着作品的整体生长效果。在某次分享会上,张凯琴指出,小朋友是修补帐篷最积极的群体,而路过的成年人常发出不理解的声音,似乎在为被破坏的无能为力寻找顺理成章的借口。但不理解的成年人往

---

① 有关艺术品创作与劳动分工的讨论,详见 Freidson Eliot, "The Division of Labor as Social Interaction", *Social Problems*, February, No. 23, 1976, pp. 304 - 313。[美]霍华德·S. 贝克尔《艺术界》,卢文超译,译林出版社 2014 年版,第 6—13 页。

② "编辑时刻"指艺术作品在多人参与制作的过程中,艺术家如何对艺术界的约束条件进行接受,以及艺术家与艺术界其他成员内在对话、相互影响的实际过程。详见[美]霍华德·S. 贝克尔《艺术界》,卢文超译,译林出版社 2014 年版,第 180—190 页。

往忽视了这个作品唤醒了社区的自治秩序:为避免人为定义的作品参与规则被雨水冲刷,居民主动将其刺绣于帐篷上;在展期内,有几个小女孩形成"孩子王"式的小队,教育不守规则的淘气孩子。种种在社区内营造艺术生态的"不期而遇",拒绝艺术家个人意志的表达,让《游牧的故乡》免予成为"安放—互动—伤害—禁止—不安放"链条的牺牲品,使作品成为探索建立主动、积极、正面的公共空间关系的桥梁。①

3.《白鼠笔记》的城市迁移

《白鼠笔记》是"握手302"于2014年4月至6月发起的驻留城中村项目。不同于一般的艺术驻村项目需要艺术家在特定场域内进行创作,《白鼠笔记》将8位项目参与者比作"白鼠",他们需要在302室居住一周,用感官体验白石洲的生活,最后将调研结果及感受以照片、文字等形式呈现。这些"白鼠"大多来自拥有海外留学背景的中产阶级,也是给城中村贴上"脏、乱、差"标签的阶层。以精英视角介入城中村并进行短期生活似乎存在偏见与误读,但马立安认为,"白鼠笔记就是为了让人看到,你在白石洲能做什么。"② 这些"白鼠"从不同角度为非城中村市民展示着白石洲的乡土生活:刘赫从最初极力缩短在白石洲逗留的时间再到逐渐适应白石洲的生活的转变,是每一只"白鼠"驻留心态转变的真实写照;人类学博士周禧敏感兴趣于白石洲有规律的噪声,边走边记录白石洲内的声音,意在探寻内在的逻辑和节奏;"黄边站"发起人徐坦感兴趣于白石洲内自发生成的、友善的人际关系,他注意到许多人在村口的闲坐交谈形成了公共空间的雏形。在《白鼠笔记》里,302室楼下拖鞋铺一家人是"白鼠"与白石洲建立的最直接、最紧密的社会关系:与"握手302"团队成员渐渐熟悉后,拖鞋铺老板娘张红梅会给"握手302"煮糖水或煲粥,也很放心地让三个女儿

---

① Shenzhen Noted:《180626 迁徙印刷文件》,2018 年 6 月 26 日,https://maryann-odonnell.files.wordpress.com/2018/12/180626_%E8%BF%81%E5%BE%99%E5%8D%B0%E5%88%B7%E6%96%87%E4%BB%B6.pdf。

② Shenzhen Noted:《白鼠笔记/Village Hack PDF!》,2014 年 9 月 26 日,https://shenzhennoted.com/2014/09/26/%e7%99%bd%e9%bc%a0%e7%ac%94%e8%ae%b0village-hack-pdf/。

给艺术实践打杂,但她个人对于所谓"有趣的事情"没有收益表示不理解;不苟言笑的卢先生迫于经济压力经常在外工作补贴家用;开朗的卢家三姐妹渐渐习惯"白鼠笔记"期间每周都有不同的人成为邻居,主动在完成功课后与艺术家学习绘画;三姐妹是情感洁癖的"白鼠"下班回到302的期待,她们以质问的方式表达对迟迟未归的"白鼠"的关心,也让不少"白鼠"意识到,成年人往往忽略了城中村随迁孩子的"野"与"调皮",是因为缺乏大城市丰富的课余生活与舒适的社区环境。

  作为项目发起人与第二只"白鼠",张凯琴曾详细记录着白石洲租客的生活:"年轻人从一栋栋握手楼里钻出来,大多数人看起来都精心搭配过,很难把他们和昨晚夜色里那个被高跟鞋折磨10个小时后边走边啃菜包子的背影联系在一起。"[1] 虽然白石洲的租户慢慢地熟悉这群"一直在花钱没有赚钱"的租户,但在"白鼠"常去的餐厅服务员看来,他们看到的不过是城中村的表面,对于城中村居民的实际生计和处境难以通过短短几天的居住彻底参透。每周的交流分享会上,"白鼠"们围绕"如何平等地和白石洲的人对话""白石洲声音的意义""城中村该如何发展""面对城中村的态度"等问题展开讨论。《白鼠笔记》不是一个通过引起社会各界对白石洲的关注进而切实改善居住环境、提出对社区结论性建议的学术活动,而是意在通过艺术活动发现公共空间内的社区生活状态。在分享会上讨论的问题并不能简单地通过十几个人的表达和质疑产生确凿的答案,但随着"白鼠笔记"影响力在白石洲角落的扩散,越来越多的租户加入这个"面对面的社群"[2] 的讨论,实现关于城市更新的个人意志表达。在马立安看来,城中村承载着人们具体而切实的梦想——顺利买到商品房并搬离城中村。但当一切实现后,"第

---

  [1] Shenzhen Noted:《白鼠笔记/Village Hack PDF!》,2014年9月26日,https://shenzhennoted.com/2014/09/26/%e7%99%bd%e9%bc%a0%e7%ac%94%e8%ae%b0village-hack-pdf/。

  [2] 费孝通:《乡土中国》,人民出版社2015年版,第12页。

二个目标在哪里?"①

4.《城市肉体与骨骼：发现深圳》的城市导览

《城市肉体与骨骼：发现深圳》（前身为《"寻找城市的肉身"：深圳文化地理再发现》）是"握手302"于2019年接受委托的合作项目，后逐渐演化为公众参与工作坊。《城市肉体与骨骼》由人类学家马立安带领20位参与者漫游、体验、讲述一个具有代表性的深圳城市空间，以期通过人类学视角重新认识自己所处的城市，目前足迹已遍及福田区皇岗村与水围村、华强北、福田CBD，盐田区沙头角，南山区蛇口片区、南头古城等在深圳历史上具有重要地位的区域。深圳不同于北京、上海或广州，它没有代表当地、供外来游客怀旧消费的历史。②虽然深圳有老南头、大鹏炮台、赤湾天后宫、东门等重要的历史遗迹，但它们无法与北京明清帝国时期的遗产、上海东西方殖民混合的历史、广州南海贸易和南迁移民记忆等相提并论，因为这些古迹无法引发人们对于中华上下五千年文明的想象。③但出于人类学家对于城市的观察经验，马立安认为，没有在教科书内达成统一口径的代表深圳文化和历史传承的叙事，意味着深圳这座城市允许人们随意游荡，体验束缚在刻板印象之外的城市文化。"来了就是深圳人"的口号模糊了户籍制度下户口与家乡一一对应的关系，越来越多的人满怀希望地离开家乡前往另一座城市生活与工作。在今天，"深圳人"并非简单地代表籍贯和户口都在深圳的原住民，也指代通过积分入户、人才引进等方式取得深圳户口的祖籍他乡的群体，以及未取得深圳户口但长期生活于深圳的人。"城市权利"的概念基础是社会公正，即参与城市空间分配和创造的市民群体能够获得广泛且平等参与城市生活、就业、文化、

---

① Shenzhen Noted：《白鼠笔记/Village Hack PDF!》，2014年9月26日，https：//shenzhennoted.com/2014/09/26/%e7%99%bd%e9%bc%a0%e7%ac%94%e8%ae%b0village-hack-pdf/。

② Shenzhen Noted："as yet shenzhen has no capital h history…"，2014-09-26，https：//shenzhennoted.com/2012/05/08/as-yet-shenzhen-has-no-capital-h-history/.

③ Shenzhen Noted："as yet shenzhen has no capital h history…"，2014-09-26，https：//shenzhennoted.com/2012/05/08/as-yet-shenzhen-has-no-capital-h-history/.

居住、社会保障等方面的权利。① 2008 年，深圳出台《深圳市居住证暂行办法》，允许年满 16 周岁、在深圳居住超过 30 天的任何人申请享有与深户同等权利的居住证。该改革意味着深圳将城市权利向不论户籍类别的非深户开放，弱化了户口所在地决定个人所获得的社会保障的观念，强化了祖籍非深圳的"新深圳人"对于特区发展的重要性。复杂的地域身份问题不禁让人思考："生活在深圳的人什么时候会觉得这座城市是他们的家乡？""深圳户口的居民什么时候会说'我是深圳人'？""自称深圳身份的居民会不会承认自己是广东人？""如果深圳给非深户的长期居民发放与深户同等权利的居住证，是否会导致这一些市民身份的提升？"②

2021 年，《城市肉体与骨骼》推出"福田街道办特辑——边走边吃"的城市导览走读活动，被纳入福田街道③建设中央圈高质量服务治理体系工作项目，成为福田区以公共文化中心为载体，打造 CBD 商圈高质量文化发展的重要一环。在行走皇岗村与水围村时，马立安以"本土滋味——从山到水的皇岗水围"为题，带领 20 多位参与者从皇岗北山脚步行至皇岗东南山脚的龙秋古井，以步伐丈量城市的地理，借助移步换景的地名思考祖先与山、海、水、土等环境的关系。在"穿越未来——进入成人版的'我的世界'"主题中，马立安毫不避讳地出走"握手 302"实践的城中村社区，直面城市化创造的福田 CBD 现代建筑，带领参与者从福田站穿梭行走于十三栋办公楼（"十三姐妹楼"），直观地体会市中心资本、信息和人力的汇集。在她看来，会展中心、福田站和"十三姐妹楼"都是深圳的城市名片，也是深圳经济发展所带来的无法忽略的文化遗产。《城市肉体与骨骼》系列活动不在于炫耀深圳城市的文化多元性，而在于打破日常行动和表演的界限，颠覆参与者习以为常的城

---

① 详见 Lefebvre Henri, *The Urban Revolution*. Minneapolis: University of Minnesota Press, 2003。[美] 大卫·哈维《叛逆的城市：从城市权利到城市革命》，叶齐茂、倪晓晖译，商务印书馆 2016 年版，第 79 页。

② Shenzhen Noted: "Who should have rights to the City?", 2009 - 02 - 07, https://shenzhennoted.com/2009/02/07/who - should - have - rights - to - the - city/.

③ 福田街道办位于深圳福田中心区南部，皇岗村、水围村、福华新村、福田村等村落是该区域较早进行城市更新的城中村。

市印象,提醒人们敏感地观察这种包容性的生态,深化城市品牌形象和居民对城市的认同。在"握手302"看来,"来了就是深圳人"的口号远远不足以将人内化为"深圳人",更应该从历史文化与人文地理的角度对城市空间进行资源整理,如此才能更好地帮助新移民从地域和符号层面的深圳人真正过渡为文化认同层面的深圳人。《城市肉体与骨骼》系列,改变了以作品陈列作为观赏趣味的传统展览形式,"当地图取代了画面,城市就取代了博物馆"[①]。

二 城市"边缘"的艺术生命力

(一) 鳌湖艺术村的缘起与现状

1. 以艺术介入"城边村"的深圳现场

1936年,德国地理学家哈帕特·路易斯(Herbert Louis)首次从城市形态学角度提出"城市边缘区"(stadtrandzonen)这一概念,用于指称在空间结构、住宅类型、服务设施等方面与城市中心截然不同的城市外围地带。[②] "城边村"具有乡村"聚落"与城市"边缘区"的双重特征,保留有大量的农业用地与非农产业用地[③],承接"城区分散的人口和工业"[④],是兼具城市和乡村的"社会、经济等要素激烈转换的地带"[⑤]。当前,学界针对"城边村"的研究远不及城中村。根据《深圳市城中村(旧村)改造暂行规定》第二

[①] Lamoureux Johanne, "The Museum Flat", in Ferguson Bruce, Greenberg Reesa, Nairne Sandy, eds., *Thinking about Exhibitions*, London: Routledge, 1996, p. 129. 转引自[英]克莱尔·毕莎普《人造地狱:参与式艺术与观看者政治学》,林宏涛译,台北:典藏艺术家庭2015年版,第345页。

[②] 杨山:《城市边缘区空间动态演变及机制研究》,《地理学与国土研究》1998年第3期。

[③] 李培林:《巨变:村落的终结——羊城村的故事》,商务印书馆2004年版,第7页。

[④] 杨山:《城市边缘区空间动态演变及机制研究》,《地理学与国土研究》1998年第3期。

[⑤] 朱火保等:《城市边缘区新农村社区规划探索——以广州为例》,《建筑科学》2009年第4期。

条①，尚未启动城市更新规划的"城边村"同样属于城中村范围。作为城市化进程中的一种特殊城郊混合体，"城边村"与城中村面临相似的困境：一是由农业社会向城市社区转型时，村落呈现"城市建制、乡村管理"②的现象，村民依赖现有的"收租"与外来人口共同生存，这种不稳定的混居状态一定程度上可能会给社区治理埋下隐患；二是随着城市空间演变，城乡接合部的隐性社会症结体现为空间与土地的无序规划，当地的传统民居遭到不同程度的破坏，基础公共设施亟待完善。③ 如何在内涵式质量型的新型城镇化战略背景下实现乡村的完全城镇化，构建城乡融合发展的新型农村社区？"城边村"提供了一种与城中村不同的观察视角。

深圳的艺术村发展起步较早，以艺术家、建筑师、设计师等为代表的专业人士在推进深圳城市更新的人文反思和对话上扮演着重要的角色，催生出大芬村、华侨城创意园等艺术家身体"在场"的空间集聚现象，为深圳的艺术生态创造另类发声。④ 深圳艺术村的空间集聚大致可分为三种类型。第一种艺术村类型是在"文化立市""腾笼换鸟"⑤等政策背景下，深圳政府加大对文化产业扶持力度，支持老旧工业厂房转型为创意园，并随着艺术家的入驻形成艺术村。⑥ 例如，依托于原华侨城东部工业区旧厂房改造而成的华侨城创意园（OCT-LOFT）成为深圳的"文化艺术枢纽"⑦，承办多

---

① 《深圳市城中村（旧村）改造暂行规定》第二条：本规定所称的城中村（含城市待建区域内的旧村，以下统称城中村）是指我市城市化过程中依照有关规定由原农村集体经济组织的村民及继受单位保留使用的非农建设用地的地域范围内的建成区域。
② 王涛：《石河子村改居问题研究》，硕士学位论文，石河子大学，2013年。
③ 详见孙瑶等《我国城市边缘村落研究综述》，《城市规划》2017年第1期。马航等《边缘效应下的深圳市城市边缘村更新改造研究——以龙岗区年丰社区为例》，《华中建筑》2014年第3期。
④ 李丹舟：《新城市·新文化：深圳城市更新背景下的文化嵌入机制与路径研究》，中国社会出版社2019年版，第111页。
⑤ "腾笼换鸟"是《中共广东省委、广东省人民政府关于推进产业转移和劳动力转移的决定》所提出的战略，指的是珠三角劳动密集型产业向东西两翼及粤北山区转移；东西两翼与粤北山区劳动力向当地第二、第三产业及珠三角地区转移。
⑥ 李丹舟：《新城市·新文化：深圳城市更新背景下的文化嵌入机制与路径研究》，中国社会出版社2019年版，第116页。
⑦ 陆静等：《深圳离"中国艺术桥头堡"还有多远？》，《艺术市场》2019年第12期。

第八章　创意阶层的伙伴关系与合作共治（四）：
　　　　城市社区更新的艺术介入　　313

届"深双"等大型艺术展览，吸引众多创意工作者和文化艺术机构的进驻。同样，深圳当代艺术创作库（深圳创库）、深圳22艺术区和中国（深圳）设计之都创意产业园（田面设计之都）等创意园也是艺术介入旧工业区空间改造的典型案例，有力地推动深圳当代艺术的发展及打造"设计之都"的城市形象。第二种艺术村类型则是以上围艺术村等为代表，对原有历史建筑进行保护和再利用而形成的艺术聚落。[①] 原名上围老村，上围艺术村位于深圳市龙华区观湖街道，是一座具有三百多年历史的客家古村落。上围艺术村的转型始于2016年观湖街道策划的一场涂鸦艺术活动，之后经过龙华区城中村的综合整治活动，逐渐形成今天"政府搭台、艺术家唱戏"的社区艺术品牌，承办第七届"深双"、第十四届文博会分会场等文化艺术展会，老屋旧貌焕然一新。[②]

　　第三种艺术村类型以大芬油画村、梧桐山艺术小镇、F518创意园为代表，其特点为艺术家自发集聚形成，但在发展过程中往往面临土地利用与区域总体规划不相适应的尴尬处境。大芬油画村的发展最早可以追溯至20世纪80年代末期，一名香港画商在龙岗区大芬村租房雇用大量画工临摹西方油画，并批量销往欧美市场。经过当地政府的改造和数十年的发展，今天的大芬村已成为集艺术家、画工、画商等专业人士于一体的生产型艺术村，连续数年被授予"国家级文化产业示范基地"等称号。同样在20世纪80年代，众多艺术家被深圳新八景之一的"梧桐烟云"吸引，纷纷定居于梧桐山脚下。2009年，罗湖区开发"深圳梧桐山艺术小镇"，将七个自然村打造为提供包括文化、创意、艺术、旅游等服务在内的艺术村落，并借助文博会分会场的优势吸引艺术家进驻。不同于前两者，F518创意园的群体集聚主要来自2008年因突发大火而离开深圳创库的艺术家。为吸引更多的艺术家入驻，园区为艺术家提供三年免租金等优惠政策。然而，随着深圳城市更新步伐的向前迈进，这三

[①] 李丹舟：《新城市·新文化：深圳城市更新背景下的文化嵌入机制与路径研究》，中国社会出版社2019年版，第116—117页。

[②] 龙华新闻在线：《这里有上围艺术村不为人知的一面，了解一下》，2018年3月16日，https://mp.weixin.qq.com/s/59eNC-XCOL258PFxDqsr8w。

个艺术村纷纷面临地铁开通促使房价上涨、房东为在政府统一改造中获得高额利润而提高租金、地产开发商的资本进驻等现实问题，向企业孵化器或文旅产业转型成为大部分艺术村难逃的命运。由此，不少艺术家选择离开，试图在深圳寻找新的创作乌托邦。居住于梧桐山艺术小镇的艺术家沈丕基曾以"大芬村后遗症"① 形容艺术创作被排挤在批量化产业和消费主义全球化的外围，而对效率至上和经济盲目崇拜这一现象。未来深圳的艺术生态应该在何种场景下延续和推动？作为艺术创作的实践主体，艺术家应该如何重新想象和思考艺术？② 这些问题成为反思杂糅特区政策、沿海制造业、城市化、民工潮等因素③的"大芬村后遗症"的具体语境，而鳌湖则成为"后大芬村"时代的一种艺术选择。

2. 鳌湖艺术村的历史沿革

鳌湖村位于深圳东北部的龙华区观澜街道牛湖社区，最早见于史料清康熙《新安县志》地理志，是一座有着三百余年历史的客家围村，现存建筑有100多间客家排屋、5座祠堂、6座碉楼、1座百年家塾和一所百年历史老校。与其他岭南村落相似，鳌湖村的农民最初以种植水稻为主要经济来源。20世纪90年代以来，"三来一补"的产业转型使鳌湖吸引了废品收购站和小型加工厂的加入，村子被划分为以传统客家围屋及碉楼建筑为主的旧区域、在政府分配的土地上建成的多层现代房舍。随着社会转型和"村转居"，农耕已无法适应日益剧增的外来人口流入和工厂作坊生产，越来越多的村民离开鳌湖，寻找新的发展机会。由于村民对客家祖屋长期的不重视及小作坊生产造成的环境污染，很长一段时间内，鳌湖"脏乱差"的生态环境和人员混杂的社区环境给村民的生活带来严重影响。2006年，在鳌湖土生土长的艺术家邓春儒目睹了工业化给鳌湖村带来的环境破坏，决定返回家乡，以文化和艺术的方式重新唤起

---

① 打边炉 ARTDBL:《沈丕基：大芬村后遗症》，2017年7月28日，https://mp.weixin.qq.com/s/ZbsWA44VDWrdX5bSmJ5bXw。

② 打边炉 ARTDBL:《我们仍在大芬村的情景下工作，这很可悲》，2018年1月31日，https://mp.weixin.qq.com/s/EUvVXtr05elpGufeOtwHTg。

③ 深圳市城市设计促进中心:《城中村：消失中的城市》，深圳报业集团出版社2020年版，第165页。

这个世代生活古村的生机。作为深圳的"城边村",从罗湖市区到鳌湖村开车单程需四十多分钟,作为策展人的妻子王亭曾感叹"如果不是我们去见朋友,而是朋友来村里找我们玩就好了",邓母也希望与儿子有"一碗汤的距离"。① 在乡愁等复杂情感的推动下,2012 年,邓春儒举家搬迁回鳌湖,以村民"熟悉的陌生人"身份和自身的影响力"推销"鳌湖村,邀请艺术家落脚鳌湖。由此,鳌湖艺术村初具雏形。

图 8-2 鳌湖艺术村

3. 鳌湖艺术村的草根性

在鳌湖从客家围村转型为艺术村的过程中,艺术家邓春儒在其中扮演了关键角色。邓春儒毕业于广州美术学院,是生于斯长于斯的鳌湖客家人。2006 年,邓春儒与朋友将鳌湖村内一座华侨捐赠、现已荒废的百年校舍——启明学校租了下来,作为艺术创作的工作室和公共展览空间。在他看来,2006 年至 2012 年举家搬迁至鳌湖之前,这段奔波于深圳市区和鳌湖之间的状态,象征了个人对城市

---

① 一条:《夫妻花 15 年在家乡打造天堂社区,100 位朋友搬来抱团生活》,2021 年 9 月 6 日,https://mp.weixin.qq.com/s/lNRibQQeSv_E2dKBsHzPPg。

市区生活的依赖与难以割舍。① 搬迁定居则是一种回到个体情感出发地、顺应村落自身逻辑和个人做事方式的决定。回村后，邓春儒采用"走过路过、雁过拔毛"的方式，抓住每一次艺术家参观、游览鳌湖的机会，期待他们能为鳌湖带来具有一定随机性的公教活动和工作坊。② 通过邓春儒的"推销"和艺术家群体间的口耳相传，越来越多从 F518 创意园等地离开的艺术工作者被这个只需 600 元即可租到带院子的三间大瓦房的特区边缘村落吸引。经过几十位大学教授、画家、设计师等艺术工作者的陆续进驻，过去日渐萧条的鳌湖焕然一新，艺术村的空间形态逐渐形成。在深圳农艺集市负责人方航看来，梧桐山艺术小镇是艺术家群体面向过去的创作，而鳌湖艺术村的艺术生态则带有先锋性和自由度。③ 除了艺术家与村民的双重身份，邓春儒"游走"于鳌湖的艺术经验帮助其获得股份公司监事会主席、社区共治委员会副主任、区人大代表、深圳市青年美术家协会副会长、深圳艺廊艺术总监等多重社会身份，也使鳌湖艺术村收获了更多的社会关注。④ 在他看来，鳌湖艺术村是把基础设施建设交给政府社区、文化创意工作留给艺术家的乡村振兴和文化治理项目，旨在通过多元参与主体共同创造"艺术的美学的生活"。⑤

鳌湖的英文名"New Who"（谐音"牛湖"）取自邓春儒与艺术家江安创作的《此地无涯》（Anywhere but New Who），意在表达鳌湖没有边界，艺术家、村民、游客都可以加入艺术村落的队伍。作为深圳本土艺术家最纯粹自发的聚居地，鳌湖艺术村从空间聚集产生

---

① 打边炉 ARTDBL：《村角亭｜邓春儒 & 王亭：我们不会用外来者的方式对待故乡》，2017 年 7 月 21 日，https：//mp. weixin. qq. com/s/jy8GqEdrPbMreeuE_V8VPA。
② 打边炉 ARTDBL：《村角亭｜邓春儒 & 王亭：我们不会用外来者的方式对待故乡》，2017 年 7 月 21 日，https：//mp. weixin. qq. com/s/jy8GqEdrPbMreeuE_V8VPA。
③ 打边炉 ARTDBL：《我们仍在大芬村的情景下工作，这很可悲》，2017 年 7 月 21 日，https：//mp. weixin. qq. com/s/jy8GqEdrPbMreeuE_V8VPA。
④ 梁瑛：《邓春儒："鳌湖现象"是一个社会学模型的独立研究样本》，《艺术市场》2019 年第 12 期。
⑤ 云上岭南：《【名家说岭南】江冰｜鳌湖艺术村：影响有影响人，让更多人合力乡村振兴，创造新的乡村文明》，2021 年 11 月 17 日，http：//ysln. ycwb. com/content/2021 - 11/17/content _ 40397066. html # 10006 - weixin - 1 - 52626 - 6b3bffd01fdde4900130bc5a2751b6d1。

开始便致力于呈现当代艺术与深圳本土文化的交融,既试图缓解乡村在工业化和城市化浪潮下的危机,又以多样化的艺术活动拓展乡村的城市化转型。2013年群展"牛湖发声艺术展"和2013年深港城市建筑双年展外围展项目"启明重启——边缘社区的文化再建"等项目是鳌湖艺术村在当代艺术和本土社区互动共生的探索阶段。2014年艺术家蔡青的行为表演艺术活动——"牛湖现场"和2016年美国火人节亚洲青年团队在鳌湖的集训,则代表了艺术村与全球化的对话。鳌湖艺术村的发展日趋成熟后,邓春儒希望在农村"玩"展览、"做更大的事情",让政府与外界切实地看到艺术介入乡村的力量。2014年,由原村委办公大楼改建而成的村级美术馆——鳌湖美术馆建成,为驻地艺术家提供学术交流平台。从2014年至今,鳌湖艺术村连续举办"鳌湖发现""互——渗透与重组——深港青年艺术大展""城外城——当代艺术家邀请展"等展览,打造"鳌湖艺术节"品牌项目和与艺术节主题相配套的学术论坛和沙龙,开启艺术在社区日常生活的实践。在鳌湖,艺术不仅是悬挂于白墙上的静态物,也可以是"嵌入"村内小卖部电视里的实验影像作品;艺术家不是"孤芳自赏"的存在,而是可以和村民共同组成足球队、武术协会等业余组织的"社区共同体"。邓春儒相信,"多模态鳌湖"[1]作为一种艺术介入"城边村"的现象,虽然短期内难以影响学术界,却值得成为社会学模型的独立研究样本。[2]

(二)鳌湖村的参与式艺术实践

艺术介入乡村建设的意义,体现为在平衡艺术家的专业性和村民的主体性的基础上,尊重在地文化的多样性,从乡村现实问题出发,摆脱当代艺术受西方话语逻辑支配的困境。[3]较之不少深圳"关内"由政府或企业主导的艺术介入社区,鳌湖有更多的可能性去实践一种非"推倒重来"、尚保留有艺术自律特点的草根性艺术

---

[1] 深圳市规划和自然资源局:《酷茶回顾丨城中村:消失中的城市之鳌湖艺术村》,2020年11月16日,https://mp.weixin.qq.com/s/DtMRnWeL5W2ZpovGI8zJMQ。
[2] 梁瑛:《邓春儒:"鳌湖现象"是一个社会学模型的独立研究样本》,《艺术市场》2019年第12期。
[3] 详见渠岩等《许村:艺术乡建的中国现场》,《时代建筑》2015年第3期;渠岩《乡村危机,艺术何为?》,《美术观察》2019年第1期。

介入生态。下文选取邓春儒与王亭在鳌湖老村策划并实践的三类艺术项目，探讨艺术家介入"城边村"的动机以及创作过程，以此来反思艺术介入城郊传统村落的生命力。谈论的案例如下：一是《鳌湖表情》系列艺术公教活动；二是连续举办七季的艺术村品牌活动——鳌湖艺术节；三是《粘贴公共；与村共生》展览作品《任意时空/有关鳌湖的文献》和"川流·大湾区艺术交流周"的"在地创作邀请展"作品《工人俱乐部》。

1. 《鳌湖表情》的乡村美育

鳌湖美术馆是一所支持本土新锐艺术创作，推动当代艺术与乡土中国形成对话的村落美术馆。鳌湖艺术村的官方新媒体平台（微信公众号：gh_770b6beeec36）常出现"天气太热，建议大家尽量去关山月美术馆、何香凝美术馆等空调冷气预算充足且接待能力强的美术馆空间""鳌湖美术馆距离成为一个真正的美术馆还有9981天"等无厘头的冷幽默。换言之，鳌湖美术馆拥有对一切可能"玩脱"的艺术生态的"最终解释权"。在鳌湖村，鳌湖美术馆与鳌湖艺术村的概念边界十分模糊。一方面，鳌湖美术馆为艺术家在艺术村的实践提供"白立方"的传统展示、收藏功能；另一方面，鳌湖艺术村原生态的围村环境又为鳌湖美术馆实现新美术馆学背景下的"去室内空间"转向创造条件。同时，鳌湖艺术村的微信公众号已于2022年2月23日由"鳌湖美术馆"更名为"鳌湖村"。这意味着在鳌湖，"'村'即美术馆"。[1] 当代美术馆的公共教育经验同样适用于艺术村，鳌湖艺术村也可以创造一个"促成公共领域复兴"[2]的美好世界，承担作为村民精神生活重要场所的社会责任。

艺术公教是鳌湖艺术村自成立初期便开始进行的美育实践，也是邓春儒眼中鳌湖最需要的、成效最快的项目。2019年，邓春儒与王亭在村内组建鳌湖少年合唱团，将美术馆作为合唱团的排练场地。合唱团成员的年龄跨度囊括学前班至初三的孩子，也常有十几

---

[1] 文澜君：《艺术季回顾｜你最喜欢哪种"鳌湖表情"？》，2021年11月26日，https://mp.weixin.qq.com/s/kjRXKcH7G_1Tg81WG5Fliw。

[2] 李公明：《美术馆在当代公共教育中的政治性功能与意义》，《美术观察》2011年第2期。

第八章 创意阶层的伙伴关系与合作共治（四）：
城市社区更新的艺术介入

公里外的孩子"混"入"无损""不修音"的排练现场。从邀请村内小朋友一起画素描、"扣留"来访艺术家举行工作坊、成立少年合唱团，再到 2021 年的《鳌湖表情》系列公教活动，艺术村通过对小朋友进行美的教育，缩短了艺术家与村民、古村的距离。《鳌湖表情》是观澜文化小镇与鳌湖艺术村于 2021 年联合举办的公益艺术活动，旨在通过一系列公共艺术教育活动，邀请小镇居民与游客亲身体验艺术村氛围，展示观澜文化小镇的魅力。"表情"是个人体验和主观情绪的外部表现，也是鳌湖艺术村近 7 年发展状况的浓缩。"鳌湖表情"意在传达艺术村自成立以来艺术家们与观众直接可感的互动体验、艺术村内部空间结构等变化，以及艺术与鳌湖在地共生的不变的精神内核。① 从 2021 年 7 月至 11 月，"鳌湖表情"共举办 13 场周末公益性艺术教育活动，涉及艺术创作、手工作坊、音乐鉴赏、综合材料等多种艺术形式。在《林中空地工作坊》中，美国驻村艺术家 Ken Malson 与邓春儒为参与者带来在"林中空地"的种植体验与植物写生课；《马头琴的过去和现在》工作坊以绕梁琴声将观众从喧嚣城市带往草原；在《壁画修复工作坊》中，深圳本土插画师 HOLNANS 和谭轩邀请参与者共同修复鳌湖艺术村内的《云间野游》《夜间巡航》等作品……在中国传统儒家思想里，应该"兴于诗，立于礼，成于乐"，即从礼乐教化的感性入手，注重"潜移默化""陶冶性情"的情感体验，持续提升内化的教养。② 艺术教育是席勒现代性美育理论中基本的感性教育内容，也是开发和培养青少年专门的创造力、实现健康个体生命活力的最佳教育方式。③ 在鳌湖艺术村，越来越多有天赋的孩子被一次次素描写生等公教活动发现，也能看见邻村大人为了陪孩子到鳌湖上艺术课，减少了打麻将的时间。④ 这些细微之处的变化，是艺术教育对鳌湖村民日常生活潜移默化的影响，也让鳌湖艺术村的艺术公教

---

① 鳌湖美术馆：《活动招募｜鳌湖表情·材料工作坊》，2021 年 7 月 14 日，https://mp.weixin.qq.com/s/woEJoBz7NZ8dD7axSxxW1Q。
② 杜卫：《美育三义》，《文艺研究》2016 年第 11 期。
③ 杜卫：《美育三义》，《文艺研究》2016 年第 11 期。
④ 打边炉 ARTDBL：《村角亭｜邓春儒 & 王亭：我们不会用外来者的方式对待故乡》，2017 年 7 月 21 日，https://mp.weixin.qq.com/s/jy8GqEdrPbMreeuE_V8VPA。

逐渐向成年人敞开大门。2020年7月，致力于创作跨界优秀原创戏剧的"碉楼剧场&邹晓勇戏剧工作室"在鳌湖美术馆成立"工人俱乐部·共享戏剧社"，为生活在鳌湖村内、各行各业渴望表演与舞台的成年人提供排练和演出机会。非职业演员为戏剧内容提供了或宏大或细致入微的叙事，剧本成为激活乡村想象力的"催化剂"。

2. 鳌湖艺术节的艺居共生

鳌湖艺术节是鳌湖艺术村以艺术推动乡村复兴的年度品牌项目，迄今已连续举办七届。一年一度的艺术节并没有传统节庆的固定流程，而更像鳌湖艺术村的年度总结大会。2015年，首届为期两个月的鳌湖艺术节以"启明2015"为题，既代表着艺术节的主活动场位于鳌湖村特色建筑——启明学校，也有启迪、开明之意。启明学校早期毕业生多往海外发展，是鳌湖客家历史的文化沉淀。如今荒废的校舍成为驻村艺术家的工作室和艺术节的重要活动空间，是鳌湖村对外艺术文化交流的主要窗口。除了室内外作品展示，首届艺术节还包括《身体工作坊&表演》《汉字图腾——徐洁书象工作坊》等艺术家驻留工作坊项目，是鳌湖艺术村将艺术实践与本土社区进行对话的首次大型艺术活动。第二季鳌湖艺术节以"当代生活"为主题，旨在以艺术介入日常生活，强调社区对于鳌湖艺术村的作用大于艺术家个体，而艺术家看似分裂的核心生活与村民一样是"鸡毛蒜皮"的景象。在第二季鳌湖艺术节开幕式上，邓春儒尝试将艺术家的答谢晚宴改为盆菜宴，从最初限定于艺术家的圈内聚会，逐渐发展为由环卫工人、村委工作人员、原住民房东等活动于鳌湖村内各个社会阶层所共同参与的宴席。盆菜是广东沿海地区与香港等地的传统饮食习俗，是一种将海鲜、肉类等十余种食材烹饪后放置于盆状容器的杂烩菜式，常见于祭祀、婚嫁庆典等仪式宴席上，意在传递主人的好客之道与团圆融洽的氛围。除了盆菜，邓春儒还邀请村里贩卖烧饼、豆腐花、凉粉等好评如潮的摊贩参与仪式，为观众带来欣赏和参与"高雅"艺术之外的鳌湖"日常"。

在第二季"当代生活"艺术节上，邓春儒和王亭发起"村商计划"，将家庭和个人在社会上的地位类比村落在行政区划中的地位，关注小规模的"村商"在鳌湖所进行的社会实践。在鳌湖村，有许多以家庭或个人为单位的个体经营户,他们大多为外来务工人员。在地产集团大型商业综合体的挤压下,留给"村商"的空间濒临殆尽。面对被"边缘化"的"村商",邓春儒与王亭希望联合艺术家的人文关怀,为"村商"创造另类的发声契机。在同一房子居住长达 26 年、从事废品生意的蒋云旺是邓春儒开启"村商计划"后第一个想到的实践者。蒋云旺在"城边村"十年如一日简单地生活,供养子女在老家读书并盖建三层楼高的房子,但也担心鳌湖变得整洁和多元化之后,原有的阴暗逼仄但舒适的"根"将被"文明的外来人"夺走。① 当尽可能"下里巴人"的艺术实践在村民看来带有居高临下的道德风险时,如何顺应村落的自然生长逻辑,使乡村建设"发扬平民的潜伏力"②,成为艺术家在鳌湖实践中遇到的最大难题。不过,在与艺术家熟络后,蒋云旺逐渐放下一群"来历不明的文化人"要帮他改造居住环境的戒备心,关心起艺术实践的经济收益、艺术作品的实际功用等问题。蒋云旺"嘲笑"美术馆作品的无用,"炫耀"自己比艺术家赚得多,让邓春儒感叹"把门票卖给蒋老伯还需要做很多的改变啊"③。也正是这些未设预期目标的文化冲撞,让艺术家群体坚持在鳌湖这片城市更新的净土创造一种不同于地产商大拆大建式的社区合作氛围。

摄影师白小刺关注以家庭为单位的个体户,结合鳌湖村唯一的照相馆俊佳艺术摄影,一同策划"我住在这里"摄影展。机械复制时代的摄影技术将艺术的发展推向新的历史阶段,摄影的"复制能力和超时空能力"④再现了客观现实生活,拓宽了大众感知艺术的方式。在视觉艺术转向数字艺术的今天,俊佳艺术摄影显然没有找到合适的转型方向,只能"寄居"在鳌湖村,依靠附近的居民拍摄证件照回执艰难生存。在白小刺看来,俊佳艺术摄影依然没有丢掉作为亲历者和观察者的职业特征,这也是艺术节主题"当代生活"

---

① 鳌湖美术馆:《鳌湖艺术节·第二季"当代生活"主展览单元——机构、村商作品介绍》,2016 年 4 月 4 日,https://mp.weixin.qq.com/s/nu-rmZoPyo2ijBQOFq5kPA。
② 李文册:《晏阳初梁漱溟乡村建设思想比较研究》,《学术论坛》2004 年第 3 期。
③ 鳌湖美术馆:《鳌湖艺术节·第二季"当代生活"主展览单元——机构、村商作品介绍》,2016 年 4 月 4 日,https://mp.weixin.qq.com/s/nu-rmZoPyo2ijBQOFq5kPA。
④ 李勇:《作为消费社会资本平台的当代传媒》,《北方论丛》2009 年第 1 期。

所要表达的观察鳌湖社会人群生活方式的重要途径。透过摄影展上一张张"艺术摄影"照片,深圳的居住现实被不断定格和放大:在特区城市的边缘,既有工业区的工人居住在厂区分配的一室多张上下铺床位的宿舍,也有住在毗邻地铁高档小区的中产。他们像蒲公英一样随着全球化和城市化的大风飞坠来此,共同创造着一个又一个"深圳奇迹"。

表 8-2　　　　　　　　历届鳌湖艺术节相关信息

主题	主要项目
首届鳌湖艺术节:启明 2015 (2015.1—2015.4)	徐洪波:《奇妙走泥工作坊》
	丁博:《身体工作坊 & 表演》
	Heywood21 小组:《积木工作坊》
	徐洁:《汉字图腾——徐洁书象工作坊》
	Ken Malson,王亭,柴蓉:《找东找西——Ken 的制作工坊》
第二季鳌湖艺术节:当代生活 (2015.12—2016.3)	展览单元:《寄居》《内部是什么》
	《村商项目》
	《请吃盆菜》项目
第三季鳌湖艺术节:村庄十二月 (2016.12—2017.1)	壹·博物馆开门
	贰·做客
	叁·吴老师的美术课
	肆·贴地——大地手工工作坊
	伍·电影放映
	陆·无声墨相——作品交流会
	柒·烟酒茶糖
	捌·《村在一瞬》现代舞表演项目
	玖·《看,这个人——(木心·人曲)》诗·歌·舞·变奏三幕剧
	拾·照相馆
	拾壹·驻留计划——发生变化
	拾贰·回到美术馆

续表

主题	主要项目
第四季鳌湖艺术节：未来的选择（2017.11—2018.1）	"重看·时空中的边界"（深圳二线历史摄影展）
	艺术家工作室开放分享会
	艺术家对谈项目
	未来艺术家材料实验室（创意学堂）
	求水岭一万步（大小画家踏野写生）
	爪马儿童乐园（戏剧舞蹈体验营）
第五季鳌湖艺术节：共同学习（2018.12—2019.3）	口述历史课
	回到教室——放映室 & 对谈室
	当代陶瓷艺术创作分享会
	《讲·戏》工作坊
第六季鳌湖艺术节：渐渐渐变（2019.12—2020.01）	古典吉他新年音乐会
	造村——艺术村空间展
	《牛湖社区古今人文》纪录片首映发布会
	人形木偶剧·社区儿童公教项目：剧目《小美人鱼》
	传播互动单元：鳌湖少年合唱团快闪
第七季鳌湖艺术节：最后，也是开始，（2020.12—2021.1）	对谈：鳌湖艺术村 vs 善意设计场
	分享漫谈：陈俊、孔森、赵家春、王亭
	鳌湖艺术工作者 2020 年度泡泡糖大会
	盆菜宴

3. 《粘贴公共；与村共生》与"川流·大湾区艺术交流周"的城市化想象

如果说《村商计划》是鳌湖艺术村对微小社会单元的观察与放大，那么 2018 年王亭策划的《粘贴公共；与村共生》则是以全体村民为单位的集体实践。南方的集体经济使乡村带有一定的宗族性，这也是乡村发展或振兴过程的重要社会资源。[①]《粘贴公共；与村共生》展览是公共艺术与文化活动激活社区能量的重要实践，其

---

① 打边炉 ARTDBL：《在中国做乡建，绕不过去的 10 个问题》，2021 年 11 月 18 日，https：//mp.weixin.qq.com/s/gGH3rVJQ1d5cbKHMjlVYxQ。

中既包含《任意时空/有关鳌湖的文献》《九十九个深圳青年对自己的胶袋》等 24 个室内外作品和项目展出，也包括《互动介质/鳌湖游村计划》《鳌湖新媒介》等六个互动体验与公教项目，是一场生长于鳌湖但不止步于此的"限时即兴创作游戏"。《任意时空/有关鳌湖的文献》展是一个颇具当代艺术形式的文献展览，主体由鳌湖村民的生活痕迹和艺术家的创作缩影相关素材构成。这些海量且无序的"公共"碎片通过"粘贴"，拼凑出整个村落由过去完成时的"鳌湖老村"到现在进行时的"鳌湖艺术村"的社会生态，并引导每位观众去观看、触摸并想象一个"未完成"的鳌湖。调动村民提供生活物品参展是一个非惯常的艺术事件：村民好奇自己提供的"锅碗瓢盆"能给名为"艺术"的活动带来多大的贡献；观众无法简单地推测具有生活痕迹的、破旧的柜门打开后会出现什么景象；艺术家与策展人同样期待着这些村民带来的不确定性能够在艺术的框架中碰撞出火花。

艺术介入乡村建设并非简单地把城市中的艺术照搬至乡村空间，而是通过艺术行动去实现人与人、社会、自然、历史等社会关系的建构，从而实现重建和修复传统文明里的积淀。[①] 在鳌湖讨论艺术与社会之间的关系，除了作为村级行政区划的鳌湖村，粤港澳大湾区同样是一个绕不开的地理坐标。与鳌湖一样，粤港澳大湾区也是联结历史和文化的符号象征。2021 年 9 月，鳌湖艺术村举办"川流·大湾区艺术交流周"系列活动，展出 15 位在地艺术家的作品及十位海归艺术家的创作，通过在地与海归、鳌湖与大湾区的对话，探讨作为"理想主义者"的艺术家如何立足乡村田野与大川的现实。《工人俱乐部》是"川流"展"在地创作邀请展"板块的参与作品，以连环画式文本和视频记录了"新深圳人"、艺术家李政德和邓春儒在鳌湖与各个年龄层、不同社会阶层村民的简单日常对话。《工人俱乐部》不是单纯的拼贴画册和视频，而是非鳌湖在地租客李政德"反客为主"且"接地气"的介入项目。该作品记录了李政德和邓春儒与鳌湖村本地老人、小孩、街道办主任和五湖四海

---

① 打边炉 ARTDBL：《在中国做乡建，绕不过去的 10 个问题》，2021 年 11 月 18 日，https：//mp.weixin.qq.com/s/gGH3rVJQ1d5cbKHMjlVYxQ。

抵深务工的保安队长、包工头儿、肠粉店老板、装修师傅等人之间的对话。艺术家和村民质朴真诚的对话经过图文拼贴，呈现出波普艺术的视觉冲击效果。《工人俱乐部》是鳌湖村落社会生态的缩影：邓春儒以"市区停车位太紧张而搬回鳌湖""做人大代表是严肃又真诚的""把非艺术家子女说成艺术家子女，帮助他们上学"等戏谑之言调侃自己身为"村长"在鳌湖的日常；小学生李宇航童言无忌，以"温柔""不会骂人，话不是很多。但在家，妈妈有一百句话"等语言来形容他的美术启蒙老师邓春儒；送水师傅、维修工阿水借"看见你的收藏，我也喜欢上了""跟着你干活啊，哪都不想去！"表达对邓春儒的信任和对鳌湖村的依赖；也有入深户的保安队长决定"小孩上完大学，工厂旧改结束"就离开生活了 16 年但并"不留恋"的鳌湖。① 这些平凡的、日常生活口语化的叙述，是艺术工作者与社区之间的真实联结，也是触手可及但孤立存在的生活碎片在艺术参与的框架下自觉开放的视觉呈现。

小　结

本章主要有如下发现。首先，城中村是深圳艺术家从事参与式艺术的独特窗口。由于户籍、土地等管理体制改革滞后于工业化和城市化，大量出现在华南地区的城中村既肩负着乡村社会转型的重任，也成为城市社会结构变迁的"中转站"。随着城市土地规划向存量空间转型，对"消失中的村落"进行"生产性保护"迫在眉睫。在深圳南山区，域外人类学家马立安及其"握手 302"团队以艺术为载体介入白石洲城中村改造，以参与的方式建立和社区居民的情感联系，引导社会公众反思城中村与城市可持续发展之间的关系。通过《算数》《单身饭》《游牧的故乡》《白鼠日记》《城市肉体与骨骼：发现深圳》等具体的参与式艺术作品，"握手 302"使观众与参与者置身于特定历史语境与集体经验之中，关注快速城镇

---

① 李政德：《鳌湖工人俱乐部》，2020 年 11 月 6 日，https：//mp.weixin.qq.com/s/ULf6sSxSzDoiDWScSZjMDg。

化进程中市民的城市文化权利、非深户籍融入等问题,与社区居民协作完成对城市历史记忆、新移民的文化认同感、城市权利归属等问题的探索。"握手302"的参与式艺术实践构建出一种颇具矛盾的深圳文化性格:对于以流动人口为主要群体的城市来说,包容与拒斥或许同时存在;落地生根与随遇而安可能并存;"来了就是深圳人"和"谁才是深圳人"可能形成共生的对话。这些艺术介入不同于资本力量介入和行政力量介入,而是在"深圳共同体"的想象下,以合作的方式形塑出一种"很深圳"的集体记忆和文化归属感。

其次,深圳"城边村"的参与式艺术实践带来了一种有别于城中村的视觉景观及社会关切。在国家大力推行新型城镇化和乡村振兴战略背景下,以艺术乡建和艺术村为代表的艺术实践围绕"新农村建设"等现代议题,指向乡村文化保护、景观再造与空间生产,以温和的方式改良单向城市化带来的社会问题。在深圳与东莞交界的鳌湖客家围村,当代"乡绅"邓春儒及策展人王亭以"城边村"为具体介入对象,通过一系列参与式艺术实践,创造乡村美育的"鳌湖示范",真实地再现鳌湖的日常生活,以平等对话的姿态开启了城市化背景下城市边缘村落的另类想象空间。透过《鳌湖表情》、"村商计划"、《任意时空/有关鳌湖的文献》和《工人俱乐部》等一系列艺术展览和具体艺术创作案例,广东传统农村集体氛围和现代社会的"陌生"感、艺术家的专业性、村民与外来务工人员的参与性等"多声部"参与现状得以充分显现。

深圳当代艺术的"社会热"现状,具有参与式艺术理论的鲜明特点:一方面,反对特定艺术体制的参与式艺术直指空间生产,越来越多带有去实体空间倾向、重新定义"在地性"和践行参与性的美术馆空间被形塑,并以"翻转剧场"与"反场所的异托邦"[1]两种形式拓展原有功能;另一方面,强调"在地性"的艺术,意味着每一个观看主体都应该成为作品的亲历者,使得空间拓展和事件延

---

[1] 王志亮:《"翻转剧场"与"反场所的异托邦"——参与式艺术的两种空间特性》,《文艺研究》2018年第10期。

续依靠"现场性"、参与式的独特体验而非简单的视觉感知。[①]综合"握手302"在白石洲城中村的艺术实践和邓春儒等艺术家在"城边村"发起鳌湖艺术村项目,可以发现,当代艺术在深圳的社会转向并不沉湎于绘画、雕塑等静态的、历史的叙事,而是通过"剧场性""事件性""在地性"不断地延伸艺术的审美意义生成,透过"世界""艺术家""观众"和"作品"之间的间性关系来展现一种流动于深圳基层社区的艺术,打开人们对于传统历史文脉(过去)和城市文化权利(当下)的思考空间。

---

① 张意:《城市参与式艺术的"在地实践"与"场域感知"》,《广州大学学报》(社会科学版)2021年第5期。

结　语

"创意聚合"：深圳的"创意先行"与"文化示范"

一　"创意先行"："创意深圳"的网状治理机制

20世纪下半叶以来，出于对工业革命给人类文明带来一系列治理困境的深刻反思，以文化为导向的城市再生成为二战后世界各国具有共识性的城市公共政策，通过精细化、质量型的可持续发展理念来应对巨变中的城市经济、社会、环境、生态、人口等问题。与此同时，20世纪80年代以来，全球化带来了资本、人口和财富的流动，面对地理资源的重新分配和国际形势的变化，旧有的生产、劳动与市场分工在发生深刻剧变，开放、流动、自由、合作等为全球城市带来了新的边界想象。对文化的高度重视，实际上是全球化语境下"后工业"城市发展的主要着力点，这也是本书写作所确立的历史坐标。

城市的创新总是通过创造性的思考和行动来推动的，富有创意的城市往往也是创新的城市。作为第二次全球化浪潮下世界各国为柔性化地解决"城市病"及寻求转型升级所提出的城市发展新理念、新方法、新目标，"创意城市"旨在以创造性思考来进行都市规划设计，以创造力来营造创意文化氛围，以文化资源来打造城市创新形态。作为重塑世界城市格局和网络体系的全球动能，创意城市本质上意味着现代工业城市正在向后福特主义、后现代主义和企业式的后工业城市转型。由此，创意城市成为本书的主要研究对象。

针对创意城市的文化治理机制，本书展开了理论层面的如下思考：一方面，通过系统地梳理围绕"城市研究"所形成的城市社会学与人类学、城市史、城市政治经济学、城市地理学、城市建筑与规划学、城市美学等交叉学科视角，本研究认为，作为城市研究分支之一的城市文化研究受 20 世纪六七十年代"文化研究"和"城市再生"两波热潮的交互影响，分别从理论和实践两个层面构建自身的学术立场及基本观点，总体可分为人文主义立场下的城市空间规划、城市文化的政治经济学分析、空间的文化社会学、朝向明日之都的全球城市这四个研究立场，逐渐形成城市文化批评与城市文化规划并轨的研究视角，也相应地影响了中国城市文化研究的学科化进程。

另一方面，基于"城市文化治理"这一理论命题的提出，分别对"文化""城市文化"等城市文化的概念内涵、"城市治理"、"文化治理"、"'城市＋文化'的治理体系"等城市文化的治理逻辑、"创意治理"的内在逻辑和治理模式进行逐一的学理化阐释，说明政治学、管理学、艺术学与文化研究的学科跨界有助于在城市文化研究领域探索一条文化善治的路径。特别是以"创意"为理论预设，主打创意经济与城市品牌形象打造的"新经济治理"、强调大数据与城市公共文化创新的"智慧治理"、主张城市认同与城市文化共同体联动的"合作治理"、提倡公众参与和城市文化归属感培育的"参与式治理"，是城市文化治理模式创新的集中体现。

本书进一步将创意城市的治理模式和经验研究聚焦到深圳，探讨深圳以"创意"作为城市创新的突破口，为中外城市文化的多样化发展提供独具特色的实践方案。通过分析深圳文化四十年的历史基础，分别从创意阶层（"最年轻的城市"）、创意环境（"创生态"空间布局）、创意场（"塔形双创体系"）、创意经济（"新航母＋独角兽＋满天星"的头部经济引领）四个维度构建创意城市的实践模式。具体而言，深圳的创意城市建设经验主要体现为数字技术的广泛应用和创意阶层的合作共治。

第一，以容量大、类型多、存取速度快、应用价值高的"大数据"为重要抓手，通过"南山文体通""罗湖文体通""福田文体通""坪山图书馆"等"大数据＋文化云平台"的文化资源共享、涵盖用户需求为导向的积分体系和基于用户满意度的问卷调查机制在内的"大数据+在线反馈机制"的文化体验互动，以及盐田图书馆"大数据+线下文化场馆"的智慧实践，将均等化、标准化、社会化的公共文化产品及服务精准下沉，打造移民城市均衡布局、覆盖全面的公共文化供给体系。

第二，以消费者、政府、艺术家和文化创意产业从业者、商业经营者等为利益关联主体的多方合作，对公共开放、具有场所感、彰显本土特色及文化辨识度的商业综合体（商圈）、文旅场所、休闲功能区等舒适物进行多样化组合的夜间文旅消费集聚区，兼具审美性和多元性的夜间文化消费新业态，合力营造了一种具有创意的都市夜间文化消费新生态，成为深圳"新经济治理"别具特色的一环。比如，高北十六创意园通过创意设计引领的运营主体、基于科技园的生活空间重塑、创意市集与音乐表演并行，水围1368文化街区通过由政府、企业、村股份公司与居民构成的多中心治理主体和从"草根"到"网红"的空间迭代以及市井味儿、娱乐化的创意活动，共同构成深圳夜间经济"前场景"与"后场景"的良性循环。

第三，"灯光秀"是基于现代照明技术而形成的新媒体艺术，将人们熟悉的城市标志性建筑群和街道景观"陌生化"为市民参与的新公共空间，串联城市特有的历史文化资源、地方性知识、文化传统等叙事元素来"讲好深圳故事"，打破了文化基础设施的条块分割，通过一种全新的文化新基建来培育市民对深圳的归属感、自豪感，向世人展示深圳这座年轻城市的创新精神。腾讯集团出品的"一机游"为文旅融合引入"全域"理念，立足于政府、企业、游客、平台之间的协作关系，围绕着信息获取、路线定制、IP打造、特产推介、售后投诉等方面多维度场景式地打造文旅融合的数字化一站式平台，助力云南文旅的全域旅游产业矩阵和规模效益，树立粤滇合作、脱贫攻坚的创新范本。这两个案例展现了以数智引领城市公共文化服务的多元主体协同治理、多样化跨界化产品供给的创新思路，说明公共文化服务领域的"城市大脑"生态布局正在为塑造覆盖面更广、资源配置更为优化的城市文化"公共性"提供深圳的"智慧治理"经验。

第四，艺术机构间合作形成的良性互动创意氛围，市民深度参与的公共艺术项目，涵盖艺术家、艺术机构、市民等不同群体在内的创意阶层及其在文化艺术层面的协商交流，均强调与在地艺术团体、居民的参与、对话与合作，在展览演艺、户外工作坊、公教活动等方面呈现正面的价值导向和美育功能，提供了一种跨界、跨平台、跨机构的文化艺术机构合作治理模式。比如，OCAT关注当代艺术发展前沿动态，打造"OCAT双年展""OCAT图书馆"等特色品牌，力求平衡理论研究与艺术实践；海上世界文化艺术中心注重与蛇口的地方联结，充分尊重蛇口居民的个体话语，培育公众参与城市生活的归属感与认同感，以国际化的运营团队与视野践行文化艺术领域的蛇口精神；坪山美术馆立足深圳，放眼粤港澳大湾区，强调拓宽文化艺术的深度与广度，较好地发挥了美术馆大众化的普及教育社会职能与文化艺术审美教育的功能。

第五，活跃于深圳当代艺术现场的艺术家、艺术团体，以各具特色的艺术创作介入城中村和"城边村"改造，以参与的方式建立和社区居民的情感联系，引导社会公众关注快速城镇化进程中市民的城市文化权利、非深户籍融入、城市历史记忆、新移民的文化认同感、城市文化归属等问题，构成了一种诉求对话协作与共商共建的"参与式治理"。比如，"握手302"在白石洲城中村、邓春儒和王亭在鳌湖艺术村的参与式艺术实践，均以流动于深圳基层社区的新类型艺术来打开人们对于传统历史文脉（过去）和城市文化权利（当下）的思考空间，这种基于日常生活实践的艺术微观生态有助于为文化先行示范区、全球文化创意标杆城市培育全民参与的包容型城市文化氛围。

可以看到，深圳围绕着"大数据＋城市文化治理"、都市夜间经济的场景营造、城市公共文化服务的智慧治理、都市公共艺术的民间表述、城市社区更新的艺术介入，已经逐步构建出涵盖"大数据治理""新经济治理""智慧治理""合作治理""参与式治理"五位一体的城市创意聚合机制和网状治理结构（见图9-1），也为创意城市的全球版图提供具有鲜明辨识度的深圳经验。

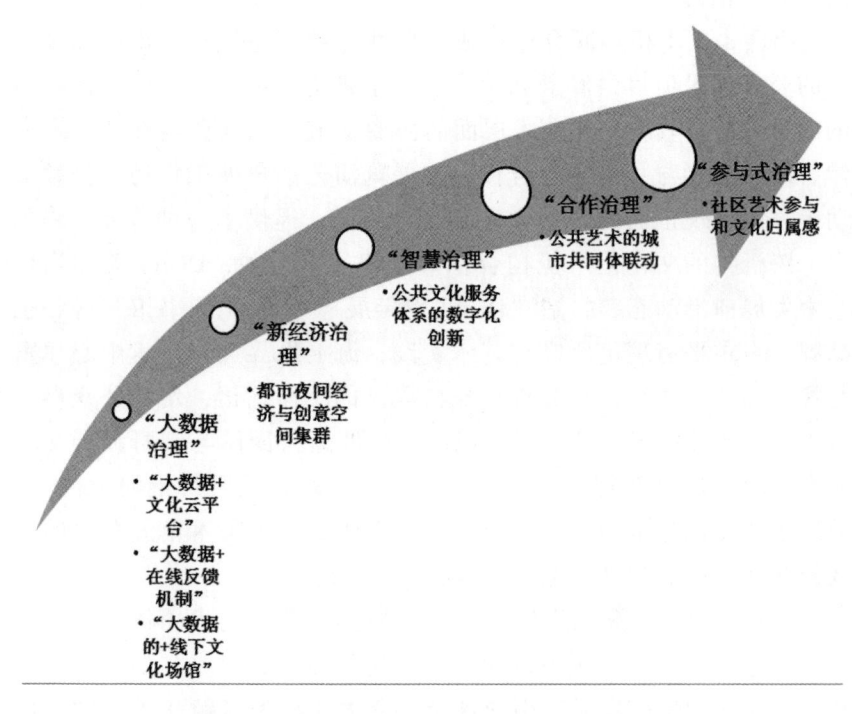

图 9-1 深圳五位一体的创意城市治理模式

二 "文化示范"：全球标杆城市的文化使命

当前，世界范围内的城市纷纷从工业文明迈向后工业文明。不过，西方以工业文明建立起来的现代城市本质上是一种"物本位"的城市文明。在全球化与后工业背景下，中国的新型城镇化旨在突破物的城镇化，追求以人为本的人的城镇化，也是效率与和谐并存、向善的城市文明。与此同时，近几十年来，非西方国家迅速崛起，由原来东方从属于西方转向多极化的世界格局。中国经历"两个一百年"重大转换时期，从发展中国家逐渐走向引领世界潮流、推动新的世界秩序建立的全球大国。因此，作为"复数文明"的中国方案之一，深圳的城市文明典范瞄准的是更高度的文明，因此具有先行示范的意义。为加快塑造展现社会主义文化繁荣兴盛的现代城市文明，打造全球文化标杆城市，深圳应对标国际，夯基础、补短板，在以下四个方面持续发力。

（一）发挥文化的价值引领作用，纵深推进城市精神文明建设

习近平总书记在党的十九大报告中指出："文化是一个国家、一个民族的灵魂。文化兴国运兴，文化强民族强。没有高度的文化自信，没有文化的繁荣兴盛，就没有中华民族伟大复兴。"[①] 城市精神文明建设是贯彻落实社会主义文化大发展大繁荣的必然要求，是创新城镇化发展理念的"助推器"，是提升城市品牌辨识度和文化竞争力的重要构成要素。近年来，联合国教科文组织相继发布《杭州宣言：将文化置于可持续发展政策的核心地位》（2013）、《变革我们的世界：2030年可持续发展议程》（2015）、《文化：城市的未来》（2016）、《城市、文化、创意：利用文化与创意实现可持续城市发展与包容性增长》（2021）等系列报告，强调了文化之于城市可持续发展的重要性。习近平总书记《在深圳经济特区建立40周年庆祝大会上的讲话》中深刻地把深圳精神文明建设的经验总结为"实现了由经济开发到统筹社会主义物质文明、政治文明、精神文明、社会文明、生态文明发展的历史性跨越"，进一步指出深圳要在"加强理想信念教育，培育和践行社会主义核心价值观""弘扬以爱国主义为核心的民族精神和以改革创新为核心的时代精神""深入开展群众性精神文明创建活动""加强公共文化设施建设，推动文化产业高质量发展"等层面着力，以期"更好满足人民精神文化生活新期待"。[②]

四十年来，孕育于特区沃土的"十大观念"深入人心。1996年的党的十四届六中全会决定开展文明城市建设活动，指出"要以提高市民素质和城市文明程度为目标，开展创建文明城市活动，到2010年建成一批具有示范作用的文明城市和文明城区"。2004年9月，中央文明委颁发《全国文明城市测评体系（试行）》。截至2021年，全国文明城市建设活动开展了25年，深圳已经连续六届蝉联"全国文明城市"，实现全国"双拥"模范城"七连冠"，获

---

① 《习近平谈治国理政》第3卷，外文出版社2020年版，第32页。
② 习近平：《在深圳经济特区建立40周年庆祝大会上的讲话》，《人民日报》2020年10月15日第2版。

评"全国十大美好生活城市"。为持续加强社会主义精神文明建设，深圳应坚持规划引领、"多规合一"，把握《粤港澳大湾区发展规划纲要》《关于支持深圳建设中国特色社会主义先行示范区的意见》方案下深圳精神文明建设的新起点、新机遇，统筹《深圳文化创新发展2020》《深圳市旅游发展"十四五"规划》《深圳市扩大文化旅游和体育消费实施方案》《加快文化产业创新发展的实施意见》《深圳市博物馆事业发展五年规划（2018—2023）暨2035远景目标》等文化发展规划，注重与城市文化总体规划、区域发展规划形成整体衔接。深圳也应全面融入粤港澳大湾区发展战略，从文化创意空间布局、公共文化服务配套、历史街区品位提升等多领域入手打造城市精神文明建设的多维版图，推动国际化程度高的文化资源汇聚，优化文化产业、文化景观与公共文化设施合理布局。以全国文明城市创建为契机，促进城市文化建设的整体推进，引领粤港澳城市群迭代升级，为粤港澳大湾区的协同创新提供深圳力量。

（二）培育对标国际的文化产业新型增长极，推进"文化＋旅游"深度融合

《中共中央　国务院关于支持深圳建设中国特色社会主义先行示范区的意见》指出要"发展更具竞争力的文化产业和旅游业，支持深圳大力发展数字文化产业和创意文化产业，加强粤港澳数字创意产业合作"。《2021深圳市政府工作报告》指出"十四五"时期是深圳在高质量全面建成小康社会基础上，乘势而上开启新时代全面建设社会主义现代化新征程的关键时期，要"发展数字文化产业、创意文化产业和时尚产业，创建国家级文化产业示范园区，建设大浪时尚小镇，擦亮'设计之都'品牌。创建国家全域旅游示范区。加快新大主题公园、光明小镇、冰雪综合体等项目建设，建成金沙湾国际乐园，推动小梅沙片区等旅游景区升级改造，打造城市特色旅游品牌"。中共中央、国务院印发《横琴粤澳深度合作区建设总体方案》强调要"发展文旅会展商贸产业，加强对周边海岛旅游资源的开发利用，推动粤港澳游艇自由行。支持粤澳两地研究举办国际高品质消费博览会暨世界湾区论坛，打造具有国际影响力的展会平台"。上述文件均为深圳文化产业的高质量发展指明了未来

方向。

英国在 1998 年颁布的《创意产业界定文件》(*The Creative Industries Mapping Documents*)中，将"创意产业"解释为个体创造性和技能之集聚以创造就业和财富的新兴产业，具有创意性的产业最终能够服务于整体经济的创造力。2016 年 12 月 19 日，国务院正式印发《"十三五"国家战略性新兴产业发展规划》，首次将数字创意产业与新一代信息技术、高端制造、生物、绿色低碳产业一并列为战略性新兴产业新支柱。2017 年 4 月 19 日，文化部 2017 年文化产业工作会议正式颁布《文化部"十三五"时期文化产业发展规划》，指出依托于数字技术的"互联网+"业已渗透到文化创作、生产、传播和消费等多个环节，在培育文化新业态、推进转型升级以及跨界联动发展等方面发挥着创新驱动的战略意义。基于此，深圳应积极推进"前海国家文化金融合作试验区""蛇口滨海文化创意产业带""湾区时尚总部中心""口岸文化集聚带""滨河文化景观带""东部黄金海岸旅游带"等区域文化地标的示范先行，构建现代文化产业体系，培育文化产业总部经济，发挥创意设计和科技创新两大核心优势，探索"文化+科技""文化+旅游""文化+金融"等文化新业态。以新一代信息技术为代表的技术革新和协同创新正在推动文化产业进入 3.0 时代，深圳要紧紧抓住国际文化产业更新的潮流，不断谋求文化产业转型升级，对接文化领军企业的项目落地，构建高新、精尖、优质的产业融合新模式，积极创建"国家文化和科技融合示范基地"。深圳应继续增加对文化产业的财政投入和政策扶持，完善金融支持体系，营造良好的营商环境，充分发挥文博会、高交会、深圳文交所、中国文化产业投资基金、国家对外文化贸易基地（深圳）、深圳国际版权交易中心等国家级平台的带动效益，以国际一流标准提升辖区创新载体建设，做大做强国家级文化产业平台建设。深圳应顺应粤港澳大湾区城市群的深度融合及一体化趋势，推动深港澳创意设计联盟、深港澳数字创意设计三城展、蛇口国际邮轮母港等城市间的创意联动机制，与香港、澳门合作建设高品质进口消费品交易中心，构建高品质消费品交易产业生态，推动传统贸易数字化转型，推动区域文化产业跨境投融资和对外文化贸易"走出去",打造"文化产业看深圳"的品牌辨识度和创新创意生态圈层。

（三）开展标志性的文体旅游赛事,深入推进普惠性、高质量、可持续的城市公共文化服务体系创新

《中共中央 国务院关于支持深圳建设中国特色社会主义先行示范区的意见》指出要"支持深圳规划建设一批重大公共文化设施,鼓励国家级博物馆在深圳设立分馆,研究将深圳列为城市社区运动场地设施建设试点城市"。《2021深圳市政府工作报告》指出,面对"双区"驱动、"双区"叠加的历史新机遇,深圳要"基本建成'新时代十大文化设施',建设世界级旅游目的地和国际著名体育城市,加快打造区域文化中心城市和彰显国家文化软实力的现代文明之城"。工作报告进一步指出要"开工建设深圳改革开放展览馆、国深博物馆、深圳创意设计馆等重大文化设施,推进深圳党史馆、国家方志馆特区分馆规划建设,继续办好文博会、'一带一路'国际音乐季、深圳读书月、深圳设计周暨环球设计大奖、深圳时装周等活动"。在世界范围内,公共文化的标志性地标已经成为一个城市乃至一个国家形象的艺术象征,无论是纽约的自由女神像还是丹麦哥本哈根的美人鱼雕像,它们都成为一种艺术表达的集体方式,传达区域或国家的文化精神与公共态度。

为建成具有全球影响力的创新创意之都,深圳应对接市级、区级、街道、社区,积极承办国际化文体旅游赛事和文化艺术活动,继续打造"月月有主题、全年都精彩"的"城市文化菜单"。应深入推进深圳歌剧院、深圳改革开放展览馆、深圳创意设计馆、国深博物馆、深圳科技馆、深圳海洋博物馆、深圳自然博物馆、深圳美术馆新馆、深圳创新创意设计学院、深圳音乐学院等新时代十大文化设施的全面建成。应支持具有国际影响力的大型会议、会展和文体旅游赛事落户深圳,继续承办深圳国际水墨画双年展、深圳设计周、深圳时装周、中国（深圳）国际文化产业博览交易会、深圳国际摄影大展、深圳国际创客周、中国杯帆船赛等重大国际展出和文体赛事,提升城市品牌影响力。深圳应立足于《深圳市基本公共文化服务实施标准（2016—2020年）》,以步行10分钟为服务半径,

统筹设置公共文体设施，推动公共文化场所向市民免费开放，努力建成以市民精神文化需求为导向的"十分钟文化服务圈"。整合各辖区的文化资源，按照"传统、新兴、特色、平台"的要素分类打造包括主题文化馆、公共图书馆、博物馆、文化广场、公园、公共艺术、地铁、表演艺术、街道风情、数字云文化等在内的复合文化功能模块，推动公共文化产品及服务"沉下去"，使深圳市民能够享受优质、就近、便利、无差别和均等化的公共文化供给。深圳应优化"互联网＋公共文化"的文化便民服务模式，继续推进"南山文体通""福田文体通""罗湖文体通"等公共文化数字服务平台，运用"互联网＋"思维整合辖区文体设施和活动项目，为市民提供文化体育资讯、场馆预订、活动购票、讲座报名、展演交流、会员服务等主题文化服务，打造"一站式"公共文化数字平台。以"数字图书馆"和"数字书城工程"为契机，推动公共阅读数字化，优化"城市街区24小时自助图书馆""乐读社区"等全民阅读项目，传递低碳环保和共创共享的阅读新理念。引入"数字＋文化馆""数字＋美术馆""数字＋博物馆"等运营模式，实现公共文化场所WiFi全面覆盖。深圳要坚持创新"深圳学习讲坛""百课下基层""市民文化大讲堂""社科普及周"等思想理论平台载体，将全民阅读活动下沉到基层，建成"书香街区"和"学习型街区"。

（四）推进城市文化品位的显著提升，优化城市文化创新的"软环境"

《2021深圳市政府工作报告》指出，作为"十四五"时期发展目标和重点任务之一，深圳要"深入实施习近平新时代中国特色社会主义思想传播工程，积极践行社会主义核心价值观，持续开展市民文明素养提升行动，推动物质文明和精神文明全面发展"。通过"全面实施文化软实力跃升行动"，深圳要在2035年"成为城市文明典范"，"开放多元、兼容并蓄的城市文化特征更加鲜明，城市品位、人文魅力充分彰显，时尚创意引领全球"。综观世界范围内的城市文明的演进与变迁历程，20世纪下半叶以来，"后工业"与"全球化"坐标下的城市越来越把文化视作城市振兴的内生动力，因为文化既意味着以创意产业和创意经济的发展来推动城市经济结构的重组，也意味着以富有创意的公共政策设计和治理模式革新来提供艺术文化设施的便利服务，还意味着以知识密集的高科技产业为支撑的技术创新来吸引具有活力的创意人才，更意味着以拥抱创意人才的城市氛围来提升城市品牌竞争力。

为助力深圳建成彰显国家文化软实力的现代文明之城，应重视旧村、旧厂、旧城改造中的历史文化保护问题，推进南头古城、大鹏所城、大万世居、华强北中国电子第一街、大浪时尚小镇、大芬油画村、观澜版画基地、甘坑客家小镇、蛇口海上世界、华侨城创意文化街区等十大特色文化街区的提升改造，推进老深圳的"咸淡水文化"与新深圳的创新特质相融合。深圳应完善"时尚消费节""体育消费节"等兼具国际化水准和深圳特色的消费文化节庆，加速现代服务业向高端、品质、体验经济等方向转型，引入"百年老字号""深圳老字号"等具有业界匠人精神的商业文化品牌，推动"东门老街""蛇口海上世界步行街"等街区品牌的迭代升级，推广24小时无人零售、跨界零售等消费新模式，打造丰富多彩的文化消费地标。深圳应吸引海内外高层次艺术文化人才进驻，注重人才政策房、艺术人才聚集园区等配套建设，创造适合艺术文化人才发展的制度环境。优化科学的人才评价体系，在激励机制上大胆创新，突破束缚人才引进和发展的条条框框，不拘一格吸引人才，增加人才对城市的认同感与归属感。深圳应完善文化建设的制度保障，加强组织领导，强化协调联动，营造浓郁的创新氛围，向世界展示深圳开放、包容、务实、高效的发展理念和注重文化发展、文化民生的城市追求，使深圳成为一座令人向往的"文化宜居"之城。

参考文献

一 中文著作

［澳］戴维·索罗斯比：《文化政策经济学》，易昕译，东北财经大学出版社2013年版。

［澳］德波拉·史蒂文森：《城市与城市文化》，李东航译，北京大学出版社2015年版。

［澳］阿德里安·富兰克林：《城市生活》，何文郁译，江苏教育出版社2013年版。

［澳］斯科特·麦奎尔：《地理媒介：网络化城市与公共空间的未来》，潘霁译，复旦大学出版社2019年版。

［澳］斯科特·麦奎尔：《媒体城市——媒体、建筑与都市空间》，邵文实译，江苏教育出版社2013年版。

［澳］托尼·本尼特：《文化、治理与社会》，王强等译，东方出版中心2016年版。

［澳］约翰·哈特利：《数字时代的文化》，李士林等译，浙江大学出版社2014年版。

［比］亨利·皮雷纳：《中世纪的城市》，陈国梁译，商务印书馆2013年版。

［德］汉娜·阿伦特：《人的境况》，王寅丽译，上海世纪出版集团2009年版。

［德］黑格尔：《法哲学原理》，范扬等译，商务印书馆1979年版。

［德］马克斯·韦伯：《城市（非正当性支配）》，阎克文译，江苏凤凰教育出版社2014年版。

［德］尤根·哈贝马斯：《公共领域的结构转型》，曹卫东译，学林

出版社 1999 年版。

［德］尤根·哈贝马斯：《现代性的哲学话语》，曹卫东译，译林出版社 2004 年版。

［法］加斯东·巴什拉：《空间的诗学》，张逸婧译，上海译文出版社 2013 年版。

［法］尼古拉斯·布里欧：《关系美学》，黄建宏译，金城出版社 2013 年版。

［加］丹尼尔·亚伦·西尔等：《场景：空间品质如何塑造社会生活》，祁述裕等译，社会科学文献出版社 2019 年版。

［加］简·雅各布斯：《美国大城市的生与死》，金衡山译，译林出版社 2005 年版。

［加］梁鹤年：《旧概念与新环境：以人为本的城镇化》，生活·读书·新知三联书店 2016 年版。

［加］罗伯·希尔兹：《空间问题：文化拓扑学和社会空间化》，谢文娟等译，江苏凤凰教育出版社 2017 年版。

［美］爱德华·W.苏贾：《后现代地理学——重申批判社会理论中的空间》，王文斌译，商务印书馆 2007 年版。

［美］艾拉·卡茨纳尔逊：《马克思主义与城市》，王爱松译，江苏教育出版社 2013 年版。

［美］芭芭拉·门奈尔：《城市和电影》，陆晓译，江苏凤凰教育出版社 2016 年版。

［美］保罗·M.霍恩伯格等：《都市欧洲的形成：1000—1994 年》，阮岳湘译，商务印书馆 2009 年版。

［美］布赖恩·贝利：《比较城市化》，顾朝林等译，商务印书馆 2014 年版。

［美］布鲁斯·阿特舒勒编：《建立新收藏：博物馆与当代艺术》，董虹霞译，中国青年出版社 2019 年版。

［美］大卫·哈维：《叛逆的城市：从城市权利到城市革命》，叶齐茂等译，商务印书馆 2016 年版。

［美］丹尼尔·约瑟夫·蒙蒂等：《城市的人和地方：城市、市郊和城镇的社会学》，杨春丽译，江苏凤凰教育出版社 2017 年版。

［美］段义孚：《空间与地方：经验的视角》，王志标译，中国人民大学出版社2017年版。

［美］阿尔君·阿帕杜莱：《消散的现代性：全球化的文化维度》，刘冉译，上海三联书店2012年版。

［美］格兰·凯斯特：《对话性创作：现代艺术中的社群与沟通》，吴玛悧等译，台北：远流出版事业有限公司2006年版。

［美］格雷厄姆·郝吉思：《出租车！纽约市出租车司机社会史》，王旭译，商务印书馆2010年版。

［美］哈丽叶·西奈编：《美国公共艺术评论》，慕心译，台北：远流出版事业公司1999年版。

［美］霍华德·S.贝克尔：《艺术界》，卢文超译，译林出版社2014年版。

［美］简·德·弗里斯：《欧洲的城市化：1500—1800》，朱明译，商务印书馆2014年版。

［美］杰夫·戴尔等：《创新者的基因》，管佳宁译，中信出版社2013年版。

［美］凯文·林奇：《城市意象》，方益萍等译，华夏出版社2011年版。

［美］科瑞德：《创意城市：百年纽约的时尚、艺术与音乐》，陆香等译，中信出版社2010年版。

［美］勒盖茨等编：《城市读本（中文版）》，中国建筑工业出版社2013年版。

［美］理查德·佛罗里达：《创意阶层的崛起》，司徒爱琴译，中信出版社2012年版。

［美］李欧梵：《上海摩登：一种新都市文化在中国（1930—1945）》，毛尖译，浙江大学出版社2017年版。

［美］刘易斯·芒福德：《城市发展史——起源、演变和前景》，宋俊岭等译，中国建筑工业出版社2005年版。

［美］刘易斯·芒福德：《城市文化》，宋俊岭等译，中国建筑工业出版社2009年版。

［美］卢汉超：《霓虹灯外：20世纪初日常生活中的上海》，段炼等

译，山西人民出版社2018年版。

［美］罗伯特·阿尔特：《想象的城市——都市体验与小说语言》，邵文实译，江苏教育出版社2013年版。

［美］罗伯特·E. 帕克等：《城市：有关城市环境中人类行为研究的建议》，杭苏红译，商务印书馆2016年版。

［美］马克·戈特迪纳等：《城市研究核心概念》，邵文实译，江苏教育出版社2013年版。

［美］马克·戈特迪纳：《城市空间的社会生产》，任晖译，江苏凤凰教育出版社2014年版。

［美］马歇尔·伯曼：《城市景观：纽约时代广场百年》，杨哲译，首都师范大学出版社2018年版。

［美］迈克·戴维斯：《死城》，李钧等译，上海书店出版社2011年版。

［美］裴宜理等：《发掘中国革命之传统》，阎小骏译，香港中文大学出版社2014年版。

［美］乔丹·桑德：《本土东京：公共空间，在地历史，拾得艺术》，黄秋源译，清华大学出版社2019年版。

［美］乔尔·科特金：《全球城市史》，王旭译，社会科学文献出版社2014年版。

［美］施坚雅：《中国农村的市场和社会结构》，史建云、徐秀丽译，中国社会科学出版社1998年版。

［美］苏珊·雷西：《量绘形貌：新类型公共艺术》，吴玛悧译，台北：远流出版事业公司1984年版。

［美］薇拉·佐尔伯格：《建构艺术社会学》，原百玲译，译林出版社2018年版。

［美］威廉·富特·怀特：《街角社会：一个意大利贫民区的社会结构》，黄育馥译，商务印书馆2005年版。

［美］威廉·H. 怀特：《小城市空间的社会生活》，叶齐茂等译，上海译文出版社2016年版。

［美］温迪·J. 达比：《风景与认同：英国民族与阶级地理》，张箭飞译，译林出版社2011年版。

［美］亚伯拉罕森：《城市社会学：全球导览》，宋伟轩等译，科学出版社 2017 年版。

［美］约翰·汉涅根：《梦幻之城》，张怡译，上海书店出版社 2011 年版。

［美］R. E. 帕克等：《城市社会学——芝加哥学派城市研究》，宋俊岭等译，商务印书馆 2012 年版。

［意］埃佐·曼奇尼：《在人人设计的时代》，钟芳等译，电子工业出版社 2016 年版。

［英］埃比尼泽·霍华德：《明日的田园城市》，金经元译，商务印书馆 2010 年版。

［英］爱德华·罗宾斯等：《塑造城市——历史·理论·城市设计》，熊国平等译，中国建筑工业出版社 2009 年版。

［英］安德鲁·塔隆：《英国城市更新》，杨帆译，同济大学出版社 2017 年版。

［英］彼得·霍尔：《文明中的城市》，王志章等译，商务印书馆 2016 年版。

［英］彼得·桑德斯：《社会理论与城市问题》，郭秋来译，江苏凤凰教育出版社 2018 年版。

［英］彼得·J. 泰勒等：《世界城市网络：一项全球层面的城市分析》，刘行健等译，江苏凤凰教育出版社 2018 年版。

［英］查尔斯·兰德利：《打造魅力城市的艺术》，金琦译，清华大学出版社 2019 年版。

［英］查尔斯·兰德利：《创意城市打造：决策者指南》，田欢译，社会科学文献出版社 2019 年版。

［英］查尔斯·兰德利：《创意城市：如何打造都市创意生活圈》，杨幼兰译，清华大学出版社 2009 年版。

［英］德雷克·格里高利等编：《社会关系与空间结构》，谢礼圣等译，北京师范大学出版社 2011 年版。

［英］狄更斯：《艰难时世》，全增嘏等译，上海译文出版社 2008 年版。

［英］多琳·马西：《空间、地方与性别》，毛彩凤等译，首都师范

大学出版社 2018 年版。

［英］莫里斯·弗里德曼：《中国东南的宗族组织》，刘晓春译，上海人民出版社 2000 年版。

［英］诺尔曼·庞兹：《中世纪城市》，刘景华等译，商务印书馆 2014 年版。

［英］斯蒂芬·迈尔斯：《消费空间》，孙民乐译，江苏教育出版社 2013 年版。

［英］约翰·伦尼·肖特：《城市秩序：城市、文化与权力导论》，郑娟等译，上海人民出版社 2010 年版。

［英］朱迪斯·鲁格等：《当代艺术策展问题与现状》，查红梅译，中国青年出版社 2019 年版。

［英］A.E.J. 莫里斯：《城市形态史——工业革命以前（上册）》，成一农等译，商务印书馆 2011 年版。

［英］A.E.J. 莫里斯：《城市形态史——工业革命以前（下册）》，成一农等译，商务印书馆 2011 年版。

白天等：《深圳精神文明建设（文件集）》，海天出版社 1999 年版。

陈恒等：《西方城市史学》，商务印书馆 2017 年版。

陈向明：《质的研究方法与社会科学研究》，教育科学出版社 2000 年版。

陈寅恪：《唐代政治史述论稿》，上海古籍出版社 1997 年版。

程美宝：《地域文化与国家认同：晚清以来广东文化观的形成》，生活·读书·新知三联书店 2006 年版。

单霁翔：《从功能城市走向文化城市》，天津大学出版社 2007 年版。

范周等：《新型城镇化与文化发展研究报告》，光明日报出版社 2014 年版。

费孝通：《乡土中国》，人民出版社 2015 年版。

付莹：《深圳重大改革创新史略（1979—2015）》，社会科学文献出版社 2017 年版。

高福民、花建：《文化城市：基本理念与评估指标体系研究》，商务印书馆 2012 年版。

广东文物展览会：《广东文物》，广东人民出版社 2013 年版。

胡惠林：《国家文化治理：中国文化产业发展战略论》，上海人民出版社 2012 年版。

胡惠林：《文化政策学》，书海出版社 2006 年版。

胡毅等：《中国城市住区更新的解读与重构——走向空间正义的空间生产》，中国建筑工业出版社 2015 年版。

花建：《文化成都——把什么样的成都带入 2020 年》，人民出版社 2008 年版。

花建：《上海文化发展报告 2022》，远东出版社 2022 年版。

花建：《增强我国文化整体实力和竞争力研究（下册）》，上海社会科学院出版社 2018 年版。

黄安心等编：《新型社区治理》，广东高等教育出版社 2018 年版。

皇甫晓涛：《城市文化与国家治理——当代中国城市建设理论内涵与发展模式建构》，经济科学出版社 2015 年版。

黄宗仪：《面对巨变中的东亚景观：大都会的自我身份书写》，广西师范大学出版社 2011 年版。

李丹舟：《新城市·新文化：深圳城市更新背景下的文化嵌入机制与路径研究》，中国社会出版社 2019 年版。

李培林：《巨变：村落的终结——羊城村的故事》，商务印书馆 2004 年版。

李权时：《岭南文化现代精神》，广州出版社 2001 年版。

李亚娟：《现代城市治理与城市文化建设研究》，上海人民出版社 2015 年版。

刘景钊：《意向性——心智关指世界的能力》，中国社会科学出版社 2005 年版。

刘俊裕编：《全球都市文化治理与文化策略：艺文节庆、赛事活动与都市文化形象》，台北：巨流图书有限公司 2013 年版。

刘少杰编：《西方空间社会学理论评析》，中国人民大学出版社 2020 年版。

刘新成等：《中国公共文化服务发展报告（2014—2015）》，社会科学文献出版社 2015 年版。

刘岩：《历史·记忆·生产：东北老工业基地文化研究》，中国言实出版社 2016 年版。

刘茵茵：《公众艺术及模式：东方与西方》，上海科学技术出版社 2003 年版。

《马克思恩格斯全集》第 20 卷，人民出版社 1971 年版。

《马克思恩格斯全集》第 23 卷，人民出版社 1972 年版。

《马克思恩格斯文集》第 2 卷，人民出版社 2009 年版。

马航等：《深圳城中村的空间演变与整合》，知识产权出版社 2011 年版。

OCAT 当代艺术中心：《OCAT 十年：理论实践与文献》，中国民族摄影艺术出版社 2015 年版。

彭立勋编：《文化强市建设与城市转型发展：2011 年深圳文化蓝皮书》，中国社会科学出版社 2011 年版。

彭翊：《中国城市文化产业发展评价体系研究》，中国人民大学出版社 2011 年版。

祁述裕等：《国家文化治理现代化研究》，社会科学文献出版社 2019 年版。

曲英杰：《古代城市》，文物出版社 2003 年版。

全增嘏等译：《艰难时世》，上海译文出版社 2008 年版。

深圳年鉴编辑部编：《深圳年鉴（2020）》，《深圳年鉴》编辑部 2020 年版。

深圳年鉴编辑委员会：《深圳年鉴（2006）》，深圳年鉴社出版社 2006 年版。

深圳年鉴编辑委员会编：《深圳年鉴（2001）》，深圳年鉴社出版社 2001 年版。

深圳市城市规划设计研究院：《深圳城市更新探索与实践》，中国建筑工业出版社 2019 年版。

深圳市城市设计促进中心：《城中村：消失中的城市》，深圳报业集团出版社 2020 年版。

深圳市史志办公室编：《深圳年鉴（2009）》，深圳史志办公室 2009 年版。

深圳市史志办公室编：《中国经济特区的建立和发展（深圳卷）》，

中共党史出版社1997年版。

盛葳:《后殖民理论视野下的中国当代艺术》,文化艺术出版社2020年版。

孙振华:《公共艺术时代》,江苏美术出版社2003年版。

唐燕等:《文化、创意产业与城市更新》,清华大学出版社2016年版。

王笛:《街头文化:成都公共空间、下层民众与地方政治(1870—1930)》,商务印书馆2012年版。

王璜生编:《新美术馆学》,广西师范大学出版社2021年版。

王晖:《新型城镇化与文化发展》,广东经济出版社2014年版。

汪晖等编:《文化与公共性》,生活·读书·新知三联书店1998年版。

王京生:《城市文化"十大愿景"》,中国人民大学出版社2015年版。

王京生:《观念的力量》,人民出版社2012年版。

王京生:《我们需要什么样的文化繁荣》,社会科学文献出版社2014年版。

王京生:《中国文化的历史流变与当今的文化选择》,红旗出版社2014年版。

王京生编:《文化流动与文化创新研究报告》,广东人民出版社2016年版。

王中:《公共艺术概论》,北京大学出版社2007年版。

汪民安等:《中国前卫艺术的兴起》,北京大学出版社2018年版。

王青山、刘继同:《中国社区建设模式研究》,中国社会科学出版社2004年版。

温诗步编:《深圳文化变革大事》,海天出版社2008年版。

吴钩:《宋:现代的拂晓时辰》,广西师范大学出版社2015年版。

吴军等:《文化动力:一种城市发展新思维》,人民出版社2016年版。

吴俊忠:《深圳文化三十年:民间视野中的深圳文化读本》,商务印书馆2010年版。

吴理财等：《中国公共文化服务体系建设的实践探索》，高等教育出版社 2017 年版。

吴松营等编：《深圳精神文明建设》，海天出版社 1996 年版。

吴晓波：《腾讯传 1998—2016：中国互联网公司进化论》，浙江大学出版社 2017 年版。

《习近平谈治国理政》第 3 卷，外文出版社 2020 年版。

项飚：《跨越边界的社区：北京"浙江村"的生活史》，生活·读书·新知三联书店 2000 年版。

新玉言编：《新型城镇化——理论发展与前景透析》，国家行政学院出版社 2013 年版。

杨宏山：《转型中的城市治理》，中国人民大学出版社 2017 年版。

姚糖：《中外城市史》，中国建材工业出版社 2019 年版。

于海编：《城市社会学文选》，复旦大学出版社 2006 年版。

岳永逸：《老北京杂吧地：天桥的记忆与诠释》，生活·读书·新知三联书店 2019 年版。

张继焦等：《新型城镇化与文化遗产传承发展》，中国市场出版社 2015 年版。

张森：《文化治理：理论演进、西方模式与中国路径》，中国政法大学出版社 2017 年版。

中国旅游研究院等：《图解夜游经济理论与实践》，中国旅游出版社 2019 年版。

中国现代化战略研究课题组：《中国现代化报告 2009——文化现代化研究》，北京大学出版社 2009 年版。

周计武：《艺术的祛魅与艺术理论的重构》，北京大学出版社 2019 年版。

庄鸿雁：《城市文化与文化城市：哈尔滨：城市记忆与文化思考》，中国文史出版社 2018 年版。

二　中文期刊

安建增等：《美国城市治理体系中的社会自组织》，《城市问题》2011 年第 10 期。

贝兆健：《文化治理体系构建的上海实践及思考》，《上海文化》2014年第8期。

毕晨等：《城市游憩型公共开放空间服务能力的测度——以南京市中心城区为例》，《南京林业大学学报》（自然科学版）2019年第4期。

毕九江：《论图书馆的科学规划——关于深圳市建设"图书馆之城"若干问题的思考》，《图书馆》2005年第4期。

卜雪旸：《当代西方城市可持续发展空间理论研究热点和争论》，《城市规划学刊》2006年第4期。

曹丙燕：《城市文学研究的困境与视角转向》，《甘肃社会科学》2017年第4期。

曹海军等：《城市治理理论的范式转换及其对中国的启示》，《中国行政管理》2013年第7期。

曹海军等：《基于协作视角的城市群治理及其对中国的启示》，《中国行政管理》2014年第8期。

常江：《互联网、数字排斥与弱势群体》，《青年记者》2020年第28期。

陈成文等：《社会融入：一个概念的社会学意义》，《湖南师范大学社会科学学报》2012年第6期。

陈世香等：《政务微信提升公共文化服务效能的模式分析——深圳"南山文体通"的个案研究》，《图书情报工作》2020年第17期。

陈文佳：《公共艺术是平衡各种关系的艺术——对话美国公共艺术家珍妮·迪克森》，《公共艺术》2014年第2期。

陈晓明：《城市文学：无法现身的他者》，《文艺研究》2006年第1期。

陈序经：《广东与中国》，《东方杂志》1939年第2期。

陈则谦：《我国文化云的服务现状及展望》，《图书情报知识》2018年第5期。

陈忠：《城市文脉与文明多样性——城市文脉的一个本真性问题》，《探索与争鸣》2017年第9期。

程小敏：《中国城市美食夜间经济的消费特点与升级路径研究》，

《消费经济》2020 年第 4 期。

戴斌：《改革中蝶变，开放中成长——我国旅游业发展 40 年》，《前线》2019 年第 5 期。

戴斌：《数字时代文旅融合新格局的塑造与建构》，《人民论坛》2020 年第 1 期。

戴珩：《文化事业单位法人治理结构的理论逻辑和实践路径》，《图书馆建设》2015 年第 2 期。

戴梦菲等：《AR 技术在数字人文应用上的运用策略——以"从武康路出发"应用为例》，《图书情报工作》2022 年第 1 期。

戴艳清等：《中国公共数字文化服务平台用户体验评价：以国家数字文化网为例》，《图书情报知识》2019 年第 5 期。

丁焕峰等：《从夜间灯光看中国区域经济发展时空格局》，《宏观经济研究》2017 年第 3 期。

丁乙：《中国城市群建设中的文脉延续与跨区域文化融合》，《人民论坛·学术前沿》2020 年第 6 期。

董幼鸿等：《技术治理与城市疫情防控：实践逻辑及理论反思——以上海市 X 区"一网统管"运行体系为例》，《东南学术》2020 年第 3 期。

杜卫：《美育三义》，《文艺研究》2016 年第 11 期。

范玉刚：《在全面深化改革中实现国家文化治理》，《湖南社会科学》2014 年第 2 期。

傅才武：《文化空间营造：突破城市主题文化与多元文化生态环境的"悖论"》，《山东社会科学》2021 年第 2 期。

傅才武等：《场景视阈下城市夜间文旅消费空间研究——基于长沙超级文和友文化场景的透视》，《武汉大学学报》（哲学社会科学版）2021 年第 6 期。

傅才武等：《新兴移民城市发展的文化"跟进—引领"范式：深圳叙事》，《山东大学学报》（哲学社会科学版）2021 年第 1 期。

傅元峰：《文学研究中的城乡意识错乱及其根源》，《文艺研究》2016 年第 12 期。

高丙中：《公共文化的概念及服务体系建设的双元主体问题》，《广西民族大学学报》（哲学社会科学版）2016 年第 6 期。

高一飞：《智慧社会中的"数字弱势群体"权利保障》，《江海学刊》2019 年第 5 期。

葛兆光：《方言·民族·国家》，《天涯》1998 年第 6 期。

龚长宇等：《陌生人社会秩序的价值基础》，《科学社会主义》2011 年第 1 期。

顾至欣：《城市夜间旅游产品定义及分类》，《城市问题》2013 年第 11 期。

郭冰茹：《关于"城市文学"的一种解读》，《当代作家评论》2014 年第 4 期。

郭灵凤：《欧盟文化政策与文化治理》，《欧洲研究》2007 年第 2 期。

韩福国：《作为嵌入性治理资源的协商民主——现代城市治理中的政府与社会互动规则》，《复旦学报》（社会科学版）2013 年第 3 期。

韩勇：《文化治理模式视阈下农村社会管理创新模式研析——基于广西的实证研究》，《行政与法》2013 年第 5 期。

何柳莹：《公共图书馆跨界融合发展路径研究——以深圳市盐田区为例》，《图书馆界》2021 年第 5 期。

何绍辉：《论陌生人社会的治理：中国经验的表达》，《求索》2012 年第 12 期。

何增科：《市民社会概念的历史演变》，《中国社会科学》1994 年第 5 期。

胡斌：《以空间为线索：广东当代艺术展览三十年回顾》，《美术学报》2012 年第 1 期。

胡刚等：《广州城市治理转型的实践与创新——基于"同德围模式"的思考》，《城市问题》2014 年第 3 期。

胡惠林：《国家文化治理：发展文化产业的新维度》，《学术月刊》2012 年第 5 期。

胡惠林：《文化治理中国：当代中国文化政策的空间》，《上海文化》2015 年第 2 期。

胡优玄：《基于数字技术赋能的文旅产业融合发展路径》，《商业经济研究》2022年第1期。

黄晨熹：《老年数字鸿沟的现状、挑战及对策》，《人民论坛》2020年第29期。

黄鹤：《文化政策主导下的城市更新——西方城市运用文化资源促进城市发展的相关经验和启示》，《国外城市规划》2006年第1期。

黄玲：《从深圳历次修志看深圳历史》，《广东史志》2002年第2期。

黄明同：《岭南文化的三次大兼容与三个发展高峰》，《学术研究》2000年第9期。

计永超等：《城市治理现代化：理念、价值与路径构想》，《江淮论坛》2015年第6期。

姜艳艳：《互联网背景下区域数字文旅的创新发展策略》，《社会科学家》2021年第9期。

焦永利等：《从数字化城市管理到智慧化城市治理：城市治理范式变革的中国路径研究》，《公共行政》2021年第4期。

靳涛等：《文化资本与经济增长：中国经验》，《经济学动态》2018年第1期。

金元浦：《创意经济是5G背景下粤港澳大湾区综合融会发展的头部经济》，《深圳大学学报》（人文社会科学版）2019年第3期。

金元浦等：《北京：文化治理与协同创新——2013—2014年人文北京研究综述》，《北京联合大学学报》（人文社会科学版）2014年第4期。

敬东：《"城市里的乡村"研究报告——经济发达地区城市中心区农村城市化进程的对策》，《城市规划》1999年第9期。

蓝宇蕴：《城中村：村落终结的最后一环》，《中国社会科学院研究生院学报》2001年第6期。

蓝宇蕴：《我国"类贫民窟"的形成逻辑——关于城中村流动人口聚居区的研究》，《吉林大学社会科学学报》2007年第5期。

李丹舟：《城市文化治理的深圳经验：以"图书馆之城"建设为

例》,《深圳社会科学》2019年第1期。

李凤亮:《文化产业提升文化软实力的战略路径》,《南京社会科学》2011年第12期。

李凤亮等:《文化创意与经济增长:数字经济时代的新关系构建》,《山东大学学报》(哲学社会科学版)2018年第1期。

李凤亮等:《文化科技融合:现状·业态·路径——2013年中国文化科技创新发展报告》,《福建论坛》(人文社会科学版)2014年第12期。

李凤亮等:《文化与科技融合创新:演进机理与历史语境》,《中国人民大学学报》2016年第4期。

李凤亮等:《文化自信与新时代文化产业的功能定位》,《深圳社会科学》2018年第1期。

李公明:《美术馆在当代公共教育中的政治性功能与意义》,《美术观察》2011年第2期。

李建盛:《公共领域、公共性与公共艺术本体论》,《北京社会科学》2020年第11期。

李津逵:《城中村的真问题》,《开放导报》2005年第3期。

李蕾蕾:《文化创意产业集群的概念误区与研究趋势》,《深圳大学学报》(人文社会科学版)2009年第4期。

李蕾蕾等:《旅游表演的文化产业生产模式:深圳华侨城主题公园个案研究》,《旅游科学》2005年第19期。

李蕾蕾等:《文化与创意产业集群的研究谱系和前沿:走向文化生态隐喻?》,《人文地理》2008年第2期。

李培林:《巨变:村落的终结——都市里的村庄研究》,《中国社会科学》2002年第1期。

李少惠:《转型期中国政府公共文化治理研究》,《学术论坛》2013年第1期。

李世敏:《新中国文化治理的结构转型》,《云南行政学院学报》2015年第6期。

李文珊:《晏阳初梁漱溟乡村建设思想比较研究》,《学术论坛》2004年第3期。

李潇雨：《深圳都市更新中的空间政治》，《文化纵横》2019年第4期。

李旭东：《文化中的都市与都市小说——论中国现代都市小说的文化品性》，《湖北大学学报》（哲学社会科学版）1993年第1期。

李勇：《作为消费社会资本平台的当代传媒》，《北方论丛》2009年第1期。

李耘耕：《从列斐伏尔到位置媒介的兴起：一种空间媒介观的理论谱系》，《国际新闻界》2019年第11期。

李云杰：《IBM转向"智慧地球"》，《IT经理世界》2009年第6期。

梁瑛：《邓春儒："鳌湖现象"是一个社会学模型的独立研究样本》，《艺术市场》2019年第12期。

廖胜华：《文化治理分析的政策视角》，《学术研究》2015年第5期。

林玮：《向内转：新世纪以来中国城市电影的空间批判》，《当代电影》2016年第9期。

刘锋：《城市大脑的起源、发展与未来趋势》，《学术前沿》2021年第5期。

刘淑妍等：《参与城市治理：中国城市管理变革的新路径》，《中国行政管理》2005年第6期。

陆恒等：《基于创意产业和创意集群的创意城市发展研究》，《郑州大学学报》（哲学社会科学版）2015年第7期。

卢家银：《社交媒体与青少年的政治社会化：以微博自荐参选事件为例》，《中国青年研究》2012年第8期。

陆静等：《深圳离"中国艺术桥头堡"还有多远？》，《艺术市场》2019年第12期。

卢文超：《是欣赏艺术，还是欣赏语境？——当代艺术的语境化倾向及反思》，《文艺研究》2019年第11期。

罗尧成等：《文化创意产业集群发展研究综述——基于CNKI（2004—2013）收录文献的分析》，《科技管理研究》2016年第2期。

马航：《深圳城中村改造的城市社会学视野分析》，《城市规划》2007年第1期。

马航等：《边缘效应下的深圳市城市边缘村更新改造研究——以龙岗区年丰社区为例》，《华中建筑》2014年第3期。

毛磊：《文化创意产业集群的内涵、现状及对策研究》，《商场现代化》2013年第22期。

毛少莹：《深圳文化产业40年发展历程及主要成就》，《深圳社会科学》2020年第5期。

毛少莹：《文化治理及其国际经验》，《中国文化产业评论》2014年第2期。

毛中根等：《夜间经济理论研究进展》，《经济学动态》2020年第2期。

孟繁华：《建构时期的中国城市文学——当下中国文学状况的一个方面》，《文艺研究》2014年第2期。

孟延春：《美国城市治理的经验与启示》，《中国特色社会主义研究》2004年第3期。

倪志琪：《当现代公共艺术相遇博伊斯——论当代文化语境下的公共艺术》，《装饰》2016年第1期。

潘霁：《地理媒介，生活实验艺术与市民对城市的权利——评〈地理媒介：网络化城市与公共空间的未来〉》，《新闻记者》2017年第11期。

潘娜：《文化治理视域下非营利组织的主体身份重构》，《教学与研究》2015年第9期。

彭宝玉：《后工业艺术群体考察——关于"在路上：2020中国青年艺术家作品提名展暨青年批评家论坛"》，《画刊》2021年第1期。

齐骥：《文化治理视角下城镇化空间逻辑的反思与重构》，《城市发展研究》2015年第8期。

齐骥等：《蜂鸣理论视角下的城市文化创新》，《理论月刊》2020年第10期。

祁述裕：《推动文化管理向文化治理与善治的转变》，《人民论坛》

2014年第4期。

钱力成：《把政治文化带回来——文化社会学的启示》，《社会学研究》2020年第3期。

钱洛阳等：《西方国家"绅士化"研究进展综述》，《世界地理研究》2008年第4期。

钱振明：《基于可持续发展的中国城市治理体系：理论阐释与行动分析》，《城市发展研究》2008年第3期。

钱振明等：《善治城市：中国城市治理转型的目标与路径分析》，《江海学刊》2006年第3期。

覃京侠：《"公共艺术在中国"学术论坛纪要》，《艺术时空》2005年第1期。

渠岩：《乡村危机，艺术何为？》，《美术观察》2019年第1期。

渠岩等：《许村：艺术乡建的中国现场》，《时代建筑》2015年第3期。

全汉昇：《宋代都市的夜生活》，《食货》1934年第1期。

任珺：《当代都市治理与策略的文化转向——国际经验及深圳创意城市实践》，《南方论丛》2014年第3期。

任珺：《文化的公共性与新兴城市文化治理机制探讨》，《福建论坛》（人文社会科学版）2015年第2期。

任珺：《文化治理在当代城市再生中的发展》，《文化产业研究》2014年第1期。

任其怿等：《从住房和卫生条件的改善看近代英国的城市治理》，《内蒙古大学学报》（人文社会科学版）2004年第4期。

荣跃明：《公共文化的概念、形态和特征》，《毛泽东邓小平理论研究》2011年第3期。

申海成等：《深圳文化金融全产业链平台构建路径研究》，《现代管理科学》2018年第12期。

盛广耀：《城市治理研究评述》，《城市问题》2012年第10期。

宋道雷：《从城市生产到文化治理：中国城市文化建设实践的历史、现实和机制研究》，《山东大学学报》（哲学社会科学版）2021年第6期。

宋旭明:《开平泮村灯会与现代乡村生活》,《广西民族大学学报》(哲学社会科学版) 2017 年第 2 期。

孙红蕾等:《区域集群式公共数字文化协同治理——以广东为例》,《图书馆论坛》2015 年第 10 期。

孙秋云等:《文化社会学的内涵、发展与研究再审视》,《中南民族大学学报》(人文社会科学版) 2016 年第 4 期。

孙晓枫:《别样:一个特殊的现代实验空间——关于第二届广州三年展对侯瀚如和 Hans Ulrich Obrist（汉斯·尤利斯·奥布里斯特）的访谈》,《艺术·生活》2005 年第 2 期。

孙瑶等:《我国城市边缘村落研究综述》,《城市规划》2017 年第 1 期。

孙永正等:《中国城市化和城市治理的反思与转型》,《城市问题》2016 年第 1 期。

孙钰静等:《智能化时代老年人"数字困境":冲突与对策》,《沧州师范学院学报》2021 年第 3 期。

唐娟等:《城市街区治理制度创新探索——关于深圳宝安区西乡街道"花园街区"治理模式的个案研究》,《第一资源》2010 年第 1 期。

唐克扬等:《在通往美术馆的路上》,《艺术界》2012 年第 6 期。

唐秀玲等:《文化治理视角下的社区治理现代化研究——基于 Y 省 X 社区的实证分析》,《行政与法》2015 年第 12 期。

陶东风:《改善文化治理的制度环境》,《探索与争鸣》2014 年第 5 期。

陶东风:《核心价值体系与大众文化的有机融合》,《文艺研究》2012 年第 4 期。

Travis, Bunt:《白石洲五村城市更新研究》,《城市环境设计》2018 年第 6 期。

屠凤娜:《多中心治理理论对我国城市治理的启示》,《环渤海经济瞭望》2012 年第 2 期。

万林艳:《公共文化及其在当代中国的发展》,《中国人民大学学报》2006 年第 1 期。

王春辰：《策展人制度远没有建立起来》，《东方艺术》2013年第21期。

王春辰：《"艺术介入社会"：新敏感与再肯定》，《美术研究》2012年第4期。

王佃利：《城市管理转型与城市治理分析框架》，《中国行政管理》2006年第12期。

王佃利：《城市治理体系及其分析维度》，《中国行政管理》2008年第12期。

王佃利：《城市治理中的利益整合机制》，《中国行政管理》2007年第8期。

王璜生等：《"新美术馆学"的历史责任》，《美术观察》2018年第9期。

王坚：《"城市大脑"：大数据让城市聪明起来》，《政工学刊》2020年第1期。

王京生：《文化与科技结合的深圳之路》，《艺术百家》2013年第1期。

王蕾：《意象表征·情感联结·具身参与：论数字时代媒体建筑的光影传播》，《现代传播》2019年第9期。

王檬檬：《试论公共艺术与公共话语建构》，《美术观察》2018年第9期。

王平等：《公共文化研究：从概念出发》，《图书馆论坛》2022年第5期。

王前：《理解"文化治理"：理论渊源与概念流变》，《云南行政学院学报》2015年第6期。

王甦：《转型与重建：艺术介入下的公共空间》，《云南社会科学》2020年第5期。

王为理：《深圳城市文化标签与符码分析》，《南方论丛》2007年第3期。

王为理：《文化发展与现代化国际化创新型城市建设》，《特区实践与理论》2015年第3期。

王为理：《移民文化的当代图像：从全球到深圳》，《深圳大学学报》

（人文社会科学版）2003 年第 5 期。

汪玉凯：《"一网通办"，政务服务新境界》，《中国信息安全》2019 年第 3 期。

王振亚：《从文化管理到文化治理——文化领域政府治理现代化的逻辑归宿》，《长安大学学报》（社会科学版）2014 年第 4 期。

王志亮：《对抗还是协商？——参与式艺术论争的两条审美路线》，《美术观察》2017 年第 1 期。

王志亮：《"翻转剧场"与"反场所的异托邦"——参与式艺术的两种空间特性》，《文艺研究》2018 年第 10 期。

韦景竹等：《基于 DEA 模型的公共文化云平台运营效率研究》，《情报资料工作》2020 年第 4 期。

魏立华等：《"城中村"：存续前提下的转型——兼论"城中村"改造的可行性模式》，《城市规划》2005 年第 7 期。

温雯等：《场景理论的范式转型及其中国实践》，《山东大学学报》（哲学社会科学版）2021 年第 1 期。

翁剑青：《局限与拓展——中国公共艺术状况及问题刍议》，《装饰》2013 年第 9 期。

翁剑青：《中国公共艺术的当代性与世界性——对于外来相关理论之影响的阐释》，《公共艺术》2010 年第 6 期。

吴丹等：《面向多源异构资源融合的公共文化数字化建设路径》，《西安交通大学学报》（社会科学版）2021 年第 5 期。

吴金群等：《近年来国内城市治理研究综述》，《城市与环境研究》2015 年第 3 期。

吴军：《城市社会学研究前沿：场景理论述评》，《社会学评论》2014 年第 2 期。

吴军等：《消费场景：一种城市发展的新动能》，《城市发展研究》2020 年第 11 期。

吴理财等：《以文化治理理念引导社会力量参与公共文化服务》，《江西师范大学学报》（哲学社会科学版）2015 第 6 期。

吴理财等：《中国公共文化服务体系建设 40 年：理念演进、逻辑变迁、实践成效与发展方向》，《上海行政学院学报》2019 年第

5 期。

吴良镛：《旧城整治的"有机更新"》，《北京规划建设》1995 年第 3 期。

吴士新：《对公共艺术问题和中国当代公共艺术现象的分析和研究》，《云南艺术学院学报》2006 年第 1 期。

吴晓林等：《国内城市治理研究述评：学术进展与研究展望》，《复旦公共行政评论》2014 年第 2 期。

夏国锋等：《公共文化服务体系建设的发展历程、基本逻辑与经验启示——深圳样本的表达》，《理论与改革》2012 年第 3 期。

夏辉：《社会治理的文化介入机制及路径》，《河海大学学报》（哲学社会科学版）2014 年第 4 期。

肖辉乾：《夜景照明的规划与设计》，《建筑科学》1996 年第 2 期。

谢新松：《多元化社会的文化治理模式研究》，《云南社会科学》2013 年第 3 期。

许继红等：《中国特色公共文化服务体系的现代化进程研究》，《经济问题》2018 年第 12 期。

徐静：《城市治理研究的最新进展及一般分析框架》，《珠江经济》2008 年第 5 期。

徐乔斯：《第八届深圳雕塑双年展：雕塑在哪里？》，《美术文献》2014 年第 8 期。

徐一超：《聚焦"文化治理"：问题史、理路与实践》，《中国文化产业评论》2014 年第 1 期。

徐一超：《"文化治理"：文化研究的"新"视域》，《文化艺术研究》2014 年第 3 期。

闫平：《服务型政府的公共性特征与公共文化服务体系建设》，《理论学刊》2008 年第 12 期。

杨馥源等：《城市政府改革与城市治理：发达国家的经验与启示》，《浙江社会科学》2010 年第 8 期。

杨宏山：《美国城市治理结构及府际关系发展》，《中国行政管理》2010 年第 5 期。

杨君：《中国城市治理的模式转型：杭州和深圳的启示》，《西南大学学报》（社会科学版）2011 年第 2 期。

杨山：《城市边缘区空间动态演变及机制研究》，《地理学与国土研究》1998 年第 3 期。

杨小彦：《"卡通一代"——关于中国南方消费文化的生存报告》，《江苏画刊》1997 年第 7 期。

杨艳东：《中国城市治理困境中的公众参与机制与效果分析》，《云南社会科学》2011 年第 5 期。

姚君喜：《我国当代社会的传播分化》，《人文杂志》2006 年第 2 期。

易英：《公共艺术与公共性》，《文艺研究》2004 年第 5 期。

余构雄：《都市水上夜游游船的空间生产——以珠江夜游游船为例》，《兰州学刊》2019 年第 6 期。

余江波：《我国二三线城市"夜间经济"发展研究——以洛阳为例》，《洛阳理工学院学报》（社会科学版）2020 年第 6 期。

俞可平：《中国的治理改革（1978—2018）》，《武汉大学学报》（哲学社会科学版）2018 年第 3 期。

余丽蓉：《城市转型更新背景下的城市文化空间创新策略探究——基于场景理论的视角》，《湖北社会科学》2019 年第 11 期。

袁政：《城市治理理论及其在中国的实践》，《学术研究》2007 年第 7 期。

袁祖社：《"公共性"的价值信念及其文化理想》，《中国人民大学学报》2007 年第 1 期。

张宝锋：《城市社区自治研究综述》，《晋阳学刊》2005 年第 1 期。

张晨：《新型城镇化背景下的城市治理转型：缘起、动力与路径》，《上海行政学院学报》2014 年第 6 期。

张鸿雁：《"文化治理模式"的理论与实践创新》，《社会科学》2015 年第 3 期。

张金花：《试论宋代夜市文化》，《河北科技师范学院学报》（社会科学版）2011 年第 1 期。

张文礼：《多中心治理：我国城市治理的新模式》，《开发研究》2008 年第 1 期。

张衔春等：《内涵·模式·价值：中西方城市治理研究回顾、对比与展望》，《城市发展研究》2016年第2期。

张晓明等：《创意集群：基本概念与国际经验》，《吉首大学学报》（社会科学版）2007年第4期。

张晓明等：《公共文化服务：理论和实践含义的探索》，《出版发行研究》2008年第3期。

张意：《城市参与式艺术的"在地实践"与"场域感知"》，《广州大学学报》（社会科学版）2021年第5期。

张羽洁：《英国公共艺术政策浅析》，《公共艺术》2013年第2期。

张铮等：《场景理论下我国文化产业园区的发展路径探析》，《出版发行研究》2019年第8期。

赵红川：《国家文化治理的挑战及其可能》，《四川文理学院学报》2014年第4期。

赵敬：《文化规划与城市的可持续发展》，《中国社会科学院研究生院学报》2013年第4期。

赵强：《城市治理动力机制：行动者网络理论视角》，《行政论坛》2011年第1期。

赵挺：《国内近10年城市治理文献综述》，《北京城市学院学报》2010年第3期。

甄伟锋等：《夜间经济的文化经济学分析》，《福建论坛》（人文社会科学版）2020年第12期。

郑自立：《法美文化治理方略比较及启示研究》，《当代经济管理》2015年第12期。

郑自立：《韩国文化治理现代化的历程及经验研究》，《南京财经大学学报》2014年第4期。

郑自立：《文化与"夜经济"融合发展的价值意蕴与实现路径》，《当代经济管理》2020年第6期。

钟雅琴：《文化产业发展与城市意象再造》，《暨南学报》（哲学社会科学版）2011年第11期。

周海玲等：《文化政治美学视野下的治理理论——从福柯的政治治理到托尼·本尼特的文化治理》，《韩山师范学院学报》2014年第 2 期。

周建新等：《粤港澳大湾区文化旅游融合：现实需要、发展基础和优化路径》，《福建论坛》（人文社会科学版）2021 年第 6 期。

周蜀秦等：《文化创意产业促进城市转型的机制与战略路径》，《江海学刊》2013 年第 6 期。

周彦华：《参与式艺术的关键词》，《艺术当代》2017 年第 2 期。

周瑜等：《雄安新区建设数字孪生城市的逻辑与创新》，《城市发展研究》2018 年第 10 期。

朱火保等：《城市边缘区新农村社区规划探索——以广州为例》，《建筑科学》2009 年第 4 期。

朱锦程：《合作治理视角下中国文化产业发展的治理范式：作为社会治理的文化治理》，《中国文化产业评论》2014 年第 1 期。

竹立家：《我们应当在什么维度上进行"文化治理"》，《探索与争鸣》2014 年第 5 期。

朱伟珏等：《从空间到社会：作为日常生活场所的现代城市公共空间——以上海市复兴公园为例》，《同济大学学报》（社会科学版）2019 年第 3 期。

踪家峰等：《城市公共管理研究的新领域——城市治理研究及其发展》，《天津大学学报》（社会科学版）2003 年第 4 期。

踪家峰等：《论城市治理模式》，《上海社会科学院学术季刊》2002 年第 2 期。

宗传宏等：《上海夜间经济发展的文化嵌入透析》，《城市观察》2020 年第 3 期。

宗祖盼：《文化产业类型新探——基于发生学的建构逻辑》，《探索与争鸣》2020 年第 6 期。

邹建林：《试谈汉斯·贝尔廷对当代艺术的界定》，《西北美术》2014 年第 1 期。

左雨晴：《夜间经济：灯火下的城市发展新风口》，《新产经》2019 年第 9 期。

三　英文著作

Arnold Matthew, *Culture and Anarchy*, London: Cambridge University

Press, 1961.

Bishop Claire, *Artificial Hells: Participatory Art and the Politics of Spectatorship*, London: Verso, 2012.

Burke Peter, *What is Cultural History?*, Cambridge, UK; Malden, Mass: Polity Press, 2008.

Castells Manuel, *The Urban Question: A Marxist Approach*, London: Edward Arnold, 1977.

Chua Eujin, "Untethering Landscape", in *Figuring Landscapes: Artists' Moving Image from Australia and the UK*, edited by Catherine Elwes, Chua Eu Jin, and Steven Ball, London: International Centre for Fine Arts Research and Camberwell College of Arts, 2008.

Clifford Nichol as J., et al., *Key Concepts in Geography*, London: Sage Publications, 2008.

Colantonio Andrea, *Urban Regeneration & Social Sustainability: Best practice from European cities*, UK: Wiley – Blackwell, 2011.

Cosgrove Denis, *Social Formation and Symbolic Landscape*, Madison, Wis.: University of Wisconsin Press, 1998.

Couch Chris & Fraser Charles, *Urban Regeneration in Europe*, Oxford: Blackwell Science, 2003.

Dikovitskaya Margaret, *Visual Culture: the Study of the Visual after the Cultural Turn*, Cambridge, Mass.: MIT Press, 2005.

Duncan J. and Duncan N., "Ideology and Bliss: Roland Barthes and the Secret Histories of Landscape", in T. Barnes and J. Duncan, eds., *Writing Worlds: Discourse, Text and Metaphor in the Representation of Landscape*, London and New York: Routledge, 1992.

Duncan James S., et al., *A Companion to Cultural Geography*, Malden, MA: Blackwell Pub., 2004.

F. R. Leavis, *The Common Pursuit*, Harmondsworth: Penguin, 1962.

Florida R. L., *The Rise of the Creative Class: and how it's transforming work, leisure, community and everyday life*, New York: Basic Books, 2002.

Geertz C. , *The Interpretation of Cultures: Selected Essays*, New York: Basic Books, 1973.

Giddens A. , *A Contemporary Critique of Historical Materialism*, Vol. 1: *Power, Property and the State*, London and Berkeley, 1981.

Glass R. , *London: Aspects of Change*, London: Mac Gibbon and Kee, 1964.

Graeme Evans, *Cultural Planning: an Urban Renaissance?*, London and New York: Routledge, 2001.

Hall Stuart, "The First New Left", in Robin Archer, et al. (eds. ,). *Out of Apathy*, London: Verso, 1987.

Harvey David, "Urbanization", in Tom Bottomore, et al. (eds.), *A Dictionary of Marxist Thought*, Cambridge, Mass. : Harvard University Press, 1983.

Hobbs D. , Hadfield P. , Lister S. , and Winlow S. , *Bouncers: Violence and Governance in the Night–time Economy*, Oxford: Oxford University Press, 2003.

Howard Peter, et al. , *The Routledge Companion to Landscape Studies*, London; New York: Routledge, 2013.

Howkins J. , *The Creative Economy: How People Make Money from Ideas*, London: Penguin, 2001.

Hunt Lynn, et al. , *The New Cultural History*, Berkeley, Los Angeles, and London: University of California Press, 1989.

Johnston R. J. , Gregory D. , and Pratt G. , *The Dictionary of Human Geography* (4th ed), Oxford: Blackwell, 2000.

J. Hartley, J. Potts, S. Cunningham, T. Flew, M. Keane, J. Banks. , *Key Concepts in Creative Industries*, New York: Sage Publications, 2013.

Jackson Peter, *Maps of Meaning: An Introduction to Cultural Geography*, London: Unwin Hyman, 1989.

James Meyer, *Minimalism: Art and Polemics in the Sixties*, London: Yale University Press, 2001.

Jean L. Cohen, Andrew Arato, *Civil Society and Political Theory*, Cambridge: MIT Press, 1992.

Johnston R. J., et al., *The Dictionary of Human Geography*, Malden, MA: Blackwell Publishers, 2009.

Kay Anderson, et al., *Handbook of Cultural Geography*, London; Thousand Oaks, Calif. : Sage, 2003.

Kopytoff Igor, *Public Culture: a Durkheimian Genealogy*, Public Culture Bulletin, 1998.

Kwon M., *One Place After Another: site – specific art and locational identity*, Cambridge Massachusetts: The MIT Press, 2004.

Lamoureux Johanne, "*The Museum Flat*", in Ferguson Bruce, Greenberg Reesa, Nairne Sandy, eds., *Thinking about Exhibitions*, London: Routledge, 1996.

Landry C., *The Creative City – A Toolkit for Urban Innovation*, London: Earthscan, 2000.

Leary E. Michael & McCarthy John, eds., *The Routledge Companion to Urban Regeneration*, London and New York: Routledge, 2013.

Lefebvre Henri, *The Urban Revolution*, Minneapolis: University of Minnesota Press, 2003.

Lefebvre Henry, *The Production of Space*, Oxford: Wiley – Blackwell, 1991.

Lin Chun, *The British New Left*, Edinburgh: Edinburgh University Press, 1993.

Lopez Robert, *The Birth of Europe*, M Evans & Co., 1967.

McGuigan Jim, *Culture and the Public Sphere*, London and New York: Routledge, 1996.

Mitchell W. J. T., eds., *Art and the Public Sphere*, Chicago: The University of Chicago Press, 1990.

Mitchell W. J. T., *Landscape and Power*, Chicago: University of Chicago Press, 2002.

Mumford Lewis, *The Culture of Cities*, New York: Harcourt Brace, 1938.

Park R. E., "Human Ecology", in W. Allen Martin, eds., *The Urban Community*, New Jersey: Pearson Education Inc., 2004.

Roberts P. , "The Evolution, Definition and Purpose of Urban Regeneration", in Roberts P. and Sykes H. , eds. , *Urban Regeneration: A Hand Book*, London: SAGE Publications, 2000.

Rose Gillian, *Feminism and Geography: the Limits of Geographical Knowledge*, Cambridge: Polity Press, 1993.

Sassen Saskia, *The Global City: New York, London, Tokyo*. Princeton, N. J. : Princeton University Press, 1991.

Scott A. J. , *Regions and the World Economy: The Coming Shape of Global Production, Competition and Political Order*, Oxford: Oxford University Press, 1998.

Senie H. F. , *Contemporary Public Sculpture: Tradition, Transformation and Controversy*, London: Oxford University Press, 1992.

Soja E. , "The Spatiality of Social Life", in D. Gregory and J. Urry, eds. , *Social Relations and Spatial Structure*, London: Macmillan, 1984.

Tallon Andrew, *Urban Regeneration in the UK*, London and New York: Routledge, 2010.

Terry N. Clark, et al. , *Can Tocqueville Karaoke? Global Contrasts of Citizen Participation, the Arts and Development*, Emerald Group Publishing Limited, 2014.

Williams Raymond, *Culture*, London: Fontana, 1981.

Williams Raymond, *The Long Revolution*, London: Chatto & Windus, 1961.

四 英文期刊

Barnes Trevor J. , "Retheorizing Economic Geography: From the Quantitative Revolution to the 'Cultural Turn'", *Annals of the Association of American Geographers*, No. 3, 2001.

Barnett Clive, "The Cultural Turn: Fashion or Progress in Human Geography?", *Antipode*, No. 4, 1998.

Binnie Jon, "Coming out of Geography: towards a queer epistemology?", *Environment and Planning D: Society and Space*, No. 15, 1997.

Birksted Jan Kenneth, "Landscape History and Theory: from Subject Matter to Analytic Tool", *Landscape Review*, No. 2, 2004.

Blunt Alison, "Cultural Geography: Cultural Geographies of Home", *Progress in Human Geography*, No. 4, 2005.

Cosgrove Denis and Jackson Peter. "New Directions in Cultural Geography", *Area*, No. 2, 1987.

Cosgrove Denis, "Prospect, Perspective and the Evolution of the Landscape Idea", *Transactions of the Institute of British Geographers*, New Series, No. 1, 1985.

Cresswell Tim, "New Cultural Geography——an Unfinished Project?", *Cultural Geographies*, No. 2, 2010.

Czerniak Julia, "Challenging the Pictorial: Recent Landscape Practice", *Assemblage*, No. 34, 1997.

Domosh Mona, "Toward a Feminist Historiography of Geography", *Transactions of the Institute of British Geographers*, New Series, No. 1, 1991.

Domosh Mona, "Sexing Feminist Geography", *Progress in Human Geography*, No. 23, 1999.

Duncan James and Duncan Nancy, "Reconceptualizing the Idea of Culture in Geography: A Reply to Don Mitchell", *Transactions of the Institute of British Geographers*, No. 3, 1996.

Freidson Eliot. "The Division of Labor as Social Interaction", *Social Problems*, February, No. 23, 1976.

Hadfield Phil, "Regulating the Night: Race, Culture and Exclusion in the Making of the Night-time Economy", *British Journal of Criminology*, No. 5, 2008.

Jackson Peter, "Berkeley and Beyond: Broadening the Horizons of Cultural Geography", *Annals of the Association of American Geographers*, No. 3, 1993.

Jacobs Jane M. and Nash Catherine, "Too Little, Too Much: Cultural Feminist Geographies", *Gender, Place & Culture: A Journal of Feminist Geography*, No. 3, 2003.

Lim Merlyna, "Seeing Spatially: People, Networks and Movements in Digital and Urban Spaces", *International Development Planning Review*, No. 1, 2014.

Mitchell Don, "Explanation in Cultural Geography: A Reply to Cosgrove, Jackson and the Duncans", *Transactions of the Institute of British Geographers*, New Series, No. 3, 1996.

Mitchell Don, "There's No Such Thing as Culture: Towards a Reconceptualization of the Idea of Culture in Geography", *Transactions of the Institute of British Geographers*, No. 1, 1995.

N. Sanders and P. Stappers, "Co-creation and the New Landscapes of Design", *Co Design*, No. 4, 2008.

Navarro J. C. and Clark T. N.. "Cultural Policy in European Cities", *European Societies*, No. 14, 2021.

Nelson A. L., Bromley R. D. F. and Thomas C. J., "Identifying Micro-Spatial and Temporal Patterns of Violent Crime and Disorder in the British City Centre", *Applied Geography*, No. 21, 2001.

Paul M. Romer, "Increasing Return and Long Run Growth", *Journal of Political Economy*, Vol. 94, 1986.

Price Marie and Lewis Martin, "The Reinvention of Cultural Geography", *Annals of the Association of American Geographers*, No. 1, 1993.

Roberts M., Turner C., Greenfield S. and Osborn G., "A Continental Ambiance? Lessons in Managing Alcohol-related Evening and Night-time Entertainment from Four European Capitals", *Urban Studies*, No. 43, 2006.

Ryan James R., "Who's Afraid of Visual Culture?", *Antipode*, No. 2, 2003.

Sauer Carl O., "The Morphology of Landscape", *University of California Publications in Geography*, No. 2, 1925, pp. 19-53.

Scott A., "Entrepreneurship, Innovation and Industrial Development: Geography and the Creative Field Revisited", *Small Business Economics*, Vol. 26, No. 1, 2006.

Storper M. and Scott A. , "Rethinking Human Capital, Creativity and Urban Growth", *Journal of Economic Geography*, Vol. 9, No. 1, 2009.

Thomas C. J. and Bromley R. D. F. . "City – centre Revitalisation: Problems of Fragmentation and Fear in the Evening and Night – time City", *Urban Studies*, No. 37, 2000.

Thompson E. P. , "The New Left", *The New Reasoner*, No. 9, 1959.

Tuan Yi – Fu, "Humanistic Geography", *Annals of the Association of American Geographers*, No. 66, 1976.

Whatmore Sarah, "Materialist Returns: Practicing Cultural Geography in and for a more – than – human World", *Cultural Geographies*, No. 13, 2006.

Yencken D. , "The Creative City", *Meanjin*, Vol. 47, No. 4, 1988.

Zombor Berezvai, "Overtourism and the night – time Economy: A Case Study of Budapest", *International Journal of Tourism Cities*, No. 5, 2019.

五 网络文献

"A New Economy?: The Changing Role of Innovation and Information Technology in Growth", 2000 – 07 – 06, https://www.oecd – ilibrary.org/science – and – technology/a – new – economy_9789264182127 – en.

European Commission, "Smart Cities", 2007, https://ec.europa.eu/info/eu – regional – and – urban – development/topics/cities – and – urban – development/city – initiatives/smart – cities_en.

Global Cities, "Divergent Prospects and New Imperatives in the Global Recovery", https://www.kearney.com/global – cities/2021.

Home Affairs Bureau HKSARG, "A Study on Creativity Index", 2004. CreativityIndex, 2004. www.hab.gov.hk/file_manager/en/documents/policy_responsibilities/arts_culture_recreation_and_sport/HKCI – InteriReport – printed.pdf.

Innovation Cities[TM] Index 2021, "Top 100 World's Most Innovative Cities", https://www.innovation – cities.com/worlds – most – innovative – cities

-2021-top-100/25477/.

Institute for Urban Studies, "The Global Power Cities Index 2010. The Mori Memorial Foundation: Tokyo", 2010, http://www.mori-mfoundation.or.jp/english/research/project/6/pdf/GPCI2010_English.pdf.

KEA European Affairs, "The Contribution of Culture to Creativity", 2009, http://www.keanet.eu/docs/impactculturecreativityfull.pdf.

"London and New York Are the Most Connected Cities in the World – New Data shows", 2020-08-28, https://www.lborolondon.ac.uk/news-events/news/2020/london-connected-city/.

Manual Oslo: "Guidelines for Collecting and Interpreting Innovation Data", 3rd Edition, 2005-11-10, https://www.oecd-ilibrary.org/science-and-technology/oslo-manual_9789264013100-en.

广东省人民政府:《深圳市将加大力度与投入,强力推进公共文化服务体系建设》,2007-06-29,http://www.gd.gov.cn/govpub/zwdt/dfzw/200706/t20070629_17489.htm。

广东省文化和旅游厅:《〈深圳市文化发展规划纲要2005年—2010年〉解读》,2005-01-22,http://whly.gd.gov.cn/open_newwjjd/content/post_2797662.html。

广东省政府:《广东省加快推进文化和旅游融合发三年行动计划(2020-2022年)》,2020-02-10,http://whly.gd.gov.cn/open_newjcgk/content/post_2890140.html。

国家统计局:《城镇化水平不断提升,城市发展阔步前进——新中国成立70周年经济社会发展成就系列报告之十七》,2019-08-15,http://www.stats.gov.cn/tjsj/zxfb/201908/t20190815_1691416.html。

国家统计局:《中华人民共和国2019年国民经济和社会发展统计公报》,2020-02-28,http://www.stats.gov.cn/tjsj/zxfb/202002/t20200228_1728913.html。

人民日报:《新文创,敲开文旅融合大门》,2019-08-06,http://opinion.people.com.cn/n1/2019/0806/c1003-31277224.html。

人民政协网:《关于推动深圳公共文化设施和文化产业高质量发展的建议》,2021-05-13,http://www.rmzxb.com.cn/c/2021-05-13/

2853591. shtml。

深圳市文化广电旅游体育局：《深圳市文化广电旅游体育局关于2022年文化产业发展专项资金拟资助项目公示的通知》，2022 – 01 – 25，http：//wtl. sz. gov. cn/ztzl_78228/tszl/whcy/shgg/content/post_9540945. html。

深圳市文化广电旅游体育局：《深圳市旅游业发展"十四五"规划》，2022 – 01 – 15，http：//wtl. sz. gov. cn/gkmlpt/content/9/9500/post_9500296. html#3446。

深圳政府在线：《深圳市人民政府办公厅关于印发深圳市文化发展"十二五"规划的通知》，2012 – 03 – 06，http：//www. sz. gov. cn/zfgb/2012_1/gb778/content/post_4998457. html。

深圳政府在线：《深圳市文化产业发展"十一五"规划发布》，2007 – 12 – 20，http：//www. sz. gov. cn/cn/xxgk/zfxxgj/zwdt/content/post_1605614. html。

深圳政府在线：《深圳市文化产业发展规划纲要（2007 – 2020）》，2021 – 11 – 19，http：//www. sz. gov. cn/szzt2010/wgkzl/jcgk/jchgk/content/post_1341934. html。

深圳政府在线：《深圳市文化发展"十三五"规划》，2016 – 11 – 09，http：//www. sz. gov. cn/szzt2010/wgkzl/jcgk/jchgk/content/post_1330527. html。

深圳政府在线：《深圳市文化局、深圳市发展和改革局关于印发〈深圳市文化事业发展"十一五"规划〉的通知》，2007 – 07 – 17，http：//www. sz. gov. cn/zwgk/zfxxgk/zfwj/bmgfxwj/content/post_6573515. html。

深圳政府在线：《中共深圳市委深圳市人民政府关于大力发展文化产业的决定》，2005 – 12 – 02，http：//www. sz. gov. cn/zfgb/2005/gb470/content/post_4943153. html。

深圳政府在线：《中共深圳市委深圳市人民政府关于进一步加强社会主义精神文明建设的决定》，2001 – 04 – 28，http：//www. sz. gov. cn/zfgb/2001/gb222/content/post_4985543. html。

新华社：《国务院印发〈"十四五"旅游业发展规划〉》，2021 – 12 – 22，http：//www. gov. cn/zhengce/content/2022 – 01/20/content_5669468. htm。

中国互联网络信息中心：《第45次中国互联网络发展状况统计报

告》，2020 - 04 - 28，http：//www. cac. gov. cn/2020 - 04/27/c_1589535470378587. htm。

中国政府网：《关于支持深圳建设中国特色社会主义先行示范区的意见》，2018 - 08 - 18，http：//www. gov. cn/zhengce/2019 - 08/18/content_5422183. htm。

中华人民共和国商务部：《2050 年：全球城市化率有望达 68%》，2018 - 08 - 20，http：//www. mofcom. gov. cn/article/i/dxfw/gzzd/201808/20180802777406. shtml。

中华人民共和国文化和旅游部：《文化部、国家旅游局关于促进文化与旅游结合发展的指导意见》，2009 - 08 - 31，http：//zwgk. mct. gov. cn/zfxxgkml/scgl/202012/t20201206_918160. html。

六 报纸

《深圳文化创新发展 2020（实施方案）摘要》，《中国文化报》2016 年 1 月 22 日第 3 版。

郭缤璐：《改名能否拯救文和友的"水土不服"》，《北京商报》2021 年 10 月 15 日。

李雨青等：《本土文化引导夜间消费升级》，《人民日报海外版》2019 年 8 月 12 日第 7 版。

秦绮蔚：《7 个城中村将试点更新"蝶变"》，《深圳特区报》2019 年 10 月 29 日第 A06 版。

王斗天等：《全国夜经济罗湖列第八》，《深圳商报》2021 年 12 月 7 日第 A03 版。

王纳：《千年古城"活进"元宇宙百年书房"化身"童书馆——深圳古城镇活化萌发新绿擦亮老城名片延续城市文脉成为新业态》，《广州日报》2022 年 1 月 21 日第 A12 版。

张一鎏：《罗湖获评"夜经济繁荣百佳县市"十佳》，《南方都市报》2021 年 8 月 3 日第 NA04 版。

张振鹏：《发展夜间经济需处理好四个关系》，《中国文化报》2020 年 9 月 26 日第 3 版。

钟刚：《深圳灯光秀秀出了什么》，《中国文化报》2019 年 5 月 12 日。

邹统钎等:《我国夜间经济发展现状、问题与对策》,《中国旅游报》2019 年 4 月 16 日。

七 学位论文

胡华:《夜态城市》,博士学位论文,天津大学,2008 年。

黄义宏:《西方都市环境中户外艺术之研究》,硕士学位论文,台湾东海大学建筑研究所,1989 年。

姜姗:《基于利益相关者演化博弈的城市夜间经济发展研究》,硕士学位论文,辽宁师范大学,2021 年。

潘虹:《明清时期中国城市夜市研究》,硕士学位论文,暨南大学,2013 年。

王荃:《"中英——城市夜景经济"的对比、研究》,博士学位论文,天津大学,2010 年。

王涛:《石河子村改居问题研究》,硕士学位论文,石河子大学,2013 年。

许芳滋:《宋代夜市研究》,硕士学位论文,台湾中兴大学,2010 年。

张扬:《公共管理视域下城市文化治理问题研究》,硕士学位论文,河北师范大学,2016 年。

张议丹:《创意城市导向下的上海街头艺术治理研究》,硕士学位论文,华东政法大学,2018 年。

赵梦笛:《都市夜间文化消费的审美文化研究》,硕士学位论文,深圳大学,2021 年。

后　记

　　本书研究的是创意城市的文化治理机制及其实现路径，这是一个"后工业"与"全球化"的历史坐标下出现的城市发展新命题。我对这个问题的兴趣最早源自城市老旧社区活化和再利用的扎根研究。2011 年，我开始在香港中文大学攻读文化研究专业的博士学位，受博士生导师、文化人类学家胡嘉明教授的悉心指导，我以民族志为方法、对位于中国台湾和香港的部分大陆移民社区进行"写文化"的质性研究。在实地调研中，我陆续发现建筑遗产的文化创意园区转型、城市文化权利的公共诉求、网络社会下的城市重塑、城市的文化利益主体及其合作关系、艺术介入社区的空间再造、城市的认同感与归属感等问题，正在共同编织为一个复杂的"文化"网状结构，帮助我们理解快速变迁中的城市社会。在确立"城市文化"为主要研究方向后，我开始广泛地查阅相关学术著作和期刊文献，发现不少西方国家自二战后已将文化软实力作为城市竞争力的核心要素。2021 年，联合国教科文组织与世界银行共同发布《城市，文化，创意：利用文化与创意实现可持续城市发展与包容性增长》，明确了文化对驱动城市发展、塑造创新氛围的独特价值。随着我国进入全面建成小康社会的决定性阶段，《国家新型城镇化规划（2014—2020 年）》指出要顺应当前城市发展的新理念和新趋势，以文化为抓手，全面提升城市的内在品质和精神内涵。对"城市文化"的深切关注，原本是我的个人兴趣点，却也不自觉地"卷入"丰厚庞大的理论研究海洋，以及国家新型城镇化纵深推进的关键时期。由此，作为一个具有鲜明的交叉学科属性的研究领域，"城市文化"逐渐成为我的学术生长点与发力点。

2016年1月，我进入深圳大学工作。最早入职的创新型城市建设与治理研究中心为我提供了"小而精"的跨学科平台。通过与三位政治学、法学、社会学等学科背景的领导和同仁共事，人文学科背景出身的我，学到了耳目一新的社会科学问题意识及研究设计思路。2016年9月，中心与当代中国政治研究所、社会管理创新研究所、党内法规研究中心等校内社科机构合并，共同成立城市治理研究院。研究院以中央关于加强城市工作的战略部署为导向，立足珠三角城市群和粤港澳大湾区，关注城市治理中的重要理论和实践问题。受益于日益壮大的科研队伍和紧张活泼的科研氛围，我在研究院度过了职业起步阶段宝贵的三年，在专研城市研究的交叉学科平台上，渐渐地对"城市学"有了更为全面和纵深的把握。2019年9月，我通过校内转岗，调入美学与文艺批评研究院，遵循自己的"汉语言文学—文艺学—文化研究"学术训练背景，回到了学科本位。同年被评为深圳大学"新锐导师"，开始在文化产业研究院独立指导艺术学理论的硕士研究生。得益于"新文科"建设背景下深圳大学对艺术学理论学科边界的不设限，我逐渐围绕着艺术介入、文化遗产、文化治理等问题域进行学理化阐释，成为国内较早以艺术人类学为视角，系统地研究城市文化的人员之一。围绕着这些跨学科领域，自2016年起，我分别承担广东省"十三五"哲学社科规划学科共建项目"城市再生的文化嵌入机制与路径研究：以深圳为例"、广东省教育厅普通高校人文社科青年创新人才类项目"基于深圳市旧城改造的文化逻辑与内在机理研究"、深圳市"十三五"哲学社会科学规划项目"深圳市城市更新的文化治理机制与路径研究"，并一一顺利结项。2019年8月，我申报的国家社科基金艺术学青年项目获得立项，这也是本书的开端。

本书的部分内容作为论文发表在 Space and Culture、International Journal of Heritage Studies、《云南社会科学》等 SSCI 和 CSSCI 来源期刊上。另有一些部分发表于《白马：城乡连接与乡村营造》（金城出版社，2020年）、《文化深圳》等学术著作及刊物上。一部分理论研究的章节分别纳入《城市政治学》《新时代深圳先行示范区综合改革探索》《社会主义现代化强国城市文明典范研究》等编著的出版计划。本书的部分章节也先后正式入选 The 12th International Convention of Asia Scholars（ICAS 12）、第十一届深圳学术年会（2019）"中国特色社会主义先行示范区与全球标杆城市建设"、第十二届深圳学术年会（2020）"深圳经济特区 40 周年回顾与前瞻"、第十三届深圳学术年会（2021）"文化软实力跃升与现代城市文明建设"、"多元融通视域下中国艺术理论体系的建构"学术研讨会暨 2021 中国艺术学理论学会年会、第三届香蜜湖论坛"中国式现代化与深圳先行示范区建设"等国内外重要会议。依托本课题开设的文科公选课《城市与文化》，自 2022 年起，入选深圳大学本科生思想政治理论选择性必修课程，纳入扩展通识课模块，受到选修学生的好评。

  本书的顺利完成，离不开给予这项课题各种帮助和支持的机构及个人。借此机会，我要感谢深圳大学致力于打造的校内人文社科交叉科研平台。尤其是以下独立科研机构提供了坚强的基地保障：首先，感谢深圳大学美学与文艺批评研究院的领导和同事，给予我宽松自由的科研氛围，让我能够静下心来写作，按时按质地完成课题。其次，感谢深圳大学文化产业研究院的领导和同事，为我提供指导硕士研究生的机会。通过每年秋季学期开设的研究生课程《人文社科研究方法》，教学相长，我收获了不少学生的信任，坚定了自己的职业信心。再次，感谢深圳大学城市治理研究院的领导和同事，提供一些编书和研讨的合作机会，让我继续保持对"城市文化"的初心。最后，感谢深圳市委宣传部、深圳市社科联、深圳市社会科学院的大力支持，本书也是深圳市人文社会科学重点研究基地"深圳大学生态文明与绿色发展研究中心""深圳大学美学与文艺批评研究中心"的研究成果之一。特别要感谢高建平、李新风、李凤亮、周建新、李健等学者及教授的提携和关心；感谢花建教授为第一章提供严谨详尽的修订意见；感谢陈文教授对第二、三章进行专业审读；感谢陈家喜教授为第四章提供富有启发性的修订思路；感谢文产院的张振鹏、黄永健、黄玉蓉、胡鹏林、温雯、钟雅琴、宗祖盼、车达、莫沉、徐天基、秦晴、伏思羽等前辈及同事的支持和帮助；感谢美文院的李永胜、朱海坤、史建成、史雄波，创新型城市建设与治理研究中心的郭少青、聂伟、吴沛谦，城市治理研究院的陈科霖、雷雨若、吴灏文、陈硕、林蓉蓉、袁超、张树剑、劳婕、王莹莹等同事，一起并肩走过荔园的职业青涩时光。

在课题立项后，深圳大学文化产业研究院艺术学理论的多位硕士研究生作为课题组成员，实地走访多个深圳市的公共文化机构和艺术空间、文化科技企业和文化创意园区、艺术村和艺术聚落，以及对文化云平台、微信公众号、App 应用程序等线上文化设施进行考察。其中，我与温雯副教授合作指导的 2018 级硕士研究生赵梦笛参与第五章 "都市夜间经济的场景营造" 案例调研及书稿撰写，2019 级硕士研究生朱丹亦对本章的案例调研有一定贡献，调研范围包括高北十六创意园区、水围 1368 文化街区。我指导的 2019 级硕士研究生钟舒婷参与第七章 "都市公共艺术的民间表述"、第八章 "城市社区更新的艺术介入" 的案例调研及书稿撰写，调研范围包括华侨城当代艺术中心（OCAT）、海上世界文化艺术中心、坪山美术馆、鳌湖艺术村、白石洲 "握手 302" 艺术工作室。我指导的 2020 级硕士研究生陈丽霏参与第四章 "'创意深圳'的创新经验：'大数据+城市文化治理'" 的案例调研及书稿撰写，调研范围包括盐田图书馆、"南山文体通""福田文体通""罗湖文体通""坪山图书馆" 公众号和 App 等。2018 级硕士研究生武智和李苗、2020 级硕士研究生王蕊、2021 级硕士研究生陈慧娴，共同参与第六章 "城市公共文化服务的智慧治理" 的文献综述、案例调研及书稿撰写，调研范围包括腾讯集团、福田中心区 "灯光秀"。同学们通过积极参与课题，深入了解深圳的文化创新现状，并将这些观察转化为学术观点与写作素材。没有这些志同道合小伙伴们的热情参与，这本书难以从脑中的理论预设落地为实实在在的文字。此外，特别要感谢赵梦笛和钟舒婷两位同学在本书修订阶段付出了大量艰辛的努力。

最后，我要把真挚的感谢献给我的家人。没有他（她）们的无私奉献，这本书难以完成。距离我上一本书的出版时间已经过去三年多了，女儿圆宝也不再是嗷嗷待哺的婴儿，而是出落为古灵精怪的四岁幼童。我想，我的 "城市文化" 学术生命也在生长中，这一方兴未艾的领域仍有巨大的潜力值得继续延伸和拓展。以上，是为记！